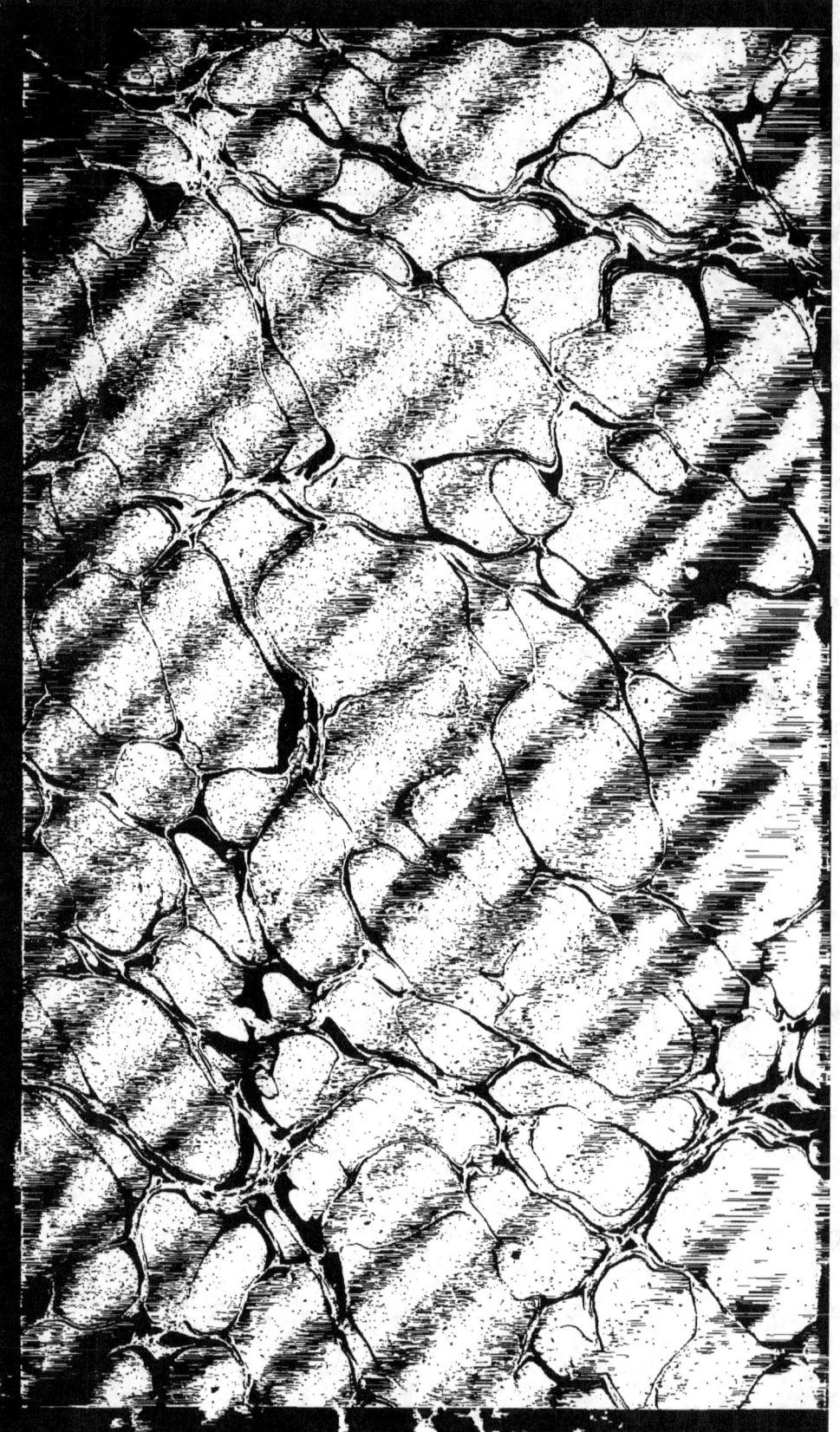

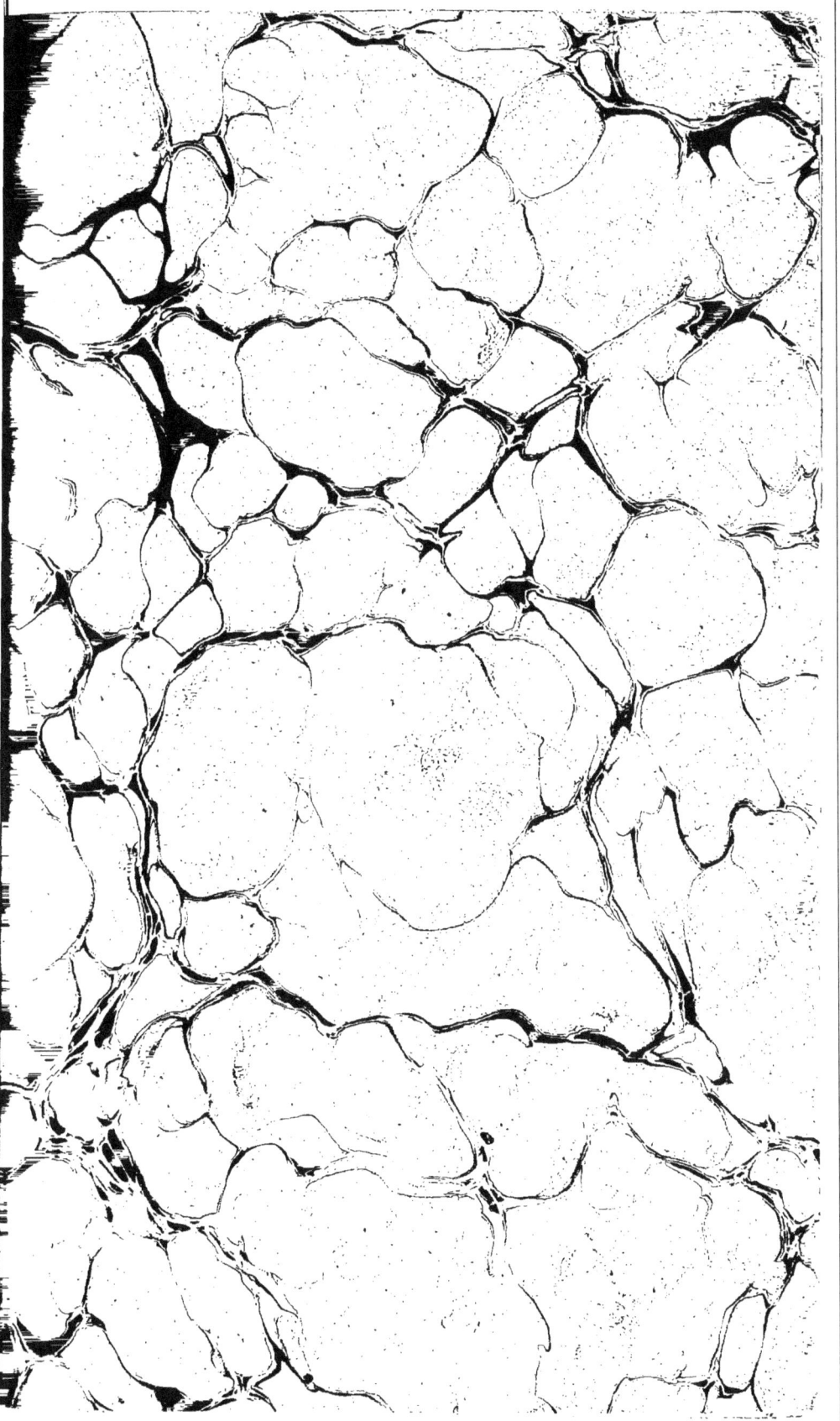

LA
Guerre
DE
1870-71

L'INVESTISSEMENT DE METZ

PARIS
LIBRAIRIE MILITAIRE R. CHAPELOT ET Cie
IMPRIMEURS-ÉDITEURS
30, Rue et Passage Dauphine, 30

1907
Tous droits réservés

LA

GUERRE DE 1870-71

L'INVESTISSEMENT DE METZ

Publié par la **Revue d'Histoire**

rédigée à la **Section historique de l'État-Major de l'Armée**

LA Guerre

DE

1870-71

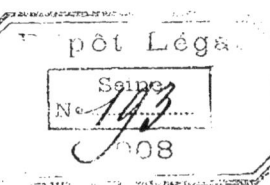

L'INVESTISSEMENT DE METZ

PARIS
LIBRAIRIE MILITAIRE R. CHAPELOT ET Cie
IMPRIMEURS-ÉDITEURS
30, Rue et Passage Dauphine, 30

1907
Tous droits réservés

SOMMAIRE

I. — Les armées allemandes le 19 août.

	Pages.
1. Les nouveaux projets du grand quartier général allemand.......	1
2. Dispositions préliminaires du commandant de la Ire armée et du prince Frédéric-Charles............................	6
3. Mouvements des armées allemandes le 19. Emplacements dans la soirée..	8

II. — L'armée du Rhin à son retour sous Metz.

1. Les emplacements dans l'après-midi du 19 août..............	14
2. Nouveau mouvement rétrograde à l'intérieur de la ligne des forts.	21
3. Situation matérielle et morale de l'armée...................	24

III. — Premières prescriptions du nouveau commandant en chef de l'armée d'investissement................. 42

IV. — Mouvements des armées allemandes le 20 août..... 47

V. — Les renseignements sur l'ennemi les 19 et 20 août.. 54

VI. — La journée du 21 août.

1. Mouvements des armées allemandes.......................	65
2. Les avant-postes de l'armée du Rhin......................	73
3. Renseignements sur l'ennemi. Alerte......................	75

VII. — La journée du 22 août.

1. Nouvelle répartition de l'armée du Rhin autour de la place......	85
2. Renseignements sur l'ennemi.............................	94
3. Mouvements des armées allemandes.......................	97
4. Renseignements sur la situation de l'armée française. Nouvelles prescriptions du prince Frédéric-Charles..................	98

VIII. — La journée du 23 août.

Pages.
1. Mouvements des armées allemandes........................ 103
2. Mouvements de l'armée du Rhin. Renseignements sur l'ennemi... 106

IX. — Travaux de défense exécutés par l'armée du Rhin au 23 août... 112

X. — Travaux de défense exécutés par l'armée d'investissement au 23 août................................ 126

CROQUIS

N° 1. — Emplacements des armées allemandes, le 20 août, vers 5 heures du matin.
N° 2. — Situation le 20 août au soir.
N° 3. — Emplacements de l'armée d'investissement, le 21 août au soir.
N° 4. — L'armée de la Meuse, le 21 août.
N° 5. — Situation le 23 août au soir.

DOCUMENTS ANNEXES

Journée du 19 août.

	Pages.
Grand quartier général	1
2ᵉ corps	8
3ᵉ —	11
4ᵉ —	18
6ᵉ —	21
Garde impériale	22
Réserve de cavalerie	25
Artillerie de l'armée	26
Renseignements	29

Journée du 20 août.

Grand quartier général	39
2ᵉ corps	52
3ᵉ —	58
4ᵉ —	63
6ᵉ —	67
Garde impériale	77
Réserve de cavalerie	83
Artillerie de l'armée	84
Renseignements	89

Journée du 21 août.

Grand quartier général	101
2ᵉ corps	109
3ᵉ —	114

	Pages.
4ᵉ corps	123
6ᵉ —	124
Garde impériale	130
Artillerie de l'armée	139
Renseignements	142

Journée du 22 août.

Grand quartier général	161
2ᵉ corps	166
3ᵉ —	168
4ᵉ —	169
6ᵉ —	170
Garde impériale	172
Artillerie de l'armée	175
Renseignements	178

Journée du 23 août.

Grand quartier général	187
2ᵉ corps	189
3ᵉ —	190
4ᵉ —	194
6ᵉ —	196
Garde impériale	198
Artillerie de l'armée	200
Renseignements	206

LA

GUERRE DE 1870-1871

L'INVESTISSEMENT DE METZ

I

Les armées allemandes le 19 août.

§ 1. — *Les nouveaux projets du grand quartier général allemand.*

Dès les premières heures de la matinée du 19 août, les comptes rendus de plus en plus précis, non seulement sur les résultats obtenus la veille, mais aussi sur l'évacuation volontaire des lignes d'Amanvillers par l'armée du Rhin commencèrent à parvenir au grand quartier général allemand (1). Ils firent bientôt admettre qu'une reprise de la lutte, considérée comme probable pendant la nuit, n'était plus à envisager (2).

---

(1) Voir *les Opérations autour Metz*, t. III, p. 723.
(2) « Le 18 au soir......, d'après la ténacité et l'acharnement déployés par l'ennemi en face de nous, il ne paraissait pas impossible que la lutte se rallumât le 19. » Von Schell, *Les Opérations de la 1re armée*, p. 209.

Invest. Metz.

Sous l'influence des pertes énormes et des alternatives de la journée de la veille, on abandonna toute idée de poursuivre les succès acquis.

Le maréchal de Moltke, dans l'état actuel des forces allemandes, privé d'artillerie lourde, et malgré la supériorité numérique considérable dont il pouvait disposer, considéra, en effet, comme *inattaquables* (1) les positions sur lesquelles l'armée française allait se rétablir, à l'abri des forts de Metz (2). Reculant devant les nouveaux sacrifices qu'aurait nécessités une nouvelle lutte, il rejeta donc l'idée caressée jusque-là d'en finir tout de suite et définitivement avec les troupes du maréchal Bazaine. Il se proposa désormais comme but immédiat (3) la destruction de la nouvelle armée en voie de rassemblement au camp de Châlons, sur laquelle il ne possédait que de très vagues renseignements (4), mais qu'il supposait être

---

(1) *Studien zur Kriegsgeschichte und Taktik herausgegeben vom grossem Generalstabe* (t. IV, p. 233).

(2) L'attraction produite par le camp retranché de Metz sur les chefs de l'armée française peut être rapprochée de l'influence indéniable que les forts de cette place exercèrent sur l'esprit du maréchal de Moltke. On ne peut douter, en effet, que le commandement en chef des forces allemandes aurait recommencé la bataille, si l'armée du Rhin se fût maintenue, le 19 août, sur une position analogue à celle qu'elle occupa le 17. Quinze jours plus tard, à Sedan, les attaques contre les troupes du maréchal de Mac-Mahon ne prirent fin qu'avec la capitulation de l'armée de Châlons.

L'examen de la situation de la place et des forts au 19 août permettra ultérieurement d'examiner les chances de succès, soit d'un nouveau mouvement offensif des armées allemandes par la plaine de la Moselle en aval de Metz, soit de l'attaque brusquée de l'un des forts à cette date.

(3) « L'essentiel étant de triompher sur les points décisifs. » Jomini, *Précis de l'Art de la guerre*, IIe partie, p. 88.

(4) Les reconnaissances de la 4e division de cavalerie envoyées dans toutes les directions avaient effleuré le contact le 18 août et « acquis la certitude de l'existence, au camp de Châlons, de rassemblements considérables ». *La Retraite sur Châlons*, t. X, p. 46.

bientôt en situation de s'avancer au secours des forces rejetées sur Metz (1).

Dès 11 heures du matin, il expédia de Rezonville aux commandants des Ire et IIe armées l'ordre suivant (2) :

« A la suite des succès de ces derniers jours, il est devenu à la fois nécessaire et possible d'accorder aux troupes le repos dont elles ont besoin et de faire arriver des renforts pour réparer leurs pertes. De plus, il est indispensable que, dans la continuation du mouvement sur Paris, les armées s'avancent à la même hauteur, afin de pouvoir s'opposer en forces suffisantes aux troupes de nouvelle formation en voie de concentration à Châlons.

« D'autre part, en prévision d'une tentative vers l'Ouest que l'armée française rejetée sur Metz viendrait à exécuter, six corps d'armée seront maintenus sur la rive gauche de la Moselle, où, établis sur la ligne de hauteurs enlevée hier, ils pourront résister à une entreprise de cette nature. Un corps d'armée et la division de réserve resteront sur la rive droite et devront, si cela devient nécessaire, éviter de s'engager avec un assaillant numériquement supérieur.

« Sa Majesté le Roi affecte à l'investissement, outre la Ire armée et la 3e division de réserve, les IIe, IIIe, IXe et X^e corps (3).

---

(1) « L'expérience a démontré que le meilleur moyen de couvrir un siège est de battre et de poursuivre, le plus loin possible, les corps de troupes ennemis qui pourraient le troubler. C'est celui qu'on doit adopter, à moins que l'infériorité numérique des forces ne s'y oppose. » Jomini, *Tableau analytique des principales combinaisons de la guerre*, p. 130.

(2) *Historique du Grand État-Major prussien*, p. 885-886.

(3) Sur l'ordre du Roi, les corps saxon (XIIe) et de la Garde laissèrent devant Metz leurs équipages de pont et cinq compagnies de pion-

« Sa Majesté confie à S. A. R. le prince Frédéric-Charles le commandement de toutes les troupes chargées du blocus de la principale armée française et ordonne, en outre, que la Garde, les IV⁰ et XII⁰ corps, ainsi que les 5ᵉ et 6ᵉ divisions de cavalerie, passeront sous les ordres de S. A. le prince royal de Saxe, jusqu'au jour où la répartition primitive en trois armées pourra être rétablie. L'état-major de S. A. le prince royal de Saxe sera immédiatement constitué.

« La ligne de hauteurs destinée à former la position défensive sera organisée; des cantonnements pourront d'ailleurs être établis en arrière jusqu'à l'Orne. Les trois corps provisoirement détachés de la II⁰ armée prendront des cantonnements au delà de cette rivière et de l'Yron.

« La III⁰ armée fera halte, momentanément, sur la Meuse.

« Le quartier général de Sa Majesté reste, provisoirement, à Pont-à-Mousson, où le II⁰ corps laissera un bataillon.

« *Signé :* DE MOLTKE. »

Ces dispositions, que le succès devait justifier, pouvaient bien, comme il a été dit, attester d'une part que le maréchal de Moltke embrassait la situation d'un coup d'œil clairvoyant, d'autre part, que du côté des Allemands, toutes les forces, subordonnées à une seule pensée et à une seule volonté, furent dirigées conformément aux exigences de la situation stratégique du moment, sans tenir compte de toutes les considérations accessoires n'ayant aucun caractère mili-

---

niers qui leur étaient affectées. La 1ʳᵉ compagnie de pionniers de la Garde demeura seule, avec l'équipage de ponts légers, à son corps. Toutefois, la 3ᵉ compagnie de pionniers saxons rejoignit, dès le 22, le XII⁰ corps.

taire (1). Toutefois, il est peut-être permis de penser que ce nouveau plan d'opérations, affaiblissant l'armée d'investissement de Metz au bénéfice des forces destinées à marcher sur Châlons et Paris (2), n'aurait pas été sans présenter un certain danger si l'armée française eût possédé un chef digne de ce nom.

Certes, les troupes placées sous les ordres du prince Frédéric-Charles, dont l'effectif atteignait 160,000 hommes environ, pouvaient être considérées comme suffisantes pour s'opposer à toute tentative exécutée directement vers l'Ouest par l'armée du Rhin, inexactement supposée forte de 120,000 hommes (3). Par contre, elles ne se trouvaient pas en mesure de procéder, sur la rive droite de la Moselle, à un investissement sérieux. Le maréchal de Moltke s'en rendit parfaitement compte, et c'est ainsi qu'il fut amené à prescrire au 1er corps et à la

---

(1) De Woyde, *Causes des succès et des revers*, p. 118-119. — Des considérations politiques ne furent peut-être pas étrangères à la soudaineté des résolutions du grand quartier général allemand. On put y espérer, en effet, qu'un nouvel avantage obtenu aussi rapidement que possible sur les troupes rassemblées au camp de Châlons, tout en complétant le succès du 18, couperait court définitivement à toute immixtion étrangère.

(2) Le maréchal de Moltke avait même songé à distraire le Xe corps de l'armée d'investissement.

« Agir offensivement sur le point le plus important, avec la majeure partie de ses forces, en demeurant aux points secondaires sur la défensive, dans de fortes positions ou derrière un fleuve, jusqu'à ce que le coup décisif étant porté et l'opération terminée par la défaite totale d'une partie essentielle de l'armée ennemie, on se trouve à même de diriger ses efforts sur un des autres points menacés », tel est le système que propose Jomini et que le maréchal de Moltke adopta le 19 août. Jomini ajoutait toutefois : « Dès qu'on expose les armées secondaires à un échec définitif, pendant l'absence du gros de l'armée, le système est mal compris, et ce fut précisément ce qui arriva en 1813. » (*Précis de l'Art de la guerre*, p. 279.)

(3) Von der Goltz, *Die Operationen der II. Armee*, p. 161.

3ᵉ division de réserve, seuls maintenus sur cette rive, « d'éviter de s'engager avec un assaillant numériquement supérieur ». Se contentant momentanément de barrer la route directe qui menait vers Châlons et Paris, il laissa la liberté à l'armée française de se faire jour vers l'Est, le Nord-Est ou même le Sud, s'en remettant non seulement à l'habileté du prince Frédéric-Charles, mais aussi à l'insuffisance de plus en plus évidente du haut commandement de l'armée investie. Il ne se trompa pas en estimant que la situation et les événements étaient au-dessus des forces du maréchal Bazaine et de son entourage.

§ 2. — *Dispositions préliminaires du commandant de la Iʳᵉ armée et du prince Frédéric-Charles.*

Se conformant aux instructions du grand quartier général, le général de Steinmetz décida, le 19, vers midi, que le IIᵉ corps, dépendant tactiquement de la Iʳᵉ armée, serait chargé d'organiser les hauteurs du Point-du-Jour, positions qu'il devait occuper et défendre en cas d'attaque (1). Le VIIᵉ, se reliant au IIᵉ corps, aurait la même tâche à remplir dans le secteur situé au Sud. Le VIIIᵉ corps et la 1ʳᵉ division de cavalerie resteraient en réserve l'une au Nord de Rezonville, l'autre à l'Ouest de Gravelotte. Les troupes stationnées sur la rive droite recevaient l'ordre de se maintenir sur leurs emplacements actuels : la 3ᵉ division de cavalerie à Coin-lès-Cuvry ; le Iᵉʳ corps, à cheval sur la route de Strasbourg et près de Courcelles-sur-Nied ; seule, la 4ᵉ brigade devait venir se placer à hauteur de Vaux.

De son côté, le prince Frédéric-Charles s'était transporté dans la matinée à Rezonville. Pénétré d'avance de

---

(1) Von Schell, *La Iʳᵉ armée sous le général de Steinmetz*, p. 212-213.

l'idée de ne pas laisser échapper l'armée française et, au contraire, de la repousser à tout prix sur Metz chaque fois qu'elle tenterait de se faire jour, il arrêta vers 1 h. 30 de l'après-midi, après avoir pris connaissance des ordres du grand quartier général, les dispositions préliminaires motivées par le départ et la relève des corps destinés à entrer dans la composition de la subdivision d'armée du prince royal de Saxe. Le Xᵉ corps reçut l'ordre de remplacer sur-le-champ le XIIᵉ en aval de Metz, dans le secteur compris entre Saint-Privat et la rivière, et de s'opposer énergiquement à une tentative de rupture que pourrait exécuter l'adversaire dans la plaine de la Moselle (1). Le XIIᵉ corps, relevé dans ses positions, devait se diriger sur Conflans et Jarny; la Garde, sur Hannonville-au-Passage; la 5ᵉ division de cavalerie sur Briey, la 6ᵉ vers Ville-sur-Yron (2).

Ces instructions données, le nouveau commandant en chef de l'armée d'investissement regagna son quartier général de Doncourt, dans les dernières heures de l'après-midi. Il y prit connaissance des dispositions adoptées par le général de Steinmetz. Ces dernières ne répondant pas suffisamment à ses vues, il prescrivit au commandant de la Iʳᵉ armée d'assurer, au moyen de la cavalerie, le blocus effectif sur la rive droite de la Moselle, s'il n'existait déjà.

Au reçu de ces nouveaux ordres, le général de Steinmetz chargea le général de Manteuffel, sous le commandement duquel il plaçait la 3ᵉ division de cavalerie, d'interdire toute communication de la place avec l'extérieur et de prendre les mesures convenables pour faire

---

(1) Von der Goltz, *Die Operationen der II. Armee*, p. 163.
(2) Sur le désir exprimé par le prince Frédéric-Charles, le 3ᵉ hussard (Zieten) fut provisoirement maintenu à l'armée d'investissement et affecté au IIIᵉ corps.

coopérer à l'investissement les troupes du général de Kummer. Dans la soirée, il rendit compte au prince Frédéric-Charles de ces dernières dispositions, ajoutant que, jusqu'à ce jour, le Ier corps n'ayant été chargé que de « protéger la ligne de Courcelles à Saint-Avold (1) », il n'avait pas été possible de lui prescrire de cerner Metz sur la rive droite, et qu'on ne possédait encore aucun renseignement sur la division de réserve de Kummer (2).

§ 3. — *Mouvements des armées allemandes, le 19* (3). *Emplacements dans la soirée.*

Ces diverses prescriptions, destinées, soit à séparer effectivement les troupes maintenues devant Metz de la nouvelle subdivision d'armée, soit à assurer l'investissement, sommaire il est vrai mais immédiat, de la place, ne reçurent dans la soirée du 19, qu'un commencement d'exécution. Ce retard était imputable aux lenteurs apportées à la transmission des ordres et à la fatigue résultant des grands efforts de la veille (4). D'ailleurs, il est nécessaire d'ajouter que les occupations nombreuses qui incombèrent aux troupes ne leur permirent de jouir que d'un repos relatif. Les unités, dont certaines avaient été fortement désorganisées (5), s'occupèrent de leur reconstitution, recomplétèrent leurs munitions et procédèrent à leur installation, au déblayement du

---

(1) Von Schell, *loc. cit.*, p. 215.
(2) *Ibid.*
(3) Température orageuse ; averses.
(4) Cet état caractéristique de la plupart des corps fut déjà observé, dans la matinée, à la Garde et au corps saxon. (Voir *les Opérations autour de Metz,* t. III, p. 719.)
(5) Les régiments d'infanterie de la Garde, notamment, se reformèrent à six ou huit compagnies.

champ de bataille et aux pénibles travaux d'enfouissement des hommes et des chevaux tués.

Subdivision d'armée du prince royal de Saxe. — Pendant que le Xᵉ corps se maintenait sur ses emplacements de la nuit (*19*ᵉ division entre Batilly et Saint-Ail, *20*ᵉ division à Saint-Privat), le XIIᵉ avait mis à exécution, à 2 heures, les ordres donnés vers midi par le prince de Saxe (1). La *45*ᵉ brigade s'installa près des carrières de Jaumont, se reliant par ses avant-postes (Iᵉʳ bataillon du *108*ᵉ) à la *46*ᵉ brigade groupée vers Marange ; la *24*ᵉ division s'établit à l'Est de Saint-Privat, poussant le Iᵉʳ bataillon du *104*ᵉ vers Saulny qu'il trouvait inoccupé ; la brigade de Reiter venait d'atteindre Saint-Privat, lorsqu'elle fut avisée de suspendre son mouvement.

Après 5 heures du soir seulement, d'après les ordres donnés directement vers 1 h. 30 par le prince Frédéric-Charles (2), deux bataillons du Xᵉ corps et une compagnie de pionniers se dirigèrent vers la Moselle pour relever les avant-postes saxons de la *46*ᵉ brigade. Vers 7 heures, le IIᵉ bataillon du *92*ᵉ occupa Marange avec les 5ᵉ et 8ᵉ compagnies, et établit la 7ᵉ plus à l'Est au croisement du chemin de Rombas, la 6ᵉ entre le Horimont et la route de Thionville. Le IIIᵉ bataillon du *17*ᵉ maintint également deux compagnies (les 9ᵉ et 12ᵉ) à Bronvaux et poussa la 10ᵉ sur le Horimont, la 11ᵉ vers Fèves. La *19*ᵉ division et l'artillerie de corps quittèrent vers 6 heures leurs bivouacs et, se dirigeant vers Roncourt, allèrent se heurter aux colonnes saxonnes dont le mouvement vers l'Ouest avait commencé à la même heure.

De nombreux croisements ne tardèrent pas à se produire et provoquèrent le désordre le plus complet aux environs de Saint-Privat, déjà encombrés d'artillerie et

---

(1) Voir *les Opérations autour de Metz*, t. III, p. 718.
(2) Voir p. 7.

de voitures de toute sorte. Les troupes du X⁰ corps se virent alors contraintes de stationner plus de trois heures aux abords de ce village (1) pour permettre l'écoulement des troupes du XII⁰. Elles ne parvinrent que vers minuit sur leurs nouveaux emplacements. Deux bataillons fournirent les avant-postes face à l'Est (I⁰ʳ bataillon du *78ᵉ*) et au Nord (I⁰ʳ bataillon du *16ᵉ* occupant Malancourt et Montois) (2).

Quant aux corps saxons, gênés encore dans leur marche par les troupes de la Garde qui bivouaquaient des deux côtés de la route de Briey, par l'encombrement qui existait sur les routes et dans les villages, elles n'atteignirent leurs cantonnements ou bivouacs qu'entre minuit et 7 heures du matin, dans la région de Valleroy—Hatrize pour la *23ᵉ* division, de Conflans et Jarny pour la *24ᵉ*; la brigade de Reiter s'établit un peu plus à l'Ouest, à Jeandelize—Puxe; l'artillerie de corps, à Giraumont; le quartier général à Jarny.

Ayant obtenu du prince royal de Saxe l'autorisation « de passer encore la nuit du 19 sur le champ de bataille pour enterrer ses morts et assurer les soins nécessaires à ses nombreux blessés (3) », la Garde s'était maintenue dans ses bivouacs de Sainte-Marie-aux-Chênes et de Saint-Privat. Le mouvement du prince Louis de Hesse vers Montigny (4) constitua donc le seul déplacement effectué pendant la journée par les troupes de ce corps.

---

(1) *Geschichte des 8. Westfälischen Infanterie-Regiments Nr. 57*, p. 95; *des Oldenburgischen Infanterie-Regiments Nr. 91*, p. 169.

(2) *Geschichte des 3. Westfälischen Infanterie-Regiments Nr. 16; des Infanterie-Regiments Herzog Friedrich Wilhelm von Braunschweig, Nr. 78.* Le *16ᵉ* s'était reconstitué à un bataillon, le 17 août; il fut reformé à deux bataillons, le 20.

(3) *Historique du Grand État-Major prussien*, 7ᵉ livraison, p. 892.

(4) Voir *les Opérations autour de Metz*, t. III, p. 717.

Vers 7 heures du soir seulement, la 5ᵉ division de cavalerie reçut l'ordre de quitter son bivouac de Saint-Ail. Elle chercha à gagner la grande route à Sainte-Marie-aux-Chênes, croisa de nombreuses colonnes d'infanterie saxonne et ne put s'installer à l'Ouest de Briey que vers 1 heure du matin (1).

Ayant déjà rétrogradé près de Doncourt vers midi, à cause du manque d'eau, la 6ᵉ division de cavalerie évacua de nouveau cet emplacement à la tombée de la nuit et vint bivouaquer près de Ville-sur-Yron.

Armée d'investissement. — D'une manière générale, les corps destinés au blocus de Metz et de l'armée du Rhin ne changèrent rien, dans l'après-midi, à leurs emplacements de la matinée.

Au VIIᵉ corps, la *25ᵉ* brigade et la *14ᵉ* division conservèrent au Nord du bois des Ognons les bivouacs qu'elles avaient pris dans la matinée. La *26ᵉ* brigade occupa les hauteurs dominant Jussy à l'Ouest, poussant des patrouilles vers Sainte-Ruffine (2), puis se replia, dans la soirée : le *55ᵉ* régiment sur Ars, le *15ᵉ* et la 5ᵉ batterie du 7ᵉ vers les bois et les vignobles situés au Sud de Vaux (3).

Le VIIIᵉ corps et la *1ʳᵉ* division de cavalerie restant en réserve, l'une au Nord de Rezonville, l'autre à l'Ouest

---

(1) Le 3ᵉ régiment de hussards (Zieten) fut remplacé dans la 15ᵉ brigade par le 15ᵉ régiment de uhlans. (*Geschichte des Schleswig-Holsteinschen Ulanen-Regiments Nr. 15*, p. 50.)

(2) Ces patrouilles se heurtèrent aux reconnaissances fournies soit par le 5ᵉ chasseurs à cheval (2ᵉ corps) soit par les 1ᵉʳ et 7ᵉ dragons (3ᵉ division de réserve de cavalerie).

(3) *Geschichte des 6. Westfälischen Infanterie-Regiments Nr. 55*, p. 365 ; *des Infanterie-Regiments Prinz Friedrich der Niederlande (2. Westfälischen) Nr. 15*, p. 75 ; *der 5. Batterie des Westfälischen Feld-Artillerie-Regiments Nr. 7*, p. 24.

et au Nord-Ouest de Gravelotte, des deux côtés de la route de Verdun, séjournèrent dans leurs bivouacs de la nuit précédente.

Le IIe corps se maintint sur ses emplacements de la matinée (1) : la *4e* division sur le plateau du Point-du-Jour entre les bois de Vaux (où elle se reliait au VIIe corps) et la ferme de Moscou (2) ; la *3e* division et l'artillerie de corps sur la rive droite de la Mance, à cheval sur la grande route. Les pionniers préparèrent quelques emplacements de batterie au Point-du-Jour et à l'Est de Gravelotte.

Le IIIe corps resta dans ses bivouacs de la nuit précédente, au Sud de Vernéville ; la *11e* brigade et le *3e* hussards assurèrent à Doncourt la protection du quartier général du nouveau commandant en chef.

De légères modifications s'effectuèrent dans les emplacements occupés par les troupes du IXe corps. Pendant que la *18e* division se reconstituait dans son bivouac près de Vernéville, ayant fait occuper, vers midi, les fermes de Leipzig et de la Folie (Ier bataillon du *36e*) et de Chantrenne (IIe et IIIe bataillon du même régiment), l'infanterie de la *25e* division s'était installée, vers 4 heures, à 1000 mètres environ à l'Ouest d'Amanvillers (3), laissant son artillerie et la brigade de cavalerie au bivouac à l'Est de Vernéville. L'artillerie de corps séjourna près de la ferme Champenois. (4). Des patrouilles de cavalerie hessoise poussèrent jusqu'au bois de Saulny, établirent la liaison avec les corps voisins (IIe et XIIe) et constatèrent le mélange des fractions employées aux avant-

---

(1) Voir *les Opérations autour de Metz*, t. III, p. 719 et 720.
(2) Un régiment de chaque brigade fournissant les avant-postes.
(3) Le IIe bataillon du *4e* occupait ce village depuis 11 heures du matin.
(4) Scherf, *die Theilnahme der Grossh. Hessischen (25.) Division an dem Feldzug 1870-71.*

postes, motivé par la présence à Montigny, depuis midi, du détachement du prince Louis de Hesse.

Sur la rive droite, le Ier corps et la *3*^{e} division de cavalerie conservèrent leurs emplacements du 18, aucun ordre nouveau ne leur étant parvenu.

La *1*^{re} division et l'artillerie de corps, barrant la route de Strasbourg, bivouaquèrent entre Chesny, Frontigny et l'auberge du Cheval-Rouge ; la *1*^{re} brigade, maintenue à Jury, se couvrit par des avant-postes établis à hauteur de Mercy-le-Haut. Ces derniers se relièrent vers Ars-Laquenexy à ceux de la *3*^{e} brigade installée à Courcelles-sur-Nied. La *1*^{e} brigade et une batterie séjournèrent près d'Augny.

La *3*^{e} division de cavalerie resta à son bivouac près de Coin-lès-Cuvry ; le *5*^{e} uhlans fournit les avant-postes (1).

La *3*^{e} division de réserve, chargée le 13 août « de cerner Metz et de préparer le siège de cette place par un investissement préalable », d'observer Thionville et d'empêcher « que des entreprises puissent être tentées de Metz, contre les communications des armées qui continueront leur marche en avant (2) » s'était établie au bivouac près de Retonfay. Ses avant-postes occupèrent Servigny, Noisseville et Flanville ; le *81*^{e} poussa jusqu'à Vany et Villers-l'Orme, échangeant quelques coups de fusil avec des détachements français.

---

(1) Le 4e escadron occupa Jouy-aux-Arches et Augny ; le 3e, Marly-sur-Seille, Cuvry et Fleury ; les 1er et 2e formèrent le gros à Prayelle. Junk, *die 3. Kavallerie-Division* (*Jahrbücher für die deutsche Armee und Marine*, 114e volume, p. 171.)

(2) *Correspondance militaire du maréchal de Moltke*, t. 1, n° 152, p. 280. — Voir *les Opérations autour de Metz*, t. III, p. 721.

II

L'armée du Rhin à son retour sous Metz.

§ 1. — *Les emplacements dans l'après-midi du 19 août.*

Ainsi qu'il a été dit précédemment (1), la retraite sous Metz des 2e et 3e corps, et de la brigade Pradier du 4e, avait pu s'effectuer sans que l'ennemi l'inquiétât. Au matin du 19, à l'exception d'assez nombreux isolés qui ne rejoignirent leurs régiments que plus tard, tout le monde s'était retrouvé groupé par unités constituées. Après différents arrêts ou diverses rectifications apportées à l'installation des bivouacs, ces corps occupèrent les emplacements suivants :

2e corps. — La 1re division était campée, depuis 3 heures de l'après-midi (2), en colonne par régiment dans l'ordre constitutif (3) sur les pentes de la butte Charles-Quint. Quoique en seconde ligne, elle fournit des grand'gardes à Scy et à Chazelles (3e bataillon de chasseurs), tandis que le 55e de ligne et la compagnie de génie divisionnaire occupèrent fortement Longeville, en arrière de la voie ferrée (4).

Vers 11 heures du matin, l'infanterie de la 2e division avait pris position dans les vignes qui couvrent les

---

(1) Voir *les Opérations autour de Metz*, t. III, p. 709.
(2) *Journal* de marche de la 1re division du 2e corps.
(3) *Historique manuscrit* du 76e régiment d'infanterie.
(4) *Journal* de marche du 2e corps.

pentes Sud du Saint-Quentin et s'était formée en colonne par brigade, la 1re en première ligne (1). Elle établit quelques petits postes qui relièrent Scy et Chazelles aux positions occupées par le 2e corps. La compagnie du génie bivouaqua en arrière de la deuxième ligne.

La brigade Lapasset était campée également depuis 11 heures à l'Est de Longeville, appuyant sa gauche à la Moselle et gardant par des postes le cours de cette rivière.

La cavalerie avait conservé près du Ban Saint-Martin son emplacement de la veille ; elle se trouva mêlée, jusque dans la soirée, aux éléments épars des batteries divisionnaires et de la réserve, à la réserve du génie, à l'ambulance, aux services administratifs du corps et aux nombreuses voitures civiles ou militaires entassées sur le terrain de manœuvres et aux environs.

Vers 5 heures de l'après-midi, la division de Forton ayant reçu l'ordre d'aller s'établir à Chambière, un groupement définitif des unités qui encombraient le terrain de manœuvres du Ban Saint-Martin put s'effectuer. La réserve d'artillerie forma le parc au pied des premières pentes orientales du Saint-Quentin, au Nord de la route de Verdun, sur l'emplacement laissé libre par la 3e division de cavalerie ; les batteries de la 2e division se portèrent un peu plus à l'Ouest ; il fut prescrit à celles de la 1re de s'établir le lendemain matin à la sortie Ouest de Longeville.

Le parc d'artillerie, abrité dans la nuit du 18 au 19 au fort Moselle, se rendit dans la matinée à l'arsenal.

Le quartier général s'était installé au Ban Saint-Martin.

3e corps. — Le 3e corps, dont le mouvement était achevé vers 11 heures du matin, occupa des positions

---

(1) *Journal* de marche de la 2e division du 2e corps.

sensiblement différentes de celles fixées par l'ordre de mouvement. Les quatre divisions établies suivant l'ordre normal, à l'extérieur de la ligne des forts, formèrent une courbe convexe vers l'Ouest. L'extrémité Nord aboutit vers Lorry (1re division); la branche Sud, fortement refusée, de manière à se soustraire le plus possible aux vues et aux coups des batteries que l'ennemi pouvait établir sur la rive droite du ravin de Montveau, s'étendit le long des premières pentes du Saint-Quentin, immédiatement en avant des troupes de la Garde. L'extrême gauche du 3e corps se trouva ainsi reportée de Scy et Lessy à la butte Charles-Quint, extrême droite du 2e. Seul, en avant du front, le IIe bataillon du 44e se maintint à Lessy; un petit poste installé au châlet Billaudel observa la vallée de Montveau; la partie Sud-Ouest des bois de Châtel-Saint-Germain ne fut pas occupée.

Les batteries de la réserve bivouaquèrent sur les pentes Nord du Saint-Quentin; la division de cavalerie séjourna près de la porte de Thionville, emplacement qu'elle avait atteint la veille vers 11 heures du soir.

Le quartier général s'était établi dans le village de Plappeville.

4e corps. — Dans leur mouvement de retraite, les 4e et 6e corps n'avaient pu tenir compte des indications contenues dans l'ordre de mouvement du grand quartier général et relatives aux emplacements à occuper. Leur installation nécessitait d'ailleurs, aux premières lueurs du jour, un groupement préalable de leurs éléments dissociés et répartis aux hasards d'une marche de nuit entre le fort Moselle, Devant-les-Ponts et Woippy.

Dès la pointe du jour, le général de Cissey s'était efforcé de réunir à la sortie de Woippy, au bivouac du gros, les différentes fractions de sa division (1). Vers une

---

(1) *Journal* de marche de la 1re division du 4e corps.

heure, suffisamment rallié, il installa sa 1re brigade au-dessus du Sansonnet, sur le Coupillon, au milieu des vignes, la 2e dans la plaine, au pied du coteau. La plus grande partie de l'artillerie divisionnaire resta campée, jusque dans la journée du lendemain, entre les deux brigades de la 3e division du 6e corps (1).

La 2e brigade de la 2e division rallia la 1re entre 9 et 10 heures du matin près du village de Lorry, à l'Est duquel le général Grenier établit ses troupes (2). Vers midi, les batteries divisionnaires bivouaquées près de la gare de Devant-les-Ponts rejoignirent leur division.

La 3e division, laissant son artillerie à Devant-les-Ponts, ne parvint sur ses emplacements à la gauche du 4e corps que vers 7 heures du soir. Elle s'installa en arrière et près de Lorry, détachant dans ce village quelques compagnies du 65e (3).

La division de cavalerie, après s'être réunie à Woippy, était campée depuis midi, sur les glacis de la place, près de la porte de Thionville.

Les batteries de combat de la réserve, ralliées dans la matinée au Ban Saint-Martin par leurs réserves, se portèrent vers 4 heures du soir dans l'île Chambière (4).

La réserve du génie resta au Sansonnet avec le quartier général.

6e *corps*. — Groupée en partie dans la matinée sur les glacis de la place, la 1re division se déploya, vers 4 heures du soir dans la plaine de Saint-Éloy, face au Nord, appuyant sa droite (9e bataillon de chasseurs) à la

---

(1) Le général La Font de Villiers au maréchal Canrobert, 20 août.

(2) *Journal* de marche de la 2e division du 4e corps.

(3) Plusieurs unités de cette division modifièrent, dans cette journée, jusqu'à trois fois leurs emplacements de bivouac.

(4) La 5e batterie du 17e resta seule sur la rive gauche et ne rejoignit Chambière que le lendemain.

Moselle (1). L'artillerie divisionnaire évacua Woippy et campa, dans l'après-midi, en arrière du centre. La compagnie du génie s'installa près de la Maison de Planche.

Prolongeant la gauche (100ᵉ de ligne) de cette division, le 9ᵉ de ligne, reconstitué, s'étendit jusqu'à la route de Thionville.

La 3ᵉ division, très morcelée, s'était ralliée dans la matinée, puis établie entre cette dernière route et la voie ferrée (2).

Enfin, la 4ᵉ division campa sur plusieurs lignes entre le chemin de fer et le Sansonnet, à l'exception du 70ᵉ qui reçut l'ordre d'occuper Woippy et de s'y retrancher. Cette division se relia par sa gauche à la 1ʳᵉ division du 4ᵉ corps établie sur les pentes du Coupillon.

Les 2ᵉ et 3ᵉ chasseurs de France s'installèrent à l'Est de la route de Thionville, près de la Maison de Planche ; ils furent rejoints, vers 5 heures du soir, par le 2ᵉ chasseurs d'Afrique et les 5ᵉ et 6ᵉ batteries du 19ᵉ.

Les 9ᵉ et 10ᵉ batteries du 13ᵉ séjournèrent au Ban Saint-Martin.

Le quartier général était établi au village de Devant-les-Ponts.

Garde. — En exécution de l'ordre de mouvement qui prescrivait à la Garde de rester provisoirement dans ses campements, ce corps occupa pendant toute la journée du 19, jusqu'à la tombée de la nuit, ses emplacements sur le mont Saint-Quentin et sur le plateau de Plappeville (3), immédiatement en seconde ligne derrière les

---

(1) Les nombreuses troupes, de cavalerie notamment, qui encombraient les glacis de la place, nécessitèrent cette modification à l'ordre de mouvement qui fixait « la droite du 6ᵉ corps au saillant Nord du fort Moselle ».

(2) *Journal* de marche de la 3ᵉ division du 6ᵉ corps.

(3) *Journal* de marche de la Garde impériale.

3e et 4e divisions du 3e corps. Le 4e voltigeurs se maintint sans difficulté dans le bois de Châtel et n'eut à essuyer, entre midi et une heure, que le feu des pièces du Saint-Quentin, sans avoir heureusement de pertes à déplorer (1).

3e division de réserve de cavalerie. — La division de Forton, campée entre le Ban Saint-Martin et Longeville, en arrière du 2e corps, quitta vers 6 heures du soir cet emplacement (2), laissant ses batteries sur les premières pentes orientales du Saint-Quentin. Elle gagna Chambière par le pont du fort Moselle et s'installa sous les arbres qui bordent le polygone de l'École d'artillerie et dans les jardins de l'École de pyrotechnie.

Réserve générale d'artillerie. — Bien que l'ordre de mouvement eût prescrit aux batteries de la réserve générale établies près du fort Saint-Quentin de se tenir « prêtes à marcher à 11 heures du matin », mais de ne commencer leur mouvement « que lorsqu'elles en recevront l'ordre », elles avaient quitté leur campement entre 4 h. 30 et 8 heures du matin et étaient venues chercher un emplacement disponible au Ban Saint-Martin.

Le service de sûreté fut organisé par brigade, dès l'arrivée des troupes sur leurs emplacements. Il comprit : 1° des grand'gardes ou postes avancés de la force d'une ou plusieurs compagnies qui occupèrent les localités situées à quelques centaines de mètres du front

---

(1) « Les artilleurs du fort Saint-Quentin, croyant cette position occupée par les Prussiens, lancèrent quatre obus qui vinrent tomber au milieu des quatre dernières compagnies du IIIe bataillon, sans blesser personne fort heureusement. On fit la sonnerie de : « Cessez le feu », qui fut répétée par tous les régiments placés entre la hauteur de Châtel-Saint-Germain et le mont Saint-Quentin. » (*Historique manuscrit* du 4e régiment de voltigeurs).

(2) *Journal* de marche de la 3e division de réserve de cavalerie.

de l'armée et en ébauchèrent la mise en état de défense (1); 2° une série de sentinelles (rarement de petits postes) poussées à des distances variables (30 à 200 mètres) des bivouacs (cette ligne constitua à elle seule, en avant de certaines unités, tout le réseau des avant-postes); 3° des reconnaissances journalières de cavalerie chargées de la surveillance de la plaine de la Moselle en amont et en aval de la place.

Ce service de sûreté actif, vigilant, mais exclusivement passif, fut établi selon les errements de l'époque. Sous sa protection, pendant que de nombreuses corvées de travailleurs, mises à la disposition du génie, creusèrent les tranchés-abris destinées à couvrir le front des troupes et à être utilisées en cas d'attaque, préparèrent des emplace-

---

(1) *L'ordonnance sur le service en campagne du 3 mai 1832* définit ainsi les grand'gardes (art. 81) : « postes avancés d'un camp ou d'un cantonnement; elles doivent en couvrir les approches ». « La grand'-garde pour un régiment d'infanterie ou de cavalerie, et même pour un bataillon, est habituellement commandée par un capitaine; elle est composée d'un nombre d'officiers, de sous-officiers, de caporaux et de soldats, fixé en raison de son objet, de la force du corps qui la fournit, et aussi du principe que quatre hommes sont nécessaires pour entretenir sans trop de fatigue une sentinelle. »

« Les grand'gardes, d'après l'article 83, sont conduites à leur destination, la première fois, par le colonel ou le lieutenant-colonel, et par les adjudants-majors qui ont accompagné le général dans la reconnaissance du terrain, si le lieutenant-colonel n'a pu lui-même remplir cet important devoir. »

L'article 85 spécifie que « les petits postes sont commandés, selon leur degré d'importance, par des officiers, des sous-officiers ou des caporaux ou des brigadiers; ceux de la cavalerie peuvent, suivant les circonstances, être relevés toutes les quatre heures ou toutes les huit heures ».

L'article 88 prévoyait les sentinelles *doubles* et les sentinelles *mobiles* ou *volantes*.

Le service de sûreté en station ne comportait pas à cette époque de réserve des avant-postes; les bataillons de piquet dans les camps en tenaient lieu.

ments de batteries ou renforcèrent les obstacles naturels, les corps prirent les mesures nécessaires pour se recompléter le plus rapidement possible en vivres, munitions et effets de toute sorte. A cet effet, toutes les voitures disponibles du train administratif des divisions et des quartiers généraux furent envoyées à Metz en ravitaillement. Les batteries réorganisèrent leur matériel et leurs attelages ; celles dont le réapprovisionnement n'avait pu encore avoir lieu, s'adressèrent à leur parc ou à l'arsenal.

La place allait pourvoir aux nombreux et pressants besoins de l'armée.

§ 2. — *Nouveau mouvement rétrograde à l'intérieur de la ligne des forts.*

Les emplacements occupés par l'armée le 19 août ne devaient être que provisoires. Les mêmes considérations qui avaient décidé, dans la matinée de ce jour, le maréchal Le Bœuf à refuser fortement sa gauche et à l'établir autant que possible hors de portée des batteries de la rive droite du ravin de Montveau (1), déterminèrent dans l'après-midi le général Bourbaki à appeler l'attention du commandant en chef « sur les circonstances dans lesquelles une partie de l'armée peut se trouver, dans le campement qui lui est affecté (2) ». A son avis, le 3e corps ne pouvait se maintenir dans les positions qu'il avait occupées, Longeville, Scy et Lessy étant « exposés aux vues de l'ennemi et au tir des batteries que ce dernier ne manquerait pas d'établir, notamment à Jussy et à Sainte-Ruffine (3) ».

Adoptant en partie cette manière de voir, le maréchal

---

(1) Voir p. 16.
(2) Le général Bourbaki au maréchal Bazaine, 19 août.
(3) *Ibid.* — Cette lettre fut vraisemblablement écrite par le commandant en chef de la Garde sous l'inspiration des observations que lui

Bazaine prescrivit au commandant du 3ᵉ corps de ramener ses troupes « en arrière des hauteurs (1) » ; au général Bourbaki, d'établir la Garde « au pied des pentes Est du Saint-Quentin (2) ».

En raison de l'arrivée tardive de cet ordre aux unités du 3ᵉ corps, les 1ʳᵉ et 2ᵉ divisions seules purent occuper dans la soirée leurs nouveaux bivouacs. Les 3ᵉ et 4ᵉ prirent les armes à 6 heures. Après être restées plusieurs heures dans l'expectative, elles reçurent du maréchal Le Bœuf l'autorisation de « retarder jusqu'à demain matin le mouvement prescrit (3) », par suite de l'encombrement qui régnait sur le plateau, et durent y passer la nuit sans abri, exposées à un vent glacial. Le 20, à 4 heures du matin environ, la 4ᵉ division se dirigea enfin sur ses nouveaux emplacements ; la 3ᵉ, à 10 heures seulement.

Vers midi, l'infanterie du 3ᵉ corps, défilée dans les directions Sud et Ouest aux vues de l'ennemi, était répartie, à l'intérieur de la ligne des forts, sur une courbe concentrique à celle occupée la veille : la 1ʳᵉ division, dont la droite se trouvait établie à hauteur de Tignomont, bivouaqua dans les vignes et les vergers qui couvrent les pentes orientales du fort Plappeville ; à sa gauche, la 2ᵉ division s'étendit jusqu'au col de Lessy ; les 3ᵉ et 4ᵉ couvrirent les flancs Nord du Saint-Quentin (4) jusqu'à la colline de Charles-Quint, où cette dernière division se reliait à la droite du 2ᵉ corps.

Quant à la Garde, elle avait abattu ses tentes le 19

---

adressait le général Deligny. Celui-ci « craignait que quelques obus tombant cette nuit au milieu des camps n'y occasionnent une panique générale ».

(1) Le maréchal Bazaine au maréchal Le Bœuf, 19 août.
(2) Le maréchal Bazaine au général Bourbaki, 19 août.
(3) *Note* du 3ᵉ corps, Plappeville, 19 août.
(4) Les régiments formés en colonne à distance entière par division.

vers 4 heures du soir et fait filer ses bagages dès ce moment. Bien que les troupes de la 1re division, formant la tête de colonne, ne fussent mises en marche que vers 7 heures (1), utilisant à propos les deux routes descendant des hauteurs, mais qui se réunissaient à Plappeville, les premiers éléments de la 2e division ne purent s'ébranler que vers 8 heures (2), les derniers à minuit seulement. La nuit entière fut employée par la Garde à parcourir, sur des chemins encombrés de voitures de toute sorte, les trois ou quatre kilomètres qui séparaient les deux emplacements de bivouacs. Le mouvement fut terminé pour la division de voltigeurs vers minuit (3), pour les grenadiers et la réserve d'artillerie entre 3 et 4 heures du matin.

Dans la matinée du 20, ce corps parvint à occuper les emplacements suivants : les deux divisions d'infanterie le long du chemin de la Ronde, la 1re appuyant sa droite au chemin vicinal du Coupillon à Lorry, la 2e, sa gauche au pied du Saint-Quentin, couverte par le 2e corps. La 1re brigade de la division de cavalerie avait suivi le mouvement des divisions d'infanterie ; les 2e et 3e ne quittèrent leur bivouac que vers midi (4) et descendirent au Ban Saint-Martin où elles s'établirent (5) près des réserves d'artillerie et du génie.

Par suite des changements apportés aux emplacements du 3e corps, le 4e reporta sa gauche légèrement

---

(1) *Journal* de marche de la division de voltigeurs.
(2) *Journal* de marche de la division de grenadiers.
(3) Le 4e voltigeurs, ayant évacué ses positions de Châtel vers 5 h. 30, arriva à Devant-les-Ponts en même temps que les autres fractions de la 1re division.
(4) Ordre de marche : 2e brigade, artillerie, 3e brigade, convoi régulier, convoi auxiliaire, un escadron d'arrière-garde.
(5) Par brigade sur deux lignes, la droite à la route de Thionville.

en arrière. La 3ᵉ division prit position vers midi plus près du fort de Plappeville, à 500 mètres environ de Tignomont, se reliant à la division Montaudon ; la 2ᵉ division, appuyant sa droite au chemin de Saulny, s'installa en arrière de la crête qui sépare la Bonne-Fontaine de la ferme du Chêne. Quant à la 1ʳᵉ division établie à la droite du corps d'armée, le général de Cissey porta sa 2ᵉ brigade en avant de la 1ʳᵉ et l'échelonna dans les vignes pour bien se relier aux troupes de la division Le Vassor-Sorval qui occupaient Woippy.

Au 6ᵉ corps, des modifications insignifiantes furent apportées aux bivouacs occupés la veille.

Les autres éléments de l'armée, 3ᵉ division de cavalerie et réserve générale d'artillerie, séjournèrent dans leurs camps installés au Ban Saint-Martin et à Chambière.

Dans tous les corps, les quelques fractions, notamment des batteries d'artillerie, restées séparées du gros de leurs unités par suite de l'encombrement des routes dans la journée du 19, rejoignirent le 20.

A la suite de ce nouveau mouvement rétrograde, l'armée du Rhin se trouva donc entassée sur une surface de 8 kilomètres carrés environ, adossée à la Moselle qu'elle ne pouvait franchir que sur les deux ponts fixes de la ville. Dans ces positions, qui semblaient prévoir sur la rive gauche de la rivière une attaque pourtant invraisemblable et qu'en tout cas deux corps d'armée auraient suffi à repousser, les troupes s'occupèrent à se réorganiser.

§ 3. — *Situation matérielle et morale de l'armée.*

L'ordre matériel tel qu'il paraissait résulter du ralliement des grandes unités exécuté dans la journée du 19, était plus apparent que réel. D'une manière générale, si aucune fraction de l'armée n'était désorganisée, si l'armement de l'infanterie restait en bon état, si l'artillerie possédait encore toutes ses bouches à feu, par contre la reconstitution des cadres, la nécessité du réapprovisionnement en vivres, munitions et effets de toute sorte exigeaient, impérieusement, un arrêt momentané « de deux ou trois jours (1) » sous les murs de Metz. Ce séjour devait permettre aux nombreux isolés, séparés de leurs corps à la suite de la bataille du 18, de rejoindre leurs unités, et donner aux troupes, en général fort épuisées par ces combats successifs, l'occasion de se refaire.

L'état sanitaire des hommes restait bon; les cas de dyssenterie (2) demeuraient isolés. Quant à l'état physique des chevaux, on remarquait déjà de différents côtés qu'il déclinait « sensiblement (3) », par suite du manque de nourriture, de l'excès de fatigue causée par les temps d'arrêt trop longs, enfin par l'usage exclusif de l'avoine.

La situation de l'armée au 20 août (4) accusait un effectif présent de 141,429 hommes et de 35,999 chevaux (5).

La journée du 16 ayant causé, parmi les troupes d'infanterie, la perte de nombreux sacs (6), perte qui

---

(1) Le maréchal Bazaine à l'Empereur, 19 août, expédié le 20.
(2) Provoqués, d'après le général Frossard, par la privation de soupe. La consommation de fruits verts dut aussi y contribuer.
(3) *Rapport* confidentiel du général Metman, 21 août.
(4) Non compris le grand quartier général, la réserve générale du génie, la 3e division du 2e corps.
(5) Chiffres que l'on doit considérer comme très approximatifs, comme on le verra ultérieurement.
(6) Le général Frossard attribua cette perte à la « panique causée par la retraite précipitée de la division de Forton ». (Le général Frossard au maréchal Bazaine, 20 août.) — Il manquait plus de 6,000 havresacs. Depuis le 12 août, 6,000 couvertures de campement avaient été distribuées; 5,000 environ étaient de nouveau nécessaires; même chiffre pour les tentes-abris.

entraînait celle des vivres et des ustensiles de campement (1), *le 2ᵉ corps* se retrouvait à peu près dans la même situation qu'à son arrivée à Puttelange, le 7 août. La cavalerie n'était guère mieux partagée que l'infanterie sous le rapport du matériel de campement. En outre, une grande partie des bagages des officiers, un certain nombre de voitures régimentaires avaient été abandonnées le jour de la bataille de Rezonville (2). L'effectif des compagnies d'infanterie variait de 65 (au 76ᵉ) à 104 (au 55ᵉ); il était en moyenne de 84 hommes (3). Les pertes importantes subies par les cadres, les 6, 16 et 18 août (4), avaient privé de leurs chefs beaucoup de compagnies, de bataillons et de régiments (5).

Depuis le 14 août, la division de Laveaucoupet désignée pour occuper les forts de Metz, s'était à grand'peine reconstituée ; ses besoins restaient nombreux, notamment en effets d'habillement et de campement.

---

(1) « Le dénuement sous ce rapport est très grand ; les hommes ne peuvent faire la soupe qu'en se repassant d'une compagnie à l'autre, les quelques marmites qui restent. » (Le général Frossard au maréchal Bazaine, 20 août.)

(2) Le 3ᵉ lanciers (brigade Lapasset) était privé, depuis sa séparation du 5° corps, de toutes ses voitures régimentaires, de sa forge, des bagages des officiers et de sa comptabilité.

(3) Effectifs du 2ᵉ corps, le 6 août au matin (y compris la 3ᵉ division) : 30,041 hommes disponibles, 5,099 chevaux; le 20 août (non compris la 3ᵉ division) : 601 officiers, 17,676 hommes présents, 4,132 chevaux; de la brigade Lapasset, le 20 août : 128 officiers, 3,933 hommes présents, 761 chevaux.

(4) 26 officiers en moyenne par régiment d'infanterie. La brigade Lapasset avait perdu les 16 et 18 : 49 officiers, 929 hommes et 68 chevaux.

(5) Le 3ᵉ bataillon de chasseurs ne possédait plus que 5 officiers (dont l'officier payeur et l'officier chargé des détails) pour commander les six compagnies.

Les 3ᵉ et 19ᵉ bataillons de chasseurs, le 8ᵉ de ligne étaient commandés par des capitaines ; les 32ᵉ, 2ᵉ, 66ᵉ, 40ᵉ et 23ᵉ de ligne par des chefs de bataillon ; les 77ᵉ et 67ᵉ par des lieutenants-colonels.

L'artillerie possédait tout son matériel, sauf 3 caissons à la 9ᵉ batterie du 5ᵉ et 2 caissons légers à deux roues à la réserve de la 2ᵉ division (1).

La situation matérielle restait satisfaisante au 3ᵉ *corps*. Les pertes en effets ou ustensiles de campement, très faibles d'ailleurs, ne concernaient que les 3ᵉ et 4ᵉ divisions (2); seuls, les besoins en couvertures et ceintures de flanelle étaient assez nombreux (3). Comme dans les autres corps, des compagnies se trouvaient commandées par des sergents et de nombreuses vacances d'officiers s'étaient produites (4). L'effectif moyen des compagnies restait supérieur à 100 hommes de troupe (5). Les pertes en hommes et en chevaux relativement faibles subies par l'artillerie (6), permettaient d'espérer, grâce aux ressources dont on allait disposer, une complète reconstitution des effectifs. Un caisson à deux roues et un arrière-train de caisson d'infanterie manquaient à la 1ʳᵉ division; un caisson à deux roues et un avant-train de 4, à la 2ᵉ; quatre caissons à deux roues, à la 4ᵉ. Une

---

(1) Le 13 août, chacune des réserves des 1ʳᵉ et 2ᵉ divisions avait remis à la brigade Lapasset pour constituer sa réserve : 2 caissons à 4 roues et 4 caissons légers à 2 roues.

(2) Au 71ᵉ de ligne : 73 havresacs, 89 tentes, 32 bidons, 32 marmites.

(3) 10,000 couvertures, 20,000 ceintures de flanelle (2 par homme). Les hommes de la réserve n'en avaient jamais reçu.

(4) L'un des régiments le plus atteint, le 51ᵉ, ne possédait plus que 36 officiers. 45 officiers étaient disponibles, en moyenne, à chaque régiment d'infanterie. A l'exception des 29ᵉ et 44ᵉ, tous les régiments étaient encore commandés par des colonels.

(5) Le 3ᵉ corps avait eu dans les journées des 14, 16 et 18 août : 320 officiers, 5,478 hommes de troupe tués, blessés ou disparus. Effectif au 20 août : 1,436 officiers, 41,786 hommes, 8,663 chevaux présents.

(6) 96 servants, 9 conducteurs d'artillerie, 7 du train ; 188 chevaux ; soit en moyenne par batterie : 5 servants, 3 conducteurs et 10 chevaux (*Rapport* du général de Rochebouët, 21 août.)

prolonge chargée et 300 outils environ avaient été abandonnés le 18.

Trois brigades du 4ᵉ *corps* avaient perdu à peu près tous leurs sacs, ustensiles et effets de campement. En outre, les corps, privés le matin du 18 août de leurs voitures régimentaires requises pour le service de l'intendance, ne purent faire enlever les effets des officiers et les bagages qui tombèrent également aux mains de l'ennemi. Les cadres de l'infanterie et de la cavalerie se trouvaient fortement diminués (1); les pertes étaient aussi sensibles parmi les officiers subalternes que parmi les officiers supérieurs ou généraux (2). Un seul caisson à deux roues, brisé le 18, manquait à la 3ᵉ division.

La situation du 6ᵉ *corps* était, de toutes, la plus pénible. A l'absence partielle ou totale d'importants services ou unités qui n'avaient pu atteindre Metz (3),

---

(1) Les deux brigades de la 1ʳᵉ division étaient commandées par des colonels; les 73ᵉ, 43ᵉ et 15ᵉ régiments de ligne par des chefs de bataillon ; le 3ᵉ dragons par un chef d'escadrons; les 20ᵉ et 2ᵉ bataillons de chasseurs par des capitaines. — Les régiments d'infanterie des 1ʳᵉ et 2ᵉ divisions avaient perdu 31 à 36 officiers environ; ceux de la 3ᵉ, 17 seulement. Le 57ᵉ de ligne ne comptait plus que 19 officiers disponibles et 1,105 hommes. L'effectif moyen des compagnies d'infanterie comprenait 74 hommes à la 1ʳᵉ division ; 75, à la 2ᵉ.

(2) Le 4ᵉ corps avait été réduit de 474 officiers et de 7,450 hommes de troupe tués, blessés ou disparus dans les journées des 14, 16 et 18 août. Effectif au 20 août : 879 officiers, 26,825 hommes, 6,507 chevaux présents.

(3) Trois régiments de la 2ᵉ division d'infanterie, l'artillerie, les réserves divisionnaires et les compagnies du génie des 2ᵉ et 4ᵉ divisions, la division de cavalerie (de Salignac-Fénelon), la réserve d'artillerie, le parc du génie, la force publique étaient restés au camp de Châlons; les commandants de l'artillerie et du génie, l'intendant, n'avaient pu également rejoindre ; enfin les services administratifs, très incomplètement constitués, privaient le 6ᵉ corps, à son arrivée à Metz, de tout transport régulier, de séries divisionnaires et d'une partie des ambulances. (Ces dernières n'avaient reçu depuis leur formation ni cacolets ni voitures Masson.)

s'ajoutaient, en effet, les pertes énormes subies dans les journées du 16 et du 18 (1). La plus grande partie des sacs des hommes (2) et la majeure partie des bagages des officiers (3) restèrent soit sur le champ de bataille du 16, soit surtout à Saint-Privat. Le 9ᵉ de ligne était commandé par un capitaine; les autres régiments d'infanterie avaient un personnel en officiers extrêmement réduit (4); un grand nombre de compagnies manquaient d'officiers. Le service médical n'était plus assuré dans certains corps de troupe (5) et l'ambulance du quartier général ne comprenait que quatre médecins. La 1ʳᵉ division ne possédait plus un cacolet par suite de l'abandon de son ambulance à Saint-Privat; le payeur et le prévôt de cette division, laissés à Metz, le 15 août, avaient disparu; un convoi de vivres emmené à cette même date s'était éga-

---

(1) Le 6ᵉ corps avait perdu les 16 et 18 août : 414 officiers et 8,466 hommes (y compris les pertes du 18 de la division du Barail). Effectif présent au 20 août : 710 officiers, 22,812 hommes, 3,340 chevaux (l'artillerie de la 4ᵉ division et le 10ᵉ chasseurs ne figurent pas dans ces chiffres).

Les compagnies comptaient, au retour sous Metz, 80 hommes en moyenne ; les situations au 20 août accusent 963 présents au 26ᵉ; 1,144 au 93ᵉ; 1,849 au 12ᵉ; 1,201 au 9ᵉ.

(2) 5,182 havresacs environ, 970 marmites, 968 gamelles, 808 grands bidons étaient nécessaires au 6ᵉ corps.

(3) Le 16 : perte des voitures à bagages du 75ᵉ.

Le 18 : au 9ᵉ bataillon de chasseurs, perte totale des effets d'habillement et d'équipement (officiers et troupe), de la caisse et de la comptabilité du corps; au 10ᵉ de ligne, perte de tous les bagages des officiers, moins 4 cantines, de la caisse de l'officier payeur; aux 91ᵉ et 94ᵉ, de tous les bagages des officiers, des caisses de pièces de rechange. Les voitures du 9ᵉ étaient restées à Châlons...

(4) 39 officiers en moyenne par régiment d'infanterie. Le 70ᵉ ne possédait ni lieutenant-colonel ni chef de bataillon. Le 93ᵉ ne disposait plus que de 25 officiers présents ; le 70ᵉ, de 37. Cependant, sauf les 10ᵉ, 75ᵉ, 91ᵉ et 26ᵉ, tous les régiments étaient encore commandés par leurs colonels.

(5) Le 94ᵉ entre autres.

lement perdu. Un seul sous-intendant restait pour tout le corps d'armée, le sous-intendant Moyse faisant fonctions d'intendant au 6ᵉ corps, les sous-intendants des 1ʳᵉ et 3ᵉ divisions étant disparus après le 18. Enfin, le 6ᵉ corps ne possédait plus que deux prolonges chargées d'outils, les compagnies du génie des 1ʳᵉ et 3ᵉ divisions ayant dû abandonner leurs autres voitures de section à Saint-Privat; plusieurs voitures (caissons, affûts de rechange ou chariots de batterie) manquaient à différentes batteries.

Les conditions matérielles de la *Garde* restaient excellentes (1). Les cadres en officiers demeuraient en général suffisants (2). Les effectifs qui n'avaient été jamais très élevés, comprenaient, en moyenne, 90 hommes par compagnie (3); les escadrons variaient de 65 (4) à 103 chevaux de troupe. Les effets de petit équipement, de campement ou d'habillement, perdus soit dans les marches, soit à la suite du combat du 16, avaient été déjà en partie remplacés (5). Seules, les couvertures versées à Nancy manquaient. Aucune batterie n'était désorganisée; un complément de 80 chevaux au maximum devait permettre d'atteler toutes les voitures.

---

(1) Le IIIᵉ bataillon du 3ᵉ grenadiers et le 3ᵉ escadron du régiment des guides se trouvaient avec l'Empereur.

(2) 60 officiers environ étaient disponibles dans chaque régiment d'infanterie; 47 seulement au 2ᵉ grenadiers commandé par un chef de bataillon.

(3) La Garde avait perdu 164 officiers et 2,337 hommes, les 16 et 18. (Le général Bourbaki indiquait dans son *Rapport* du 20 août : 138 officiers, 2,926 hommes.) Situation approximative au 20 août : 850 officiers, 17,598 hommes, 6,330 chevaux.

(4) Aux cuirassiers; ce régiment avait été réduit à 4 escadrons.

(5) Les besoins, insignifiants aux voltigeurs et aux 2ᵉ et 3ᵉ brigades de cavalerie, étaient un peu plus importants à la division de grenadiers. Havresacs nécessaires à la 1ʳᵉ division, 29; à la 2ᵉ, 337. Tentes abris, 1ʳᵉ division, 261; 2ᵉ division, 844.

La 3e *division de réserve de cavalerie* (de Forton) était privée de moyens de transports réguliers depuis le 16. L'ambulance disparut également à cette date (1).

Les pertes en hommes et en chevaux avaient été assez fortes à la *réserve générale d'artillerie* (2). Les besoins en effets de campement ou d'habillement étaient insignifiants (3).

Malgré cette situation matérielle, en général peu favorable, les nombreuses privations et les grandes fatigues supportées depuis le début de la campagne, les forces morales des troupes demeuraient, au 19 août, à peu près intactes. Le général Frossard constatait cependant, dans son *Rapport* confidentiel adressé au maréchal Bazaine le 20 août, que du manque de cadres il résultait un certain relâchement dans la discipline, un défaut de direction et d'ensemble. Toutefois, il ajoutait qu'on ne pouvait pas dire que le 2e corps était démoralisé, tant s'en faut, mais que les troupes auraient besoin « seulement de se refaire, de se rasseoir et de reprendre toute la confiance que nos soldats ont toujours eue en eux-mêmes et qui, en ce moment, me semble un peu altérée (4) ». Le général Montaudon faisait observer « que certaines faiblesses remarquées dans des corps voisins ont produit quelques impressions ; la contagion de l'exemple est très à redouter (5) ». Le général Metman reconnaissait que les troupes

---

(1) Pertes des 16 et 18 août : 26 officiers, 150 hommes, 69 chevaux. Effectif disponible au 20 août : 158 officiers, 2,321 hommes, 2,187 chevaux (92 chevaux par escadron en moyenne).

(2) 132 hommes, 206 chevaux environ. Effectif au 20 août (12 batteries) : 69 officiers, 2,011 hommes, 1,935 chevaux.

(3) Les 13e et 18e d'artillerie demandaient : 21 havresacs, 43 tentes-abris, 44 marmites, 19 flanelles, 38 couvertures.

(4) *Rapport* confidentiel du général Frossard, Ban Saint-Martin, 20 août.

(5) *Rapport* confidentiel du général Montaudon, 20 août.

d'infanterie « ont perdu un peu de l'élan dont elles étaient susceptibles au début de la campagne ; que les hommes se préoccupent de la situation, qu'ils s'étonnent de la supériorité numérique et de la puissance de l'artillerie ennemie, ne pouvant se rendre compte de l'infériorité réelle de l'infanterie prussienne dont cette artillerie ne serait que le masque (1) ».

Mais, si « le lien s'était évidemment détendu (2) » dans certaines unités, la situation morale de l'armée, même au 6ᵉ corps si fortement éprouvé matériellement, se maintenait, en général, très satisfaisante. L'attitude des troupes, le 31 août, donna d'ailleurs la mesure de ce que l'on pouvait encore espérer d'elles. Le soldat d'infanterie avait conscience de la supériorité de son arme. La cavalerie, qui n'avait jamais hésité à aborder celle de l'ennemi, restait prête à le faire. Si l'artillerie de l'adversaire était supérieure à la nôtre au point de vue du nombre des canons, de leur calibre et de la vitesse du tir, on s'était aperçu « qu'en rapprochant les distances et en combattant de plus près, cette infériorité était notablement diminuée (3) ; quant aux attelages des pièces et à la manière dont elles étaient servies, on ne pouvait désirer rien de mieux (4) ».

L'armée possédait donc à un très haut degré le sentiment de sa valeur. Elle pensait qu'elle n'avait cédé que

---

(1) *Rapport* confidentiel du général Metman, 21 août.

(2) *Rapport* confidentiel du général Frossard, Ban Saint-Martin, 20 août.

(3) « Les officiers pensent qu'il serait très fâcheux de continuer des combats d'artillerie à longue portée. L'infériorité de nos bouches à feu ne nous permet pas d'espérer le succès dans une lutte semblable et elle a l'inconvénient de démoraliser, en la paralysant, notre infanterie qui paraît très supérieure à celle de l'ennemi. » (*Rapport* du général de Rochebouët, 20 août.)

(4) Général Deligny, *L'Armée de Metz, 1870*, p. 9.

devant la supériorité numérique de l'adversaire et se préoccupait médiocrement de l'investissement. Croyant qu'elle aurait toujours la ressource de se tirer d'affaire en faisant une trouée, elle envisageait avec une confiance virile les efforts que l'on allait de nouveau exiger d'elle (1). Les hommes se figuraient, en effet, n'être encore qu'aux débuts d'une longue campagne, ainsi que le leur avait dit l'Empereur dans sa proclamation (2), et que très prochainement, dans quelques jours, se rouvrirait la période des opérations (3). La troupe et surtout les officiers ne demandaient qu'à être commandés et à sentir qu'ils étaient conduits et dirigés (4).

Le maréchal Bazaine n'était propre à une pareille

---

(1) Général Jarras, *Souvenirs*, p. 139.

(2) « La guerre qui commence sera longue et pénible... » (Proclamation de l'Empereur à l'armée, Metz, 28 juillet.) « La lutte ne fait que commencer ; elle sera longue et acharnée. » (Ordre général de l'armée, Ban Saint-Martin, 20 août.) « Derrière nous, la France entière se lève pour défendre notre sol et d'autres armées vont se joindre à nous... » (Ordre de la 1re division du 4e corps, Metz, 20 août.)

(3) « Nous ne savions pas bien dans les régiments où nous en étions. Pour tout le petit monde, on avait perdu une bataille importante, à la suite de laquelle on avait été obligé de se replier sur Metz, afin de se reposer et de se ravitailler après la perte des camps. Mais personne ne pensait à un investissement possible et l'on comptait bien, quand la troupe serait refaite, reprendre une vigoureuse offensive dont le résultat favorable, avec un point d'appui comme le camp retranché, ne faisait de doutes pour personne. Quant aux grands chefs, ils n'en savaient peut-être pas plus long que nous ; en tout cas, ils ne disaient rien, ne laissaient rien paraître quand, par hasard, ils se montraient. » (Lieutenant-colonel Patry, *La Guerre telle qu'elle est*, p. 121.) Le lieutenant-colonel Patry fit la guerre en qualité de lieutenant au Ier bataillon du 6e de ligne.

(4) « Certains officiers ne pouvaient se défendre de pressentiments pénibles », état que le maréchal Le Bœuf reconnaissait dans son *Rapport* confidentiel du 20 août, en écrivant que « très dévoués et très braves au feu, les officiers sont naturellement un peu enclins à la critique, mais sans aigreur, chacun d'eux ayant son plan de campagne ».

tâche « ni par son activité physique ni par ses talents ni par son énergie morale (1) ». « Il ne possédait en aucune manière l'énergie du commandement; il ne savait pas dire : « *Je veux* », et se faire obéir (2). » Le 12 août, lorsque l'Empereur, ratifiant le choix du pays et la désignation de l'armée, lui confia le commandement de l'armée du Rhin, le Maréchal savait qu'il héritait d'une situation rendue très difficile. Malheureusement pour lui et fatalement pour l'armée, « l'insuffisance du chef se compliquait de celle de quelques-uns de ses lieutenants..... ; deux d'entre eux tout particulièrement n'avaient pas été suffisamment formés au mouvement des armes combinées et éprouvaient beaucoup de peine dans leur mise en jeu sur un grand théâtre de guerre ; tous même, on peut le dire, avaient, en quelque sorte, leur éducation militaire à refaire par suite des procédés tactiques inaugurés par l'ennemi, et des prodigieux effets des armes nouvelles qui rend fatale la plus petite faute et exige, dans la préparation et la conduite de la guerre, une précision de vues, une unité d'action, une prévoyance et une activité plus grandes que par le passé (3) ». Plus ou moins déroutés (4), certains restaient anxieux en présence de nos échecs successifs et inattendus, et se demandaient si désormais la lutte n'était pas une prétention inutile. Après avoir refusé d'ajouter foi, avant la guerre, à la forte organisation de l'armée prussienne, ils commençaient à croire que pour avoir quelque chance de succès, il fallait le temps de réorganiser à fond notre état militaire (5).

---

(1) Général Deligny, p. 5.
(2) Général Jarras, p. 132.
(3) Général Deligny, p. 6-7.
(4) « Malgré toutes nos épreuves, j'ai bon moral, peu d'espoir cependant. » (*Souvenirs militaires* du général Montaudon, 23 août, p. 133.)
(5) Lors d'une visite au fort Saint-Privat, le 13 septembre, le maré-

Les quelques nouvelles provenant de l'intérieur de la France annonçaient cependant qu'une nouvelle armée se formait sous les ordres du maréchal de Mac-Mahon et que Paris hâtait sa mise en état de défense; mais les mêmes esprits se refusaient à croire que cette ville fut capable d'une résistance sérieuse, et ne professaient qu'une très médiocre confiance dans la valeur de l'armée reconstituée à la hâte au camp de Châlons. D'ailleurs, l'exemple de la guerre de 1866 pouvait faire supposer que celle-ci serait de courte durée. Un coup décisif allait très vraisemblablement être frappé et des propositions de paix suivraient la grande bataille que l'Empereur allait livrer au roi de Prusse dans les plaines de Châlons ou sous les murs de Paris.

Telles furent peut-être certaines des raisons qui déterminèrent quelques généraux à ramener toutes les chances de succès soit à une « expectative savante » sous les murs de Metz, soit à « une de ces occasions heureuses qui relèvent la confiance des masses (1) ».

Cette manière d'agir répondait à l'insuffisance du haut commandement. Elle résultait de l'attraction (2) que les places fortes exercent toujours en pareil cas et des théories les plus funestes qui régnaient à cette époque sur les propriétés des camps retranchés (3). Elle sembla

---

chal Bazaine déclara au commandant du 13ᵉ bataillon de chasseurs : « Que nous avions entrepris la guerre sans être prêts..... Pour cette fois-ci, c'était une partie perdue; qu'il faudrait conclure la paix pour se refaire et recommencer dans deux ans. » (*Procès Bazaine*, déposition Jouanne Beaulieu, p. 531.)

(1) *Rapport* confidentiel du général Metman, 21 août.

« On a voulu rentrer à Metz pour se mettre à l'abri et attendre les événements. » (*Souvenirs militaires* du général Montaudon, p. 134.)

(2) Suivant le mot du général Frossard : « de *l'aspiration* ». (*Rapport sur les opérations du 2ᵉ corps*, p. 121.)

(3) *Les Considérations sur l'art de la guerre* du général Rogniat figurent à côté des *Mémoires* de Napoléon ou des *Principales combinai-*

ne rien compromettre et parut susceptible, conformément aux dernières paroles de l'Empereur au maréchal Bazaine le 16 août au matin (1), de conserver intacte une solide armée qui, après s'être vaillamment battue sans se laisser entamer, protégeait momentanément la place de Metz et influerait prochainement sur la conservation du territoire à la France.

Aucun calcul n'était plus faux et ne devait être plus funeste par ses résultats.

Au retour sous Metz, la retraite sur Verdun et Châlons ayant définitivement échoué, le commandement ne put donc se décider, d'une manière ferme, à opter pour l'une des deux solutions qui se présentaient dorénavant : accepter le blocus sans tenter de le rompre, ou sortir dès que l'armée serait réorganisée (2). Dans l'un ou l'autre cas, il était évident que les dispositions suivantes étaient immédiatement à prendre : rassembler dans la place tous les approvisionnements de blé, viande sur pied, fourrages..... que les régions environnantes contenaient en abondance, précaution d'autant plus indispensable qu'elle avait été négligée ou méconnue par le

---

sons de l'art de la guerre de Jomini, parmi les ouvrages recommandés par *l'Agenda d'état-major* aux officiers élèves de l'École d'application.

L'exposé des opinions des membres composant le conseil de guerre de Grimont (26 août) sur l'opportunité du maintien de l'armée sous les murs de Metz permettra de constater l'influence néfaste des *idées* du général Rogniat qui, en considérant les places « comme les réduits des camps retranchés qu'on peut établir sous leur canon » admet qu'elles « offrent aux *armées défensives* des points d'appui et de sûreté qui peuvent avoir une influence décisive pour la défense des états ». (*Considérations sur l'art de la guerre*, p. 478.)

(1) L'Empereur n'avait pas encore abandonné, à cette date, l'espoir d'une intervention étrangère dans la lutte.

(2) Les contradictions que l'on peut relever dans les dépêches expédiées de Metz par le maréchal Bazaine, les mesures de réorganisation de l'armée qu'il ordonnait du 20 au 30 août, les conversations qu'il échangeait pendant cette même période confirment cette appréciation.

gouvernement impérial et par le commandant supérieur de la place; chercher à maintenir le plus longtemps possible les communications avec l'intérieur de la France, principalement par la voie ferrée de Thionville. Nous verrons ultérieurement qu'aucune mesure ne fut prise dans ce sens.

Ensuite, il était urgent de faire choix de points importants (1), dont l'occupation, assurée par de forts rassemblements de troupes et renforcée par de solides ouvrages, aurait comporté d'inappréciables avantages. Non seulement elle devait accroître d'une manière sérieuse les difficultés d'un investissement, rendrait plus difficile la surveillance et la concentration des troupes prussiennes en éloignant des abords de la place les points de passage nécessaires à l'ennemi, mais elle conserverait à l'armée investie les nombreuses ressources des villages de la banlieue, rendrait possible à tout instant soit un mouvement offensif général, soit une tentative dans une direction déterminée et permettrait de harceler l'adversaire, si on se bornait momentanément à n'exécuter que des entreprises de faible envergure.

Quel que fût le but que l'on se proposât, la base des opérations à exécuter autour du camp retranché devait toujours être la Moselle, sur laquelle la place et les forts

---

(1) Positions que les généraux Frossard et Coffinières avaient dû « étudier au Comité des fortifications ». (Le général Bourbaki au maréchal Bazaine, 19 août.)

Dans ses délibérations, le Comité des fortifications examina, en 1869, lors des projets d'établissements des forts de Metz, les différentes positions qu'une armée de blocus pourrait occuper autour du camp retranché. L'examen de ces emplacements permet de déduire que les membres du Comité n'envisagèrent jamais l'éventualité de répartir les troupes investies au delà de la ligne des forts. (*Président du Comité* : Général Frossard; *Membres* : Généraux de Béville, Coffinières, Vialla, Ducasse, Javain, Prudon, Doutrelaine, Dubois-Fresney, Dubost, Véronique, Durand de Villers).

formaient une double tête de pont. Parmi les directions générales où l'on pouvait tenter une sortie, deux étaient à rejeter : celle de l'Est, qui menait directement à la frontière, celle de l'Ouest, déjà aux mains de l'ennemi. Celles du Nord et du Sud devaient être envisagées sérieusement.

La direction du Nord nécessitait avant tout un débouché permanent sur la rive gauche, dont les plateaux commandent non seulement la vallée, mais les hauteurs de la rive droite où l'on pouvait trouver un champ de bataille avantageux. On aurait atteint ce but en s'établissant à 2,500 mètres environ au Nord-Ouest du fort de Plappeville, position qui, en assurant les abords du plateau et l'accès de la route d'Amanvillers, commandait le ravin de Châtel, les contreforts boisés du Chesnois et du Plesnois (1). Il était en outre nécessaire, pour compléter l'action de l'armée, dans la plaine de Thionville, d'organiser solidement, dès le début, Ladonchamps et le mamelon 211 à l'Ouest de Bellevue. Les nombreuses fermes ou localités (les Maxes, les Tapes, Norroy, Plesnois.....) situées dans la vallée, échappaient ainsi à l'ennemi, dont la ligne d'investissement ne pouvait plus dépasser Maizières—Marange ; ses avant-postes étaient limités à Fèves—Semécourt—Amelange ; le passage de la Moselle à Argancy se trouvait également interdit.

Sur la rive droite, si l'occupation de la position de Sainte-Barbe, située à plus de 6,000 mètres du fort Saint-Julien, ne pouvait être maintenue sans difficultés,

---

(1) On peut de nouveau rappeler que l'ordre de mouvement du 18 prescrivait l'occupation « des parties Sud-Ouest des bois de Vigneulles et de Châtel-Saint-Germain ». Cette mesure, insuffisante sans doute pour assurer l'accès des plateaux de la rive gauche, dénote du moins de la part du commandement une tendance à ne pas se renfermer exclusivement à l'intérieur de la ligne des forts comme le maréchal Le Bœuf et le général Bourbaki le crurent indispensable.

par contre, il était nécessaire de se rendre maître de la ligne Nouilly—Vany—Chieulles où l'on aurait eu à élever des travaux importants. On menaçait encore ainsi les communications de l'armée d'investissement sur la Moselle, en aval de la place.

Vers le Sud et le Sud-Est, les débouchés des trois routes de Courcelles, de Strasbourg et de Nomény, qui permettaient d'atteindre rapidement les lignes de communications vers l'arrière de l'armée prussienne, étaient assurées par la construction d'une redoute à l'Ouest de Colombey, par l'occupation du château de Mercy-le-Haut et de la hauteur 198 au Sud de Magny-sur-Seille (1). L'organisation défensive des fermes de Tournebride et de Frescaty gênait le passage de la Moselle à Ars.

Vers le Sud-Ouest, sur la rive gauche, le débouché de Rozérieulles, suffisamment défendu par le Saint-Quentin, pouvait être assuré par de forts détachements poussés vers Sainte-Ruffine.

Ces diverses positions occupées, il était nécessaire de créer sur la Moselle de nombreux passages (un pour chaque corps) de manière à obtenir toute facilité de communications rapides entre les deux rives.

Le commandement ne crut pas devoir prendre de telles dispositions. N'osant rompre avec les errements du passé, il renonça à sa liberté de manœuvre pour se borner uniquement à la défense du corps de place. Il pensa qu'il lui serait toujours possible de forcer les lignes que l'adversaire allait établir autour du camp retranché. Il ne vit pas qu'une activité continuelle atteindrait plus sûrement qu'une attitude passive le but qu'il considérait comme suffisant, momentanément, dans les

---

(1) L'importance de ces positions avait été déjà signalée au commandement lors de la retraite de l'armée sous Metz, après le 6 août.

circonstances actuelles : de maintenir intactes Metz et l'armée (1). Il laissa ainsi à l'ennemi, complètement maître de la campagne, toutes les facilités désirables non seulement pour assurer ses communications ou ses

---

(1) Lors de l'affaire Bazaine, on discuta longuement sur les « nécessités stratégiques et politiques » qui retinrent l'armée autour de Metz, auxquelles le commandant en chef de l'armée avait fait allusion dans la note officieuse parue dans le *Courrier de la Moselle*, le 20 août et rédigée « sur des communications verbales du maréchal Bazaine et d'après son ordre » par M. Debains, secrétaire d'ambassade détaché au grand quartier général, chargé du service de la presse : ..... « L'une des armées de la France est aujourd'hui concentrée sous Metz, sur les emplacements que le Maréchal a désignés à la suite de l'affaire du 18. On peut dire que l'ensemble du plan de l'ennemi, pour la journée du 18, n'a pas réussi. En tenant autour de Metz, l'armée du maréchal Bazaine fait face à des *nécessités stratégiques et politiques*. Que la population ait confiance dans l'homme à qui l'Empereur a remis le commandement de l'armée..... »

Or, ce communiqué destiné à rassurer les esprits, non seulement ne devait, mais ne pouvait résumer exactement la situation. Était-il possible, en effet, de déclarer brutalement, dans une feuille locale, au lendemain de Saint-Privat, que la seule nécessité à laquelle l'armée avait cédé, en venant chercher un abri sous les canons de la place, ne relevait ni de la stratégie ni de la tactique, mais résultait simplement de l'état matériel des troupes ? Qu'à la suite du nouveau pas en arrière que l'armée venait d'exécuter « ce n'était plus un appui extérieur qu'elle demandait à Metz, *place de manœuvres*, c'était un refuge qu'elle venait chercher, sous la protection des forts, dans le *camp retranché* de Metz » ? (*).

De plus, pouvait-on avouer que la retraite sous Metz avait été envisagée par le commandant en chef dès le 17 (**), et que les nouveaux emplacements furent désignés avant l'affaire du 18 ? que le maréchal Bazaine était en partie responsable de la situation faite à son armée, et qu'enfin parvenu à ne rien compromettre et à abriter son armée sous les murs de Metz, il espérait que, peut-être, une heureuse issue mettrait prochainement un terme aux hostilités ?

Les « nécessités stratégiques et politiques » ingénieusement invo-

(*) Général Frossard, *Rapport* sur les opérations du 2e corps, p. 119.
(**) *Procès Bazaine*, Déposition Yung, p. 276.

approvisionnements de toute nature, mais pour choisir les positions avantageuses autour de la place. Dans de telles conditions, l'investissement de Metz, singulièrement facilité, ne pouvait et n'allait se heurter à aucune difficulté.

---

quées devaient, en ne voulant rien dire de précis, permettre toute supposition favorable à nos armes et par suite calmer l'opinion. Cette note, après avoir apprécié non sans raison que l'ensemble du plan allemand n'avait pas réussi, trouvait dans cette formule vague, un moyen pour ne pas déclarer que le maréchal Bazaine avait encore moins de motifs que l'ennemi de s'estimer satisfait en se trouvant brusquement coupé de ses communications, rejeté sous les murs d'une place inachevée et pourvue d'une manière très insuffisante des approvisionnements strictement nécessaires (*).

(*) De Woyde, *Causes des succès et des revers*, p. 117.

III

Premières prescriptions du nouveau commandant en chef de l'armée d'investissement.

Le 20 août, à 8 heures du matin, le prince Frédéric-Charles, ayant convoqué à Vernéville le général de Steinmetz et les commandants des corps de la IIe armée, leur communiqua les instructions suivantes élaborées dans la soirée de la veille et destinées à compléter les mesures provisoires déjà prises :

Les troupes stationnées sur la *rive droite* de la Moselle (Ier corps, 3e division de cavalerie, 3e division de réserve) (1) auront pour mission d'intercepter toute communication de la place avec l'extérieur au moyen d'une ligne d'avant-postes fournis principalement par la cavalerie. De plus, par suite d'une répartition convenable, ils devront être en mesure de pouvoir grouper en temps opportun, sur une position choisie à l'avance, la plus grande partie des forces, dans le cas d'une tentative exécutée par l'ennemi, sur cette rive, dans la direction de Thionville. Si cette éventualité se produisait, les troupes établies sur la rive gauche agiraient vigoureusement dans le flanc gauche de l'adversaire, et, afin de leur en faciliter le moyen, un passage protégé par une tête de pont sera établi sur la Moselle, à peu près à hauteur d'Hauconcourt. Le Xe corps, auquel on affectait

---

(1) A dater de ce jour, cette dernière division fut rattachée au Ier corps.

l'équipage de ponts du XII*e*, était chargé de l'exécution de ces derniers travaux (1);

En vue de couvrir Remilly, terminus actuel des communications ferrées avec l'Allemagne, destiné à devenir le magasin principal de l'armée d'investissement, le I*er* corps choisira une position où, éventuellement, il puisse être appuyé immédiatement des deux côtés par les corps les plus voisins;

Enfin, si l'ennemi réunissait toutes ses forces pour tenter un mouvement excentrique sur la rive droite, dans une direction autre que celles prévues ci-dessus, les troupes d'investissement de la rive droite devront éviter le choc et se soustraire à tout engagement sérieux contre des forces supérieures.

Les troupes de la *rive gauche* régleront leur conduite en prévision des éventualités suivantes:

1° Tentative de sortie *vers Thionville* par la rive gauche. Dans ce cas, l'ennemi se heurtera à une position organisée à l'avance par le X*e* corps. Le corps voisin attaquera le flanc gauche de l'adversaire, tandis que, de la rive droite, d'autres renforts déboucheront par le pont jeté sur la Moselle;

2° Toute tentative exécutée *directement vers l'Ouest* sera arrêtée sur la ligne même d'investissement rendue infranchissable par une accumulation d'abatis, de tranchées-abris et d'ouvrages, et défendue, tout d'abord, par les troupes établies en première ligne, promptement soutenues par les corps cantonnés en arrière, comme réserve;

3° Tentative *vers Pont-à-Mousson*. En prévision de cette éventualité, le VII*e* corps prendra dans la vallée, à cheval sur la Moselle, des positions retran-

---

(1) Le matériel de pontage du X*e* corps avait été attribué à la division de landwehr de la Garde.

chées reliées par un pont bien couvert, et s'y maintiendra jusqu'à ce qu'il reçoive du secours sur ses deux ailes.

Le service et les emplacements des quatre corps établis en première ligne (VIIe, VIIIe, IIe, X^e) sur la rive gauche seront réglés de telle sorte qu'il y ait sur la ligne même des ouvrages de forts avant-postes constamment prêts à marcher ;

Qu'une fraction convenable des corps soit journellement employée aux travaux de terrassement destinés à renforcer sans cesse la ligne d'investissement, tandis que le reste des troupes, s'établissant en arrière dans de bonnes huttes constamment améliorées, pût être rapidement porté en avant ;

Le VIIIe corps, se reliant à la gauche du VIIe, retranchera la ligne d'investissement jusqu'à la ferme de Moscou, limite Nord du secteur attribué à la Ire armée sur la rive gauche ; au delà de ce point, la ligne se prolongera par les positions fortifiées du IIe corps (1), chargé de couvrir au Nord la route de Woippy—Saint-Privat. Enfin le Xe corps devra, pour remplir la mission dont il était chargé, élever des abatis sur les versants boisés de la rive gauche, tracer une ligne d'arrêt dans la vallée jusqu'à la rivière, jeter le pont sur la Moselle et en fortifier les abords sur les deux rives ;

Le IIIe corps formera réserve pour l'aile droite et se construira, aux environs de la ferme de Caulre, un camp régulier amélioré journellement. Le IXe corps concourra au même but pour l'aile gauche de la ligne et s'établira sous des baraques auprès de Saint-Ail et de Sainte-Marie-aux-Chênes.

Ces prescriptions furent accompagnées d'instructions

---

(1) Dont le quartier général était maintenu provisoirement à Vernéville.

particulières relatives soit à l'établissement des communications entre les quartiers généraux des corps d'armée et celui du prince Frédéric-Charles qui demeurait momentanément à Doncourt, soit à la subsistance de l'armée d'investissement. En outre, le général de Steinmetz était invité à détacher sur Thionville deux régiments de cavalerie, dont la mission consisterait à investir cette place par les deux rives de la Moselle.

Dans les explications verbales qui suivirent la communication de ces ordres, le commandant en chef insista sur la nécessité de ne pas constituer uniquement la ligne d'investissement au moyen de retranchements sommaires, mais de construire des ouvrages capables de la résistance la plus sérieuse (1).

Pour se conformer à ces instructions, le général de Steinmetz arrêta dans la journée, pour la Ire armée, les dispositions complémentaires suivantes :

Toutes les troupes à l'Est de la Moselle, moins les fractions du VIIe corps qui allaient s'établir sur la rive droite, passaient sous les ordres du général de Manteuffel, dont l'action s'étendait ainsi sur tout le secteur limité par la Moselle en aval de Metz et par la ligne Corny—Orly—Frescaty.

Le VIIe corps devait transporter le jour même son quartier général à Ars. Il était chargé d'organiser aussi fortement que possible la zone comprise entre les hauteurs de Jussy et la ferme de Frescaty, afin d'être en mesure de s'y maintenir contre toute tentative de l'assiégé vers Pont-à-Mousson.

En dehors des communications existant déjà (2) entre les deux rives de la Moselle, le VIIe corps recevait l'ordre

---

(1) *Historique du Grand État-Major prussien*, p. 887-890.
(2) Le pont fixe d'Ars et le pont suspendu de Novéant.

d'établir de nombreux moyens de passage sur cette rivière et pouvait disposer à cet effet du matériel de l'équipage de ponts du VIIIe corps.

Ce dernier devait relever, dans la journée, le IIe, assez tôt pour que celui-ci puisse se mettre en route vers 4 heures du soir (1).

Le général de Steinmetz rappela encore une fois qu'il ne s'agissait pas, en ce qui concernait les travaux de défense à exécuter, d'élever quelques retranchements expéditifs destinés à couvrir les avant-postes, mais bien d'établir un système d'ouvrages capables de la résistance la plus efficace. Enfin, le commandant de la Ire armée arrêta des mesures de détail destinées soit à imprimer à ces travaux la direction la plus utile, soit à assurer la subsistance et l'hygiène (2) des troupes placées sous ses ordres (3).

---

(1) Von Schell, *Les Opérations de la 1re armée*, p. 222.

(2) A ce point de vue, la *1re division de cavalerie*, qui devait séjourner jusqu'à nouvel ordre dans ses bivouacs de Rezonville, recevait l'ordre de déblayer le champ de bataille du 16. Le VIIIe corps, dont le quartier général s'installerait à Gravelotte, remplirait le même office pour celui du 18. Les habitants étaient requis de concourir à l'ensevelissement des cadavres, travail qui, à tout prix, devait être terminé pour le 21.

(3) *Historique du Grand État-Major prussien*, p. 890-891.

IV

Mouvements des armées allemandes le 20 août.

Rive gauche. — L'après-midi, les corps stationnés sur la rive gauche exécutèrent en partie les mouvements prescrits dans la matinée.

Au VIIe corps, les éléments de la *13e* division restés bivouaqués au Nord du bois des Ognons (1), se dirigèrent, à 3 heures du soir, vers Ars ; ils vinrent occuper un camp entre ce village, où s'établirent les quartiers généraux du général de Steinmetz et du VIIe corps, et Ancy. Vraisemblablement, par suite de la proximité du Ier corps, le commandant en chef de la Ire armée ne porta aucune fraction sur la rive droite de la Moselle. La *14e* division conserva ses emplacements de la veille.

Plus au Nord, le VIIIe corps releva le IIe dans le secteur compris entre l'éperon de Jussy et la ferme de Moscou. Vers 4 heures du soir, la *15e* division en 1re ligne, occupa les avant-postes avec la *30e* brigade (2), la *29e* s'établissant au bivouac près de Saint-Hubert. La *16e* division se maintint sur ses emplacements au Nord-Ouest de Gravelotte. Le quartier général du VIIIe corps resta dans ce village, l'artillerie de corps à la Maison de poste, les trains à Rezonville et à Gorze.

---

(1) 25e brigade, 7e bataillon de chasseurs, 1er, 2e et 3e escadrons du 8e hussards, V^e, 6e et 7e batteries.

(2) Chaque régiment fut ainsi fractionné : un bataillon aux avant-postes (deux compagnies de grand'garde, deux compagnies en soutien) ; deux bataillons au gros des avant-postes.

La 1re division de cavalerie séjourna dans son bivouac de Rezonville.

Après le départ de la Garde, les IX° et II° corps remontèrent légèrement vers le Nord. Le II° vint former l'aile gauche du secteur affecté à la II° armée et dirigea, vers midi, la 3e division sur la ferme de Leipzig. La 5e brigade se plaça en 1re ligne (1) dans le secteur qui s'étend entre la ferme de Moscou et le ravin de Châtel; le gros de la division s'installa près de Leipzig.

A la même heure, la 7e brigade, dont les avant-postes avaient été relevés dans la matinée par le 21e d'infanterie, se dirigea vers Amanvillers, par Leipzig et Montigny-la-Grange, et établit une ligne d'avant-postes dans la zone comprise entre le ravin de Châtel et Norroy (2). L'arrivée tardive de la plupart des éléments destinés à fournir le service de sûreté rendit incomplète leur installation particulièrement difficile au milieu de cette région boisée (3). Enfin, à 5 heures du soir, les autres fractions de la 4e division quittèrent le plateau du Point-du-Jour et arrivèrent vers 8 heures à l'Ouest des carrières d'Amanvillers où elles établirent leurs bivouacs (4).

Vers 3 heures du soir, avant que la relève de ses avant-postes par le II° corps ne fut achevée, le IX° corps se porta en 2e ligne. La 18e division s'établit entre Saint-Ail et Habonville, la 25e autour de Sainte-Marie-aux-Chênes, l'artillerie de corps à Coinville, le quartier général à Auboué.

---

(1) Un régiment aux avant-postes, un autre occupant une position de repli.

(2) Chaque régiment fournissant deux bataillons sur la ligne des avant-postes et le troisième au gros.

(3) *Geschichte des Infanterie-Regiments von Borcke (4. Pommersches) Nr. 21*, p. 286.

(4) *Geschichte des Colbergschen Grenadier-Regiments Graf Gneisenau (2. Pommersches) Nr. 9*, p. 75.

Maintenu également en 2ᵉ ligne, le IIIᵉ corps quitta les environs de Vernéville dans les dernières heures de la journée et appuya vers le Sud-Ouest. Il vint s'installer des deux côtés de la route de Conflans : la 5ᵉ division aux abords des bois de Bagneux, la 6ᵉ entre Villers-aux-Bois et Saint-Marcel (1); l'artillerie de corps près de Caulre, le quartier général dans cette ferme. Des détachements furent envoyés dans les villages environnants pour assurer la garde des puits et la sécurité des hôpitaux (2).

Aucun mouvement ne se produisit à l'extrême gauche de la IIᵉ armée, où le Xᶜ corps conserva ses bivouacs de Roncourt—Saint-Privat pris la veille au soir. Seuls, les avant-postes rectifièrent leurs emplacements occupés dans l'obscurité; le IIᵉ bataillon du *92*ᵉ notamment, s'installa à Marange et à Pierrevillers, face à l'Est, se reliant au IIIᵉ bataillon du *17*ᵉ établi à Bronvaux et à Fèves, face au Sud (3). Quelques patrouilles fournies par ces deux bataillons et par le *9*ᵉ dragons surveillèrent la plaine de la Moselle, pendant qu'un détachement formé du IIᵉ bataillon du *57*ᵉ, du Iᵉʳ du *91*ᵉ, d'une fraction de la 2ᵉ compagnie de pionniers, des 2ᵉ et 3ᵉ escadrons du *9*ᵉ dragons réquisitionnait dans la vallée de l'Orne. Une patrouille de ce dernier régiment coupa de nouveau la voie ferrée de Thonville.

Rive droite. — Des mouvements inutiles résultant du retard apporté à la transmission des ordres, empê-

---

(1) Les Iᵉʳ et IIᵉ bataillons du *35*ᵉ furent seuls maintenus avec le 3ᵉ hussards à Doncourt.

(2) 3ᵉ compagnie du *3*ᶜ bataillon de chasseurs à Villers-aux-Bois; 2ᵉ compagnie du *64*ᵉ d'infanterie à Saint-Marcel; 12ᵉ compagnie du *35*ᶜ à Urcourt et à Butricourt.

(3) *Geschichte des Braunschweig. Infanterie-Regiments Nr. 92*, p. 69; *des Infanterie-Regiments Graf Barfuss (4. Westfälischen) Nr. 17*, p. 153.

chèrent les corps stationnés sur cette rive d'atteindre, avant les dernières heures de la journée, les emplacements fixés par le général de Steinmetz dans l'après-midi de la veille. D'ailleurs, ces bivouacs différaient peu de ceux qu'occupaient les troupes le 20 au matin.

Dans la soirée du 19, aucune nouvelle prescription du général de Steinmetz n'ayant atteint le général de Manteuffel, ce dernier, se conformant à ses premières instructions, avait donné des ordres pour faire passer le Ier corps sur la rive gauche de la Moselle. Le 20 août, à 6 heures du matin, les troupes bivouaquées aux environs de Chesny et de Jury (1re division et artillerie de corps) se mirent donc en marche sur Corny, couvertes sur leur flanc droit, vers Metz, par la 4e brigade maintenue à Augny et par un détachement mixte (1er bataillon du 1er grenadiers, deux escadrons du 1er dragons, une batterie) installé à la ferme Saint-Thiébault (1). Les escadrons de la pointe d'avant-garde étaient parvenus à Ancy et à Gorze (2), le gros avait dépassé Marly, l'artillerie de corps atteignait Fleury (3) lorsque les prescriptions du 19, du général de Steinmetz, parvinrent enfin au commandant du Ier corps. Immédiatement les troupes reçurent l'ordre de s'arrêter et de faire la soupe (4). Dans la soirée, elles regagnèrent leurs bivouacs du matin; le Ier bataillon du 1er grenadiers fut laissé à Pouilly où s'installa le quartier général du Ier corps; la 4e brigade s'établit près de ce village, détachant un

---

(1) *Geschichte des Grenadier-Regiments Kronprinz (1. Ostpreussischen) Nr. 1*, p. 39.
(2) *Geschichte des Litthauischen Dragoner-Regiments Nr. 1*.
(3) *Geschichte der 2. Fuss Abteilung Ostpreussischen Feldartillerie-Regiment Nr. 1*.
(4) A midi, l'ordre ayant été donné au 3e grenadiers de regagner Chesny, les marmites durent être renversées. (*Geschichte des 2. Ostpreussischen Grenadier-Regiments Nr. 3*, p. 39.)

bataillon sur les bords mêmes de la Moselle. En avant, le 3e escadron du *1er* dragons occupa Magny, poussant des patrouilles jusqu'à la Haute-Bévoye (1). La *3e* brigade s'était maintenue toute la journée aux abords de Courcelles et de Laquenexy.

De même que le Ier corps, la *3e* division de réserve, en vertu d'instructions antérieures, se rassembla à 6 heures du matin entre Flanville et Ogy pour venir relever à Courcelles-sur-Nied les troupes du Ier corps chargées de la garde des approvisionnements et de la voie ferrée. A ce moment seulement, les nouveaux ordres du commandant de la Ire armée parvinrent au général de Kummer. Les troupes reprirent leurs positions précédentes : le *19e* à Vrémy, plaçant son IIe bataillon aux avant-postes à Failly, Villers-l'Orme et Vany, en liaison avec les fractions du *81e* établies à Servigny ; les troupes de landwehr au Nord de Retonfay, occupant Noisseville et Montoy. La brigade de cavalerie, éclairant le terrain jusqu'à la Moselle, poussa vers Charly et Malroy.

Chargée spécialement de la surveillance des abords Sud de Metz, la *3e* division de cavalerie étendit ses avant-postes jusqu'à la route de Strasbourg. En première ligne, le *14e* uhlans garnit la ligne Chesny—Pouilly, se reliant vers l'Est au Ier corps ; le *5e* uhlans conserva le secteur compris entre la rive droite de la Moselle et la Seille. Le gros de la division s'établit plus en arrière, vers Coin-sur-Seille (2).

Dans la soirée du 20 août, la situation de l'armée d'investissement était donc la suivante : à l'Ouest de Metz, parmi les quatre corps établis en 1re ligne, les IIe et VIIIe occupaient seuls, et encore d'une manière approximative,

---

(1) *Geschichte des Litthauischen Dragoner-Regiments Nr. 1.*
(2) Junk, *Die 3. Kavallerie-Division im Kriege 1870-71.* (*Jahrbücher für die deutsche Armee und Marine*, 114e volume, p. 259.)

les secteurs qui leur avaient été fixés; le VIIe ne barrait la vallée de la Moselle en amont de la place, que sur la rive gauche; enfin, le Xe ne possédait que quelques bataillons dans la plaine de Thionville. Le mouvement enveloppant par les deux ailes n'avait fait aucun progrès. Les corps de 2e ligne se trouvaient sur les emplacements prescrits.

Sur la rive droite, le blocus était aussi peu effectif que la veille.

L'effet utile résultant des mouvements de l'armée d'investissement dans la journée du 20 août peut donc être considéré comme à peu près insignifiant.

Subdivision d'armée du prince royal de Saxe. — A l'exception de quelques légers changements nécessités par l'installation au cantonnement de nouvelles unités, le XIIe corps et la *6e* division de cavalerie séjournèrent l'une près de Ville-sur-Yron, l'autre sur les emplacements qu'il avait atteints dans la matinée (1).

La Garde, utilisant les deux routes Batilly—Mars-la-Tour et Saint-Ail—Vernéville—Vionville, quitta Sainte-Marie-aux-Chênes vers 6 heures du matin. Les troupes, la plupart cantonnées, achevèrent leurs mouvements entre midi et 1 heure et s'installèrent : la *1re* division dans la région de Sponville-Xonville (2); la *2e*, échelonnée sur la route de Verdun, d'Harville à Latour-en-Woëvre ; puis, plus à l'Est, l'artillerie de corps à Hannonville-au-Passage, la division de cavalerie à Mars-la-Tour et aux environs, le quartier général à Suzemont.

Enfin, la 5e division de cavalerie conserva dans la

---

(1) Voir p. 10 et 11.

(2) Les voitures portant les sacs (dont les troupes étaient privées depuis le 17) commencèrent à rejoindre les corps dans la journée.

matinée son bivouac à l'Est de Briey. Dans l'après-midi, ses régiments poussant vers l'Ouest, occupèrent des cantonnements très espacés en profondeur : la *12*ᵉ brigade de Lubey à Briey ; la *11*ᵉ, plus au Nord, jusqu'à Mairy ; la *13*ᵉ, dans la direction d'Étain, entre Gondrecourt et Monaville.

V

Les renseignements sur l'ennemi les 19 et 20 août.

Ainsi qu'il a déjà été dit (1), l'armée du Rhin, quand elle se retira sous Metz, se préoccupa fort peu de l'investissement. Tout entières à leur réorganisation, les troupes observèrent avec calme les colonnes en marche, les travailleurs ou les sentinelles ennemis autour du camp retranché. Quant au commandement, il attendit les événements, admit le blocus et se borna les premiers jours à faire constater la présence de l'adversaire, du haut des observatoires ou par les reconnaissances journalières, sans chercher à pénétrer ses desseins.

D'une manière générale, les renseignements positifs ainsi fournis par les postes d'observation établis à la cathédrale, dans les forts ou au Palais de justice (2), furent très nombreux et le plus souvent exacts. Malheureusement, ils s'arrêtaient aux limites de l'horizon visible et ne furent pas suffisamment complétés. Les reconnaissances journalières, qui ne sont « en quelque sorte que des grand'gardes mobiles, destinées non à combattre mais à voir et à observer (3) », fournirent des indications sur les emplacements des premiers éléments du service de sûreté établi par l'ennemi ; mais, devant

---

(1) Voir p. 32 et 33.

(2) Ces postes communiquaient télégraphiquement avec le quartier général du commandant supérieur de la place. Le 22, ce dernier point fut relié au Ban Saint-Martin par la direction des lignes télégraphiques du département de la Moselle.

(3) *Ordonnance du Roi sur le service des armées en campagne, du 3 mai 1832*, art. 108.

éviter « de se compromettre (1) », elles ne firent aucune tentative pour percer ce rideau parfois bien léger et s'assurer s'il couvrait réellement des forces importantes.

Aucune *reconnaissance spéciale* ne chercha soit à fixer « l'emplacement et la force des postes principaux ou retranchés de l'ennemi, la configuration de ses positions, les défenses qu'il peut y avoir établies, la difficulté ou les moyens de les aborder », soit à « évaluer, autant que possible, les forces de l'ennemi sur chaque point (2) ». Enfin, aucune *reconnaissance offensive* ne fut déterminée « par le besoin de reconnaître, avec la plus grande précision possible, la position générale ou certains points de la position de l'ennemi et d'apprécier exactement ses forces et ses moyens matériels de défense (3) ».

Comme nous le verrons ultérieurement, le commandement ne chercha nullement, en profitant des indications souvent précises qui parvinrent à sa connaissance, à inquiéter l'adversaire, à prévenir ou à retarder de quelques heures seulement une situation pleine de dangers. Or, même en admettant que le maréchal Bazaine eût jugé nécessaire de ne pas entraver la réorganisation de ses troupes d'infanterie et d'artillerie, 27 régiments de cavalerie, qui pour la plupart étaient demeurés le 18 à l'abri des émotions du combat, auraient pu trouver une occasion unique d'être utilisés (4). Des reconnaissances offensives, observera-t-on, auraient pu provoquer une reprise de la lutte, qui, pour le moment, n'était pas désirable ? Le commandant en chef réfute lui-même

---

(1) *Ordonnance du Roi sur le service des armées en campagne, du 3 mai 1832*, art. 112.
(2) *Ibid.*, paragraphes 3 et 4 de l'art. 110.
(3) *Ibid.*, art. 112.
(4) Effectif au 20 août : 15,538 chevaux (d'après la situation de l'armée).

cette objection en déclarant le 22 à M. Scal, ingénieur de la compagnie de l'Est, que depuis deux jours les Prussiens font courir le bruit qu'ils vont l'attaquer et qu'il les attend avec impatience (1).

Dès le 19, on aperçut l'ennemi dans toutes les directions autour de la place, sauf sur les bords mêmes de la Moselle en aval de Metz.

Sur la *rive gauche*, vers 8 heures du matin, « les masses prussiennes précédées d'éclaireurs et de lignes de tirailleurs » vinrent occuper les positions que nos troupes avaient évacuées sur le plateau du Point-du-Jour (2). Elles commencèrent à se retrancher sur ce point (3), dès que leurs vedettes eurent couronné les hauteurs à l'Ouest de Châtel et de Rozérieulles (4). Dans l'après-midi, des patrouilles ennemies visitèrent Sainte-Ruffine, Jussy, Rozérieulles, Saulny et même Lessy ; de très nombreuses troupes furent signalées entre Ars (où pouvait se trouver un quartier général), Novéant, Jussy et Vaux (5). L'ennemi occupa Fèves et Semécourt (6). Dans la plaine de la Moselle, en aval de Metz, on observa un escadron qui s'avança jusqu'à hauteur de Ladonchamps (7) ; à 3 h. 15, d'épais nuages de poussière (cavalerie ou artillerie) s'élevèrent dans la

---

(1) Voir p. 114, note 1.
(2) D. T., Cathédrale, 8 heures matin.
(3) D. T., Saint-Quentin, 9 h. 15 matin ; *Rapport* du commandant du fort Saint-Quentin.
(4) D. T., Cathédrale, 8 h. 30 matin.
(5) Renseignements fournis par les éclaireurs de la division de cavalerie du 2e corps ; Reconnaissance du 9e dragons ; *Rapport* sur une reconnaissance exécutée par un peloton du 1er dragons ; *Rapport* du commandant du fort Plappeville.
(6) *Bulletin* de renseignements du 6e corps.
(7) D. T., Cathédrale, 5 h. 15 soir.

vallée de l'Orne, puis à 4 heures, mêmes indices, de Rombas vers Marange (1).

Dans la matinée, des mouvements furent signalés sur la *rive droite*, soit de Sainte-Barbe vers l'Ouest (infanterie et cavalerie)(2) soit de Marsilly vers le Nord (artillerie) (3). On remarqua, dans l'après-midi, que l'ennemi paraissait organiser les localités suivantes qu'il occupait : Vrémy, Servigny, Noisseville (camp près de la route de Sarrelouis, un poste tenait la ferme Bellecroix), Mercy-le-Haut (vedettes), Pouilly et Augny (camp important au pied du Saint-Blaise, vedettes jusqu'au fort Saint-Privat) (4). Toute la journée, des convois se croisèrent entre la Moselle et la Seille, à hauteur de Cuvry (5).

Au grand quartier général, cette série d'observations confirma l'hypothèse que l'adversaire poursuivait sans retard le blocus de la place et l'on y admit que, dans la nuit du 18 au 19, en coupant la voie ferrée de Thionville, les Prussiens avaient ainsi complété l'investissement par la rive gauche de la Moselle (6).

Cette supposition, dépourvue de toute indication même approximative sur la composition des forces allemandes autour de Metz, était insuffisante dans la situation actuelle; toutefois le commandement s'en contenta. D'ailleurs, il ne possédait encore aucun détail sur les forces en présence dans la journée de la veille; il estimait seulement qu'elles pouvaient s'élever au moins à 200,000 hommes, l'ennemi ayant dû employer « la

---

(1) *Rapport* du capitaine Abel, de l'état-major de la garde nationale.
(2) D. T., Cathédrale, 8 h. 40 et 9 h. 15 matin.
(3) D. T., Cathédrale, 10 heures matin.
(4) D. T., Cathédrale, 9 h. 15 et 10 heures matin, midi, 4 h. 25 soir; Queuleu, 6 h. 25 soir.
(5) D. T., Cathédrale, 4 h. 25 soir.
(6) *Bulletin* de renseignements du grand quartier général.

journée du 17 à mettre en action tout ce dont il pouvait disposer, c'est-à-dire à peu près la totalité des Ire et IIe armées (1) ».

La situation générale restait également fort imprécise. Le coup de main tenté sans succès sur Thionville, le 15 à 4 heures du matin, par 600 à 700 landwehriens supposés du VIIIe corps et des pionniers du XIIe, fut connu. On présuma « que ce corps forme avec les troupes de landwehr concentrées précédemment entre Perl, Merzig et Saarburg (2) l'arrière-garde de Steinmetz, qui devrait constituer un corps d'observation devant Thionville, tandis que toute l'armée prussienne cernerait Metz ». Les troupes de landwehr mentionnées plus haut auraient séjourné du 16 au 18 au Nord-Est de Vigy (3). Aucune nouvelle précise sur Vogel de Falkenstein n'était encore parvenue. « Des renseignements peu certains » prétendirent que ses troupes (Ier et VIe corps peut-être) « se dirigeraient vers le Sud pour suivre le Prince royal (IIIe armée) dans sa marche sur Châlons, sans doute ». Ce dernier, opérant avec les Ve et XIe corps et les troupes du Sud « sur la gauche de l'armée d'invasion », aurait pu atteindre, dès le 18, Bar-le-Duc et Demange-aux-Eaux (4). Enfin, il parut résulter du rapprochement de l'ordre de mouvement du Xe corps pour le 16 août (5) et de l'interrogatoire des prisonniers, que la IIe armée (prince Frédéric-Charles) comprenait certainement la Garde, les IIIe, X^e et XIIe corps, peut-être aussi le IIe, qui aurait pu rester

---

(1) *Bulletin* de renseignements du grand quartier général.
(2) Voir les *Opérations autour de Metz*, II, p. 17.
(3) L'agent du commandant Samuel qui procura ces renseignements portait leur effectif à 50,000 ou 60,000 hommes.
(4) D'après une dépêche du Ministre de la guerre.
(5) Trouvé sur le corps du colonel du 78e. Voir cet ordre dans les *Opérations autour de Metz*, II, p. 126-128.

en arrière. Toutefois, parmi les prisonniers faits à Rezonville, la présence inexpliquée de cavaliers « qui se disent appartenir au IV⁰ corps » ne permit pas de conclure si l'on avait eu affaire dans cette journée à plus de 110,000 à 130,000 hommes, qui furent « repoussés ». Les III⁰ et X⁰ corps (II⁰ armée) auraient entamé l'action (1), les VIII⁰ et IX⁰ (Ire armée) (2) auraient combattu vers le milieu de la journée de concert avec la cavalerie de la Garde (au moins les dragons). La présence des commandants des Ire et II⁰ armées sur le champ de bataille que le Roi avait parcouru le lendemain, resta incertaine.

Le 20, différents renseignements, notamment l'interrogatoire des prisonniers des 14 et 16, vinrent infirmer ou préciser les indications de la veille concernant la répartition des forces allemandes ou la présence de quelques corps devant Metz.

On admit que les Ier (de Manteuffel) et VIII⁰ corps, peut-être aussi le VII⁰ en réserve, soit au total 80,000 à 90,000 hommes, avaient dû combattre à Borny (3); que la Ire armée pouvait comprendre les Ier, VII⁰, VIII⁰ et IX⁰ corps (4); que la III⁰ armée, se rapprochant de Bar-le-Duc, se composait des V⁰ et XI⁰ corps, des troupes würtembergeoises et badoises, du II⁰ corps bavarois.

---

(1) Renseignements confirmés le 20 par l'interrogatoire des prisonniers : 347 du *16⁰* d'infanterie, 27 du *57⁰*, 83 du *24⁰*.

(2) On savait également depuis Forbach que le VII⁰ corps comptait à cette armée. L'affectation du IV⁰ corps resta incertaine.

(3) Renseignements fournis par l'interrogatoire des prisonniers des *43⁰*, *13⁰* et *74⁰* régiments d'infanterie.

(4) Jusqu'à cette date, on avait supposé que la *25⁰* division appartenait au XI⁰ corps (formation du temps de paix). Dorénavant il fut certain qu'elle remplaçait la *17⁰* laissée dans le Schleswig-Holstein et se trouvait au IX⁰ corps avec la *18⁰* division.

L'affectation et les emplacements du VIe corps et du Ier bavarois restèrent ignorés.

La répartition de la cavalerie, que l'on savait déjà différente de celle du temps de paix (1), ne fut encore que très imparfaitement connue. La *5e* division, attachée, croyait-on, au IIe corps, fut supposée formée des *11e* et *13e* brigades nouvelles. La *6e* division devait comprendre la *15e* brigade et une autre dont le numéro restait à déterminer. On ne put assurer si la *12e* brigade était affectée à toute la IIe armée ou à l'un de ses corps seulement. Le *5e* uhlans fut considéré comme appartenant à la *14e* brigade.

Dans le courant de la journée, des nouvelles venues de l'extérieur annoncèrent, de nouveau, la marche d'un corps d'armée prussien (landwehr) de Sierck vers Briey (2), la concentration probable de deux corps d'armée entre Sampigny, Saint-Mihiel et Apremont (3), et le passage en vue de Strasbourg de troupes nombreuses qui se dirigeaient vers le Sud (4).

Enfin, on admit momentanément, l'interrogatoire des 800 prisonniers du 18 n'étant pas encore terminé, que dix corps d'armée (Ier, IIe, IIIe, IVe, VIIe, VIIIe, IXe, X^e, XIIe et la Garde), dont deux établis sur la rive droite de la Moselle, pouvaient se trouver actuellement devant Metz. La présence de la Garde parut certaine à Montigny-la-Grange (5), celle du VIIIe corps à Gravelotte (6).

---

(1) Voir *Journées du 7 au 12 août*, IX, p. 233, note 1.

(2) Dépêche adressée par le Ministre et apportée par l'agent Flahaut.

(3) D. T. Ch., adressée par le Ministre, datée de Paris, 20 août, 12 h. 15 matin, et apportée par l'agent Flahaut.

(4) D. T. du général Uhrich, 17 août, 8 heures soir. Voir les *Opérations autour de Metz*, III, Doc. ann., p. 67.

(5) Renseignement déduit d'une note adressée par le Commandant en chef de la Garde, datée de Montigny-la-Grange, et autorisant une demande de médicaments et de médecins pour soigner 300 blessés français restés sur ce point.

(6) Renseignement obtenu par un parlementaire.

Dans toutes les directions autour de la place, des mouvements continuèrent à être observés.

Rive droite. — Dès que le brouillard eut disparu, les observatoires signalèrent des troupes en bataille au Sud-Ouest de la ferme Saint-Thiébault, des convois se dirigeant de Peltre et de Fleury vers Marly, la continuation des travaux en avant d'Augny (1). De 11 heures à 1 heure, ils aperçurent des colonnes en marche de Peltre et de Noisseville dans la direction de Sainte-Barbe et de Malroy (2). Une reconnaissance du 2ᵉ chasseurs d'Afrique confirma les renseignements de la veille sur l'occupation de Failly, Montoy, Flanville, Noisseville, Servigny, Sainte-Barbe et des bois en arrière, et crut reconnaître que « les Prussiens semblent se porter sur Failly (3) ». La ligne extrême des avant-postes de l'adversaire parut s'étendre par Vantoux, Bellecroix, le bois de Borny, Mercy-le-Haut, la Haute-Bévoye, Magny, la redoute de Saint-Privat (4) et la ferme de la Polka.

Vers 6 heures, les postes d'observation annoncèrent que les nombreuses unités établies dans les environs d'Augny se portaient vers la ferme Saint-Thiébault. Une partie de ces troupes s'arrêtèrent soit à Pouilly soit près de Peltre (5), le reste poussant davantage vers l'Est à travers le bois de l'Hôpital (6).

---

(1) D. T., Cathédrale, 8 h. 15 matin ; Queuleu, 8 h. 20 matin.

(2) D. T., Cathédrale, 10 h. 57 matin, 12 h. 35, 1 heure soir ; Saint-Julien, 1 h. 10 soir. — D'après un habitant de Mey, un corps d'armée serait rassemblé entre Gras et Sainte-Barbe.

(3) Renseignement confirmé par le commandant du fort Saint-Julien.

(4) Reconnaissance du sous-lieutenant Lelasseux, du 2ᵉ chasseurs d'Afrique, et du commandant de Lignières, du 2ᵉ chasseurs.

(5) D. T., Cathédrale, 5 heures, 6 heures soir.

(6) D. T., Queuleu, 6 h. 10 soir ; Cathédrale, 7 heures soir.

Enfin, toute la journée, des convois furent signalés entre la Seille et la Moselle (1).

A la tombée de la nuit, le fort Saint-Julien croyant voir s'approcher, sur le bord de la Moselle, une colonne de 500 à 600 hommes, tira une dizaine de coups de canon (2).

Rive gauche. — Au Sud-Ouest de Metz, les officiers en observation au Saint-Quentin constatèrent les travaux exécutés par l'ennemi sur les hauteurs de Vaux et la présence des avant-postes aux mêmes emplacements que la veille. Les éclaireurs du 7e dragons apprirent par les habitants qu'il y aurait « une quarantaine de pièces de canon au-dessus de Rozérieulles et des camps considérables à deux kilomètres au plus de Châtel (3) ».

A l'Ouest et au Nord-Ouest, de très importants mouvements furent signalés. Les reconnaissances de cavalerie exécutées dans la plaine de la Moselle et au Nord-Ouest de la place rapportèrent que l'adversaire paraissait se masser de plus en plus depuis les bois de Fèves jusque dans la région d'Amanvillers (4) et que, dans la matinée, une colonne avait défilé pendant trois heures, allant vers Châtel-Saint-Germain (5).

Marange n'était occupé que faiblement, peut-être par l'avant-garde d'un corps de 15,000 hommes bivouaqué

---

(1) *Rapport* du commandant du fort Saint-Quentin. — Des gardes forestiers aperçurent « beaucoup d'artillerie près de Chesny. »

(2) D. T., Saint-Julien, 21 août, 7 h. 25 matin.

(3) Renseignement confirmé par un parlementaire qui reconnut de nombreuses forces sur le plateau à l'Est de Gravelotte.

(4) Le maréchal Canrobert au général Jarras, 10 h. 30 matin ; Renseignement fourni par une reconnaissance de cavalerie, 2 h. 30 soir.

Le *Bulletin* de renseignements du 22, du grand quartier général, signala de nouveau que « dès le 20, il y avait en arrière des crêtes qui dominent Norroy et Fèves, de nombreuses troupes au bivouac ».

(5) Cette indication paraît inexacte en ce qui concerne la direction de ce mouvement.

plus en arrière. Quant aux troupes qui se trouvaient à Maizières et dans les bois environnants, elles étaient peu nombreuses, d'après une reconnaissance de cavalerie (1), ou comprenaient « déjà plus de 10,000 Prussiens », au dire d'habitants de cette localité.

Des cavaliers furent aperçus à Saulny. Enfin, on apprit la présence de forces importantes dans les bois situés au Nord de ce village, sur la lisière desquels des postes et des vedettes d'infanterie et de cavalerie furent signalés toute la journée.

Ces renseignements confirmèrent l'indication fournie par un agent du commandant Samuel, que l'ennemi devait descendre en force vers la Moselle, débouchant des bois par Rombas, Pierrevillers, Marange, Fèves, Semécourt, Norroy, Plesnois, et couvrait sa marche, du côté de Saulny et de Woippy, par des éclaireurs. Ils firent admettre au grand quartier général que la répartition des forces adverses autour de la Place était achevée, impression que le *Bulletin* du 21 traduisit ainsi : « 30 hommes ont passé hier la Moselle au gué d'Argancy, ce qui complète la ligne d'investissement. »

En outre, des bruits concernant une attaque, soit générale, soit localisée, commencèrent à circuler « de tous les côtés (2) ». On crut pouvoir déduire des nombreux renseignements concernant les mouvements de l'ennemi dans la région Nord-Ouest de Metz que si une tentative s'exécutait, elle se produirait vers Woippy, sur le front des 4e et 6e corps.

---

(1) Le maréchal Canrobert au général Jarras, 2 h. 30 soir.
(2) Le *Bulletin* de renseignements du 3e corps, 20 août, rapporte les propos d'un officier prussien, ancien sous-directeur aux forges d'Ars, qui « se vantait devant les habitants qu'on enlèverait le fort du Saint-Quentin demain et que Metz serait pris par ce seul fait ». D'après le dire d'un capitaine saxon réquisitionnant à Marange, toute l'armée prussienne attaquerait Metz le 20 « pour en finir ». (Reconnaissance vers Maizières faite par un peloton d'éclaireurs.)

A 8 heures du soir, les corps furent prévenus confidentiellement qu'ils devaient s'attendre, le lendemain matin, au point du jour, à une attaque générale (1). Cette éventualité fut partout envisagée sans appréhension (2).

---

(1) *Journal* de marche du 6ᵉ corps.

(2) Cette confiance dans les positions que l'armée occupait était provoquée non seulement par l'appui que l'on comptait trouver dans l'action des forts, mais par la possibilité d'utiliser les travaux exécutés sur le front des troupes et achevés sommairement le 20 au soir. (Voir p. 114.)

Les observations ministérielles de 1867 sur l'instruction sommaire pour les combats disaient en effet (p. 17) : « Aborder de front, en terrain découvert, une infanterie non entamée, surtout si elle est protégée par des obstacles ou des couverts, a toujours été une opération dangereuse. *Aujourd'hui surtout, avec les armes nouvelles, l'avantage appartient à la défense.* Une troupe ayant à parcourir 300 ou 400 mètres sous un feu écrasant, quelque brave qu'elle soit, se trouverait exposée à être détruite avant d'avoir atteint le point décisif de l'action et dans tous les cas arriverait trop affaiblie pour lutter avec succès contre un ennemi préparé à la recevoir et qui au dernier moment prendrait l'offensive. »

VI

La journée du 21 août (1).

§ 1. — *Mouvements des armées allemandes.*

a) *Armée d'investissement*. — Les corps qui n'avaient pas encore pu se conformer aux prescriptions données la veille par le prince Frédéric-Charles, et relatives à la répartition des troupes sur la ligne d'investissement, occupèrent, dans la journée du 21, les emplacements qui leur étaient assignés. Comme les jours précédents, les différents mouvements exécutés autour de la place, souvent même dans la zone d'action des forts, ne se heurtèrent à aucune difficulté.

Sur la *rive droite*, les fractions placées sous les ordres du général de Manteuffel remontèrent vers le Nord et s'établirent d'après ses indications.

Vers 7 heures du matin, la 1re division se mit en marche, la 1re brigade par Ars-Laquenexy, Montoy et Noisseville, détachant sur son flanc gauche le 2e escadron du 1er dragons (2), tandis que le gros de la division prit plus à l'Est par Laquenexy et Retonfay. L'artillerie de corps suivit le mouvement et se dirigea par Pange (3).

---

(1) Temps variable, averses.
(2) Cet escadron trouva partout le terrain libre à Borny, Bellecroix, Vantoux, Mey, et n'essuya quelques coups de feu qu'à Grigy (*Geschichte des Litthauischen Dragoner-Regiments Nr. 1*).
(3) *Geschichte der 2. Fuss Abteilung Ostpreussischen Feldartillerie Regiment Nr. 1.*

Vers midi, ces troupes atteignirent leurs nouvelles positions et, s'arrêtant face à l'Ouest, se répartirent de la manière suivante : la 1re brigade en première ligne, à cheval sur la route de Bouzonville, le 1er grenadiers fournissant les avant-postes à Failly (1), Poixe, Servigny, le 41e et le 2e escadron du 1er dragons, en réserve, au bivouac, à l'Est de Poixe ; le reste de la 1re division, au camp entre Vrémy et Sainte-Barbe ; l'artillerie de corps, à l'Est de ce dernier village, où s'établit le général de Manteuffel.

La 2e division, plus spécialement chargée de la protection de la voie ferrée et des magasins formés à Courcelles et à Remilly, rappela d'Augny sa 4e brigade et campa entre Courcelles et Laquenexy. Quatre compagnies de grand'garde établies au château de Colombey, à la Grange-aux-Bois, à Mercy-le-Haut, sur la route de Strasbourg, et un bataillon en réserve, à Ars-Laquenexy, fournirent le service de sûreté.

Les deux régiments de cavalerie du corps d'armée assurèrent la liaison entre les divisions d'infanterie, tout en barrant les routes de Sarrebrück (1er, 3e et 4e escadrons du 1er dragons, au Nord de Retonfay) et de Sarrelouis (10e dragons au Nord de Puche). Ils poussèrent en avant vers Metz un petit poste à la Brasserie, à hauteur de Noisseville, et un escadron à Montoy.

Vers 11 heures, la 3e division de réserve commença son mouvement vers la Moselle (2). Tandis que les avant-postes devenus flanc-gardes se dirigeaient de Failly vers

---

(1) Où il releva les 6e et 7e compagnies du 19e régiment de la 3e division de réserve.

(2) Le Ier bataillon (n° 46, bataillon Sprottau) du régiment de Basse-Silésie et le 2e escadron du 2e régiment de grosse cavalerie de réserve se portèrent, à ce moment, vers Pont-à-Mousson, conformément à l'ordre du 20 du général de Steinmetz.

Chieulles (5ᵉ et 8ᵉ compagnies du *19*ᵉ) et de Vrémy à Malroy par Charly (Iᵉʳ et IIIᵉ bataillons du même régiment, Iʳᵉ batterie à pied, 1ᵉʳ escadron du *1*ᵉʳ régiment de dragons de réserve), les troupes de landwehr passant plus à l'Est par Sainte-Barbe et Sanry-les-Vigy (1), vinrent retrouver à Antilly la route de Kédange (2). Ce mouvement s'effectua sans incident. Seul, l'escadron du *1*ᵉʳ régiment de dragons de réserve, en reconnaissance vers la Moselle, se heurta à quelques patrouilles françaises, qui se retirèrent devant l'entrée en ligne des 5ᵉ et 8ᵉ compagnies du *19*ᵉ au Sud-Ouest de Chieulles. Le fort Saint-Julien envoya quelques obus; mais son tir, généralement trop court, ne causa que des pertes insignifiantes (3).

La division de landwehr s'installa au bivouac entre Olgy (quartier général) et le château de Buy, où elle fut rejointe dans la soirée par les trois batteries de réserve du XIᵉ corps. Elle se couvrit à Malroy (*19*ᵉ) et à Charly (*81*ᵉ) par la brigade d'infanterie de ligne renforcée d'une batterie et d'un escadron du *1*ᵉʳ régiment de dragons de réserve.

Rive gauche. — Dans le secteur affecté au VIIᵉ corps, à l'exception du IIIᵉ bataillon du *13*ᵉ qui vint cantonner à Ars, assurant la protection immédiate des quartiers généraux (4), aucune modification ne survint parmi les emplacements de la *13*ᵉ division.

La *14*ᵉ division et l'artillerie de corps quittèrent vers

---

(1) *Geschichte des 2. Posenschen Infanterie-Regiments Nr. 19.*
(2) D. T., Cathédrale, 3 h. 40 soir; Saint-Julien, 4 h. 10 soir. — *Rapport* du lieutenant-colonel Protche, commandant le fort Saint-Julien.
(3) 1 homme tué, 1 homme et quelques chevaux blessés.
(4) *Geschichte des Infanterie-Regiments Herwarth von Bittenfeld (1. Westfälischen) Nr. 13,* p. 243.

8 heures du matin leurs bivouacs de Gravelotte se dirigeant vers la Moselle. Tandis que la 28e brigade, deux batteries et le 8e hussards s'installaient au bivouac près d'Ancy, restant spécialement à la disposition du général de Zastrow (1), et l'artillerie de corps plus au Sud entre ce village et Dornot, les autres éléments de la 14e division franchirent la rivière à Ars. Le 15e hussards trouvant le terrain vers Metz non occupé (2) établit aussitôt la liaison avec la 3e division de cavalerie. Vers 3 heures, les Ier et IIIe bataillons du 74e prirent les avant-postes de Frescaty à la Moselle (3) pendant que le IIe bataillon de ce régiment, le 39e, le 15e hussards et trois batteries du 7e d'artillerie occupèrent un camp au Nord-Est de Jouy-aux-Arches ; la 1re batterie du 7e s'installa sur les pentes Nord du Saint-Blaise.

Au VIIIe corps, dès le matin, le gros de la 29e brigade (4) déplaça ses bivouacs vers le Sud, se rapprochant du VIIe corps ; la 16e division vint camper au Nord-Est de Gravelotte, immédiatement à l'Ouest de la Mance.

De même, dans la matinée, quelques mouvements s'effectuèrent au IIe corps. Les fractions de la 3e division non employées aux avant-postes appuyèrent d'un kilomètre vers le Nord et s'établirent entre la Folie et Montigny-la-Grange. Le quartier général s'installa à la ferme de Marengo.

---

(1) *Geschichte des 5. Westfälischen Infanterie-Regiments Nr. 53*, p. 243.

(2) Un escadron poussé jusqu'à la Maison-Rouge se retira lorsque le Saint-Quentin ouvrit le feu. (*Rapport* du capitaine de Locmaria, en observation au Saint-Quentin, midi 30.)

(3) *Geschichte des 1. Hannoverschen Infanterie-Regiments Nr. 74*, p. 134 et 135.

(4) A laquelle deux batteries et les 3e et 4e escadrons du 7e hussards étaient adjoints.

Enfin, à l'extrême gauche de la IIe armée, le Xe corps se porta vers la Moselle, de manière à barrer la plaine au Nord de Metz. Utilisant les deux routes qui descendent des hauteurs (la *19e* division par Pierrevillers, la *20e* par Bronvaux et Marange), les troupes rompirent à 5 heures du matin des environs de Roncourt et de Saint-Privat, et vinrent se heurter aux nombreux obstacles établis précédemment par l'administration forestière sur toutes les voies de communication de cette région.

Le *16e* dragons, de l'avant-garde de la colonne de droite (1), après avoir atteint non sans peine la vallée de la Moselle, se rabattit vers le Sud, s'arrêta vers 9 heures sur la ligne Saint-Remy—les Maxes, soutenu par le *92e* d'infanterie qui s'avança jusqu'aux Tapes de manière à couvrir le mouvement de flanc du Xe corps. Aucun engagement sérieux ne se produisit avec les escadrons du 6e corps en reconnaissance au Nord de Saint-Éloy (2); toutefois, vers 11 heures seulement, les troupes d'infanterie s'installèrent sur leurs nouveaux emplacements.

La *19e* division s'établit sur les dernières pentes des hauteurs des bois de Fèves, dans le secteur compris entre Norroy et le bouquet de peupliers contigu au chemin de fer de Thionville, la *20e* division plus à l'Est jusqu'à la Moselle.

A l'Ouest de la voie ferrée, la *38e* brigade, placée en première ligne, renforcée de trois batteries, de six pelotons de dragons et de trois compagnies de pionniers, occupa fortement Fèves (3), Semécourt et le bois de

---

(1) Ordre de marche de cette avant-garde : *16e* dragons, *92e* et *17e* d'infanterie. (*Geschichte des Infanterie-Regiments Barfuss (4. Westfälischen) Nr. 17*, p. 154.)

(2) *Geschichte des Braunschweig. Infanterie-Regiments Nr. 92*, p. 71.

(3) Fèves : Ier bataillon du *57e*, 1re batterie du *10e*; Semécourt: IIe bataillon du *57e*, *16e* (reformé à deux bataillons depuis le 20), 1re et IIe batteries du *10e*.

peupliers, dont elle commença immédiatement l'organisation. Le reste de la division (1) et l'artillerie de corps (2) bivouaquèrent au Sud du ruisseau de Billeron, à l'Ouest de la route de Rombas.

A l'Est du chemin de fer de Thionville, la *40e* brigade campa près d'Amelange, couverte par deux bataillons répartis dans les fermes à hauteur des Tapes et par un escadron du *16e* dragons (3); la *39e*, à l'Ouest de la grande route, détachant le Ier bataillon du *79e* à la garde du pont d'Hauconcourt (4); l'artillerie divisionnaire s'installa au Nord et à l'Ouest du village de Maizières; le *10e* bataillon de chasseurs et le *16e* dragons, vers le château de Brieux; le quartier général du Xe corps, à Marange.

Armée de la Meuse. — Les quatre divisions de cavalerie de la nouvelle subdivision d'armée du prince royal de Saxe (que l'on désigna bientôt sous le nom d'armée de la Meuse ou de IVe armée) (5) se portèrent en avant du front. La *5e* s'établit à Étain (quartier général et *12e* brigade), au Nord de cette ville (*11e* brigade) et sur

---

(1) Les bataillons sont formés en colonne double. Le IIe bataillon du *57e*, le Ier du *91e* et les 2e et 3e escadrons du *9e* dragons rejoignirent dans le courant de la journée.

(2) Sauf les 1e et 3e batteries à cheval du *10e* qui campèrent au Nord-Est de Semécourt.

(3) Cet escadron fournit des vedettes entre Saint-Remy et les Maxes. Le Ier bataillon du *92e* prit position sur le ruisseau à sec venant de Norroy; le IIe bataillon du même régiment à 500 mètres en arrière sur la grande route. Dans la soirée, les 2e et 3e compagnies furent reportées à hauteur du IIe bataillon.

(4) *Geschichte des 3. Hannoverschen Infanterie-Regiments Nr. 79.* A la fin du mois, le bataillon fut placé sous le commandement du colonel Cordeman, commandant les étapes.

(5) Effectifs au 21 août, d'après les *Kriegsgeschichtliche Einzelschriften,* Heft 12., p. 828 et 829.

la route de Montmédy (*13ᵉ* brigade). La cavalerie saxonne s'installa de Boinville (*23ᵉ* brigade) (1) à Ville-en-Woëvre (*24ᵉ* brigade), le quartier général à Hennemont. La *6ᵉ* division cantonna dans la région de Fresnes (quartier général). La cavalerie de la Garde atteignit la Meuse, vers Troyon et Saint-Mihiel.

En arrière de ce rideau de cavalerie, le XIIᵉ corps, ayant appuyé légèrement vers l'Ouest, vint s'établir, dans la matinée, des deux côtés de la route d'Étain : la *23ᵉ* division au Nord, la *24ᵉ* au Sud. La Garde continuant sa marche vers le Sud-Ouest s'échelonna sur les deux routes suivies, les premiers éléments de ses colonnes atteignant le pied des côtes de Meuse (*3ᵉ* brigade, Hannonville, Herbeuville) (*1ᵉ* brigade, Heudicourt).

Enfin la cavalerie de la Garde établit la liaison avec le IVᵉ corps, séparé de la IIᵉ armée depuis le 16 (2).

	Hommes.	Chevaux.	Bouches à feu.
Garde	18,705	4,000	90
IVᵉ corps	21,875	1,080	84
XIIᵉ corps	23,200	3,120	96
5ᵉ division de cavalerie (*)	»	3,500	12
6ᵉ division de cavalerie (**)	»	1,840	6
Totaux	63,780	13,540	288

Soit : 83 bataillons, 115 escadrons, 48 batteries.

(L'*Historique* du régiment de Reiter de la Garde saxonne (p. 485) donne les chiffres suivants, au 22 août : 70,028 hommes et 16,247 chevaux.)

(1) Le *17ᵉ* régiment de uhlans, laissé depuis le 18 en observation devant Verdun (Voir les *Opérations autour de Metz*, III, p. 143) rejoignit à cette date. (*Aufzeichnungen über das 1. Königlich Sächsische Ulanen-Regiment Nr. 17*, p. 27.)

(2) Voir les *Opérations autour de Metz*, II, p. 123.

(*) Le 1ᵉʳ escadron du *10ᵉ* hussards, séparé de son régiment depuis le 12, arriva à Pierrevillers le 21 et resta devant Metz.

(**) Non compris le *3ᵉ* hussards maintenu devant Metz.

Après sa tentative infructueuse sur Toul, ce corps s'était établi dans la journée du lendemain : le quartier général à Royaumeix, l'artillerie de corps au Sud de cette ville (1), la *8e* division d'Andilly à Sauzey, la *7e*, parallèlement et plus au Sud, face à Toul, de Boucq (*14e* brigade et *4e* bataillon de chasseurs) à Beuvron.

Le mouvement sur Commercy reprit le 18 au matin. La *14e* brigade avait atteint Corniéville, vers 7 heures (2), quand le général Alvensleben, en apprenant le résultat de la bataille du 16, reçut l'ordre de se maintenir provisoirement sur les positions qu'il occupait et de continuer à surveiller la place de Toul. En conséquence, les troupes regagnèrent leurs emplacements de la nuit précédente. La *14e* brigade, maintenue à Boucq, et le *7e* dragons, à Foug (3) se mirent en communication par Void avec la IIIe armée (4); des patrouilles du *12e* hussards furent lancées dans la direction de Saint-Mihiel.

Le 19, le IVe corps conserva ces cantonnements. Dans l'après-midi, le commandant du IVe corps eut connaissance des événements du 18 et apprit en outre, par une communication de la brigade de uhlans de la Garde, que les routes de Metz et de Saint-Mihiel à Verdun étaient libres; la *7e* division manda de son côté que des fractions bavaroises investissaient la place de Toul et que le gros de la IIIe armée avait déjà atteint la ligne de la Meuse (5). Dans ces conditions, le général Alvensleben se décida à reprendre sa marche vers l'Ouest, interrompue le 18. Le 20, utilisant l'unique route de Boucq à Euville, le

---

(1) *Geschichte des Feldartillerie Regiments Prinz-Regent Luitpold von Bayern (Magdeburgischen) Nr. 4*, p. 24.
(2) *Geschichte des Anhaltischen Infanterie-Regiments Nr. 93*, p. 85.
(3) *Geschichte des Westfälischen Dragoner-Regiments Nr. 7*, p. 52.
(4) Voir *La Retraite sur Châlons*, X, p. 143.
(5) *Historique du Grand État-Major prussien*, p. 893.

gros du corps d'armée gagna Vignot où il bivouaqua ; la *14ᵉ* brigade franchit la rivière à Commercy où s'établirent le quartier général du IVᵉ corps et le *27ᵉ* régiment d'infanterie, tandis que le *93ᵉ* poussant davantage vers l'Ouest occupa Chonville (Iᵉʳ et IIᵉ bataillons, 2ᵉ batterie du *4ᵉ* d'artillerie) et la voie ferrée de Lérouville à Nançois-le-Petit (IIIᵉ bataillon à Vadonville, Cousances, Grimaucourt, Malaumont) (1). Dans la soirée, une dépêche du prince Frédéric-Charles vint annoncer la nouvelle affectation donnée au IVᵉ corps et son passage sous les ordres du prince royal de Saxe (2).

Le 21, le IVᵉ corps séjourna en général sur ces emplacements (3). Ainsi qu'il a été dit plus haut, la liaison fut établie avec la cavalerie de la Garde vers Saint-Mihiel, puis dans la direction du Sud-Ouest, avec le IIᵉ bavarois parvenu dans la région de Saint-Aubin.

§ 2. — *Les avant-postes de l'armée du Rhin.*

En avant de la ligne à peu près ininterrompue de sentinelles ou de petits postes qui occupèrent, dès leur achèvement, les tranchées-abris creusées sur le front des camps, le service de sûreté, installé le 19, fut renforcé dans la journée du 20 et commença à fonctionner régulièrement à partir de cette date.

Au 2ᵉ corps, le 3ᵉ bataillon de chasseurs en entier vint occuper Scy, détachant une grand'garde à Chazelles ; la 12ᵉ batterie du 5ᵉ s'établit contre les dernières maisons de Longeville, plaçant deux pièces en batterie sur la route de Moulins (4).

---

(1) *Geschichte des Anhaltischen Infanterie-Regiments Nr. 93*, p. 86.
(2) *Historique du Grand État-Major prussien*, p. 893.
(3) Sur la rive droite, les cantonnements furent étendus jusqu'à Boncourt et Pont-sur-Meuse.
(4) Les deux autres batteries divisionnaires (5ᵉ et 6ᵉ du 5ᵉ) s'arrê-

A l'exception du poste maintenu au châlet Billaudel, aucune fraction du 3ᵉ corps ne fut poussée à l'Ouest des retranchements exécutés sur l'extrémité occidentale du mont Saint-Quentin et sur le plateau de Plappeville.

Sur le front du 4ᵉ corps, Lorry fut occupé à la fois par deux compagnies du 65ᵉ et par deux compagnies de la 1ʳᵉ division du 3ᵉ corps; une compagnie de soutien s'établit sur la croupe du fort Plappeville qui sépare ce village des bivouacs du 3ᵉ corps. Le IIᵉ bataillon du 64ᵉ s'installa à la ferme du Chêne. Il se relia, d'une part, vers Lorry, par une compagnie établie sur la route du Sansonnet à Saulny, de l'autre, vers Woippy, par une série de petits postes. Le 70ᵉ, de la 2ᵉ brigade de la 4ᵉ division du 6ᵉ corps, organisa solidement ce dernier village et le parc situé au Sud, le 28ᵉ resta en réserve sur les hauteurs immédiatement au Nord du hameau du Coupillon.

La 3ᵉ division du 6ᵉ corps fournit deux compagnies de grand'garde à chacune des fermes de la Maison-Neuve et de Maison-Rouge sur la route de Thionville. Saint-Éloy fut occupée par une compagnie d'abord du 9ᵉ, puis du 12ᵉ de ligne; la Grange-aux-Dames, par quatre compagnies du 9ᵉ bataillon de chasseurs.

Ce service de sûreté exclusivement fixe se compléta, d'une manière insuffisante malheureusement, par les reconnaissances journalières de cavalerie des 6ᵉ et 2ᵉ corps, puis, peu à peu, par les compagnies ou pelotons de « partisans » ou « éclaireurs » formés dans toutes les unités (1).

Au 6ᵉ corps, les reconnaissances de cavalerie s'organi-

---

tèrent plus à l'Ouest à proximité de la brigade Lapasset. Dans la journée du 21, un bataillon du 32ᵉ renforça le 3ᵉ bataillon de chasseurs.

(1) Voir la création de ces compagnies et pelotons au chapitre concernant la réorganisation de l'armée.

sèrent sur les bases suivantes : à partir du réveil, trois régiments fournirent successivement deux escadrons pendant quatre heures; le quatrième régiment de la division envoya un escadron sur la rive droite, de 5 heures à 9 heures du matin, un autre dans l'après-midi, de 1 heure à 5 heures.

Au 2ᵉ corps, le service des « éclaireurs » fonctionna dès la rentrée sous Metz. Les sections de volontaires, déjà utilisées à Forbach (1), furent reconstituées sur le pied de 40 hommes par régiment. On fit alterner les brigades pour le service, ce qui donna 80 éclaireurs par jour (2).

Les divisions de cavalerie du 3ᵉ et du 4ᵉ corps, de la Garde, de la 3ᵉ division de cavalerie restèrent inemployées en arrière du front de l'armée ou à Chambière.

§ 3. — *Renseignements sur l'ennemi. Alerte.*

La matinée sur la rive gauche, au Nord et à l'Ouest de la place. — D'après les renseignements parvenus la veille au soir (3), les bataillons et les batteries de piquet prirent les armes, le 21, dès le réveil; les avant-postes furent renforcés. Le brouillard limitant les vues, les reconnaissances de la division du Barail poussèrent leurs éclaireurs dans toutes les directions : jusqu'aux Tapes, en avant de Bellevue, près de Saulny, de Vigneulles et de Lorry. Le maréchal Canrobert se rendit à Woippy, puis à Maison-Rouge et sur le front de la 1ʳᵉ division, examinant les travaux exécutés les jours précé-

---

(1) Depuis le 6 août, elles avaient perdu la plupart de leurs officiers.

(2) L'état-major divisionnaire indiquait aux chefs des éclaireurs de chaque régiment dans quelle direction ils devaient opérer.

(3) Voir p. 64.

dents et prescrivant les modifications qu'il jugeait nécessaires.

Bientôt les reconnaissances lancées vers Bellevue, annoncèrent que, la veille, l'ennemi avait occupé avec du canon les pentes du bois de Fèves et que, dans cette même journée, un régiment de cavalerie avec 400 à 500 fantassins venus de Marange s'étaient établis sur la route de Thionville, à 3 kilomètres au Sud de Maizières. Semécourt leur parut évacué. Elles rapportèrent de nouveau le bruit que 10,000 hommes environ se trouvaient près du moulin Féreau et à Marange (1), et signalèrent 700 à 800 hommes (infanterie et cavalerie) dans le bois de Woippy. Le bulletin de renseignements du 6ᵉ corps fourni à 7 heures du matin crut pouvoir déduire de ces renseignements exagérés et non contrôlés que tout confirmait l'opinion que les Prussiens étaient en force à partir de Maizières vers leur droite, ayant abandonné le côté vers la Moselle (2).

Le détachement envoyé vers Saulny fut accueilli, près de ce village, par des coups de fusil. En même temps, des tirailleries éclatèrent sur divers points en avant du front du 4ᵉ corps, notamment à la Tuilerie et dans le bois de Plesnois, entre les avant-postes ennemis et les éclaireurs du 6ᵉ d'infanterie qui venaient de fouiller toute la région boisée en avant (3). A sa rentrée dans les lignes, cette reconnaissance annonça que, dès 3 heures du matin, il y avait un grand mouvement dans les camps-bivouacs de l'adversaire; elle fournit d'utiles indications qui permirent de conclure plus justement

---

(1) *Rapport* des reconnaissances de cavalerie, 6 h. 35 matin.
(2) Renseignements fournis par le 6ᵉ corps.
(3) Partis à 8 heures du soir, ils purent s'avancer jusqu'à la lisière des bois, à 1 kilomètre environ au Sud-Est d'Amanvillers, par suite de l'installation incomplète des avant-postes du IIᵉ corps dans cette région. (Voir p. 48.)

qu'au 6ᵉ corps que l'ennemi serait en force en face des positions du 4ᵉ corps (1).

A partir de ce moment, la probabilité d'une attaque parut de plus en plus grande et tous les renseignements adressés par les grand'gardes ou par les éclaireurs firent craindre que l'adversaire tournât par la droite de Woippy qui « n'est pas gardée (2) ». A 7 h. 45, « des troupes ennemies se détachant d'un corps considérable en se dirigeant de manière à couper notre droite vers Saint-Remy » furent signalées. Puis, peu de temps après, les éclaireurs au Nord de Maison-Rouge aperçurent de l'infanterie et de la cavalerie sortant du bois de Woippy.

Le général de Ladmirault donna l'ordre de se tenir prêt à marcher. Le maréchal Bazaine, mis au courant de la situation par les commandants des 6ᵉ et 4ᵉ corps, prescrivit au général Coffinières de « prendre des dispositions pour que du bastion 110 du fort Moselle, de la branche du fort Bellecroix, de la branche gauche de Chambière et de la gorge de Plappeville, en retournant les pièces, on puisse seconder les troupes des 6ᵉ et 4ᵉ corps (3) ». La batterie de mitrailleuses de la division de Laveaucoupet reçut également l'avis du général Soleille de rejoindre immédiatement le 6ᵉ corps, auquel elle avait été affectée.

A 8 h. 15, quelques dragons ennemis poussèrent au Sud de Ladonchamps, mais se retirèrent bientôt jusque vers Saint-Remy devant le feu d'une reconnaissance de chasseurs d'Afrique (4).

L'attaque de l'adversaire ne parut d'ailleurs pas se limiter à la plaine de la Moselle. Sur le front du 3ᵉ corps,

---

(1) *Bulletin* de renseignements du 4ᵉ corps, 8 heures du matin.
(2) *Rapport* de la grand'garde de Woippy (26ᵉ de ligne).
(3) Le maréchal Bazaine au général Coffinières.
(4) *Rapport* d'une reconnaissance de cavalerie, 8 h. 15 matin ; du capitaine commandant la grand'garde du 94ᵉ à Maison-Rouge.

lorsque le brouillard se fut levé, le poste d'observation de Plappeville signala également « des démonstrations prussiennes autour du fort (1) ». A 9 h. 15, le général Nayral ayant rendu compte au maréchal Le Bœuf de « la présence d'assez fortes colonnes dans les bois de Châtel (2) », le commandant du 3e corps se décida à monter sur le plateau. A son tour, la Garde, laissant ses tentes dressées, prit les armes.

Le brouillard disparaissant peu à peu dans la vallée, on apprit bientôt que la cavalerie ennemie aperçue sur la route de Thionville et évaluée à plusieurs pelotons (3) ou à deux escadrons (4), précédait une troupe assez considérable (5). A 10 heures, l'observatoire de la cathédrale signala en effet « deux fortes colonnes d'infanterie » descendant l'une de Marange vers Hauconcourt, l'autre de Plesnois vers Olgy. Cette dernière se forma en bataille à hauteur de Semécourt « comme pour soutenir les escadrons de cavalerie (6) ». Bien que ce dispositif sembla « avoir pour but de protéger un mouvement vers Hauconcourt par Marange et Pierrevillers (7) », le 6e corps occupa ses emplacements de combat et attendit l'attaque consécutive à ce mouvement « de gauche à droite » que l'on allait constater jusque vers 1 h. 30 (8).

---

(1) D. T., Plappeville, 8 h. 40, 9 h. 25 matin. « Les Prussiens occupent les bois à 1,600 mètres du fort et de la ligne. »

(2) Le général Nayral au maréchal Le Bœuf.

(3) *Rapport* du capitaine commandant la grand'garde de Maison-Rouge, 9 h. 20.

(4) D. T., Cathédrale, 8 h. 45 matin : un escadron à l'Ouest des Petites Tapes, un escadron près de Saint-Remy. — Un voiturier venu de Franclochamps donna le chiffre de 150 cavaliers, 10 h. 30 matin.

(5) Renseignement fourni par un paysan au général Péchot.

(6) D. T., Cathédrale, 10 h. 45 matin.

(7) *Ibid.*

(8) « Depuis près d'une heure, on voit des colonnes traverser les voies à 1 kil. 1/2 en avant de nous... On distingue presque des voi-

Pendant ce temps, des troupes en marche furent également visibles aux environs du fort Plappeville. A 1 heure, une pièce de 24 tira plusieurs coups sur un rassemblement à l'Ouest de la route de Saulny; mais, dès ce moment, la possibilité d'une entreprise de l'adversaire ne parut plus présenter de chances sérieuses de ce côté et le commandant du fort supposa que les démonstrations de l'ennemi masquaient « des constructions de batteries, qui auront pour but d'atteindre les camps en tirant par-dessus les forts (1) ». Cependant pour parer à toute éventualité, les canonniers travaillèrent « aux remparts à portée de leurs pièces et prêts à faire feu (2) ».

D'ailleurs, à partir de 1 heure, l'attention s'était portée vers les mouvements de l'ennemi sur la rive droite.

Mouvements sur la rive droite, à l'Est et au Nord-Est de Metz. — Dès 11 heures du matin, le fort Saint-Julien et la cathédrale avaient signalé à l'Est de la place d'importantes colonnes en marche du Sud au Nord. Après avoir traversé les routes de Sarrelouis et de Bouzonville, une partie de ces troupes continuèrent leur mouvement vers la Moselle, les autres se massèrent, à partir de midi, dans la région de Sainte-Barbe ; un régiment au moins vint occuper Noisseville, une division environ s'établit

---

tures ; peut-être est-ce une batterie d'artillerie que les Prussiens placent pour enfiler la voie. » (*Rapport* du capitaine commandant la grand'-garde du 94e à Maison-Rouge, 12 h. 30 soir.)

« Long convoi de voitures s'acheminant derrière Woippy et paraissant se disposer à traverser la Moselle... Ils passent à Bellevue et plus haut vers Semécourt, traversent le chemin de fer en se dirigeant vers Olgy et Malroy. » (*Renseignements* fournis par le 2e chasseurs d'Afrique.)

« Colonne d'infanterie suivie d'artillerie... passe entre les Petites Tapes et Maizières se dirigeant vers Argancy. » (D. T., Cathédrale, 1 heure soir.)

(1) D. T., Plappeville, 1 h. 15 soir.
(2) *Ibid.*

derrière Poixe (1). Cette proximité de l'ennemi fit bientôt admettre au poste d'observation de la cathédrale la probabilité de la préparation d'une attaque contre le fort Saint-Julien (2). A 1 h. 30, l'ennemi affluait toujours derrière Poixe (3).

Vers 3 heures seulement, les craintes commencèrent à se dissiper lorsque ces troupes, dont le colonel Protche appréciait la force à 5,000 ou 6,000 hommes au moins (4), semblèrent se disposer à bivouaquer (5).

Quelques instants plus tard, vers 3 h. 45, la cathédrale observa de nouveau des colonnes d'infanterie qui défilaient « en arrière de Malroy, se dirigeant sur Argancy, sans doute pour donner la main aux troupes qui sont dans la plaine et établir des ponts sur la Moselle ». Le fort Saint-Julien leur envoya quelques coups de canon, d'ailleurs sans effet. Couvertes par de la cavalerie, elles s'arrêtèrent pendant une demi-heure environ, continuèrent leur mouvement sur Olgy (6) et après s'être massées en carré bivouaquèrent sur la colline au Sud-Est d'Argancy (7) plaçant leurs avant-postes à Malroy, Chieulles et Vany. Les forces rassemblées sur ce point furent estimées à 10,000 ou 12,000 hommes (artillerie en assez grande quantité, infanterie, un ou deux escadrons de cavalerie), et tout parut indiquer qu'elles

---

(1) D. T., Saint-Julien, 11 heures matin : « Colonne qui paraît très longue » ; 11 h. 46 matin : « Il y a infanterie, artillerie, cavalerie » ; D. T., Cathédrale, 12 heures soir : « colonne que l'on voit sur une longueur de 6 kilomètres » ; D. T., Saint-Julien, 12 h. 30 soir : « les colonnes continuent à arriver ».

(2) D. T., Cathédrale, 12 h. 45 soir. — Ce fort avait d'ailleurs pris toutes ses dispositions de combat avant 11 h. 30.

(3) D. T., Cathédrale, 1 h. 30 soir.

(4) *Rapport* du colonel Protche, commandant le fort Saint-Julien.

(5) D. T., Cathédrale, 2 h. 55 soir.

(6) D. T., Cathédrale, 4 h. 15, 4 h. 50 soir.

(7) *Ibid.*, 7 h. 35 soir.

ne se disposaient pas à une attaque, mais qu'elles étaient plutôt prêtes « à passer la Moselle demain (1) ». De plus, on supposa qu'elles se reliaient, par les bois de Failly et par Vrémy aux fractions campées près de Sainte-Barbe (2).

L'après-midi sur la rive gauche, au Nord et à l'Ouest de la place. — Sur le front du 6ᵉ corps, l'après-midi s'était passée à peu près tranquillement. Vers 2 heures, les troupes ennemies descendues vers la Moselle semblèrent se masser dans la plaine en arrière des Petites Tapes et jusqu'à la ligne du chemin de fer ; trois batteries parurent prendre position (3), tandis que la cavalerie et l'infanterie établies aux avant-postes progressèrent légèrement vers le Sud jusqu'au château de Ladonchamps, en échangeant quelques coups de fusil avec les chasseurs d'Afrique. On crut distinguer de l'artillerie au bivouac près des Maxes (4) ; toutes les fermes avoisinantes furent occupées par l'ennemi (5).

Du côté de Vigneulles, entre Lorry et Woippy, des tirailleries éclatèrent à diverses reprises (6). Dans les dernières heures de l'après-midi, notamment entre 4 et 5 heures, quelques mouvements se produisirent de nouveau vers Lorry, les bois de Saulny ou de Woippy (7),

---

(1) *Rapport* du commandant du fort Saint-Julien.
(2) D. T., Cathédrale, 7 h. 35 soir.
(3) D. T., Cathédrale, 2 h. 20 soir.
(4) Renseignement fourni par le 2ᵉ chasseurs d'Afrique, 3 h. 30 soir.
(5) *Ibid.* — A 7 h. 35 du soir, le poste de la cathédrale annonça que quelques bataillons bivouaquaient à hauteur des Petites Tapes.
(6) Elles cessèrent vers 2 h. 45, puis reprirent peu de temps après. (Reconnaissances du 2ᵉ chasseurs d'Afrique ; le général du Barail au maréchal Canrobert, 3 h. 30 soir.)
(7) Un bataillon fut signalé à 3 h. 45 par le Saint-Quentin et par les grand'gardes du 51ᵉ. (Le général La Font de Villiers au maréchal Canrobert, 4 h. soir.). A 5 h. 15, la grand'garde du 51ᵉ observa de

mais parurent motivés, en général, par la relève des avant-postes. On reconnut que Saulny était fortement occupé et qu'une centaine de Prussiens se trouvaient à Vigneulles (1). Désormais une tentative de l'adversaire ne parut plus admissible pour la soirée ; la Garde reçut contre-ordre à 5 h. 30.

Le maréchal Bazaine prescrivit alors aux trois divisions de cavalerie « entassées d'une manière fâcheuse (2) » en arrière du 6º corps, de modifier leurs emplacements pour dégager les abords et les vues du bastion 110 du fort Moselle. Les divisions de cavalerie des 3º et 4º corps vinrent en conséquence s'établir à l'Ouest du chemin de fer de Thionville ; celle du 6º corps conserva provisoirement son bivouac.

Toutefois, on continua à considérer une attaque comme « assez probable pour demain matin », et des mesures de sécurité furent prises en conséquence. Au 4º corps, on redoubla de vigilance et l'on profita des dernières heures de la journée pour pousser avec la plus grande activité les travaux entrepris. Conformément aux prescriptions du général de Ladmirault, si l'attaque se produisait, on devait ménager son feu le plus possible, ne tirer qu'à de bonnes distances et lorsqu'on serait presque certain d'atteindre son but. En cas d'alerte, cette nuit, on recommanderait aux hommes de ne pas tirer. Au 6º corps, deux bataillons occupèrent les tranchées établies sur le front de la 1re division. Le 9º de ligne fut installé à son poste de combat et y bivouaqua. Un bataillon du 94º renforça les deux compagnies de grand'garde à la Maison-Neuve.

« fortes colonnes » descendant vers Saulny. — « Les Prussiens défilent toujours à ma droite, descendant vers la Moselle. » (*Rapport* du commandant du fort Plappeville.)

(1) Reconnaissances du 2º chasseurs d'Afrique.
(2) Le maréchal Bazaine aux commandants des 3º et 4º corps.

Secteur Sud, rive droite et rive gauche. — Les mouvements de l'ennemi au Sud de Metz parurent présenter moins d'importance que ceux exécutés dans les régions Nord et Nord-Est. Comme les jours précédents, on observa de nombreux campements entre Ars et Novéant; Vaux et Jussy étaient occupés par des avant-postes, toutes les lisières des bois par des petits postes. Du Saint-Quentin, on distingua des épaulements et des tranchées sur les hauteurs de Rozérieulles et du Point-du-Jour.

Quelques colonnes sillonnèrent cette zone pendant toute la journée. Vers 9 heures du matin, un régiment de cavalerie traversa la Moselle se dirigeant vers Jouy. De l'infanterie passa également sur la rive droite au-dessus de Moulins (1). On signala l'établissement d'un camp d'infanterie et d'artillerie dans la vallée entre Jouy et Corny. La ferme d'Orly, l'extrémité Nord du bois de Jouy furent occupés; un poste s'installa au Saint-Blaise. Dans ce secteur, la ligne extrême des avant-postes resta sur ses emplacements de la veille. A hauteur de Jouy, on remarqua que les convois se dirigeaient régulièrement vers un pont en construction dont la circulation avait été établie.

A l'Est de la Seille, aucun mouvement ne fut observé; les vedettes de cavalerie occupaient toujours la Haute-Bévoye et le château de Mercy.

En dehors de ces renseignements de détails, quelques nouvelles indications permirent de fixer approximativement les emplacements de certains éléments de l'armée d'investissement. La présence de 10,000 à 15,000 Prussiens près de Marange (déjà signalée le 20) parut certaine ainsi que celle du II⁰ corps tout entier entre Châtel-

---

(1) Le général de Valabrègue au général Frossard.

Saint-Germain et Amanvillers (1); le VIII⁰ corps descendrait, depuis la veille, de Gravelotte vers Moulins; le VII⁰ se trouverait vers Rozérieulles et Châtel-Saint-Germain. De ces données, on déduisit que l'armée de Steinmetz formerait encore « la droite des forces ennemies, sur la rive gauche de la Moselle, la II⁰ armée étant à sa gauche vers Montigny-la-Grange, Amanvillers..... ». Le prince Frédéric-Charles aurait son quartier général à Rezonville (2); Steinmetz, qui se trouvait dans cette localité le 19, en serait parti (3).

La force de l'armée d'investissement fut évaluée approximativement à 300,000 hommes, chiffre qui parut admissible dans le cas où les dix corps d'armée cités dans le *Bulletin* du 20 du grand quartier général seraient réellement autour de Metz.

On apprit la construction menée « avec une grande activité » d'une voie ferrée de Remilly à Pont-à-Mousson (4); des agents confirmèrent la nouvelle de l'exploitation du chemin de fer de Forbach jusqu'à Peltre, où les Prussiens devaient débarquer un matériel de siège (5). Enfin, une ligne télégraphique relierait Ars à Gravelotte (6).

Aucune nouvelle concernant le Prince royal n'était parvenue depuis le 19.

---

(1) Renseignements fournis par le sous-intendant militaire Martinie.
(2) Un autre renseignement disait Briey.
(3) *Bulletin* de renseignements du grand quartier général.
(4) Lettre de M. X... au colonel Boissonnet.
(5) Le général Soleille au général Coffinières, 20 août.
(6) *Bulletin* de renseignements du grand quartier général.

VII

La journée du 22 août (1).

§ 1er. — *Nouvelle répartition de l'armée du Rhin autour de la place.*

La crainte d'une attaque au Nord-Est de Metz, appréhension que provoquèrent, le 21, les mouvements de l'ennemi dans ce secteur, fit reconnaître au commandant en chef qu'il était nécessaire de répartir les troupes autour de la place d'une manière plus conforme aux éventualités qui pouvaient se présenter. L'établissement d'une fraction de l'armée sur la rive droite présentait d'ailleurs d'autres avantages. Il permettait de donner satisfaction aux désirs du général Coffinières en fournissant de nombreux travailleurs au génie de la place pour hâter l'achèvement des forts de Queuleu et de Saint-Julien; il prévenait la situation dangereuse, maintes fois signalée au Maréchal depuis le 19, dans laquelle l'armée, entassée sur la rive gauche, aurait pu être placée par une attaque de l'ennemi ; enfin, il devait accorder aux troupes maintenues à l'Ouest de Metz la facilité de s'installer d'une manière un peu plus confortable.

Dans la soirée du 21, le commandant en chef prescrivit au maréchal Le Bœuf de faire passer la Moselle à

---

(1) Pluie.

son corps d'armée (1), en utilisant à cet effet les ponts que le général Coffinières venait de faire reconstruire (2), et de l'établir sur la rive droite, entre les forts désignés plus haut, dans des positions fixées par le commandant supérieur de la place. Seules, la 2ᵉ division, qui occupait les tranchées creusées en avant du Saint-Quentin, et la batterie de 12 installée au col de Lessy devaient être maintenues à la garde des ouvrages établis les jours précédents par le 3ᵉ corps. Les commandants de corps d'armée reçurent avis de ce mouvement (3).

---

(1) Le maréchal Bazaine au maréchal Le Bœuf, 21 août.
(2) Voir p. 124 et 125.
(3) Le général Coffinières consigna dans ses *Notes* que, lors d'une réunion tenue au Ban Saint-Martin, le 22, le Maréchal communiqua aux commandants de corps et aux commandants d'armes sa décision d'étendre et de renforcer les lignes occupées par l'armée autour de la place « *en attendant l'armée de secours* ». Il y fut dit « *que le commandant Magnan a été envoyé à Paris pour savoir des nouvelles; que les forces du maréchal de Mac-Mahon doivent venir au secours de Metz* ».
Ce conseil eut-il lieu réellement ?
A l'*Instruction* du procès Bazaine, aucun des commandants de corps interrogés n'en eut souvenir. (Dépositions Frossard, nº 50, p. 213; Le Bœuf, nº 51, p. 235; de Ladmirault, nº 57, p. 270; Canrobert, nº 80, p. 340; la question ne fut pas posée aux généraux Soleille et Bourbaki.) Lors de son interrogatoire, le Maréchal prétendit n'avoir « rien dit de cela ». (*Procès* Bazaine, p. 176.) Quant au général Coffinières, il maintint à l'*Instruction* que ses *Notes* étaient prises journellement et ajouta : « Je crois être certain, dans les limites du possible, de leur exactitude. Je ne puis rien ajouter de plus. » (Déposition Coffinières, nº 40, p. 171). Au *Procès*, il soutint de nouveau que s'il avait « consigné cela, c'est que le fait a été dit ou quelque chose d'approchant... Je me rappelle qu'il fut question de séparer un peu les corps; ils paraissaient trop serrés dans les environs du Ban Saint-Martin. Il est probable — puisque je l'ai consigné — que dans cette réunion, on aura dit aussi que le commandant Magnan avait été envoyé à Châlons pour avoir des nouvelles, et que *peut-être* l'armée de M. le maréchal de Mac-Mahon viendrait à Metz. » (P. 349.)
L'existence matérielle de ce conseil, au 22 août, dont le duc d'Aumale supposa qu'il « n'y en a du reste pas trace à cette époque » (p. 177,

A 10 heures du soir, on perçut dans la direction de Saulny « des bruits de pelles, de pioches et de scies (1) » ; vers 2 heures du matin, les grand'gardes de Woippy entendirent « plusieurs coups de langue de clairon et le bruit confus d'une grande réunion d'hommes (2) ». A cela près, la nuit se passa sans incident.

Dans la matinée, les troupes attendirent en vain l'ordre de prendre les armes. On put admettre bientôt, contrairement aux prévisions de la veille, que l'ennemi ne troublerait pas le mouvement du 3ᵉ corps. Toutefois, pour parer à toute éventualité, à 5 heures, au moment où les 1ʳᵉ, 3ᵉ et 4ᵉ divisions du 3ᵉ corps quittèrent simultané-

---

colonne 1), parut donc fort incertaine lors du *Procès* Bazaine. On ne découvrit pas dans les « caisses de papiers relatifs à la capitulation de Metz, qui avaient été transmises par le Dépôt de la Guerre » (*Procès Bazaine*, p. 177, colonne 3), la lettre suivante portant la signature du maréchal Bazaine, datée du Ban Saint-Martin, 21 août, et adressée au maréchal Canrobert et au général Coffinières :

« Je vous prie, si aucun mouvement de l'ennemi ne s'y oppose et ne vous retient au milieu de vos troupes, de vous rendre demain matin, 22 du courant, à 7 heures, au grand quartier général, pour affaires de service. »

Ces convocations parvinrent à destination.

D'autres expéditions de cette lettre furent-elles adressées aux commandants des 2ᵉ, 3ᵉ et 4ᵉ corps, de la Garde et au général Soleille ? Toutes les recherches exécutées à cet effet sont restées infructueuses. Cette réunion fut-elle contremandée au dernier moment ? Aucun document n'existe à ce sujet. Si elle eut lieu, il est très vraisemblable que les membres présents durent envisager la situation de l'armée créée par la nouvelle répartition des troupes autour de la place. Mais fut-il également question du commandant Magnan et du maréchal de Mac-Mahon, ou bien le général Coffinières consigna-t-il dans ses *Notes* des bruits qui circulaient à Metz de tous les côtés et qu'il aurait pu connaître par quelque conversation particulière ? Ce dernier cas paraît le plus probable.

(1) *Bulletin* de renseignements du 4ᵉ corps.
(2) *Bulletin* de renseignements de la 4ᵉ division du 6ᵉ corps, 5 heures matin ; D. T., Plappeville, 7 h. 40 matin.

ment leurs emplacements, la Garde se tint prête à marcher.

La 4ᵉ division, la gauche en tête, traversa le Ban Saint-Martin, puis longea les glacis de la place. Elle commençait à utiliser les deux ponts de Chambière lorsque les premiers éléments des 1ʳᵉ et 3ᵉ divisions débouchèrent à la fois près de la porte de Thionville, qu'ils avaient atteinte les uns par Tignomont, le Coupillon, le Sansonnet, les autres par la route neuve et Devant-les-Ponts. Pour éviter toute cause de désordre, ces divisions se massèrent à l'entrée des ponts et assistèrent pendant plusieurs heures à l'écoulement fort lent des unités de la division Aymard, qui ne parvinrent sur leurs nouveaux emplacements, au Sud du fort Saint-Julien, que vers 10 heures (1).

La 3ᵉ division suivit pas à pas les dernières fractions de cette division; mais, l'encombrement ne faisant qu'augmenter sur la rive droite à la sortie des ponts (2), un nouvel arrêt de près de deux heures se produisit dans l'île Chambière et ne permit à ses divers éléments d'atteindre leurs bivouacs qu'entre 1 heure et 3 heures. La 2ᵉ brigade s'établit dans les vignes au Sud du Saint-Julien, la 1ʳᵉ sur les glacis du fort Bellecroix (3).

La 1ʳᵉ division arriva également très tard dans la soirée, en arrière du fort Queuleu, sur le plateau de l'Orméché. A droite, le 18ᵉ bataillon de chasseurs s'appuya à la Seille et eut à sa gauche le 62ᵉ de ligne, tandis que le 51ᵉ et la 2ᵉ brigade bivouaquèrent à cheval sur la

---

(1) Les brigades accolées et formées sur deux lignes ; les régiments déployés.

(2) Bien que les chefs d'état-major eussent précédé les colonnes sur ce point, où ils reçurent des instructions du colonel Boissonnet, chef d'état-major du général Coffinières.

(3) *Journal de marche* de la 3ᵉ division du 3ᵉ corps.

route de Strasbourg; l'artillerie divisionnaire forma le parc près du cimetière de l'Est.

La division de cavalerie avait évacué, à 11 heures, son emplacement occupé la veille au soir. En débouchant sur la rive droite, elle se heurta à la 1re brigade de la 3e division et ne s'installa à Plantières que vers 4 heures, sur les glacis du fort Gisors.

Enfin la réserve d'artillerie, partie à midi du Ban Saint-Martin, utilisa les ponts dont l'accès était redevenu facile et put atteindre le bivouac qui lui avait été assigné, au bas de la côte de Saint-Julien, près de la rivière, vers 3 heures.

Quant à la 2e division, maintenue sur la rive gauche, le commandant en chef s'étant ravisé, dans la matinée, avait décidé de l'affecter à la garde du secteur compris entre la Moselle et la Seille. Elle commença à évacuer ses emplacements de Plappeville, un peu après midi. Après avoir traversé Metz de la porte de France à la porte Serpenoise, elle se dirigea sur Montigny (1re brigade) ou le Sablon (2e brigade) et se répartit entre ces villages et la ligne du chemin de fer. L'heure tardive du départ des dernières fractions relevées par les 4e et 2e corps ne permit pas à toute la division de se trouver de nouveau réunie avant 10 heures du soir.

Dans la matinée, le quartier général du 3e corps s'était transporté au village de Saint-Julien (1).

---

(1) En se rendant à son nouveau quartier général, le maréchal Le Bœuf constata, aux débouchés des ponts sur la rive droite, que la marche des colonnes présentait les mêmes irrégularités que lors des mouvements effectués précédemment. Malgré des ordres formulés à maintes reprises, certains corps se firent suivre de voitures civiles, bien que possédant leurs trains régimentaires; d'autres, qui ne possédaient pas de transport régulier, avaient de trop nombreuses voitures auxiliaires. A peu près partout, ces dernières se mêlèrent aux trains et aux bagages militaires; enfin, les équipages régimentaires étaient chargés au delà des proportions fixées. Au moindre obstacle, à la moindre

Dès l'installation des troupes, le service du sûreté fut organisé sur tout le front (1). Un cordon ininterrompu de sentinelles ou de petits postes s'établit à proximité des emplacements des tranchées que l'on allait élever. En avant de ce réseau, la 4ᵉ division fournit, sur les bords de la Moselle, une compagnie de grand'garde (du 80ᵉ), qui se relia par le IVᵉ bataillon du 60ᵉ aux petits postes installés vers Mey et à la compagnie du 71ᵉ, à l'Est de Vallières. La ligne de sentinelles fournies par les postes avancés de la 3ᵉ division coupa la route à l'Est du hameau des Bordes puis se prolongea par les vedettes de cavalerie établies entre Borny et la ferme de Belletange, où le 95ᵉ plaça une grand'garde, le 23 (2). Sur le front de la division Montaudon, de nombreuses patrouilles parcoururent le secteur s'étendant entre la Seille et la route de Strasbourg.

Entre la Moselle et la Seille, des postes s'établirent sur la ligne du chemin de fer et à la ferme de la Horgne ;

---

ornière, les attelages durent s'arrêter et le mouvement de toute la colonne en souffrit. Par suite, les divisions ne marchèrent plus assez compactes, car les brigades têtes de colonnes, conduites par les généraux de division et suivant l'itinéraire indiqué, ne se préoccupèrent nullement de leur artillerie ou de leur deuxième brigade dont elles se trouvèrent séparées par des intervalles de plus de 1 kilomètre. Dès lors, il fut impossible d'éviter des croisements de colonnes dont il ne résulta que confusion, trouble et perte de temps excessivement regrettables pour le moral des troupes. A l'arrivée sur les emplacements de bivouac, les bagages errèrent à gauche et à droite, d'une division à l'autre, et on dut les envoyer chercher dans toutes les positions occupées par le corps d'armée avant de pouvoir les rallier.

(1) Jusqu'au 22, quelques postes fournis par les garnisons des forts ou du château de Grimont et les reconnaissances journalières des divisions de cavalerie des 3ᵉ et 6ᵉ corps, soit sur les routes de Sarrebrück et de Sarrelouis soit sur celle de Kédange, assurèrent seuls le service de sûreté sur la rive droite.

(2) A partir de cette date, les vedettes ennemies ne poussèrent plus jusqu'à Borny.

des patrouilles poussèrent jusqu'à la redoute de Saint-Privat, où elles se maintinrent temporairement, et visitèrent les fermes Blory et Bradin.

Le maréchal Le Bœuf rendit compte, le 23 au matin, des nouveaux emplacements occupés par ses troupes. Il jugeait « bonnes » ces dispositions défensives si l'ennemi ne devait pas attaquer sérieusement, mais, par contre s'inquiétait de l'étendue de son front en cas d'une attaque générale de la part de l'ennemi. « Il me serait difficile, disait-il, de rallier le 3ᵉ corps. Il me faudrait près de trois heures pour rappeler à moi la division Montaudon et, quant à la division Castagny, elle en est entièrement séparée (1). »

Cette appréciation de la nouvelle situation du 3ᵉ corps semble quelque peu pessimiste et l'établissement des troupes à de si faibles distances des murs de la place était infiniment plus regrettable que le fractionnement adopté pour la répartition des unités sur la rive droite (2). En se plaçant dans l'hypothèse qu'envisageait le maréchal Le Bœuf, celle d'une attaque sur son aile gauche, un délai de trois heures était-il, en effet, nécessaire pour permettre à la 1ʳᵉ division d'intervenir dans un engagement livré sur le plateau de Grimont, distant de 4 kilomètres environ ? Quant à la 2ᵉ division, ou tout au moins à la 1ʳᵉ brigade bivouaquée au Sablon, elle disposait encore du pont sur la Seille près des remparts (3) et n'avait guère plus d'une heure de marche pour atteindre le fort Saint-Julien. Enfin, on pouvait admettre que les

---

(1) Le maréchal Le Bœuf au maréchal Bazaine, Saint-Julien, 23 août, 8 heures matin.

(2) Cette trop grande proximité ne put d'ailleurs échapper au maréchal Le Bœuf qui immédiatement exprima son « opinion, hautement, sur le terrain, avec une vivacité trop grande peut-être ». (*Instruction procès Bazaine*, n° 51, déposition Le Bœuf.)

(3) Voir p. 125.

observatoires et les avant-postes éventeraient les mouvements de l'ennemi assez à temps pour permettre au commandant du 3e corps d'opérer la concentration de ses forces sur un point quelconque de la rive droite, opération que les forts devaient déjà suffisamment protéger.

Pour combler le vide créé par le mouvement du 3e corps dans les positions occupées par l'armée sur les plateaux de la rive gauche, quelques modifications furent apportées dans les emplacements des troupes maintenues à l'Ouest de Metz.

Le secteur attribué au 2e corps s'étendit dorénavant jusqu'au col de Lessy. En conséquence, vers midi, deux bataillons de la brigade Mangin (2e division) vinrent occuper les retranchements exécutés à l'Ouest du Saint-Quentin, ouvrages qu'ils étaient chargés de défendre en cas d'attaque (1). Un second bataillon du 32e de ligne renforça les troupes établies précédemment à Scy et à Chazelles (2).

Dans l'après-midi, à 1 h. 30, la 1re division du 4e corps abandonna les hauteurs du Coupillon et se porta de la droite à la gauche des positions occupées par le corps d'armée : la 1re brigade s'établit aux abords du col de Lessy, fournissant un petit poste au chalet Billaudel, la 2e sur les pentes situées entre le fort Plappeville et Lorry, plaçant un bataillon dans les tranchées élevées sur le plateau. Les 2e et 3e divisions (3), la division de cavalerie séjournèrent sur leurs emplacements. La réserve d'artillerie s'installa au Nord de la route de Plappeville, laissant au 6e corps la batterie du Coupillon

---

(1) *Journal de marche* de la 2e division du 2e corps. — Ces deux bataillons fournis alternativement par chaque brigade furent relevés toutes les 24 heures.

(2) *Journal de marche* de la 1re division du 2e corps.

(3) Le IIIe bataillon du 54e est aux avant-postes à l'Est de Lorry.

à peu près achevée. La réserve du génie campa près de Plappeville. Le quartier général du 4ᵉ corps vint s'établir dans ce village.

Le 6ᵉ corps tout entier appuya vers sa gauche sur le 4ᵉ.

La 4ᵉ division occupa avec la 1ʳᵉ brigade disposée sur trois lignes, la position du Coupillon évacuée par la division de Cissey. Deux bataillons du 70ᵉ furent laissés dans Woippy, dont ils continuèrent l'organisation défensive de concert avec les troupes du génie. Les autres éléments de la 2ᵉ brigade (28ᵉ et un bataillon du 70ᵉ) bivouaquèrent à la droite de la 1ʳᵉ. La 3ᵉ division s'établit tout entière à l'Ouest de la voie ferrée. Vers 2 heures, le 9ᵉ de ligne traversa la route de Thionville et s'installa sur l'emplacement précédemment occupé par le centre de la 3ᵉ division. Quant à la 1ʳᵉ division, tout en se portant vers l'Ouest dans le but de démasquer les vues du fort Moselle sur la plaine de Woippy, elle se rapprocha de la place (1) et s'établit par brigades accolées face au Saint-Julien, à cheval sur la route de Thionville (2). Les troupes se trouvèrent ainsi adossées aux dernières maisons de la banlieue immédiate de Metz.

Dès le réveil, à 5 h. 30, la division de cavalerie avait modifié ses emplacements d'après les ordres de la veille du maréchal Bazaine (3). Se reportant à 500 mètres environ en arrière, elle se forma sur deux lignes (la 1ʳᵉ brigade en deuxième ligne), sur les glacis même du fort Moselle (4).

---

(1) Conformément aux ordres de la veille du maréchal Canrobert. Voir p. 75 et 122.

(2) Elles campèrent en colonnes par division à demi-distance, les bataillons ayant entre eux l'intervalle de déploiement.

(3) Voir p. 82.

(4) Dans la journée, malgré le passage du 3ᵉ corps sur la rive droite, un escadron du 3ᵉ chasseurs poussa en avant de Châtillon et des bois de Grimont échangeant quelques coups de feu avec les sentinelles prussiennes.

D'ailleurs, sur la rive gauche, le service de reconnaissance qui ne

La réserve d'artillerie vint bivouaquer à 300 mètres de la porte de Thionville, des deux côtés de la route de Woippy.

La Garde se maintint sur ses emplacements ; le quartier général se transporta dans le courant de la journée au château de la Ronde, au centre du corps d'armée.

§ 2. — *Renseignements sur l'ennemi.*

Au matin, les reconnaissances constatèrent que l'adversaire ne s'était pas maintenu dans le bois de Woippy et à Vigneulles ; on apprit également par des habitants que des travaux destinés à relier Ladonchamps aux fermes voisines avaient été exécutés pendant toute la nuit (1). Malgré le brouillard, on put distinguer des feux ennemis de Borny à Saint-Remy, en passant par Jouy, Ars et Amanvillers (2) ; ils parurent « considérables dans la plaine, sans doute près de Saint-Remy (3) ». Ces observations, en confirmant les suppositions de la veille sur la présence de troupes nombreuses dans cette région, démontrèrent qu'aucun changement important n'avait été apporté à la répartition des forces ennemies autour de la place.

Dès que les vues se furent dégagées, on constata sur la rive gauche que l'adversaire paraissait consacrer toute son activité à l'organisation défensive des emplacements qu'il

---

devait plus être fourni que par deux escadrons (un de chaque brigade) affectés, de 5 heures du matin à 5 heures du soir, l'un à la 1re division d'infanterie, l'autre à la 3e, continua à fonctionner comme précédemment. Cette mesure ne fut appliquée que le 23.

(1) Renseignements des grand'gardes de la 4e division du 6e corps, 7 h. 30 matin.

(2) D. T., Saint-Quentin, 7 heures matin.

(3) *Ibid.*

occupait (1). Les divers rapports signalèrent, sur tout le périmètre de la ligne d'investissement, l'établissement de tranchées ou d'épaulements : entre Saint-Remy et Maizières; sur la route de Briey, au Nord de Saulny et aux carrières d'Amanvillers; entre les bois de Saulny et de Vigneulles; entre Moscou et Gravelotte; au Nord de Saint-Hubert; entre la route et le bois de Rozérieulles; sur les hauteurs de Jussy, d'Ars, au Nord des bois de Vaux.

Par contre, les modifications apportées aux emplacements des troupes de l'armée d'investissement présentèrent moins d'importance que les jours précédents. Dans la matinée, 3,000 à 4,000 hommes parurent avoir pris position près de Saulny; toute la journée, le fort Plappeville remarqua une grande circulation d'ennemis entre Saulny et la plaine de la Moselle (2). Mais ces mouvements signalés, de Frescaty à Saint-Remy, en passant par Jouy, Ars, le Point-du-Jour, Amanvillers, semblèrent n'offrir aucun caractère offensif. De la cathédrale, on observa que « les troupes prussiennes établies dans la plaine en arrière des Petites Tapes se livrent à des mouvements d'ensemble qui tendraient à faire croire que l'on procède à leur instruction... Ce sont peut-être des troupes de la landwehr... (3) ».

Enfin, l'existence d'un pont à Argancy ne fut pas établie (4).

Sur la rive droite, lorsque le brouillard se dissipa, on

---

(1) « On construit partout des retranchements », d'après le dire d'un hussard prussien fait prisonnier le 22.

(2) *Rapport* du commandant du fort Plappeville.

(3) D. T., Cathédrale, 4 h. 45 soir. On savait déjà par un parlementaire que les Prussiens faisaient « l'exercice les jours de repos ». (*Bulletin* de renseignements du grand quartier général, 21 août).

(4) Le *Bulletin* de renseignements du 4ᵉ corps annonça que la veille « un convoi de 150 voitures environ, escorté par de la cavalerie et venu

constata que les forces adverses établies dans cette région occupaient les mêmes positions que la veille (1); elles conservèrent ces emplacements toute la journée.

Des convois incessants de voitures militaires furent aperçus d'Augny à Fey, se dirigeant sur Novéant (2). Un garde forestier déclara que « de Courcelles et de Peltre partent des convois considérables dans la direction de la Moselle, du côté d'Ars ». On vit peu de monde de ce côté; quelques postes et des éclaireurs de cavalerie (3). La construction de retranchements à Courcelles fut signalée.

Comme les jours précédents, peu de renseignements généraux parvinrent au grand quartier général. On aurait aperçu des dragons du Xe corps vers Ladonchamps et Saint-Remy (4). D'après le dire d'un jeune homme, le VIIIe corps, qui est « à la droite de Steinmetz, contre la Moselle, ou un autre corps devait partir aujourd'hui pour Verdun (5) ». Il se confirma que l'armée de Steinmetz formait la droite de la ligne d'investissement sur la rive gauche et que celle du prince Frédéric-Charles se trouverait à sa gauche. L'arrivée d'artillerie de siège fut moins certaine, « mais le bruit est accrédité dans toute l'armée ennemie qu'il doit y avoir très prochainement une grande bataille décisive pour mettre fin à une situa-

---

de la rive droite, a passé la Moselle en aval de Malroy, sur un pont jeté par les Prussiens ». Le Saint-Quentin signala au contraire que l'ennemi avait fait étudier un gué en face d'Argancy. « Ce matin, on n'a remarqué aucun passage de troupes sur ce point. Aucun pont n'y était construit. » (Observations faites de 8 heures à midi.)

(1) D. T., Cathédrale, 9 h. 30 matin ; 12 h. 45 soir.
(2) *Bulletin* de renseignements du grand quartier général; D. T., Cathédrale, 3 h. 45 soir.
(3) Renseignements du grand quartier général (8 heures matin) confirmés par les observations du Saint-Quentin.
(4) *Bulletin* de renseignements du grand quartier général.
(5) *Ibid.*

tion devenant de jour en jour plus intolérable (1) ». Le quartier général du Roi serait toujours sur le plateau, en arrière des troupes, peut-être à Rezonville (2), celui de Steinmetz, à Ars (3). Enfin, « *le Prince royal filerait sur Paris contre l'armée venant de France* et dix corps d'armée » dont on croyait pouvoir fixer le chiffre à 250,000 hommes au maximum, seraient maintenus devant Metz (4).

§ 3. — *Mouvement des armées allemandes.*

Armée d'investissement. — A l'exception de la *49*^e brigade (IXe corps), qui appuya légèrement vers l'Ouest, aucun mouvement ne se produisit parmi les unités de l'armée d'investissement. Les troupes continuèrent leur installation dans les bivouacs occupés les jours précédents et cherchèrent à s'abriter le mieux possible contre les rigueurs d'un changement de température brusquement survenu. Les travaux de défense et de déblaiement des champs de bataille des 16 et 18 août furent poussés avec activité.

Armée de la Meuse. — Les corps qui composaient cette

---

(1) Renseignements du grand quartier général, 8 heures matin. D'après le dire des prisonniers, « les corps d'armée seraient fondus considérablement, mais il arrive des renforts composés de recrues et de landwehr ». Ainsi, il serait arrivé 1,000 hommes pour refaire le *40*^e « qui n'existait presque plus et qui n'a presque plus d'officiers ». (D'après l'historique du régiment de fusiliers Prince-Charles-Antoine de Hohenzollern n° *40*, 2 officiers et 493 hommes parvinrent, en effet, à ce régiment et portèrent l'effectif des bataillons à 750 hommes environ.) « La misère est grande dans l'armée prussienne », toujours d'après les déclarations des prisonniers ; « on ne distribue plus ni pain ni biscuit ; on réserve le pain pour les malades ».

(2) D'après les prisonniers du VIIIe corps.

(3) A l'hôtel du Lion d'or.

(4) Renseignements du grand quartier général, 8 heures matin.

armée conservèrent en général leurs emplacements de la veille. Quelques fractions seulement occupèrent des cantonnements plus vastes. La division de cavalerie de la Garde poussa ses avant-postes jusqu'à Neuville-en-Verdunois et Villotte-devant-Saint-Mihiel.

Le prince royal de Saxe se transporta de Jarny à Jeandelize, où le rejoignirent le général-major de Schlotheim (1) et les officiers désignés pour constituer l'état-major de la nouvelle armée.

Le prince Georges de Saxe prit le commandement du XIIe corps et fut remplacé à la tête de la *23e* division par le général-major de Montbé.

§ 4. — *Renseignements sur la situation de l'armée française. Nouvelles prescriptions du prince Frédéric-Charles.*

La situation de l'armée française n'était qu'imparfaitement connue du nouveau commandant en chef de l'armée d'investissement lorsqu'il arrêta ses premières dispositions dans la soirée du 19 août. A cette date, en effet, si l'ensemble des renseignements fournis par les avant-postes fit admettre, avec raison, que la majeure partie des troupes du maréchal Bazaine s'étaient repliées sous les murs de Metz, par contre, on ne possédait aucune preuve qui pût établir avec certitude que des fractions importantes de cette armée ne se fussent retirées soit vers l'Ouest après la bataille du 16, soit vers le Nord, le 18 et dans la nuit suivante. Les quelques patrouilles envoyées vers la Moselle au Nord de la place, dans la journée du 19, ne fournirent à ce sujet que des indications insuffisantes.

---

(1) Remplacé par le général-major de Rantzau dans le commandement de la brigade de cavalerie hessoise.

Toutefois de nouveaux renseignements ne tardèrent pas à fixer l'opinion du prince Frédéric-Charles. Le 20, il obtint communication des rapports des détachements saxons chargés les jours précédents des destructions de la voie ferrée et du télégraphe de Thionville (1), mission qu'ils avaient remplie sans se heurter à des troupes françaises. Puis il prescrivit à la 1re division de cavalerie, de diriger immédiatement un de ses régiments vers Audun-le-Roman, pour s'assurer des passages récents de troupes dans cette région, et pour couper de nouveau la ligne des Ardennes (2).

Le 21, les patrouilles exécutées sur le front de l'armée d'investissement, notamment celles du Xe corps, rendirent compte que sur toutes les routes utilisées par l'adversaire à la suite de la bataille du 18, les traces que l'on observait conduisaient du champ de bataille vers Metz et que nul mouvement de troupes n'avait eu lieu vers le Nord. Ces indications concordèrent avec celles fournies par le *8e* régiment de uhlans, qui trouva partout le pays calme. Elles permirent de conclure que toute l'armée française qui combattit le 18 devait se trouver sous

---

(1) Voir les *Opérations autour de Metz*, III, p. 715.

D'une manière générale, ces destructions des voies ferrées exigèrent un effectif assez considérable (le plus souvent un escadron), des réquisitions de travailleurs civils et un temps parfois très long. Ces inconvénients provenaient à la fois de l'inexpérience des troupes et du manque d'outils.

(2) Le *8e* régiment de uhlans quitta Rezonville le soir même à 5 heures, atteignit Audun-le-Roman dans la matinée du 21 et y détruisit la voie ferrée et le télégraphe, pendant qu'un détachement remplissait la même mission au Nord de Mercy-le-Bas. Les escadrons disponibles poussèrent jusqu'à Aumetz, explorant la région au Nord du chemin de fer des Ardennes. Après être revenu bivouaquer en entier à Anderny, le régiment se fractionna de nouveau le lendemain : deux escadrons furent dirigés sur Thionville et coupèrent encore une fois la voie ferrée et le télégraphe à Saucy-le-Bas et à Fontoy.

Metz, à l'exception peut-être de quelques fractions isolées qui auraient pu s'échapper et gagner Thionville.

D'autre part, les interrogatoires des prisonniers, les numéros des uniformes des tués et blessés, les effets d'habillement et d'équipement trouvés dans les camps laissèrent supposer la présence autour de la place des 2ᵉ, 3ᵉ, 4ᵉ et 6ᵉ corps, de la division de Forton et rendirent aussi vraisemblable celle de la Garde. Ces premiers renseignements complétés par l'ensemble des rapports provenant soit des observatoires ou des patrouilles exécutées sur le front des corps, soit du service des renseignements parfaitement organisé(1), firent admettre, au 21 août, la situation générale suivante :

Dans la nuit du 19 au 20 et dans la matinée du 20, l'armée française, établie sur la rive gauche, s'était de nouveau reportée vers la place; Châtel-Saint-Germain, Lessy et les camps observés le 19 en avant des forts Plappeville et Saint-Quentin avaient été évacués. Deux corps d'armée, au moins, établis sous la tente, occupaient les versants Est de ces forts et la gorge qui s'étend entre eux. Un camp aussi étendu se trouvait dans la plaine aux abords Ouest et Nord de Metz; des baraques nombreuses (hôpitaux) et quelques troupes (cavalerie) étaient visibles dans l'île Chambière. L'effectif des troupes sur la rive droite de la Moselle (en arrière du Saint-Julien, sur les hauteurs de Plantières, entre Montigny et le Sablon) était faible. On poussait avec activité l'avancement des ouvrages extérieurs de la place et des travaux de défense entrepris récemment.

Une vive animation régnait dans tous les camps, mais

---

(1) Le recensement de 1861 accusait 11,501 Allemands sur 18,460 étrangers résidant dans le département de la Moselle, dont la population s'élevait à 442,277 (armée non comprise, recensement de 1866), soit 4,13 p. 100 d'étrangers. Cinq départements avaient proportionnellement plus d'étrangers; la Seine, seule, comptait plus d'Allemands.

ne paraissait pas cependant indiquer une offensive imminente. Toutefois, on pensa que l'armée investie ne tarderait pas à tenter de se faire jour. Des indications erronées vinrent, dès la soirée du 22, confirmer cette hypothèse, et la répartition inégale des forces françaises sur les deux rives de la Moselle tendit à démontrer que l'intention du maréchal Bazaine était de se diriger soit vers l'Ouest, soit surtout vers le Nord. Aussi, pour être en mesure de s'opposer en temps utile à une entreprise de cette nature, le prince Frédéric-Charles se décida à reporter de nouveau plus au Nord les corps de la IIe armée établis à l'Ouest de la place. Le VIIIe corps, en étendant sa gauche jusqu'au ravin de Châtel inclusivement, relèverait la *3e* division et permettrait ainsi au IIe corps de s'établir en entier au Nord du chemin de fer en construction. Parmi les corps maintenus en deuxième ligne, le IXe enverrait une division dans la direction de Marange, formant réserve pour le Xe, le reste du corps d'armée s'installerait près de Roncourt. Le IIIe camperait aux abords d'Habonville ; la *3e* division de cavalerie bivouaquerait autour de Saint-Marcel.

En outre, le commandant en chef des forces établies autour de Metz, estimant que les premiers travaux destinés à renforcer la ligne d'investissement étaient actuellement terminés (1), se résolut à agir d'une manière offensive contre l'armée investie en s'emparant de tout terrain dont il était possible toutefois de se rendre maître sans combat sérieux. Le cercle d'investissement devait ainsi se rétrécir de plus en plus en occupant tout point dont on pouvait tirer profit pour l'établissement des troupes de blocus, et en obtenant ainsi un contact immédiat avec les postes de l'armée bloquée. Ce mouvement

---

(1) Ordre de l'armée, 22 août, 5 heures soir. (*Historique du Grand État-Major prussien*, supplément LV, 9e fascicule, p. 336*.)

en avant parut opportun en raison de la probable insuffisance d'armement des forts, supposition que l'on basait sur leur non-achèvement.

On s'abstiendrait cependant, ainsi qu'il a été dit plus haut, de chercher à s'emparer des positions où l'adversaire opposerait une résistance sérieuse, tentative qui pourrait nécessiter une action offensive meurtrière; de tels combats ne répondaient d'ailleurs pas au but du blocus et donneraient l'occasion à l'armée française d'utiliser défensivement sa nombreuse infanterie.

En un mot, l'armée d'investissement devait, en cherchant à se rapprocher le plus possible de la place, forcer l'ennemi à l'attaquer dans ses positions et le repousser en restant « strictement sur la défensive ». On formerait ainsi autour du camp retranché un cercle élastique qui se resserrerait aux points où la résistance diminuerait, sans toutefois avoir pour but fixe l'occupation d'un point précis de la ligne d'investissement.

Telles furent les intentions qu'exprima le prince Frédéric-Charles dans les instructions données le 22 août à 5 heures du soir et destinées à compléter les premières dispositions élaborées le 19.

Ces prescriptions atteignirent les corps dans la soirée, vers 10 heures, au moment où quelques-uns d'entre eux, sur l'avis de renseignements inexacts fournis par des espions, considéraient comme probable une attaque soit dans la direction de Vaux (VIIe corps) soit sur le front du IIe. Le général de Steinmetz prévint le VIIIe corps de se tenir prêt à toute éventualité et donna l'ordre à la 25e brigade de se rapprocher d'Ars (1).

Toutefois, la nuit se passa tranquillement.

---

(1) Dans la matinée du lendemain, cette brigade (sauf le IIIe bataillon du *13e* maintenu à Ars) s'installa à proximité des avant-postes et fut remplacée dans son ancien bivouac par la *28e*. (*Geschichte des 2. Hannoverschen Infanterie-Regiments Nr. 77*, p. 94.)

VIII

La journée du 23 août (1).

§ 1ᵉʳ. — *Mouvements des armées allemandes.*

Les instructions du prince Frédéric-Charles concernant la nouvelle répartition des forces allemandes autour de la place reçurent leur exécution dans le courant de la journée du 23.

VIIIᵉ corps. — Dans la matinée (2), la *29ᵉ* brigade installa ses avant-postes dans le secteur occupé par la *30ᵉ*, entre la batterie établie à l'Ouest de Jussy (où elle se relia au VIIᵉ corps) et la voie romaine, permettant ainsi à cette dernière brigade d'appuyer légèrement vers le Nord et de s'étendre jusqu'au ravin de Châtel inclusivement. Chaque régiment de la *15ᵉ* division fournit un bataillon d'avant-postes auquel on attacha un peloton de hussards (3). Les sentinelles poussèrent suffisamment loin des premières tranchées pour que l'occupation de ces dernières par les deux bataillons disponibles pût s'opérer avec facilité en cas d'alarme; en principe, les petits postes s'établirent en avant des premières lignes et

---

(1) Pluie de 9 heures du matin à 2 heures de l'après-midi; température froide.

(2) *Geschichte des Füsilier-Regiments Graf Roon (Ostpreussischen) Nr. 33*, p. 242. L'ordre du prince Frédéric-Charles ne fut communiqué à la *15ᵉ* division qu'à 7 h. 30 du matin.

(3) Étendue moyenne de la surveillance d'un bataillon : **1,500 pas**.

ne furent pas abrités par celles-ci. Le gros de la *29e* brigade continua à séjourner sous les huttes élevées près de Saint-Hubert; celui de la *30e* brigade s'installa au Nord de Moscou, où il commença immédiatement l'installation de nouveaux abris.

La *16e* division et l'artillerie de corps conservèrent leurs emplacements à l'Ouest de la Mance.

IIe corps. — La *3e* division, relevée à l'Ouest du ravin de Monveau par le VIIIe corps, appuya vers le Nord-Est. Le gros de la division vint camper entre les fermes de Saint-Maurice et de Saint-Vincent, à cheval sur la route d'Amanvillers à Lorry (1). Les quatre bataillons (deux de chaque régiment) de la *6e* brigade établis aux avant-postes (2) surveillèrent le secteur compris entre la voie ferrée, où ils se relièrent au VIIIe corps (*8e* bataillon de chasseurs), et les massifs boisés situés au Sud de Saulny.

Le gros de la *4e* division conserva les emplacements qu'il occupait le 20 près des carrières d'Amanvillers. Par suite de l'arrivée de la *6e* brigade, les éléments de la *7e* établis en première ligne se resserrèrent dans la zone comprise entre le ravin à l'Ouest de Saulny et Norroy-le-Veneur. Quatre compagnies (dont deux de grand'garde) établies dans le bois de Plesnois relièrent le bataillon établi à Saulny et à la Tuilerie à celui réparti à Plesnois et à Norroy-le-Veneur; deux bataillons formèrent la réserve des avant-postes.

L'artillerie de corps bivouaqua à Amanvillers, les trains parquèrent à Habonville. Le quartier général fut maintenu à la ferme de Marengo.

---

(1) Le Ier bataillon du *14e* ne rejoignit que le 24 (*Geschichte des Infanterie-Regiments Graf Schwerin Nr. 14,* p. 369).

(2) Deux bataillons en réserve (IIe du *54e* et IIIe du *14e*); deux bataillons en première ligne (IIIe du *54e* et IIe du *14e*) détachant chacun deux compagnies en grand'garde.

IXe corps. — En exécution des ordres donnés la veille au soir par le général de Manstein, la *25e* division quitta vers 7 h. 30 du matin les environs de Sainte-Marie-aux-Chênes, et se porta vers Pierrevillers (1). Formant réserve pour le Xe corps, elle s'établit au Nord-Est de ce village, des deux côtés de la route Rombas-Semécourt : la *50e* brigade à l'Est, la *49e* à l'Ouest, la brigade de cavalerie et l'artillerie hessoises plus au Nord.

La *18e* division, l'artillerie de corps et les trains quittèrent Saint-Ail vers 9 heures et vinrent occuper un bivouac entre Montois et Roncourt.

Dans l'après-midi, à la suite des instructions du prince Louis de Hesse, un service de sûreté fut organisé sur l'Orne pour couvrir les derrières de la *25e* division dans la direction de Thionville (2); le pont d'Hauconcourt permit d'assurer la liaison avec la division de Kummer. Vers 5 heures également, le *84e* occupa dans la vallée de l'Orne des cantonnements resserrés ; le *9e* bataillon de chasseurs à pied et un escadron du *2e* régiment de cavalerie hessoise maintenus à Auboué, Moutiers et Briey, fournirent un service régulier de patrouilles vers le Nord et l'Ouest. Le Ier bataillon du *11e* fut chargé, à Montois, de la protection du quartier général du IXe corps.

IIIe corps. — Vers 8 heures du matin, le IIIe corps se dirigea vers le Nord et s'établit vers midi : la *5e* division entre Habonville et le bois de la Cusse, la *6e*, en arrière, à l'Ouest du bois Doseuillons près d'Anoux-la-

---

(1) La route Roncourt—Marange présentant encore à cette date d'assez sérieuses difficultés, la 25e division s'engagea directement de Roncourt sur Pierrevillers.

(2) Les mesures de sécurité prises soit en raison de la proximité de la place de Thionville soit pour couvrir l'armée d'investissement vers l'Ouest seront exposées ultérieurement.

Grange (1); l'artillerie de corps entre Jouaville et le petit bois situé à l'Est de ce village; le quartier général se transporta à Vernéville (2). Les Ier et IIe bataillons du *35e* restèrent à Doncourt avec le *3e* régiment de hussards pour assurer la sécurité du quartier général du prince Frédéric-Charles.

1re division de cavalerie. — En arrière du VIIIe corps, la *1re* division de cavalerie, quittant son camp empesté des environs de Rezonville, vint bivouaquer dans l'après-midi à l'Est de Saint-Marcel.

Les autres fractions de l'armée continuèrent leur installation sur les emplacements qu'elles avaient occupées précédemment. Elles cherchèrent à transformer le plus rapidement possible l'investissement provisoire en investissement définitif en prenant possession du terrain par la fortification.

§ 2. — *Mouvements de l'armée du Rhin. Renseignements sur l'ennemi.*

A l'exception de quelques déplacements insignifiants provoqués, soit par une légère rectification des emplacements occupés la veille, soit par l'évacuation de terrains inondés par les pluies, l'armée française séjourna dans ses bivouacs (3).

Ainsi que nous le verrons ultérieurement, la réorga-

---

(1) *Geschichte des 3. Brandenburgischen Infanterie-Regiments Nr. 48*, p. 259; *des 5. Brandenburgischen Infanterie-Regiments Nr. 20*, p. 128.

(2) Les instructions du prince Frédéric-Charles avaient fixé Habonville.

(3) A la Garde, le parc d'artillerie quitta son camp de Plappeville et s'installa à la Ronde, près des batteries de la réserve; les 2e et 3e brigades de cavalerie se portèrent à 50 mètres environ plus à l'Est.

Au 2e corps, la 10e batterie du 15e s'établit sur le plateau du Saint-Quentin.

nisation de l'armée était achevée à cette date et tout permettait de supposer que la « grande trouée » en perspective dès le retour sous Metz, ne pouvait plus tarder à s'exécuter.

Comme les jours précédents, les corps fournirent de nombreuses corvées de travailleurs pour renforcer les travaux déjà commencés ou pour hâter la mise en état des forts. Le service des avant-postes fonctionna régulièrement, provoquant toute la journée et notamment le matin des tirailleries avec les sentinelles ou les patrouilles ennemies. Enfin, de temps à autre, le feu des pièces de 24 installées dans les forts vint interrompre les travaux de l'adversaire ou rappeler à une de ses colonnes qu'elle ne profitait pas suffisamment des accidents du terrain pour dérober sa marche.

Au matin, une reconnaissance spéciale, la première depuis le retour sous Metz, fut exécutée. Vers 4 heures, la brigade de Maubranches et l'escadron d'éclaireurs du 3ᵉ corps se dirigèrent vers Malroy, pendant que six bataillons et une batterie de 4, sous les ordres du général Aymard, s'établissaient près de la ferme de Châtillon pour protéger éventuellement la retraite de la cavalerie. Les vedettes s'avancèrent à 1,500 mètres des sentinelles prussiennes, qui se replièrent en échangeant quelques coups de fusil. Cependant, comme pour se porter plus en avant, il fallait engager une affaire, contrairement aux instructions du maréchal Bazaine et « à l'intérêt de la situation (1) », vers 7 heures le maré-

---

(1) Le maréchal Le Bœuf au maréchal Bazaine, 23 août, 8 heures matin. — Cette reconnaissance ne devait pas surprendre le général de Manteuffel auquel des voituriers avaient déjà annoncé la veille au soir « qu'un corps ennemi, fort de 30,000 hommes, était sorti de Metz dans la direction du fort Saint-Julien (von Schell, *La Iʳᵉ armée sous le général de Steinmetz*, p. 234). Les troupes de la 3ᵉ division de réserve et du Iᵉʳ corps furent maintenues sous les armes jusqu'à 11 heures du matin. (*Geschichte des Grenadier-Regiments Kronprinz Nr. 1*, p. 42.)

chal Le Bœuf donna l'ordre à la cavalerie de se replier, après avoir constaté que les dispositions de l'ennemi paraissaient « purement défensives ». Le résultat obtenu était insignifiant.

Les divers bulletins continuèrent à signaler de nombreuses troupes sur la rive gauche au Nord et au Nord-Ouest de la place : à Saint-Remy, que l'ennemi parut occuper avec une division ; à Vigneulles, à Saulny et dans les bois voisins, où de puissants abatis étaient exécutés. Des renseignements précis fournis par des paysans firent admettre que, la veille, un corps d'armée avait dû descendre de Saint-Privat vers la Moselle (1). Un homme venu de Vaux, un autre qui essaya de forcer les lignes prussiennes pour se rendre à Doncourt confirmèrent la présence de troupes considérables et l'exécution de travaux importants au Sud-Ouest de Metz.

On entendit toute la nuit des roulements de voitures sur la route de Magny à Jouy (2). Des fractions nombreuses venues les jours précédents de la direction d'Ars étaient à Courcelles-sur-Nied. Entre cette localité et Metz, il n'y avait qu'un rideau de troupes, d'après des douaniers ; le général Montaudon supposa cependant, malgré le mouvement qui avait lieu de la gauche de l'ennemi sur sa droite, vers Sainte-Barbe et Malroy, qu'il restait encore de l'artillerie avec des soutiens d'infanterie à Mercy-le-Haut et à la Grange-aux-Bois (3). Les troupes signalées la veille à l'Est et au Nord-Est de Metz conservèrent les mêmes emplacements (4) ; l'établissement de huttes en paille et en

---

(1) Le capitaine Poncelet, du 2ᵉ grenadiers, au général Picard.

(2) D. T., Saint-Quentin, 7 h. 15 matin.

(3) Le général Montaudon au maréchal Le Bœuf, camp de Queuleu, 23 août.

(4) On crut pouvoir estimer les forces près de Malroy à une brigade d'infanterie renforcée de cavalerie. Le brouillard ne permit pas de se

branchages parut indiquer l'intention de séjourner longtemps dans ces campements (1).

En résumé, malgré le brouillard et la pluie qui gênèrent les observations des forts pendant une partie de la journée, on aperçut des feux ennemis (2) autour de Metz, de Magny à Charly en passant par Jouy, Gravelotte, Amanvillers, Maizières.

Si cette constatation permit de déduire que, depuis la veille, aucune modification essentielle ne s'était opérée dans les emplacements des troupes d'investissement, par contre de nombreuses indications laissèrent supposer que d'importants mouvements se seraient effectués récemment dans la direction de l'Ouest. M. Gillet, membre de l'Internationale, aurait vu le 19, à Rezonville (3), de Moltke, Bismarck et de Roon et appris que des renforts continuels arriveraient pour réparer les pertes qui, le 16, se seraient élevées à 20,000 hommes. D'après lui, l'ennemi parlait de marcher rapidement sur Paris. « Comment, disaient ces messieurs, la population résistera-t-elle si nous parvenons à incendier un quartier? » M. de Bismarck, paraît-il, déplorerait cette guerre dans laquelle on éprouvait de si énormes pertes. Il aurait ajouté que Sadowa n'était rien en comparaison et répété plusieurs fois : « Ah, si je pouvais voir l'empereur Napoléon! (4) » Le 21, il n'y avait plus de troupes à

---

rendre compte exactement de l'importance des troupes autour de Sainte-Barbe. Une grand'garde du 8ᵉ dragons signala seulement sur ce point une batterie de 40 pièces. (*Bulletin* de renseignements du 3ᵉ corps.)

(1) D. T., Cathédrale, 3 h. 45 soir.
(2) Que certains observateurs prétendaient multipliés à dessein.
(3) Où la veille au soir des voitures, fourgons et équipages prussiens arrivaient dans le plus grand désordre.
(4) D'un autre côté, des médecins prussiens annoncèrent à un médecin-major du 9ᵉ dragons que le Roi avait déclaré « qu'il refuserait toujours de traiter avec l'Empereur ». (Le maréchal Canrobert au maréchal Bazaine.)

Rezonville ; elles se trouvaient toutes à Gravelotte et en avant, mais en moins grand nombre que la veille ; elles se plaindraient de manquer de vivres et pilleraient tous les villages (1).

Un médecin-major du 9ᵉ dragons, resté dans les lignes prussiennes jusqu'au 23, avait constaté le 19 au matin, à Vionville, le mouvement de « deux divisions d'infanterie et de l'artillerie se dirigeant sur la route de Verdun »; des médecins prussiens lui annoncèrent « qu'une armée marchait sur Paris et que le corps d'armée qui passait par Vionville allait la rejoindre (2) ».

Des paysans de Maison-Neuve disaient que beaucoup de Prussiens paraissaient se porter de Metz vers Briey.

Un homme et une femme venus de Longeville affirmaient avoir vu « un grand mouvement de troupes commencé le 21 à 4 heures du matin ; à 4 heures du soir, il durait encore. Tout ce monde se dirigeait sur la route de Verdun. Le général de Steinmetz commandait le mouvement et le prince Frédéric-Charles devait le suivre (3) ».

Ces données trop vagues sur les modifications qui avaient dû s'opérer dans la répartition des armées et des forces allemandes devant Metz firent enfin reconnaître l'insuffisance des renseignements obtenus jusqu'à ce jour. Tout en admettant que la présence de dix corps d'armée à proximité du camp retranché n'était plus désormais vraisemblable, on s'aperçut qu'il « serait nécessaire de découvrir ce que l'on a devant soi au Nord de Metz (rive gauche) et sur divers points de la rive droite, afin de rechercher si Steinmetz ne serait pas resté seul devant Metz avec 4, 5 ou 6 corps, tandis

---

(1) *Bulletin* de renseignements du grand quartier général.
(2) Le maréchal Canrobert au maréchal Bazaine.
(3) Renseignement fourni par le général de Laveaucoupet.

que le prince Frédéric-Charles avec ses 4 corps (IIIe, X^e, XIIe, Garde) s'éloignerait de la place (1) ». La présence du VIIIe corps, de la Moselle à Gravelotte, parut certaine, ainsi que celle du IIe corps à Montigny-la-Grange. « Il faudrait compléter ces renseignements par des reconnaissances », ajoutait le *Bulletin* du grand quartier général.

Enfin, des agents annoncèrent que le tracé du chemin de fer de Pont-à-Mousson à Remilly était déjà fait entre cette dernière localité et Luppy; le travail marcherait rapidement « parce que l'on aime mieux tourner les accidents considérables que de les percer (2) ».

D'après des douaniers venus de Thionville et de Saint-Avold, 150,000 hommes de la landwehr et de la landsturm arriveraient bientôt sur ces points.

---

(1) *Bulletin* de renseignements du grand quartier général.
(2) *Bulletin* de renseignements du 3e corps.

IX

Travaux de défense exécutés par l'armée du Rhin au 23 août.

Au retour sous Metz, l'insuffisance du commandement se traduisit de nouveau par une absence de toute instruction générale pour l'organisation des travaux que l'armée devait organiser. Le général Coffinières, commandant du génie de l'armée (1), absorbé par ses fonctions de commandant supérieur de la place et préoccupé de la nouvelle situation créée par la présence de l'armée dans le camp retranché, n'élabora aucun projet des lignes à

---

(1) Le général Dejean, appelé le 14 août au commandement du génie de l'armée du Rhin en remplacement du général Coffinières, quitta Paris le 15, à 11 heures du soir, et atteignit Verdun le lendemain à 3 heures de l'après-midi. Il y trouva l'Empereur arrivé depuis quelques minutes et en reçut l'ordre d'établir des moyens de passage rapides sur la Meuse pour l'armée du Rhin qui devait franchir cette rivière le 18.

Le 17, le général Dejean acquit la certitude, par les nouvelles reçues à Verdun, que le Maréchal n'était plus en communication avec cette ville. Il se proposa alors de se diriger sur Metz par Étain, point qui paraissait faiblement occupé, pour faire parvenir à l'armée du Rhin des munitions arrivées la veille. Ce convoi aurait été escorté par 200 sapeurs du 3ᵉ génie (destinés aux 3ᵉ et 6ᵉ corps) et par les troupes mises à sa disposition (500 gardes mobiles, 2 compagnies d'infanterie, 25 gendarmes, 4 pièces d'artillerie) par le général commandant la subdivision. L'ordre venu de Paris de conserver à Verdun les munitions qui y étaient parvenues, fit abandonner ce projet.

Le 19, les renseignements parvenus paraissant démontrer l'impossibilité de rejoindre le maréchal Bazaine soit par Étain, soit par Mars-la-Tour, le général Dejean se décida à partir dans la soirée pour Montmédy avec l'intendant général Wolf, espérant trouver un moyen d'atteindre Metz par cette direction.

élever sur le front des corps. En outre, l'état-major général du génie de l'armée n'étant même plus représenté au grand quartier général depuis le 7 août (1), aucun plan d'ensemble des travaux que l'on allait entreprendre ne fut rédigé. Seules, quelques indications sommaires, émanant du maréchal Bazaine, et relatives à l'établissement de batteries ou à l'organisation de quelques positions, parvinrent aux corps, qui se trouvèrent à peu près abandonnés à eux-mêmes pour l'installation de leurs lignes de défense et opérèrent comme ils l'entendirent.

Aux 3e et 4e corps, à la suite d'une reconnaissance du terrain, les commandants du génie et de l'artillerie déterminèrent ensemble les emplacements et la nature des ouvrages à exécuter dans leur secteur. Au 2e corps, la liaison entre les différentes armes étant moins effective, les travaux ne furent pas coordonnés. Le 6e corps étant privé de commandant du génie, chaque division commença ses travaux de défense comme elle put, avec les faibles ressources en personnel et en matériel dont elle disposait.

Toutefois, malgré ces divergences dans la direction des travaux, on admit partout que l'on se bornerait à une mise en état sommaire des positions occupées, le séjour dans le camp retranché ne devant être que momentané. A cet effet, la création d'abris sur le front des camps serait à peu près uniquement à envisager; d'ailleurs, la nature du terrain de la banlieue immédiate de Metz ne présentait que peu d'obstacles naturels suscep-

---

(1) Le général Coffinières avait en effet conservé auprès de lui tout l'état-major du génie de l'armée. Le 20 août, le maréchal Bazaine reconnaissant lui-même que « cet état de choses n'est pas sans inconvénient lorsqu'il se présente des questions d'ensemble à traiter », priait le général Coffinières de désigner un colonel et un capitaine qui seraient attachés au grand quartier général.

tibles d'être renforcés. Seuls, quelques emplacements particuliers pouvant constituer un point d'appui sérieux ou possédant d'excellentes vues seraient organisés solidement.

Les travaux commencèrent dès l'installation des troupes sur leurs emplacements de bivouacs. Ils se poursuivirent avec « une grande activité », selon les prescriptions maintes fois renouvelées du maréchal Bazaine, et répondirent bientôt au but que l'on s'était assigné : de posséder un abri dans le cas d'une attaque supposée prochaine de l'adversaire (1).

Le profil des tranchées élevées sur le front des camps se rapprocha souvent de celui des « tranchées-abris » indiqué dans l'instruction du 19 avril 1868 (2) : profon-

---

(1) Cette attaque admise dès le 20 au soir et attendue encore le 22 fut envisagée sans crainte par toute l'armée. (Voir p. 56 et 64.)

Le 22, le Maréchal n'accédait pas à une proposition de M. Scal, inspecteur du chemin de fer de l'Est, qui voulait profiter du petit nombre « de troupes adverses sur la rive droite pour entraver les moyens de ravitaillement de l'ennemi en détruisant, depuis Remilly jusqu'à la frontière, toute la ligne de Forbach ». « Laissez-les venir avec leurs vivres et leur artillerie, répondit le Maréchal, je ne demande que cela, car depuis deux jours, ils font courir le bruit qu'ils vont m'attaquer et je les attends avec impatience. » (*Instruction* du Procès Bazaine, Déposition Scal, n° 181.)

(2) Cette instruction rappelait d'abord les observations ministérielles de 1867 (voir p. 64) : « les bataillons de la première ligne déployés et couverts, s'il est possible, par des plis de terrain, par des abris, par des

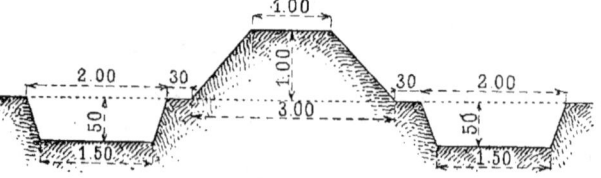

tranchées, attendent que l'ennemi soit arrivé à bonne portée pour l'écraser par des feux de masse, surtout au moment de la formation des

deur du fossé : 0ᵐ,50 ; largeur, 1ᵐ,30 en haut, 1ᵐ,05 au fond ; hauteur de la crête, 0ᵐ,60 ; épaisseur du parapet au sommet, 0ᵐ,50, à la base, 1ᵐ,70 (1). Le parapet était

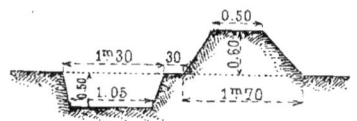

séparé de la tranchée par une berme de 0ᵐ,20 à 0ᵐ,30 de largeur qui formait « un gradin de franchissement ». En cas d'occupation, le premier rang s'asseyait sur cette berme, le second sur le revers ou dans le fossé même.

Les lignes de tranchées ainsi creusées ne présentèrent en général que des passages de 4 mètres pour les voitures ; elles furent rarement séparées par des intervalles de 20 mètres et divisées par parties qui devaient correspondre respectivement aux divers bataillons à couvrir.

Pour l'établissement des batteries, la nécessité de construire un ouvrage offrant immédiatement un abri pour les pièces, abri que l'on pût modifier et améliorer progressivement si les circonstances le permettaient, fit adopter, en général, un terre-plein bas ou enterré de 0ᵐ,80 à 1 mètre et un profil rapide.

---

colonnes d'attaque, et lorsque ces colonnes se portent en avant de la position ». Puis, elle donnait à « ces abris artificiels qui seraient destinés à suppléer aux couverts naturels » le nom de *tranchées-abris*. Ils différaient des tranchées en usage dans les sièges, ainsi que du *retranchement expéditif* (profil ci-contre) adopté par une décision ministérielle du 10 août 1865, en ce qu'ils pouvaient être exécutés en moins de temps, avec moins d'hommes et moins d'outils. (En 1868, au camp de Saint-Maur, elles furent construites en 25 minutes environ.)

(1) Il était acquis, à cette époque, qu'un bourrelet de terre fraîchement remuée, ayant 0ᵐ,50 d'épaisseur, se trouvait à l'épreuve de la balle du fusil modèle 1866, tirant à 25 mètres.

En principe, les travaux s'exécutèrent sous la direction du génie (1). Les compagnies divisionnaires ou de réserve de cette arme entreprirent particulièrement la mise en état des localités ou des fermes isolées, laissant aux nombreux détachements d'infanterie mis à leur disposition (2) la construction des tranchées-abris sur le front des bivouacs, à l'artillerie l'établissement des épaulements de batteries.

Les outils nécessaires à la construction de ces travaux furent fournis par le génie et provinrent des parcs divisionnaires ou de corps d'armée (3). En outre, on utilisa les quelques pelles ou pioches destinées aux sapeurs

---

(1) L'armée sous Metz comptait vingt compagnies et demie du génie ainsi réparties :

Au 2ᵉ corps, quatre compagnies de sapeurs (y compris la compagnie affectée à la 3ᵉ division); au 3ᵉ, cinq compagnies de sapeurs et une demi-compagnie de sapeurs (chemins de fer) ; au 4ᵉ, trois compagnies de sapeurs et une de mineurs ; au 6ᵉ, deux compagnies de sapeurs ; à la Garde, deux compagnies de sapeurs ; à la réserve générale du génie, une compagnie de sapeurs (chemins de fer, fort Saint-Julien), une compagnie de sapeurs (télégraphistes), une compagnie de mineurs (fort Bellecroix).

(2) Ces corvées proportionnées au nombre d'outils utilisables comprirent un chiffre rond de travailleurs (100 à 500 environ) payés 0 fr. 10 l'heure. La durée des séances varia de 3 heures à 5 heures. La plus grande partie des travaux s'exécutèrent de jour. Toutefois, au 6ᵉ corps, en raison du nombre restreint d'outils disponibles et de l'organisation urgente du secteur occupé par ce corps, les travaux se poursuivirent jour et nuit, à peu près sans interruption.

(3) Chaque compagnie de sapeurs possédait comme outils portatifs : 36 pioches, 36 pelles, 30 haches et 6 serpes. Elle était suivie d'un parc formé de deux voitures, dites *de section*, dont le chargement comportait 76 pelles rondes, 18 pelles carrées, 38 pioches, 14 haches ; un assortiment d'outils de pétardement, des outils de maçon, de tailleur de pierre et d'ouvrier en bois.....

Chaque division d'infanterie disposait donc de : 130 pelles et de 74 pioches.

En dehors de ces approvisionnements divisionnaires, chaque corps

d'infanterie (1) et qui constituaient, en 1870, le seul outillage de terrassement des troupes de ligne. Des réquisitions d'outils ne paraissent pas avoir été exécutées dans les villages voisins.

L'insuffisance de ce matériel disponible se fit sentir particulièrement au 6ᵉ corps (2). Le 22 seulement, le général Coffinières commença à pourvoir aux besoins les plus urgents en mettant 250 outils du grand parc à la disposition de la division Tixier (3) et de chacune des divisions du 3ᵉ corps pour hâter les travaux de la rive droite.

Secteur Moselle—Plateau de Saint-Quentin.

Dès l'après-midi du 19, les trois compagnies du génie du 2ᵉ corps se portèrent en avant des lignes pour en organiser la défense. La 9ᵉ compagnie du 3ᵉ régiment, aidée par le 55ᵉ d'infanterie, commença la mise en état de Longeville; les 2ᵉ et 12ᵉ du 3ᵉ reconnurent avec l'artillerie, puis ébauchèrent des emplacements de batteries sur le versant du Saint-Quentin, à 500 mètres de Scy (7ᵉ batterie du 5ᵉ), et à l'Ouest de Longeville (12ᵉ batterie du 5ᵉ). Pendant ce temps, l'infanterie creusa sur le front des deux brigades de la 2ᵉ division des tranchées destinées à abriter les hommes.

---

d'armée possédait un parc spécial (9 voitures de parc) contenant : 2,000 gros outils dont 1,150 pelles et 542 pioches.

Total des outils de terrassier mis à la disposition d'un corps d'armée à trois divisions : 1,670 pelles, 838 pioches.

Enfin, le grand parc de l'armée (56 voitures, bivouaqué sur les glacis de la citadelle) comprenait : 4,700 pelles et 2,200 pioches.

(1) 11 pelles et 10 pioches en moyenne.

(2) A la 3ᵉ division, il restait à peine des outils pour les sapeurs du génie.

(3) Des demandes de matériel avaient été adressées, dès le 19, par le maréchal Canrobert au commandant du génie de l'armée, et renouvelées à plusieurs reprises. Le 23, le commandant de Préval jugeait de nouveau nécessaire d'obtenir 1,000 outils du grand parc.

Ces différents travaux furent poussés avec activité les jours suivants, sous la menace des terrassements que l'ennemi exécutait sur les hauteurs de la rive droite du ravin de Châtel. L'organisation de Longeville fut achevée le 20; la 9ᵉ compagnie du 3ᵉ génie s'établit alors à Scy et à Chazelles (1) et compléta les travaux entrepris déjà par les avant-postes; une communication couverte (2) relia ces localités à Longeville. Dans la nuit du 20 au 21, l'infanterie construisit sur les pentes du Saint-Quentin de grandes places d'armes défilées aux vues et capables d'abriter chacune un bataillon.

Le 23, la défense de ce secteur parut suffisamment assurée, bien que la série de tranchées-abris élevées par l'infanterie et conçues « sans plan d'ensemble » ne présentât, au dire du génie, « aucun caractère défensif (3) ».

Plateaux du Saint-Quentin et de Plappeville.

A l'exception de quelques travaux sommaires, ébauchés dans l'après-midi du 9, à la pointe Sud-Ouest du bois de Châtel-Saint-Germain et sur le plateau du Saint-Quentin, l'organisation de cette zone ne fut entreprise par le 3ᵉ corps que le 20, immédiatement après le mouvement rétrograde exécuté à l'intérieur de la ligne des forts (4). Dans la matinée de ce jour, le général Vialla, commandant le génie du 3ᵉ corps, reconnut le terrain en avant des nouveaux bivouacs. Il détermina le tracé des tranchées qui, partant des carrières situées au Sud-Ouest du fort Plappeville, passeraient par le col de Lessy où l'on devait s'établir solidement, couperaient la partie occidentale du plateau du Saint-Quentin à hauteur de Scy, puis se prolongeant le long des pentes de manière à surveiller le ravin de Châtel, se relieraient aux travaux du 2ᵉ corps. Sur cette ligne, deux emplacements de batteries devaient être établis : l'un, dans les carrières, permettant de

---

(1) La 2ᵉ compagnie de sapeurs du 3ᵉ régiment rejoignit cette compagnie le 23.
(2) Permettant à la rigueur le passage des voitures.
(3) *Rapport* journalier du génie du 2ᵉ corps (20 au 21 août).
(4) Voir p. 21 et suivantes.

battre le ravin de Lessy, l'autre (1), dans l'ouvrage avancé du Saint-Quentin, qui était amorcé. Enfin, sur les pentes Nord du plateau de Plappeville, les bouquets de bois situés au Sud-Ouest de Lorry étaient également à organiser.

Les travaux furent commencés par la 4ᵉ compagnie de sapeurs du 1ᵉʳ régiment, arrivée au col de Lessy vers 1 heure du matin, dans la nuit du 19 au 20, et poussés très activement dès que les divisions, après avoir rectifié leurs positions, eurent fourni de nombreuses corvées de travailleurs.

Au 21 août, la disposition des ouvrages et la manière dont ils étaient défendus (2), présentèrent déjà un ensemble dont le maréchal Le Bœuf et le général Frossard se déclarèrent satisfaits.

Le 22, à la suite du mouvement du 3ᵉ corps, les bataillons du 2ᵉ corps et la 1ʳᵉ division du 4ᵉ chargés de la défense de ce secteur n'apportèrent aucune modification dans le tracé de ces lignes. Le 23, la 10ᵉ batterie du 15ᵉ vint occuper un épaulement sur la partie occidentale du Saint-Quentin, battant le ravin de Lessy.

Secteur Lorry — Woippy exclusivement.

Les tranchées-abris couvrant les bivouacs des 1ʳᵉ et 2ᵉ divisions du 4ᵉ corps furent construites dans l'après-midi du 19 et achevées dans la nuit suivante. L'arrivée tardive des éléments de la 3ᵉ division ne permit pas de prolonger ces lignes sur la gauche du corps d'armée. En avant du front, la 10ᵉ compagnie de sapeurs du 2ᵉ régiment, secondée par les fractions établies aux avant-postes, organisa la ferme du Chêne; les compagnies du 65ᵉ barricadèrent les issues de Lorry. A l'intérieur de la zone occupée, de 7 heures à 11 h. 30 du soir, la 2ᵉ compagnie de mineurs du 2ᵉ régiment ouvrit un chemin à travers les vignes conduisant à l'emplacement d'une batterie projetée sur le Coupillon.

Le 20, aussitôt après la reconnaissance exécutée par les

---

(1) Cette batterie fut d'abord armée avec des pièces de 12, puis de 4.
(2) Le maréchal Le Bœuf au maréchal Bazaine.

généraux commandant le génie et l'artillerie, les corvées fournies par l'infanterie contribuèrent à l'établissement de trois emplacements de batteries : dans les vignes, au-dessus du château du Sansonnet (batterie Erb) (1); à gauche du chemin qui conduit du Sansonnet à Lorry, sur la crête occupée par la ligne des bivouacs (batterie Desvaux) (2); sur le Coupillon (batterie Florentin). Des chemins de colonne relièrent ces différentes positions. En outre, la mise en état de Lorry et de la ferme du Chêne fut poursuivie, pendant que les avant-postes se couvraient par des abris sommaires et que le tracé des tranchées creusées sur le front des troupes était modifié d'après les nouveaux emplacements occupés dans la journée.

Le 21, en attendant l'attaque probable, la mise en état de défense de ce secteur fut poussée avec activité. Dans la soirée, sur la ligne des avant-postes, on entreprit une série de tranchées reliant Lorry à Woippy.

Les 22 et 23, les trois emplacements de batteries cités plus haut furent achevés; on améliora les travaux exécutés les jours précédents.

Secteur Woippy—Moselle.

Au 6ᵉ corps, malgré l'absence de toute direction générale, les travaux furent menés aussi activement que le permirent le manque d'outils et l'insuffisance de troupes du génie (3).

---

(1) A terre-plein enfoncé de 90 centimètres; fossé creusé à des profondeurs et à des largeurs variables suivant le terrain; hauteur de la crête intérieure : $1^m,80$ à 2 mètres; étendue des crêtes : 120 mètres; épaisseur de crête en crête : 8 mètres; 12 embrasures, revêtement près des embrasures; fascinage avec les ressources dont on put disposer. Les travailleurs d'infanterie se relevèrent de six heures en six heures; tous les canonniers disponibles furent employés de préférence au fascinage et au revêtement.

(2) Destinée à battre le ravin entre Lorry et le fort Plappeville. Cette batterie pouvait être armée le 23.

(3) Voir p. 30. Chacune des compagnies du génie des 1ʳᵉ et 3ᵉ divisions ne possédaient plus qu'une voiture de section. Le corps d'armée disposait donc seulement de 166 pelles et de 110 pioches environ.

Le 20, dans le secteur à l'Est de la route de Thionville, l'artillerie acheva les batteries à terre-plein enterré et à profil rapide destinées à battre la plaine, dont elle avait entrepris l'exécution dans la nuit précédente. Elle commença également une batterie de position (10ᵉ batterie du 13ᵉ), près de la Grange-aux-Dames. 600 travailleurs de la 1ʳᵉ division d'infanterie, mis à la disposition du génie, terminèrent sur une longueur de deux kilomètres l'aménagement des fossés profonds et garnis de broussailles qui réunissaient Saint-Éloy à la Grange-aux-Dames, et creusèrent 800 mètres de tranchées-abris pour prolonger cette ligne jusqu'à la Moselle.

Le 9ᵉ de ligne organisa défensivement Saint-Éloy, créa de nombreux abatis actifs aux environs de cette ferme, continua jusqu'à la route de Thionville la mise en état des fossés parallèles au front et relia les différents obstacles naturels par des tranchées-abris.

Dans le secteur à l'Ouest de la route de Thionville, la 3ᵉ division du 6ᵉ corps put seule, dans la matinée, commencer l'exécution des travaux défensifs (1). Des masses couvrantes abritèrent les batteries divisionnaires qui enfilaient les routes aboutissant au camp; le champ de tir fut dégagé et les arbres abattus servirent à la construction d'épaulements destinés à défiler les têtes de colonnes de l'infanterie; les murs des maisons et des enclos voisins furent crénelés; on commença une tranchée partant de la ferme de la Maison-Neuve mise en état de défense et se dirigeant vers l'extrémité Sud de Woippy.

Aucune compagnie du génie de l'armée ne pouvant être mise à la disposition du 6ᵉ corps pour l'organisation du secteur occupé par la 4ᵉ division, le maréchal Canrobert prescrivit, vers 2 heures, au général La Font de Villiers, de diriger sur Woippy une section et demie de sa compagnie divisionnaire, en raison de l'urgence des travaux qui devaient y être exécutés. En outre, le général de Ladmirault consentit à détacher dans ce village une section de la 2ᵉ compagnie de mineurs du 2ᵉ régiment pour contribuer à sa mise en état de

---

(1) La compagnie du génie de la 4ᵉ division n'avait pu atteindre Metz.

défense. L'arrivée tardive de ces deux fractions ne permit pas de commencer les travaux dans la soirée.

Le 21, malgré la crainte d'une attaque, les travaux entrepris sur tout le front furent continués : à la Maison-Neuve, à Maison-Rouge et à Saint-Éloy. La 7e compagnie de sapeurs du 3e génie et la section de la 2e compagnie du 2e régiment, rejointes par la 8e compagnie de sapeurs du 3e régiment (1), entreprirent la mise en état de défense du village de Woippy, déjà ébauchée par les troupes qui l'occupaient, et transformèrent le parc en réduit.

Dans sa visite aux avant-postes, le maréchal Canrobert donna l'ordre d'organiser la Grange-aux-Dames, puis trouvant que les lignes établies à l'Est de la route de Thionville formaient un cordon trop éloigné de la place, il prescrivit de reporter les positions de défense à 600 mètres en arrière (2).

On commença dans la soirée le tracé des tranchées-abris qui devaient s'élever sur le nouveau front de bandière des régiments de la 1re division.

Le 22, l'exécution de ces derniers travaux fut poursuivie dès le matin ; on entreprit également la construction d'une batterie à profil rapide (9e batterie du 13e) à 600 mètres au Nord-Est du bastion 110 du fort Moselle ; sur le front des 3e et 4e divisions, notamment à Woippy, la mise en état de défense fut poussée avec activité.

Le 23, le chef de bataillon de Préval, nommé la veille commandant du génie du 6e corps, donna une direction d'ensemble à tous les travaux élevés depuis quelques jours sur le front des divisions. A la 1re division, pendant que l'on poursuivait l'exécution des tranchées et de la batterie commencées la veille, les murs des enclos de la Maison de Planche furent crénelés pour couvrir le flanc gauche de la division ; 1,000 travailleurs d'infanterie comblèrent en partie les lignes abandonnées. Les autres divisions complétèrent les travaux exécutés les jours précédents ; deux batteries placées sur la droite

---

(1) Cette dernière unité affectée à la 1re division de la Garde avait été mise par le maréchal Bazaine à la disposition du 6e corps.

(2) Voir p. 75 et 93.

et au centre de l'emplacement occupé par la 3ᵉ division furent achevées. Les travaux continuèrent jour et nuit.

Rive droite de la Moselle.

Le 22 août, avant l'arrivée des éléments du 3ᵉ corps sur les emplacements désignés par le général Coffinières, les officiers du génie de la place s'occupèrent du tracé des tranchées-abris qui devaient s'élever sur le front des bivouacs. L'installation des troupes achevée, les travaux furent ébauchés malgré le mauvais temps et se prolongèrent assez tard dans la soirée (1).

Bien que contrariés de nouveau par la pluie, ils reprirent le 23 au matin. Entre la Seille et la Moselle, on poussa activement la construction d'une forte batterie près de la Horgne et d'une redoute située à mi-chemin de la ferme Bradin et du chemin de fer; les différents bâtiments de la gare et des ateliers de Montigny furent organisés (2), la ligne de Frouard coupée.

En avant de la 1ʳᵉ division, une série de tranchées s'élevèrent entre la Seille et la route de Strasbourg, en passant par le fort de Queuleu. Dans le courant de la journée, les travaux furent achevés sur le front de la 3ᵉ division (3). La 4ᵉ division renforça les tranchées établies la veille, puis entreprit les travaux prescrits par le général Coffinières aux environs du Saint-Julien et destinés à compléter l'action de ce fort. Une redoute et de nouvelles tranchées s'élevèrent près de la ferme de Châtillon, pendant que l'artillerie construisait deux batteries sur le front du 85ᵉ. Des avenues étaient percées dans le bois de Grimont.

Ponts.

a) *Sur la Moselle.* — Lors de la rentrée sous Metz, à

---

(1) A partir du 22, la 4ᵉ compagnie de sapeurs du 1ᵉʳ régiment (réserve du 3ᵉ corps) fut utilisée à construire trois fours permanents en briques et à monter quatre fours Lespinasse au moulin de Vallières.

(2) Avec l'aide des ouvriers du chemin de fer.

(3) Une large bande abattue dans les vignes fournit un champ de tir suffisant pour les sentinelles placées dans les tranchées.

l'exception des ponts de la ville (1), aucun moyen de passage n'existait soit en amont soit en aval de la place (2).

Dans l'après-midi du 20, le général Coffinières ayant été invité à faire rétablir sur-le-champ les communications qui existaient avant le 15 août sur la Moselle (3), prescrivit au colonel Marion d'entreprendre immédiatement la construction de deux ponts sur chacun des bras de cette rivière.

Les trois compagnies de pontonniers de l'armée, réparties dans les forts et dans les ouvrages de la place, commencèrent ces travaux dès le lendemain matin ; aidées par le service des ponts et chaussées, qui jeta le pont le plus en aval sur le petit bras, elles purent achever dans le milieu de la journée les communications suivantes :

1° Sur le grand bras. — Pont de bateaux et de chevalets, au pied du glacis Nord du fort Moselle. La rivière présentait à cet endroit une largeur de 108 mètres, mais les eaux étant très basses, la profondeur ne dépassait pas $0^m,30$ jusqu'à près de 40 mètres de la rive de l'île Chambière. L'équipage ne comportant pas un nombre suffisant de chevalets à deux pieds pour franchir cette distance, on dut y suppléer en construisant deux supports fournis de grosses pièces de bois équarries superposées et clameaudées. Quatre arbres de 14 mètres de longueur et de $0^m,25$ de diamètre reposèrent sur le corps mort de la culée et sur les deux supports. Un tablier en madriers de chêne recouvrit ces arbres. Des chevalets de circonstance constituèrent les supports suivants, et le reste du pont fut construit avec du matériel de l'équipage. Le pont commencé à 5 heures du matin par la 2e compagnie fut terminé à midi.

En aval, pont de chevalets de différentes espèces : chevalets à chapeau mobile et chevalets Birago provenant des magasins du fort Moselle ; chevalets à quatre pieds qui avaient déjà

---

(1) Deux sur le grand bras, cinq sur le bras navigable (dont le pont suspendu).

(2) Le pont du chemin de fer de Longeville, détruit le 15 août, était impraticable pour une fraction d'infanterie. (Voir les *Opérations autour de Metz*, II, p. 53 et suiv.)

(3) Voir les *Opérations autour de Metz*, I, p. 31 et suiv.

servi aux anciens ponts. Le travail entrepris à 7 heures du matin par la 8ᵉ compagnie fut achevé à 4 heures du soir.

2º *Sur le petit bras.* — Pont de bateaux, entre le pont suspendu et le ruisseau de Saint-Julien. La largeur de la Moselle (50 mètres) nécessita l'emploi de 7 bateaux et d'un chevalet à deux pieds sur la rive de l'île Chambière (1). Commencé à 5 h. 30 du matin par la 4ᵉ compagnie (2), le travail dut être interrompu pour laisser passer les radeaux destinés à la construction du pont d'aval, et fut terminé à 9 h. 30.

Pont de radeau à 80 mètres plus en aval. Les ponts et chaussées établirent ce passage, ainsi qu'il a été dit plus haut.

b) *Sur la Seille.* — L'inondation de cette rivière ayant été tendue (3), les trois ponts de chevalets et la passerelle en fascines pour piétons, qui permettaient de communiquer entre Queuleu, Plantières et le Sablon, étaient devenus impraticables. Seul, le pont de pilotis construit au pied des glacis de la place était utilisable.

Le pont du chemin de fer de Sarrebrück et celui de la route de Magny n'avaient pas été détruits, mais ne pouvaient servir qu'au passage de fractions isolées.

---

(1) L'escarpement de cette rive nécessita, en outre, l'établissement d'une rampe.
(2) Le matériel d'équipage utilisé appartenait à la 8ᵉ compagnie.
(3) Les étangs de Lindre étaient en culture en 1870.

X

Travaux de défense exécutés par l'armée d'investissement au 23 août (1).

Dès le 19 août, le prince Frédéric-Charles chargea le colonel Leuthaus, commandant le génie de la II⁰ armée, d'établir un projet général des travaux de fortification à entreprendre autour de la place. Cette étude d'ensemble, présentée peu de temps après au commandant en chef et approuvée par lui, ne fournit que des indications sommaires sur les emplacements, la nature et le tracé des ouvrages.

Sur la rive gauche, la ligne d'investissement devait avoir sa droite à Vaux, suivre le plateau du Point-du-Jour jusqu'au Nord de la ruine de Châtel, franchir le ravin de Montveau, couper le plateau de Plappeville, longer la pente Est des hauteurs en passant par les villages de Saulny, de Norroy et de Fèves pour rejoindre la Moselle en face d'Argancy en s'appuyant sur Semécourt et Amelange. Sur la rive droite, on eut d'abord l'intention de ne fortifier que la plaine au Sud de Metz et les lignes jalonnées par les villages de Malroy—Charly, Failly—Noisseville, de manière à barrer les deux routes de Kédange et de Bouzonville qui conduisaient vers le

---

(1) Goetze, *Die Thätigkeit der deutschen Ingenieure und technischen Truppen im deutsch-französischen Kriege 1870-1871*; Paulus, *Die Cernirung von Metz*; Frobenius, *Kriegsgeschichtliche Beispiele des Festungskrieges aus dem deutsch-französischen Kriege von 1870-1871*, II. Heft; Krebs, *Kriegsgeschichtliche Beispiele der Feldbefestigung und des Festungskrieges*.

Nord et le Nord-Est. Des ponts militaires jetés en amont de la place vers Ars et Ancy, en aval vers Argancy et Hauconcourt, devaient relier ces positions.

Les considérations suivantes servirent de bases pour l'exécution des travaux :

D'une manière générale, les positions défensives qu'il s'agissait d'établir devaient être constamment renforcées et acquérir ainsi une force de résistance telle, que leur occupation fût assurée par de faibles effectifs. De nombreuses fractions se trouveraient ainsi disponibles pour soutenir les positions voisines menacées.

On se proposa de soumettre l'adversaire à un feu précis d'infanterie et d'artillerie rendu possible non seulement par un dégagement convenable du champ de tir, mais par le renforcement des obstacles naturels. Les vallées, les routes qui se dirigeaient vers Metz et coupaient la ligne d'investissement seraient barrées solidement. Des abatis, dont on porterait progressivement la profondeur à 200 pas, garniraient toutes les lisières des bois et présenteraient des obstacles infranchissables même pour des hommes isolés (1).

En arrière de ces premiers travaux, des abris pour l'infanterie et pour l'artillerie devaient permettre non seulement de battre le terrain en avant, et notamment les directions de marche les plus favorables, mais prendre les obstacles de flanc. Lorsque cette dernière condition ne pourrait être réalisée, par exemple, dans les bois qui se trouvaient en avant du front, la position serait établie à 300 pas en arrière de la ligne des obstacles de manière à accueillir l'adversaire par un feu violent lorsqu'il déboucherait de la lisière pourvue d'abatis. En premier lieu, les points d'appui tactiques naturels (fermes, vil-

---

(1) Pour ne pas gêner l'action du feu, les abatis ne devaient recevoir qu'une hauteur de 1 mètre.

lages, parcelles de bois) étaient à utiliser comme abris. Lorsqu'ils feraient défaut, on établirait des tranchées d'un fort relief ou des épaulements de pièces, et on n'aurait recours qu'exceptionnellement aux ouvrages fermés. Ceux-ci, en effet, lieraient la défense à des points particuliers du terrain, concentreraient sur eux naturellement les feux de l'artillerie adverse et n'offriraient pas un abri réellement supérieur à celui fourni par des tranchées ou des épaulements de campagne. En outre, la construction de telles redoutes, notamment dans les terrains difficiles de la région Ouest de Metz, présenterait incomparablement plus de difficultés que l'établissement de tranchées.

Le tracé de ces dernières devait se plier le plus possible au terrain; des rentrants flanqueraient les longues lignes, et des intervalles, couverts par des redans établis en avant, permettraient l'exécution de contre-attaques.

La direction générale des travaux fut confiée, sur la rive droite, au général-major Biehler, commandant le génie de la Ire armée, sur la rive gauche au colonel Leuthaus (1).

Conformément au principe en vigueur dans les armées allemandes, de laisser une grande latitude et une responsabilité absolue aux généraux commandant les corps ou les divisions, on abandonna à ces derniers le soin d'arrêter les emplacements et les détails d'exécution des ouvrages. Dans chaque secteur, la direction des travaux appartint donc aux officiers supérieurs commandant le génie du corps pour la position entière, aux comman-

---

(1) Le lieutenant-colonel Frobenius ne pense pas que ces deux officiers fussent à hauteur de cette tâche. De plus, il ajoute, non sans raison, que l'insuffisance de la préparation à la guerre de siège était, du côté allemand, aussi évidente pour les troupes que pour le commandement.

dants des compagnies de pionniers pour la zone occupée par chacune des divisions. Les instructions pour l'organisation des différentes positions furent données à la suite d'une reconnaissance préalable et d'après les projets élaborés par les officiers du génie.

Cette méthode adoptée pour l'organisation et l'exécution des travaux sacrifiait ainsi l'uniformité d'un système de défense unique, qui d'ailleurs eût été peu logique à adopter en raison de la nature si différente des terrains avoisinant la place.

Les 27 compagnies de pionniers disponibles (1), réparties entre les corps d'après l'importance et la difficulté des travaux à exécuter (2), entreprirent la mise en état des différents secteurs. On leur adjoignit de nom-

---

(1) Ier, IIe, IIIe, VIIe, VIIIe, IXe et Xe corps.............. 21 c^{ies} de pionniers de campagne.

3e division de réserve.............. 1 c^{ie} de pionniers de place.

XIIe corps.............. 3 c^{ies} de pionniers de campagne.

Garde.............. 2 c^{ies} de pionniers de campagne.

           Total.............. 27 compagnies.

(2) *Rive gauche :*

VIIe corps.............. 3 c^{ies} (dont une chargée de la construction des ponts).

VIIIe corps.............. 3 compagnies.

IIe corps.............. 8 —

Xe corps.............. 9 c^{ies} (dont une chargée de la construction des ponts).

Rive droite

3e division de réserve.............. 3 compagnies 1/2.

1er corps.............. 1/2 compagnie.

           Total.............. 27 compagnies.

La 3e compagnie de pionniers saxons rejoignit son corps dès le 22.

breux auxiliaires d'infanterie fournis toujours par fractions constituées (pelotons, compagnies, ...) (1). Les pionniers d'infanterie ne paraissent pas avoir été fréquemment employés ; les hommes exercés à ce service, ou ne survécurent pas aux premières batailles, si meurtrières, ou ne purent être détachés à cause de la faiblesse des effectifs. La population civile fut utilisée à différentes reprises pour activer les travaux ou soulager les troupes. Les emplacements pour l'artillerie furent en grande partie aménagés par des travailleurs de cette arme, parfois avec l'aide de détachements d'infanterie ou de pionniers.

La durée normale du travail fut de quatre heures, un peu moins lorsque les troupes avaient une longue marche pour arriver sur les lieux.

Les colonnes d'outils des corps d'armée fournirent la plus grande partie du matériel nécessaire (2) ; en liaison avec les voitures d'outils des compagnies de pionniers, elles suffirent presque toujours (3).

Chaque commandant de secteur s'efforça de donner à sa position la plus grande force de résistance en tirant le meilleur parti possible des accidents du terrain (4) et chercha, en principe, à organiser deux lignes succes-

---

(1) Les hommes trouvaient les outils nécessaires sur le lieu du travail où ils étaient conduits tout équipés et sans sacs.

On constata fréquemment le peu d'aptitude que présentèrent ces troupes. (*Geschichte des Infanterie-Regiments Nr. 17*, p. 115.)

(2) Elles furent souvent fractionnées entre les compagnies de pionniers qui devinrent alors responsables des outils livrés.

(3) A maintes reprises, notamment dans les terrains rocailleux, la nécessité d'un plus grand nombre de pioches se fit sentir.

(4) Les profils choisis pour les tranchées différèrent dans les détails. On adopta en général un relief de $0^m,65$; pour le fossé, une profondeur de $0^m,65$, une largeur variant de $0^m,80$ à 1 mètre et atteignant $1^m,30$ dans les terrains rocailleux. On chercha à obtenir une hauteur totale

sives (1). La première ne consista qu'en une position d'avant-postes plus ou moins fortifiée, souvent exposée au feu de la place, capable de protéger les défenseurs

---

minima de l'abri de 1^m,30; elle fut portée à 1^m,60 ou même 1^m,80, lorsque les vues sur le terrain environnant l'exigèrent.

Souvent, certaines parties de la ligne furent construites sur un plus fort profil de manière à abriter des fractions massées. Dans ce cas, le parapet reçut une hauteur de 1^m,30, le fossé intérieur une profondeur de 0^m,70 à 1 mètre.

La température pluvieuse et la nature argileuse du sol nécessitèrent bientôt l'aménagement des fossés pour l'écoulement des eaux ; divers procédés furent employés à cet effet.

En ce qui concerne les abris pour l'artillerie de campagne, on s'efforça de préparer au moins des épaulements pour toutes les batteries divisionnaires et, lorsque le terrain le permit, pour l'artillerie de corps. En principe, un emplacement fut établi pour chaque pièce, rarement pour toutes les batteries réunies. Les pièces possédèrent entre elles au moins 20 pas d'intervalle et se trouvèrent souvent reliées par des tranchées. Au début, le désir de présenter des buts étroits au feu de l'adversaire conduisit à donner à ces épaulements des dimensions minima : 3 mètres de front, 4 mètres de profondeur. Plus tard, ces emplacements furent reconstruits ; le front reçut alors 4 mètres environ, la profondeur 5^m,60 environ. Le profil à terre-plein enterré fut en général adopté dans les premières constructions; bien que ne présentant qu'une faible hauteur, il accordait toutefois des vues suffisantes aux batteries installées la plupart du temps sur des points élevés. La difficulté de faire écouler l'eau amassée dans de tels emplacements se fit bientôt reconnaître. Des emplacements à terre-plein surélevé ne se rencontrèrent que rarement en dehors des redoutes.

Partout où le terrain l'exigea, des abris, construits en principe d'après le profil enterré, furent établis pour les avant-trains.

Aussi bien pour les emplacements de batteries que pour les abris des avant-trains, on attribua plus d'importance à échapper aux vues de l'adversaire qu'à obtenir par de grands travaux un couvert absolu contre le feu de l'artillerie ennemie.

Enfin, pour la cavalerie, des abris ne furent élevés qu'exceptionnellement et seulement en terrain découvert pour les petits postes.

(1) A la 26e brigade, au VIIIe et au IIe corps, la position de combat organisée constitua à elle seule la ligne de résistance ; à une très petite distance en avant, la ligne des avant-postes n'offrait qu'une simple

contre les attaques de petits détachements, mais insuffisante pour qu'on pût s'y maintenir contre des forces très supérieures. En arrière, à des distances variables, se trouva la position de combat destinée à une défense vigoureuse (1).

Les premiers projets adoptés au début de l'investissement subirent bientôt de fréquentes et parfois de profondes modifications à la suite, soit de reconnaissances plus précises du terrain, soit surtout de changements survenus dans la répartition des forces autour de la place. De plus, la manière de voir particulière des officiers qui commandèrent successivement les secteurs ou des officiers du génie qui dirigèrent les travaux, détermina non seulement de nombreuses transformations dans les ouvrages déjà entrepris, mais provoqua dans quelques

---

observation de l'adversaire. Au contraire, la position d'avant-postes de la *27ᵉ* brigade établie très en avant, ne différa pas de celles établies en rase campagne. La *3ᵉ* division de réserve détacha un tiers de ses forces dans une première position fortifiée, établie à 1^{km},500 de la ligne principale. Une brigade de la *1ʳᵉ* division d'infanterie fut placée aux avant-postes (position de combat), tandis que l'autre brigade formant le gros se maintint à 2 kilomètres en arrière. Les *2ᵉ* et *20ᵉ* divisions poussèrent très loin leurs avant-postes organisés défensivement, tandis que la *19ᵉ* division rapprocha les siens établis comme en rase campagne.

(1) Les distances des positions de combat aux avant-postes français variaient de 2 à 3 kilomètres aux VIIᵉ, VIIIᵉ et IIᵉ corps, à la *1ʳᵉ* division d'infanterie et à la *3ᵉ* division de réserve ; de 5 à 6 kilomètres au Xᵉ corps et à la *2ᵉ* division d'infanterie.

4 kilomètres environ s'étendaient entre le fort Saint-Julien et les positions de combat de la *3ᵉ* division de réserve ; 2 kilomètres seulement entre le fort Saint-Privat (non armé) et la ligne Orly—Polka. Au Sud-Ouest, la position du VIIIᵉ corps était éloignée de 4 kilomètres du fort Saint-Quentin ; au Nord-Ouest, celle du IIᵉ corps, de 2^{km},500 du fort Plappeville. Dans la plaine de Woippy, la position de combat du Xᵉ corps était établie à 7 kilomètres environ du fort Moselle, la ligne des avant-postes à 4 kilomètres.

parties de la zone d'investissement par la création de nouvelles lignes de défense, des situations compliquées, regrettables dans la suite.

L'inégale répartition de l'armée d'investissement autour de la place, répartition motivée par des considérations stratégiques, n'impliquait nullement la nécessité de limiter les travaux de défense à l'organisation des positions de la rive gauche. En outre, l'établissement de la majeure partie de l'armée du Rhin dans la moitié Nord du camp retranché était insuffisante pour « démontrer que l'adversaire avait l'intention de se faire jour du côté de Thionville (1) ». Étant données les intentions du prince Frédéric-Charles (2), il aurait donc paru logique d'adjoindre quelques-unes des compagnies de pionniers disponibles aux forces très restreintes de la rive droite, établies, dans la journée du 21 seulement, sur un terrain peu favorable à une défense sérieuse. Toutefois, sous l'influence de l'ordre du grand quartier général du 19, on se borna à peu près exclusivement, dans les premiers jours de l'investissement, à la mise en état des secteurs de la rive gauche déjà favorisés par la nature du terrain et occupés par de nombreuses troupes.

Au 23 août, les travaux exécutés par l'armée de blocus n'offraient encore qu'un ensemble ébauché et fort incomplet, la plupart des corps n'ayant entrepris sérieusement que le 21 ou même le 22, l'organisation de la portion de la ligne qui leur était attribuée.

1° Secteur Orly — Éperon de Vaux.

La position du VIIe corps formait à peu près un angle droit

---

(1) *Historique du Grand État-Major prussien*, 9e livraison, p. 1317. Voir p. 101.
(2) Voir p. 6 et 7.

dont les côtés étaient recourbés aux extrémités. La vallée de la Moselle coupait l'un de ces côtés jalonné par les fermes d'Orly, de la Polka et par le front Nord du village d'Ars.

a) *Secteur Augny—Moselle*. — Le 22 août, la 3ᵉ compagnie de pionniers de campagne du VIIᵉ corps commença l'organisation des travaux dans ce secteur. Elle entreprit la mise en état de défense d'Orly (1) et de la Polka ébauchée la veille par les compagnies du 74ᵉ qui les avaient occupées. Secondée par plusieurs bataillons d'infanterie, elle fit creuser une série de tranchées avec intervalles qui relièrent Orly à l'angle Nord des bois, puis à la Polka et se prolongèrent disposées en échelons jusqu'au pont du chemin de fer de la Moselle. Cette dernière partie de la ligne fut flanquée par la ferme elle-même et par le remblai aménagé de la voie ferrée. Une barricade en rails de trois mètres de hauteur, avec passage pour l'infanterie couvert par un masque, intercepta le pont sur la rivière. En avant et dans le remblai même, on pratiqua une coupure profonde protégée par un abatis.

De nombreuses communications vers l'arrière furent établies. Sur les pentes occidentales des bois de Jouy, à l'Est de la route de Pont-à-Mousson, on commença douze épaulements d'artillerie précédés de tranchées et destinés à battre la plaine de la Moselle.

A l'extrême droite de la position, une batterie tenant sous son feu le plateau de Saint-Privat, s'installa au Nord-Ouest d'Augny.

En première ligne, les fermes de Frescaty et de Tournebride, très exposées, furent organisées par les troupes des avant-postes.

b) *Secteur Moselle — éperon de Vaux*. — La *13ᵉ* division songea d'abord à installer sa position principale dans le bois même de Vaux, bois taillis extrêmement difficile à traverser

---

(1) L'épaisseur des murs de cette ferme fit renoncer à l'emploi de créneaux. Provisoirement, on se contenta d'une défense de flanc obtenue par des tranchées établies en avant. Cette difficulté d'organisation de créneaux dans les constructions massives de Lorraine, se rencontra dans un certain nombre de mises en état de défenses exécutées par les armées allemandes.

et qui ne possède que de rares sentiers étroits ou mauvais. Elle commença donc par établir des abatis sur la lisière, améliora plusieurs chemins à l'intérieur, se bornant à organiser le village d'Ars et à élever quelques tranchées sur l'éperon de Vaux.

Cependant un examen plus approfondi du terrain ayant amené à reconnaître la haute importance de ce dernier point, on se proposa, en l'occupant solidement, d'interdire à l'armée investie les débouchés de la vallée de la Moselle ou de la route de Verdun et de flanquer les défenses de la rive droite par une position prise sur les pentes Est des hauteurs.

Le 21 août, la 2e compagnie de pionniers de campagne du VIIe corps, disposant de bataillons d'infanterie de la 25e brigade, entreprit sur l'éperon de Vaux (faces Nord et Est) l'exécution de tranchées qui présentèrent presque partout deux étages de feux et dont le développement total devait atteindre 2,000 mètres environ. On commença sur l'extrémité Nord-Est, une redoute pouvant contenir une compagnie d'infanterie (1). Le 24, on y ajouta un épaulement pour six pièces, muni de traverses et faisant front vers l'Est.

Au Sud de ces défenses et du ravin de Vaux, les lisières Nord et Est des bois furent organisées. Devant la face Est, auprès de l'Ermitage, sur un éperon faisant saillie sur la pente et commandant la vallée de la Moselle, on construisit un ouvrage à terre-plein enterré, à l'abri de l'escalade, qui pouvait abriter un peloton d'infanterie et quatre bouches à feu. Plus au Sud, d'autres épaulements pour six pièces furent également élevés dans les vignobles au Nord de l'église d'Ars.

Dans la vallée, une batterie pour quatre pièces, établie sur la route de Moulins, enfila la plaine; elle se relia à la Moselle par des tranchées et aux dernières pentes des bois de Vaux par un parapet à terre-plein enterré. La lisière Nord du village d'Ars, les grands bâtiments des usines, la cité ouvrière et

---

(1) Par suite de son emplacement sur le bord de l'escarpement, cet ouvrage n'eut pas de fossé extérieur et par suite fut construit suivant un profil enterré. Le terrain très défavorable et le feu du Saint-Quentin retardèrent fortement l'avancement de ces travaux.

l'hôpital furent organisés défensivement. Près du pont du chemin de fer, sur un amas de scories, on prépara un emplacement de batterie. En avant, les vues furent dégagées sur une grande étendue. Les arbres, et notamment les peupliers de la route d'Ars, abattus jusque au delà de la ligne des sentinelles, servirent à l'établissement de plusieurs lignes d'abatis flanqués par des tranchées et derrière lesquels s'abritèrent les petits postes.

Jussy ne devant pas être défendu énergiquement ne fut que très faiblement organisé.

De nombreux chemins de colonne tracés à travers les vignes ou dans les bois facilitèrent les communications entre les différentes positions, notamment entre Ars, Vaux et les hauteurs voisines, et permirent d'échapper aux vues de la place.

Une trouée le long de la Moselle, en amont de Metz, peu tentante d'ailleurs en raison de la faible largeur de la vallée, devait donc se heurter à de nombreuses difficultés.

LA GUERRE DE 1870-1871.

VIIe corps.
Secteur Orly — Éperon de Vaux.

	Bataillons.	Escadrons.	Bouches à feu.	Compagnies de pionniers.	PREMIÈRE LIGNE.	DEUXIÈME LIGNE.
a) Secteur Augny—Moselle.						
27e brigade (régiments en profondeur), 15e hussards, 4 batteries.	2	»	»	»	Étendue de la ligne des grand'gardes : 2,750 mètres. 1 compagnie à Frescaty (2 petits postes). 2 compagnies à Tournebrido (2 petits postes). 1 compagnie au pont du chemin de fer (1 petit poste). (Frescaty est à moins de 1,000 mètres du fort Saint-Privat.)	A 1,200 mètres environ en arrière de la ligne des petits postes, au pied des hauteurs, jalonnée par les fermes d'Orly (2 compagnies) et de la Polka (2 compagnies). Cette position, bien qu'exposée au feu de la place, présentait une grande valeur défensive par suite de la solidité des obstacles organisés, le peu de couvert qu'offrait le terrain en avant et les bonnes communications que l'on possédait vers l'arrière. Ces défenses se combinaient d'ailleurs avec les nombreuses batteries établies sur les hauteurs de la rive gauche.
Aux avant-postes. Au bivouac, à 1,500 mètres en arrière de la réserve des avant-postes.	»	½ 3 ½	» 24	» »		
Totaux.	6	4	24	1		
b) Secteur Moselle — éperon de Vaux.						
13e division (brigades en profondeur, régiments accolés), 28e brigade, artillerie de corps.	4	»	»	1	Étendue : 1,500 mètres. Dans la vallée : 1 compagnie de grand'garde (fournissant un petit poste à 1 kilom. des sentinelles du 2e corps). (la nuit des patrouilles explorent le terrain en avant; le petit poste est reporté à 600 mètres en arrière). Sur les pentes : 4 compagnies en grand'gardes (à 300 ou 400 mètres en avant, ligne de sentinelles sans petits postes intermédiaires), 1 compagnie en réserve à Vaux. Sur les hauteurs : 3 compagnies en première ligne; deux groupes de 2 compagnies en réserve. Cette ligne est à 1,000 mètres environ du fort Saint-Quentin.	Ligne des travaux exécutés sur les plateaux : de l'éperon de Jussy à la redoute de l'Ermitage, en suivant la lisière des bois de Vaux.
Aux avant-postes : A 1,200 mètres environ en arrière des compagnies de grand-gardes. Uns en ar- { à 1,500 mètres rière ... { à 4,000 mètres	9 5 1	» » »	12 12 36	» » »		
Totaux.	19	4	60	1		
Totaux généraux.	25	8	84	(1) 2		

(1) La 1re compagnie de pionniers fut chargée de l'établissement des ponts sur la Moselle.

2° *Secteur éperon de Vaux — Ravin de Châtel.*

Dans ce secteur, exposé en grande partie aux vues des forts de Plappeville et de Saint-Quentin, les premiers travaux construits autour du Point-du-Jour (emplacements pour douze pièces réunis par des tranchées), qui formaient une espèce de tête de pont en avant du défilé de la Mance, furent exécutés, le 19 août, par les 2ᵉ et 3ᵉ compagnies de pionniers du IIᵉ corps. Pendant la nuit suivante, les 2ᵉ et 3ᵉ compagnies de pionniers du VIIᵉ corps élevèrent à l'intérieur des bois de Vaux et au Sud du Point-du-Jour quelques retranchements.

Le lendemain, les 1ʳᵉ et 2ᵉ compagnies du IIᵉ corps organisèrent défensivement les ruines des fermes de Moscou, du Point-du-Jour et de Saint-Hubert, puis établirent des abatis sur la lisière occidentale du bois qui couvre le versant Ouest du ravin de Châtel. Aidés par des travailleurs d'infanterie, elles ébauchèrent en arrière de ces abatis une ligne de tranchées qui commençait à l'Ouest de Moscou et s'étendait vers Leipzig.

A la suite de la relève du IIᵉ corps par le VIIIᵉ, les compagnies de pionniers appartenant à ce dernier corps furent ainsi réparties : la 3ᵉ compagnie reçut le secteur compris entre les positions du VIIᵉ corps et la grande route ; la 2ᵉ, le terrain jusqu'à la voie romaine, la 1ʳᵉ, l'intervalle entre cette dernière route et la ferme de Moscou. La plupart des travaux exécutés par le IIᵉ corps furent utilisés et renforcés ; toutefois on dut en transformer et même en recombler une partie. En outre, on rasa les retranchements exécutés les 17 et 18 par les Français.

Le 21 août, de nombreuses fractions d'infanterie, mises à la disposition des compagnies de pionniers, commencèrent la construction d'une ligne formée par une série de tranchées de 150 pas de longueur et séparées par des intervalles de 50 pas (1), à 700 ou 800 mètres à l'Est du Point-du-Jour. On prépara, à une centaine de mètres en arrière, des épaule-

---

(1) Les fossés des tranchées du centre eurent une plus grande largeur que celles des ailes (1ᵐ,90 au lieu de 0ᵐ,60).

ments pour les soutiens. La route de Metz à Verdun fut barricadée; ses fossés, aménagés. Des abatis barrèrent le ravin à l'Ouest de Rozérieulles.

Le 22, les compagnies du IIe corps organisèrent, à 1,000 mètres environ de Châtel, une barricade en corps d'arbres, de 15 à 20 mètres de profondeur, dans la largeur du ravin, de manière à intercepter la route et le chemin de fer en construction; ils renforcèrent également les tranchées destinées à protéger les petits postes installés dans le vallon. Les arbres, coupés sur une longueur de 300 mètres, servirent à la construction d'un abatis établi parallèlement aux tranchées. On traça de nombreux chemins couverts conduisant à travers le ravin de la Mance des positions occupées par la 16e division au plateau du Point-du-Jour.

Enfin, le 23 au soir, de nouveaux travaux étaient commencés par les compagnies du VIIIe corps, sur la hauteur de Rozérieulles, immédiatement en arrière du parc.

Une tentative de sortie exécutée vers le Sud-Ouest ne pouvait utiliser que des défilés étroits fortement barricadés et enfilés sur de très longues étendues. Les solides abatis établis à la lisière du bois devaient encore gêner la marche et étaient battus par une ligne de tranchées et d'épaulements située à 250 mètres en arrière.

En général, on pouvait donc considérer la position de combat comme à l'abri d'un assaut et le développement des tranchées donnait une grande force à leur défense par les feux d'infanterie.

La proximité de Rozérieulles, de Jussy et de Châtel du fort Saint-Quentin fit admettre qu'une défense opiniâtre de ces localités contre des forces supérieures provoquerait de grandes pertes. On s'abstint donc, au début du blocus, d'occuper solidement ces villages puisque l'on reconnut qu'il ne faudrait relativement que peu de monde pour tenir sur les hauteurs à l'Ouest. Les tranchées établies fournissaient en effet aux premières réserves une protection suffisante contre l'artillerie de la place; les réserves générales trouvaient également un abri sur les pentes du ravin de la Mance et pouvaient arriver en temps opportun sur les positions de combat.

VIIIᵉ corps. (Divisions en profondeur, brigades et régiments accolés.)	EFFECTIFS.					PREMIÈRE LIGNE.	DEUXIÈME LIGNE.
	Bataillons.	Escadrons.	Bouches à feu.	Compagnies de pionniers.			
SECTEUR ÉPERON DE VAUX — RAVIN DE CHATEL.					Étendue : 3,750 mètres. Ayant en avant d'elle le ravin de Longeau fortement encaissé, aux pentes boisées, la ligne des petits postes (6 compagnies de grand'gardes) suivait la route en lacets Gravelotte-Metz, puis s'étendait le long des abatis établis sur la lisière Ouest des bois. à l'Ouest de Châtel, pour atteindre le ravin de Châtel défendu par le 8ᵉ bataillon de chasseurs disposé sur trois lignes.	S'étendait le long des tranchées et des emplacements de batteries établis sur la crête principale des hauteurs, sur une étendue de 2,400 mètres, à mi-chemin entre la ligne des avant-postes et les premières réserves. Points d'appui au Point-du-Jour, à Saint-Hubert et à Moscou.
Aux avant-postes...............	5	»	»	»		
En arrière de la réserve des avant-postes { à 700 m. envir.	(1) 9	4	24	3		
à 2,400 —	12	4	24	»		
à 2,900 —	»	»	42	»		
Totaux.....	(2) 26	8	90	3		

(1) Le 2ᵉ bataillon de chasseurs (du IIᵉ corps) séjourna jusqu'au 27, près de la ferme de Leipzig (*Geschichte des Pommerschen Jäger-Bataillons Nr. 2*, p. 33).
(2) Dont un du IIᵉ corps.

3° *Secteur ravin de Châtel—Norroy.*

a) *Position du plateau d'Amanvillers—Plappeville.* — Ainsi qu'il a été dit plus haut (1), huit compagnies de pionniers furent réparties au IIe corps pour organiser la fortification de cette région très boisée et particulièrement difficile.

Les trois compagnies de pionniers du IIe corps, chargées du secteur occupé par la *3e* division, ne parvinrent sur le plateau de Plappeville que le 23 avec cette division. A cette date, à l'exception de quelques mises en état de défenses sommaires exécutées aux fermes de Saint-Vincent, de Saint-Maurice et sur les lisières des bois, aucun travail d'ensemble n'y avait été entrepris.

Une reconnaissance détaillée de la région Nord-Ouest de Metz avait cependant fait admettre que la ligne d'investissement couperait le plateau au Sud-Est de Saint-Maurice, puis, en se prolongeant vers le Nord, passerait par la Tuilerie, Saulny (2) et la lisière Est du bois de Plesnois. Les travaux commencèrent immédiatement d'après les idées suivantes : la partie dénudée du plateau sera défendue par une tranchée creusée à 1,000 mètres environ en avant des fermes de Saint-Maurice et de Saint-Vincent mises en état (3). Des abatis, qui prolongeront cette ligne de défense et la relieront aux positions voisines, seront établis, dans la direction du Sud, à travers les massifs boisés qui couvrent les pentes du plateau, vers le Nord, le long de la lisière du bois de Vigneulles. De nouveaux chemins vers l'arrière devront être préparés pour faciliter l'arrivée des renforts. Enfin, sur le plateau même, une batterie, à l'abri de l'escalade, pour dix canons de 12, sera construite à 1,000 mètres environ en avant de Saint-Maurice (4).

---

(1) Voir p. 129, note 2.
(2) On discuta longuement pour savoir si ce village, qui se trouvait sous le feu du fort Plappeville, serait compris dans la ligne de défense.
(3) A cet endroit, la distance entre les bois de Châtel et de Vigneulles n'était que de 550 pas environ.
(4) *Geschichte des Pommerschen Pionier-Bataillons Nr. 2*, p. 66-68.

b) *Position Saulny—Norroy*. — Les compagnies de pionniers mises à la disposition du II⁰ corps arrivèrent successivement à la 4ᵉ division : la 3ᵉ compagnie de la Garde le 20 ; les 2ᵉ et 3ᵉ du IIIᵉ corps le 21, la 1ʳᵉ, le 22 ; la 2ᵉ de la Garde, le 24 seulement.

La 3ᵉ compagnie de pionniers de la Garde entreprit l'organisation de Saulny et de la Tuilerie dès l'occupation de ces localités par les avant-postes. Une tranchée relia cette dernière ferme aux abatis établis à la lisière des bois de Vigneulles. La barricade élevée sur la route de Woippy—Saint-Privat se raccorda par une série d'abatis alternant avec des tranchées aux travaux exécutés à Plesnois et à Norroy, mis en état de défense par la 3ᵉ compagnie de pionniers du IIIᵉ corps.

En arrière de cette première ligne, la 2ᵉ compagnie de pionniers du IIIᵉ corps et deux bataillons d'infanterie construisirent sur le coteau du Chesnois, cachés aux vues de la place par un saillant du bois de Vigneulles, des emplacements pour douze pièces (1) et des abris pour les avant-trains. De nombreux travaux furent également entrepris dans le ravin à l'Ouest de Saulny et sur la hauteur au Nord de ce village (2).

En avant de ces deux lignes, le champ de tir fut aménagé ; entre elles et en arrière de la seconde, on améliora les communications existantes et on en créa de nouvelles pour éviter le passage par la grande route battue sur toute sa longueur par le feu du fort Plappeville.

Une tentative exécutée vers l'Ouest contre le front du IIᵉ corps devait donc se heurter à une large ligne d'abatis impénétrables, interrompue seulement sur quelques points par

---

— Cette batterie fut construite sur l'ordre du général-major von Stiehle chef d'état-major de la IIᵉ armée.

(1) 25 pas d'intervalle entre chaque emplacement.

(2) Le système adopté pour la défense de ce secteur fut connu du commandant du fort Plappeville, qui annonça le 23 dans un de ses rapports, que « l'ennemi a construit un abatis considérable reliant le bas du village de Saulny au bois de Plesnois. Il construit une deuxième ligne en arrière. Il fait certainement de pareilles dispositions dans les parties du terrain qui échappent à la vue du fort ».

des tranchées. A la gauche de cette position, les points fortifiés de Saulny, Plesnois et Norroy-le-Veneur (quelques jours plus tard de Villers-les-Plesnois et du Point-du-Jour) constituaient des postes avancés. Le village de Saulny, où l'on était en prise aux feux convergents de l'artillerie de la place, n'eut pour but que de couvrir la ligne des grand'gardes qui suivait en général le bord du plateau.

Les colonnes cherchant à déboucher sur le plateau, soit par le long défilé de Saulny, soit par les chemins de Plappeville ou de Lorry, s'exposaient à être battues sur une grande longueur. En outre, de nombreuses difficultés de manœuvre étaient inévitables dans ce terrain couvert de bois touffus. Nous verrons ultérieurement que ces premières défenses furent renforcées au début du mois de septembre par l'établissement d'une nouvelle position de combat hors d'atteinte du feu d'artillerie de la place et établie sur la ligne Montigny-la-Grange — Amanvillers — Saint-Privat-la-Montagne.

IIᵉ corps.

Secteur ravin de Châtel—Norroy.

(Divisions accolées, brigades en profondeur, régiments accolés.)

	EFFECTIFS				PREMIÈRE LIGNE.	DEUXIÈME LIGNE.
	Bataillons.	Escadrons.	Bouches à feu.	Compagnies de pionniers.		
Position du plateau d'Amanvillers—Plappeville.					Étendue : 6,000 mètres. Le long des travaux de défense établis dans le bois de Châtel et sur le plateau de Plappeville, à la lisière des bois de Vigneulles, à la Tuilerie, à Saulny, à la lisière des bois de Plesnois, à Villers-les-Plesnois et à Norroy. Dans le secteur occupé par la 3ᵉ division, les grand'gardes ne se couvraient de jour que par des sentinelles doubles établies à la lisière des bois et occupaient la nuit les tranchées-abris qui harraient les routes, poussant en avant quelques postes destinés à éventer tout mouvement de l'adversaire.	Sur la ligne même des avant-postes, depuis le ravin de Châtel jusqu'à Villers-les-Plesnois; seuls, Saulny et la Tuilerie ne devaient pas être défendus à outrance.
3ᵉ division.						
Aux avant-postes............	4	»	»	3		
A 1,750 mètres environ, en arrière des grand'gardes............	(1) 7	4	24	»		
A 2,000 mètres, plus en arrière..	»	»	36	»		
Position Saulny—Norroy.						
4ᵉ division.						
Aux avant-postes............	6	»	»	(3) 4		
A 3,500 mètres, en arrière des grand'gardes............	6	4	24	»		
Totaux.....	(1) 23	8	84	(2) 7		

(1) $\frac{1}{14}$ ne rejoignit que le 24.

(2) Dont deux du IIIᵉ corps et deux de la Garde; la 2ᵉ compagnie de pionniers de la Garde n'arriva que le 24.

4° Secteur Fèves—Moselle.

En raison de l'importance attribuée à ce secteur, six compagnies de pionniers (des IX⁰ et XII⁰ corps) furent adjointes aux 2⁰ et 3⁰ compagnies de pionniers du X⁰ corps (1) pour l'organisation des travaux de défense.

La ligne des avant-postes en butte aux feux de la place ne dut comprendre que la mise en état sommaire des fermes et des lisières de bois; pour ne pas s'exposer à des pertes énormes, surtout si l'armée investie ne ménageait pas ses munitions, cette ligne était à abandonner en cas d'attaque sérieuse.

On se proposa par suite d'organiser solidement les points d'appui d'une position principale constituée par les villages de Fèves et de Semécourt, le bois de peupliers, le cimetière de Maizières, la ferme d'Amelange et de les relier par un système de tranchées et d'abatis. Sur cette ligne de combat, des épaulements devaient être construits pour toute l'artillerie divisionnaire. En arrière, de nombreux emplacements de batteries pour l'artillerie de corps, notamment au Sud-Est de Marange, sur les contreforts du Horimont, pourraient donner d'excellents feux dans la plaine; Marange, Maizières, Hauconcourt étaient également à mettre en état de défense; des têtes de pont protégeraient les passages établis sur la Moselle.

Dans le cas d'une tentative de sortie exécutée avec succès dans cette direction, le X⁰ corps devait se replier sur sa droite, s'établir sur la ligne Semécourt—Silvange, d'où il prendrait en flanc la gauche de l'assaillant et tiendrait les débouchés des hauteurs jusqu'à l'entrée en ligne des II⁰ et IX⁰ corps. En prévision de cette éventualité, une route spéciale fut attribuée à chaque division; de nombreuses reconnaissances des chemins de cette région et l'ordre formel d'évacuer complètement les routes dès qu'un combat sérieux paraîtrait s'engager permettaient d'espérer la réussite de ce mouvement. On recommanda expressément aux fractions isolées de ne pas se laisser rejeter

---

(1) La 1ʳᵉ compagnie de sapeurs de ce corps était chargée de l'établissement des ponts d'Hauconcourt. (Voir p. 129, note 2.)

vers la Moselle et le commandant des troupes chargé de la garde des ponts fut chargé d'assurer leur repliement en temps opportun.

Dans la journée du 20, la 3ᵉ compagnie de pionniers du Xᵉ corps, seule parvenue dans le secteur affecté à son corps d'armée, secondée par des travailleurs d'infanterie, barricada la route Saint-Privat—Norroy et commença l'organisation de Bronvaux et de Marange.

Le 21, pendant qu'elle continua la mise en état de défense de ce dernier village et établit des communications vers l'arrière, la 2ᵉ compagnie du Xᵉ corps et celles du IXᵉ corps organisèrent Fèves, Semécourt et l'éperon situé au Sud de cette localité.

Les jours suivants, les travaux de la ligne principale de défense furent poussés avec activité ; on barra fortement la route de Rombas à hauteur de Semécourt; sur tout le front, le champ de tir fut déblayé et repéré. Les arbres fournis par ce dégagement servirent à la construction d'abatis de transport élevés soit entre Fèves et Semécourt, soit à l'Est de la route de Rombas jusqu'à 400 mètres au Sud du bois de peupliers organisé défensivement ainsi que la maison du garde-barrière.

A l'Est de la voie ferrée, les 2ᵉ et 4ᵉ compagnies saxonnes, qui avaient ébauché la mise en état des Grandes et Petites Tapes, vinrent organiser, le 22, le cimetière de Maizières, la ferme d'Amelange, et commencèrent à creuser la longue ligne de tranchées qui devait s'étendre du chemin de fer à la Moselle.

L'artillerie contribua dans tout le secteur du Xᵉ corps à la construction des emplacements de batteries.

X^e corps. Secteur Fèves — Moselle. (Divisions accolées, brigades et régiments en profondeur.)	EFFECTIFS.				PREMIÈRE LIGNE.	DEUXIÈME LIGNE.
	Ba-taillons.	Es-cadrons.	Bouches à feu.	Compagnies de pionniers.		
Aux avant-postes… { Secteur Ouest……	½	1 ½	»	»	Ne devait pas servir de position de combat dans le cas d'une tentative sérieuse de sortie. D'une manière générale, les compagnies de grand'garde s'établirent le long du ruisseau passant aux Petites Tapes (3) : *Secteur Ouest* (2^k,250). — La ligne des sentinelles (à 1^k,500 de la ligne principale de défense) cherchait à progresser vers le Sud. *Secteur Est* (3^k,250). — De nuit, les quatre compagnies retranchées dans les fermes fournissaient des sentinelles à 250 mètres environ en avant. La cavalerie observait pendant le jour.	La ligne principale présentait une force de résistance considérable, due principalement à son emplacement très rentrant et à son puissant armement ; elle recevait un appui très efficace des positions voisines. Position de retraite sur la ligne Marange—Silvange.
	Secteur Est………	1	1	»	»		
Sur la ligne principale. { Secteur Ouest……	4 ½	»	30	5		
	Secteur Est………	5	»	»	2		
En arrière, à 1^k,500. { Secteur Ouest……	6	2 ½	30	»		
	Secteur Est………	6	3	24	»		
Aux ponts d'Hauconcourt…	1	»	»	1		
Totaux………	24 (1)	8	84	(2) 8		

(1) Le 16e régiment ne comprenait que deux bataillons.
(2) Dont trois du IXe corps et deux du XIIe. (La 3e compagnie de pionniers saxons avait rejoint son corps le 22.)
(3) Le service des avant-postes subit diverses modifications jusqu'au 25 ; il ne fonctionna régulièrement et définitivement qu'à partir de cette date.

Sur la rive droite de la Moselle, jusqu'à la Seille, les travaux de défense ne furent entrepris d'une manière sérieuse que dans le secteur occupé par la 3ᵉ division de réserve, par suite du nombre fort restreint de troupes techniques fournies par les corps établis à l'Est de Metz.

Il parut, en effet, nécessaire de grouper toutes les compagnies de pionniers disponibles et de commencer immédiatement l'organisation de la ligne Malroy—Charly, qui devait barrer la grande route de Kédange, couvrir les communications avec la rive gauche et permettre, par suite, l'arrivée de renforts, en temps utile, dans le cas d'une tentative de sortie exécutée par l'armée investie vers le Nord-Est.

5° Secteur Moselle—Failly exclusivement.

Le 21 août, pendant que les états-majors du génie de la Iʳᵉ armée et du Iᵉʳ corps reconnurent la position appuyée à droite à la Moselle, à gauche aux bois de Failly, les compagnies de pionniers du Iᵉʳ corps (1) se réunirent à Charly à la 3ᵉ compagnie de pionniers de place de la 3ᵉ division de réserve.

Les travaux commencèrent dès le lendemain. Pendant que les troupes établies aux avant-postes (81ᵉ) organisaient Rupigny et ses abords, la compagnie de pionniers de la 3ᵉ division de réserve, secondée par une compagnie d'infanterie, aménagea les lisières Sud et Est de Malroy, ainsi qu'un fossé de dessèchement orienté Ouest-Est, situé au Sud de ce village, et transforma l'église en réduit. A Charly, les 2ᵉ et 3ᵉ compagnies de pionniers de campagne du Iᵉʳ corps ébauchèrent deux lignes de défense constituées l'une, à l'extérieur du village, par la lisière organisée, l'autre, à l'intérieur, par une ligne continue de constructions et par le mur du cimetière. Entre ces deux localités, formant de solides points d'appui, quelques hommes des 2ᵉ et 3ᵉ compagnies de pionniers de campagne du Iᵉʳ corps, secondés par un bataillon d'infan-

---

(1) A l'exception de la moitié de la 1ʳᵉ compagnie maintenue à la disposition de la 2ᵉ division d'infanterie.

terie, creusèrent des tranchées de fort profil sur une longueur de plus de 900 mètres, à cheval sur la route de Kédange, au Sud du chemin Malroy—Charly (1).

Ces différents travaux furent continués le 23. Après une nouvelle reconnaissance de la position principale de combat, on entreprit la construction d'épaulements pour 36 pièces et d'une seconde ligne de tranchées à 500 mètres environ de celle qui avait été établie la veille (2).

Pendant ce temps, la fraction disponible de la 1re compagnie de pionniers du Ier corps et quatre compagnies d'infanterie commencèrent l'organisation d'une position de retraite et d'une double tête de pont protégeant le passage établi sur la Moselle au Nord d'Argancy.

---

(1) La nature favorable du terrain permit d'achever ce travail en quatre heures.

(2) Les pionniers furent ainsi répartis : 2 sous-officiers et 12 hommes pour chaque batterie de six pièces ; 1 homme par 3 mètres de tranchées-abris. Cinq heures suffirent pour terminer cette position.

3ᵉ division de réserve.

Secteur Malroy—Charly.

	EFFECTIFS.				PREMIÈRE LIGNE (3 kilomètres).	DEUXIÈME LIGNE.
	Ba-taillons.	Es-cadrons.	Bouches à feu.	Compagnies de pion-niers.		
Aux avant-postes. (Régiments accolés)	6	4	6	3	La ligne retranchée des petits postes passait au sud de Malroy et de Rupigny; les réserves des avant-postes étaient établies dans ces villages. *Secteur du 19ᵉ*: 1.300 mètres environ (2 petits postes). *Secteur du 81ᵉ*: 1.700 mètres environ (3 petits postes). La ligne des sentinelles était à 250 mètres en moyenne en avant des tranchées-abris; un poste d'observation occupait Vany; des patrouilles visitaient Chieulles.	Sur les hauteurs qui s'étendaient de Charly vers Olfy et Argancy, à 1 kilomètre environ en arrière de la ligne retranchée des avant-postes. Cette position formait deux lignes avec vues très étendues, pentes très douces en avant, bons points d'appui pour les ailes (Malroy, Charly, bois de Failly). La droite de la deuxième ligne pouvaient donner d'excellents feux sur la plaine de la Moselle. Position de retraite au Sud d'Argancy; double tête de pont couvrant un passage bien défilé.
A 1ᵏ,500 de Malroy	11	6	30			
A 2ᵏ,300 de Charly				2		
Totaux	(1)17	(2) 7	36	(3)3 ½		

(1) Le 1ᵉʳ bataillon (n° 46, Soroltau) du régiment de landwehr de Basse-Silésie avait été dirigé le 21 sur Pont-à-Mousson.
(2) Le 2ᵉ escadron du 2ᵉ régiment de grosse cavalerie de réserve avait été dirigé le 21 sur Pont-à-Mousson; le 3ᵉ régiment de hussards de réserve ne rejoignit la division que le 24; le 5ᵉ régiment de uhlans de réserve le 25 seulement.
(3) Dont deux compagnies et demie du 1ᵉʳ corps.

6° Secteur Failly—Route de Strasbourg.

a) *Aile droite* (secteur Failly—Noisseville). — L'organisation de ce secteur ne fut entreprise effectivement que le 26 août, après celle de la ligne Malroy—Charly. Les quelques travaux élevés par l'infanterie depuis le 21 ne comprenaient que la mise en état de défense sommaire des villages de Poixe, Failly, Servigny, l'aménagement des vues en avant de ces localités et l'établissement de quelques emplacements de batteries.

b) *Centre* (secteur route de Sarrelouis — route de Sarrebrück). — Aucun travail ne fut exécuté à cette époque soit à la Brasserie, soit sur les deux routes surveillées par la cavalerie du Ier corps.

c) *Aile gauche* (secteur route de Sarrebrück — route de Strasbourg.) — Comme à la 1re division, les travaux ne commencèrent qu'après le 26. Seuls à cette date, quelques emplacements de batteries à vues très limitées, établies par l'artillerie au Nord-Ouest de Laquenexy et reliées par des tranchées-abris creusées par l'infanterie, assurèrent une protection immédiate au gros de la 2e division bivouaquée au Nord de Courcelles.

7° Secteur route de Strasbourg—Augny.

On se contenta d'organiser un service de surveillance dans ce secteur, où aucun travail de mise en état de défense ne fut entrepris avant l'arrivée de la 28e brigade à Pouilly. Deux régiments de la même brigade occupaient les avant-postes. Cette formation (brigades en colonne, régiments accolés) fut modifiée le 24 (brigades accolées).

Ier corps.

SECTEUR FAILLY—ROUTE DE STRASBOURG.

	EFFECTIFS.				PREMIÈRE LIGNE.	DEUXIÈME LIGNE.
	Bataillons.	Escadrons.	Bouches à feu.	Compagnies de pionniers.		
Secteur Failly—Noisseville (3k,550).						
Aux avant-postes..................	6	1	»	»	Position assez forte passant par Failly-Poixe-Servigny, mais qui se trouvait dans la limite de portée très efficace de l'artillerie du fort Saint-Julien. De plus, la dépression de terrain entre Vantoux et Nouilly permettait de s'approcher à couvert et d'inquiéter continuellement les grand'gardes (4 compagnies fournissant 5 petits postes). La ligne des avant-postes n'était tenue que de nuit par l'infanterie ; le jour, deux petits postes de dragons assuraient le service.	Sur la ligne des avant-postes.
En arrière { A 4,750 mètres...	6	»	24	»		
{ A 2,500 mètres...	1	»	36	»		
TOTAUX......	13	1	60	»		
Secteur route de Sarrelouis—route de Sarrebrück (2 kilomèt.).						
Aux avant-postes..................	»	»	»	»		
Au gros...........................	»	6	»	»		
TOTAUX......	»	7	»	»		
Secteur route de Sarrebrück—route de Strasbourg (4k,500).						
Aux avant-postes..................	2	»	24	»	Colombey, la Grange-aux-Bois, Mercy-le-Haut, route de Strasbourg (4 compagnies de grand'garde). En arrière, un bataillon à Ars-Laquenexy.	Le terrain, très boisé, ne présentait aucune bonne position naturelle. Celle que l'on organisa plus tard : château d'Aubigny—bois à l'Ouest d'Ars-Laquenexy—Mercy-le-Haut ne tira sa force que de l'ensemble des travaux qui furent exécutés.
Au bivouac, à 4 kilomèt. du gros.	10	»	24	½		
TOTAUX......	12	»	48	½		
TOTAUX GÉNÉRAUX....	25	8	84	(1) ½		

Observatoires.

Le développement considérable de la ligne de blocus (1) et, par suite, l'impossibilité de l'occuper fortement sur tout son périmètre exigeaient une connaissance rapide des projets de tentative de sortie de l'adversaire pour secourir en temps utile les secteurs menacés. Certains points des hauteurs de la périphérie de la place, qui possédaient d'excellentes vues sur l'intérieur du camp retranché et permettaient une observation constante de tous les mouvements de l'armée concentrée sous Metz, répondirent à ce but (2).

Dès leur installation sur la ligne d'investissement, les corps établirent donc successivement sur les emplacements les plus favorables des observatoires permanents dont les principaux se trouvèrent sur les hauteurs de Jussy et de Rozérieulles, à la ruine de Châtel, à la lisière des bois de Plesnois, au Horimont, dans les clochers de Malroy et de Sainte-Barbe, au château de Mercy-le-Haut et sur le Saint-Blaise (3).

Communications télégraphiques.

L'observation de l'ennemi étant ainsi organisée, on s'efforça de faciliter la transmission des renseignements et des ordres par l'utilisation d'un réseau télégraphique aussi complet que possible (4).

---

(1) La circonférence formée par la ligne des avant-postes mesurait près de 42 kilomètres. Le rayon d'investissement avait environ 6^{km},500.

(2) On s'aperçut bientôt que ces postes suffisaient parfaitement (en outre, les observations étaient plus faciles qu'en ballons captifs); le détachement d'aérostiers formé à Cologne resta donc sans emploi. D'ailleurs, le stock de charbon disponible à Ars pour la fabrication du gaz était insuffisant.

(3) Deux officiers (le plus souvent appartenant à l'artillerie ou au génie), deux sous-officiers et deux pionniers furent attachés pour toute la durée de l'investissement à chaque poste d'observation. Un sous-officier et dix cavaliers furent chargés de la transmission des dépêches.

(4) On disposait à l'armée d'investissement des abteilungen de télé-

Au 19 août, Novéant (1) était déjà relié d'une part, à Gravelotte par Ars, de l'autre à Courcelles (2). Le 20, on réunit Gravelotte à Saint-Privat, puis le 22 et le 23, d'après les instructions du prince Frédéric-Charles, on établit des communications entre Doncourt (IIe armée) et Gravelotte (VIIIe corps), et l'on prolongea les lignes déjà posées : sur la rive gauche vers la ferme de Marengo (IIe corps), Roncourt, Marange (X^e corps), sur la rive droite vers Sainte-Barbe (Ier corps), Vrémy (1re division) et Olgy (3e division de réserve). Tous les quartiers généraux des corps d'armée, souvent même les états-majors des divisions de 1re ligne, furent ainsi réunis.

Communications entre les divers secteurs.

1° *Ponts.* — a) *Sur la Moselle.* — Le maintien de l'investissement contre une sortie dépendant de l'entrée en ligne en temps utile des corps voisins et des réserves, les mouvements des troupes ne devaient se heurter à aucun obstacle. L'organisation de nombreux passages entre les deux rives de la Moselle sollicita donc l'attention du commandement dès le début de l'investissement.

En amont de la place, à Ars, on disposait déjà du pont du chemin de fer parfaitement praticable (3), mais qui se trouvait dans la zone d'action du Saint-Quentin ; du pont de pierre, en grande partie achevé, et dont la circulation fut établie, le 21, par la 3e compagnie de pionniers du VIIe corps, aidée de deux compagnies d'infanterie (4).

La 1re compagnie de pionniers du VIIe corps construisit, le

---

graphie de campagne n°s 1 et 2, de l'abteilung de télégraphie des étapes n° 3.

(1) Terminus de la voie ferrée Wissembourg—Lunéville, à partir du 22.

(2) Jusqu'au 12 août, l'exploitation de la ligne Metz—Sarrebrück s'arrêta à Remilly ; elle fut organisée jusqu'à Courcelles le 16.

(3) On apprit par des rapports d'espions que ce pont avait été miné ; des recherches amenèrent, le 21, la découverte des chambres non chargées.

(4) On y trouva le 26, quatre fourneaux que l'on déchargea après

21, au Nord de Corny, un pont de chevalets improvisé, puis jeta à Ancy (1), les 22 et 23, trois ponts que l'on raccorda sur chaque rive avec les routes parallèles à la Moselle. Enfin, plus au Sud, le pont suspendu de Corny et, près d'Arnaville, le pont de chevalets rapides établi le 17, par la 3° compagnie du IX° corps, étaient également utilisables.

En aval de Metz, où les communications faisaient défaut (2), la 1re compagnie de pionniers du X° corps établit, le 21, à Hauconcourt, un passage sur la Moselle, à l'emplacement du bac récemment détruit. Ce pont fut terminé vers 7 heures du soir et immédiatement livré à la circulation (3).

Un nouveau pont jeté, le 22, à 400 pas en amont, sur l'ordre du commandant de la *19°* division, fut transporté le 23 à 600 mètres environ au Sud d'Argancy, près de la position de combat du X° corps. Pour faciliter les communications, on établit une forte rampe sur la rive droite, des chemins de colonne sur la rive gauche.

b) *Sur la Seille.* — Outre le gué, les cinq ponts sur la Seille, entre Marly et Sillegny (4) parurent provisoirement suffisants.

2° *Aménagement du réseau routier.* — Le fait de la convergence sur Metz de toutes les routes principales, notamment de celles qui se prêtaient le mieux aux gros charrois, gênait les mouvements parallèles au front dans l'intérieur de la zone d'investissement. Chaque corps fut donc chargé, dans son secteur respectif, d'aménager les chemins transversaux, de compléter le réseau existant en ouvrant de nouvelles voies stratégiques, de les pourvoir de poteaux indicateurs, en un mot

---

avoir enlevé la communication de feu ; mais le lendemain, sur l'ordre du commandement, on les remit en état de faire explosion.

(1) En utilisant les équipages de pont des VII° et VIII° corps.
(2) Les reconnaissances exécutées ne découvrirent aucun gué.
(3) Le village d'Hauconcourt cachait le pont aux vues de la place.
(4) A Marly ; à l'Est de Cuvry sur le bras Sud ; au moulin de Fleury, sur le bras Est et deux passages sur le bras Ouest ; à l'Est de Pournoy-la-Chétive sur le bras Est, pont accessible pour toutes les armes par le gué sur le bras Ouest, au Nord-Est de Coin-sur-Seille ; pont près de Sillegny.

d'améliorer en tout sens la viabilité de la région qu'il occupait.

Rupture des voies ferrées.

Les destructions exécutées dans la soirée du 18 (1), puis dans la journée du 19 (2) sur la ligne de Thionville avaient provoqué la rupture définitive des communications par voie de fer de l'armée du Rhin avec l'intérieur de la France. Ce résultat ne fut pas considéré comme suffisant. Le 21, à Richemont, les sections de mineurs des deux compagnies de sapeurs du IX⁰ corps, opérant sous la protection d'un peloton de cavalerie, firent sauter deux arches du pont du chemin de fer sur l'Orne et une du pont de la route de Thionville sur cette même rivière (3).

De plus, l'armée de blocus chercha à rendre inutilisables aussi près que possible de la place, les trois voies ferrées aboutissant à Metz, de manière à interdire à l'adversaire soit le transport rapide de petits détachements sur le front d'investissement, soit l'envoi de trains chargés de blessés dans les lignes prussiennes.

Sur la ligne de Nancy, la 3ᵉ compagnie de pionniers du VIIᵉ corps fit sauter, dans la nuit du 23 au 24, un passage en dessous de 13 mètres d'ouverture, au Nord de Tournebride.

Sur la voie de Thionville, une rupture à proximité des avant-postes ne fut opérée à Ladonchamps que le 1ᵉʳ septembre.

Aucune destruction ne fut exécutée sur la ligne de Sarrebrück avant le 3 septembre (4).

---

(1) A Richemont et à Uckange par le 2ᵉ escadron du 3ᵉ régiment de Reiter et le 1ᵉʳ escadron de Reiter de la Garde. (Voir les *Opérations autour de Metz*, II, p. 715, note 1.)

(2) A Maizières, par la 3ᵉ compagnie de pionniers du XIIᵉ corps.

(3) La garnison de Thionville chercha à s'opposer à ce projet en envoyant un train d'infanterie qui parvint jusqu'à Uckange. Cette destruction ne fut désavantageuse que pour les armées allemandes, et dès le 25, l'ordre fut donné de rétablir le pont de la route.

(4) L'*Historique* du 7ᵉ régiment de la Prusse orientale nᵒ *44* dit cependant que la voie fut détruite le 22, à Frontigny, par une compagnie (p. 98, note 1).

Communications de la place avec l'extérieur.

Enfin, on se proposa de supprimer la possibilité que possédait l'adversaire en utilisant le cours de la Moselle, d'introduire dans la place ou d'en faire sortir des lettres renfermées dans des corps flottants. Au Nord d'Ars, un filet en fil de fer constamment surveillé ; en amont du pont d'Hauconcourt, des estacades flottantes et des filets durent remplir ce but.

Les 23 et 24 août, les pionniers du VIIe corps barricadèrent dans la vallée de la Mance, à l'Ouest d'Ars et de Vaux, après en avoir détourné les eaux, la conduite qui amenait à Metz à travers les bois d'Ars les eaux de Gorze. Toutefois, ces travaux insuffisants continuèrent à offrir, comme on le verra plus tard, un moyen de communication de la place avec l'extérieur.

Chemin de fer de Remilly à Pont-à-Mousson.

Un raccordement des voies ferrées Wissembourg—Lunéville—Frouard et Sarrebrück—Courcelles, en évitant les ouvrages du camp retranché de Metz, parut désirable dès que l'exploitation allemande put prendre possession de ces lignes. Le grand état-major prussien avait d'ailleurs prévu cette éventualité avant la déclaration de la guerre et, dès cette époque, une reconnaissance de la région Sud de la place avait été exécutée (1), spécialement en vue de la construction d'une voie ferrée de campagne de Remilly à Pont-à-Mousson, par Luppy, Sécourt et Nomény.

Au début du mois d'août, un projet étudié au Ministère de la guerre prussien parut exécutable en trois semaines au maximum, si l'on pouvait disposer de deux abteilungen de chemins de fer de campagne et de nombreux travailleurs.

Dès le 15 août, les travaux furent entrepris à plusieurs endroits et poussés activement au fur et à mesure de l'arrivée des détachements chargés de l'établissement de cette voie (2).

---

(1) Par le major Bunke, de l'état-major général. (*Geschichte des Brandenburgischen Pionier-Bataillons Nr. 3*, p. 165.)

(2) Abteilungen de chemins de fer de campagne n° 1 et n° 4 ;

Cependant différentes difficultés s'opposant à une exécution rapide s'étant présentées, notamment entre Sécourt et Mailly (1), on chercha plus au Nord de ces localités un passage qui permit de franchir facilement les hauteurs de la rive droite de la Moselle. Le tracé modifié passant par Morville et Atton répondit à ce but et, le 23 août, les travaux de terrassement commencèrent sur la nouvelle ligne Vigny—Cheminot—Morville—Atton.

2ᵉ et 3ᵉ compagnies de pionniers de place des IIIᵉ et IVᵉ corps; un corps de travailleurs de 3,000 hommes (français et allemands); un escadron fut chargé du service des patrouilles.

(1) Montées rapides, nombreux croisements de routes.

Tableau récapitulatif de la répartition des troupes sur la ligne d'investissement.

SECTEURS.	TROUPES.	EFFECTIFS APPROXIMATIFS.			ÉTENDUE de LA LIGNE des avant-postes.	NOMBRE D'HOMMES d'infanterie par mètre courant.	NOMBRE DE MÈTRES courants pour un cheval.
		INFANTERIE.	CAVALERIE.	BOUCHES à feu.	mètres.		
1° Orly—éperon de Vaux.........	VIIe corps.........	17,600	1,200	84	4,250	4,15	»
2° Éperon de Vaux—ravin de Châtel.	VIIIe corps.........	19,000	1,200	90	3,750	5,05	»
3° Ravin de Châtel—Norroy.......	IIe corps.........	22,400	1,250	84	6,000	3,75	»
4° Fèves—Moselle...............	Xe corps.........	17,700	1,050	84	5,500	3,20	»
5° Malroy—Charly..............	3e division de réserve.	14,600	1,450	36	3,000	4,85	»
6° Failly—route de Strasbourg :							
a) Failly—route de Sarrelouis...	1re division d'infanterie, artillerie de corps...	11,000	»	60	3,550	3,10	»
b) Route de Sarrelouis—route de Sarrebrück............	Cavalerie du 1er corps..	»	1,200	»	2,000	»	1,65
c) Route de Sarrebrück—route de Strasbourg............	2e division d'infanterie.	10,400	»	24	4,500	2,30	»
7° Route de Strasbourg—Orly.....	3e division de cavalerie.	»	2,360	6	9,000	»	3,80
En réserve sur la rive gauche.....	IIIe corps............	15,750	1,200	84	»	»	»
	IXe corps............	17,250	1,750	88	»	»	»
	1re division de cavalerie.	»	3,450	6	»	»	»
Totaux...........		145,700	15,510	646	41,550		

On peut remarquer, dès maintenant, que 3,560 cavaliers et six pièces, appartenant au Ier corps et à la *3*[e] division de cavalerie, couvraient un front de 11 kilomètres sur lequel aucun travail de défense n'avait été entrepris. Ces forces ne pouvaient s'opposer à une tentative de sortie sérieuse vers le Sud-Est, mouvement qui aurait pu présenter de nombreux avantages.

145,700 fantassins, 12,000 cavaliers et 640 bouches à feu occupaient le reste de la ligne d'investissement (30^{km},550), soit près de 5 hommes (4,75) d'infanterie par mètre courant. Pour 1,000 hommes d'infanterie, on trouvait 82 chevaux et plus de quatre pièces (4,45).

DOCUMENTS ANNEXES

Journée du 19 août.

GRAND QUARTIER GÉNÉRAL.

a) **Journal de marche.**

Journal de marche de l'armée du Rhin.

Après le combat du 18, et par suite de la retraite des 4e et 6e corps, le Maréchal commandant en chef décide que l'armée se rapprochera du canon de Metz et il détermine de la façon suivante les emplacements qu'elle doit occuper :

Le 2e corps, son quartier général en arrière de Longeville, sa droite au Saint-Quentin, sa gauche à Longeville.

Le 3e corps, son quartier général à Plappeville, la droite à Lorry, la gauche à Scy et Lessy. Dans la soirée, sur un ordre du commandant en chef, ce corps replie ses lignes en arrière des hauteurs de Plappeville, sa gauche à la colline de Charles-Quint, sa droite à Tignomont.

Le 4e corps établit le matin sa gauche un peu au delà de Lorry, son centre au coteau du Coupillon, sa droite au Sansonnet. Dans la soirée, un ordre du commandant en chef modifie son emplacement et sa gauche vient s'appuyer à Tignomont, reliée à la droite du 3e corps.

Le 6e corps, sa droite au saillant Nord du fort Moselle, sa gauche au Sansonnet.

La Garde, au pied des pentes Est du Saint-Quentin, sa droite appuyée au chemin de la Ronde, sa gauche au pied des hauteurs à l'extrémité du Ban Saint-Martin.

La 3e division de la réserve de cavalerie va occuper l'île Chambière.

La réserve générale d'artillerie se place au Ban Saint-Martin.

Les troupes du 4ᵉ corps commencent des retranchements en avant de leurs positions.

b) **Organisation et administration.**

Administration des chemins de fer; de Thionville à Metz.

19 août (?)

Pouvez-vous prévoir l'heure du dernier train d'évacuation? Cette nuit, des cavaliers ennemis sont signalés aux environs de Thionville. J'ai obtenu des vedettes françaises, insuffisantes peut-être.

Commandant de place à Général commandant supérieur, Verdun (D. T.).

Montmédy, 19 août, 6 h. 45 matin. Expédiée à 7 h. 20 matin (n° 33147).

Je reçois du maire de Longuyon dépêche suivante : « La voie coupée en trois endroits entre Pierrepont et Joppécourt par 60 Prussiens environ. Que doit-on faire? ils ne tarderont pas à arriver ici. Je fais charger les fourneaux du pont de Villé-Cloye. »

L'Ingénieur au Directeur des travaux (Gare de l'Est, Paris) (D. T.).

Charleville, 19 août, expédiée à 9 h. 40 matin (n° 33174).

Voie et télégraphe coupés cette nuit à Mainbotel, ligne 7, voie rétablie à 7 heures du matin.

Le Commandant de place au Ministre de la Guerre (D. T.).

Longwy, 19 août, 8 h. 25 matin. Expédiée à 11 h. 30 matin (n° 33242).

Maire de Longuyon télégraphie : « Voie rétablie entre Pierrepont et Joppécourt. Communication interrompue depuis hier soir avec Metz. »

Le Ministre de la Guerre aux Commandants de place à Mézières, Sedan, Montmédy et Charleville (D. T.).

Paris, 19 août, 10 h. 35 matin. Transmise à Verdun à 10 h. 59 matin (n° 25059).

Des convois de munitions destinés au maréchal Bazaine ont dû vous parvenir et être arrêtés à cause des coupures des chemins de fer. Tâchez par tous les moyens possibles d'informer le maréchal Bazaine de l'arrivée de ces convois et des lieux où ils sont déposés. Rendez-moi compte de ce que vous aurez fait et donnez-moi constamment toutes les nouvelles de l'armée qui vous parviendraient.

Le Directeur des télégraphes de Metz au général Coffinières (D. T.).

Metz, 19 août, midi (n° 182).

J'ai l'honneur de vous informer que nous allons de nouveau avec Thionville et de là avec Paris.

Le Commandant de place au maréchal Bazaine (D. T.).

Mézières, 19 août, 2 h. 17 soir. Expédiée le 20 à 11 h. matin (n° 4544).

Un convoi de munitions est parti ce matin de la gare de Nouvion pour Metz.

Un convoi de poudre partira de Charleville, un officier d'artillerie venu du camp surveille le mouvement.

Le Ministre de la Guerre au maréchal Bazaine, à Metz (D. T.).

Paris, 19 août, 2 h. 35 soir. Transmise à Thionville à 3 h. 2 soir. Expédiée le 20 à 11 h. matin (n° 25161).

Les trains de munitions qui vous sont destinés sont garés à Sedan. Dès que la communication sera rétablie, faites-les venir à vous.

Le Chef du mouvement à M. le Principal (D. T.).

Paris, gare Est, 19 août, 3 h. 10 soir. Expédiée à 4 h. 50 soir (n° 25212).

M. Dessans informe que les communications sont rétablies jusqu'à Metz. Entendez-vous avec l'autorité militaire et M. Dessans pour continuer les trains de vivres et de munitions arrêtés cette nuit.

Le Ministre de la Guerre au maréchal Bazaine, à Metz (D. T.).

Paris, 19 août, 4 h. 30 soir. Transmise à Thionville à 4 h. 36 soir. Expédiée le 20 à 11 h. 40 matin (n° 25206).

Je suis informé que partout, de petits corps prussiens composés de quelques hommes généralement à cheval, coupent les communications, les chemins de fer et les télégraphes. Si une surveillance active était exercée à l'aide de quelques détachements, ces faits regrettables ne se produiraient pas.

Il faudrait parcourir les lignes dans les limites où il est permis de le faire sans imprudence, et se retirer lorsqu'on est informé de l'arrivée d'un parti ennemi de quelque valeur (1).

Le Commandant de place au général Coffinières (D. T.).

Sedan, 19 août, 4 h. 40 soir. Expédiée le 20 à 11 h. 50 matin (n° 4552).

Par ordre du Ministre, faire savoir au maréchal Bazaine que 60 wagons de poudre, 21 wagons biscuit, 7 wagons pour ambulances, 1 wagon chevaux expédiés de Charleville arriveront à Metz ce soir et dans la nuit. 22 de ces wagons de poudre, 7 wagons ambulance, 1 chevaux partis de gare de Sedan à 2 h. 40 soir.

Le Ministre de la Guerre au maréchal Bazaine, à Metz (D. T. Ch.).

Paris, 19 août, 5 h. 15 soir. Transmise à Thionville à 5 h. 36 soir. Expédiée le 20 à 12 h. soir (n° 25234).

Les munitions que nous vous avions adressées avaient d'abord été arrêtées à Charleville. Nous apprenons que la voie est rétablie jusqu'à Thionville et que les munitions vont suivre jusqu'à cette place. Assurez-vous-en.

Le Général au Ministre de la Guerre (D. T.).

Mézières, 19 août, 5 h. 55 soir. Expédiée à 7 h. 30 soir (n° 33423).

Les trains de munitions arrêtés à nouveau ont continué leur marche à 3 h. 30 sur Thionville et Metz.

Le Sous-Intendant au Ministre de la Guerre (D. T.).

Charleville, 19 août, 6 h. 40 soir. Expédiée à 7 h. 45 soir (n° 33433).

Voie ferrée coupée à Maizières-les-Metz. J'arrête sur la ligne trains

---

(1) *Note marginale* de la main du maréchal Bazaine : C'est ce qui a toujours été fait jusqu'à présent.

munitions de guerre et subsistances à destination de Metz, que j'avais dirigés Devant-les-Ponts, ce matin, après la réparation de la voie.

Le Ministre de la Guerre au Commandant supérieur de la place de Thionville (D. T.).

Paris, 19 août, 7 h. soir. Transmise à Thionville à 7 h. 20 soir (n° 25285).

Veillez à ce que les dispositifs de mines ne soient point chargés sur le chemin de fer de Mézières à Thionville pour que les Prussiens ne mettent pas le feu.

Il faut seulement avoir : poudre, mèches et moyens de bourrage préparés en lieu sûr et cachés à proximité de chaque fourneau pour le cas d'une retraite de l'armée par cette direction.

Donnez au besoin pour cela ordres aux autorités civiles.

Le Ministre de la Guerre au maréchal Bazaine (D. T. Ch.).

Paris, 19 août, 7 h. 15 soir. Transmise à Thionville à 7 h. 40 soir ; à Verdun, à 8 h. 25 soir. Expédiée le 20 août à 4 h. 20 soir (n° 25289).

Le commandant de place à Sedan me télégraphie (1) : « Coupures de rails et de lignes télégraphiques à Mainbotel réparées. Train de 22 wagons poudre destination Thionville sur Metz, 7 wagons ambulance, 1 wagon chevaux part de Sedan à 2 h. 20. 21 wagons pain, biscuit, riz, sucre, café, 38 wagons poudre et cartouches partent de Charleville sur Metz ; y seront ce soir et dans la nuit. »

L'intendant de Préval au Ministre de la Guerre (D. T.).

Montmédy, 19 août, 7 h. 35 soir. Expédiée à 8 h. 20 soir (n° 33446).

La voie paraît sérieusement coupée entre Metz et Thionville et occupée par des forces plus nombreuses que précédemment. Envoyez les approvisionnements sur Mézières. J'échelonnerai de ce point à Montmédy et aussi Longwy ; pour éviter l'encombrement, j'utiliserai Longuyon si ce point n'est pas trop menacé. J'ai 100,000 rations de pain à Thionville. Je suis à peu près certain que 60,000 autres ont pu arriver hier à Metz.

---

(1) D. T. Sedan, 19 août, 2 h. 25 soir.

Le Ministre de la Guerre à M. Dessans, inspecteur principal des chemins de fer, à Thionville (D. T. Ch.). (*Très urgent*).

Paris, 19 août. Transmise à Thionville à 10 h. 15 soir (n° 25330).

Tâchez de prévenir maréchal Bazaine de l'endroit où sont arrêtés les trains de munitions et de vivres qui lui ont été adressés hier et aujourd'hui.

Le Directeur du télégraphe au Ministre de l'Intérieur (D. T.).

Thionville, 19 août, 11 h. 20 soir. Expédiée à minuit (n° 33532).

Aucune nouvelle du maréchal Bazaine. Communications télégraphiques et voie ferrée interrompues entre Thionville et Metz. Les convois de munitions sont arrêtés dans les Ardennes.

Un convoi de vivres arrivé à Thionville, ce soir, a été obligé de retourner sur Mézières.

Le maréchal Bazaine au sous-intendant militaire Gaffiot.

19 août.

Je vous invite à vous transporter immédiatement sur le champ de manœuvres où vous vous établirez à proximité de mon grand quartier général. M. le général commandant le grand quartier général reçoit l'ordre de vous y désigner un local.

Le champ de manœuvres est entièrement occupé par des voitures provenant des réquisitions. Ce terrain devant être occupé aujourd'hui même par les troupes, vous voudrez bien prendre les mesures nécessaires, en ce qui vous concerne, pour qu'il soit évacué le plus promptement possible. Les voitures appartenant à des corps d'armée devront les rejoindre. Celles dont vous disposez directement pourront aller s'établir, si elles sont en petit nombre, comme je le suppose, sur la partie des glacis du fort Moselle que vous occupez vous-même en ce moment. Enfin vous congédierez le plus grand nombre de ces voitures dont la présence à l'armée n'a plus la même utilité depuis que j'en ai proscrit l'usage pour les troupes en marche.

Vous devrez faire faire aujourd'hui dans tous les corps des distributions de vivres, et, dans les corps qui en ont besoin, des distributions d'effets et ustensiles de campement. Pour cette dernière distribution, il y aura lieu de faire une part au 6° corps où il s'est produit depuis hier des besoins urgents. Je ne doute pas que, avec la coopération des intendants de corps d'armée auxquels vous aurez à donner les avis nécessaires, il ne vous soit possible de terminer aujourd'hui de bonne heure ces distributions.

Dans la maison que j'occupe sur le bord du champ de manœuvres, 20 blessés ont été recueillis et se plaignent de ne recevoir aucune nourriture. Je vous prie de faire enlever le plus tôt possible ces 20 blessés par vos cacolets, et de les faire transporter à l'hôpital de Metz.

Votre ambulance devra rester sur le point où elle se trouve actuellement. Vous ne viendrez vous établir auprès de mon grand quartier général qu'avec vos bureaux.

Le Chef de gare de Pont-à-Mousson à l'Intendant général, président de la Commission de liquidation des comptes des armées.

30 juillet 1872.

J'ai l'honneur... de vous informer qu'à la date du 19 août 1870, après le départ du dernier train de denrées sur Metz, il restait encore en gare de Thionville :

  3 wagons de vivres ;
  34 wagons de pain ;
  6 wagons d'avoine,

lesquels ont été refoulés, savoir : les trois premiers sur Montmédy par train (7) 42 du 19 août et les autres sur Longuyon par train (7) L. du même jour.

Il ne m'est pas possible de vous fournir de plus amples renseignements, attendu que les wagons ci-dessus n'étaient pas en destination de Thionville et ont été évacués après une simple inscription sommaire à notre registre de matériel.

d) Situation.

Situation des approvisionnements de la place de Thionville à la date du 19 août.

DÉSIGNATION DES DENRÉES.	RESTANT le 19 (soir).	TAUX DE LA RATION.	NOMBRE DE RATIONS.
Blé................................	707,33	1000 gr.	67,536[1]
Farine.............................	1422,46	»	176,385[2]
Pain de troupe.................	4878,00	»	4,878
Biscuit.............................	159,15	taux régle^{rs}	21,653
Riz..................................	40,00	»	66,666
Sel..................................	70,007	»	420,042
Sucre..............................	15,00	»	71,428[3]
Café vert.........................	13,75	»	72,308
Café torréfié....................	»	»	»
Vin..................................	393,65	»	157,460
Eau-de-vie......................	67,67	»	108,272
Lard salé.........................	40,20	»	20,100

(1) Taux de 1,000 grammes.
(2) 250 grammes de pain de soupe.
(3) Voir tarif de juillet 1870.

2ᵉ CORPS.

a) Journaux de marche.

Journal de marche du 2ᵉ corps.

L'ordre est donné au 2ᵉ corps de se replier sur Metz. A 2 heures du matin, le mouvement commence par la réserve d'artillerie. La 2ᵉ division la suit; la division Vergé quitte le plateau de Rozérieulles à 4 heures du matin; enfin, la brigade Lapasset chargée de former l'arrière-garde quitte à son tour ses positions à 6 heures du matin.

Le 2ᵉ corps prend position sur les pentes du mont Saint-Quentin en avant du Ban Saint-Martin; les troupes sont campées de la manière suivante :

La division Vergé s'établit sur le versant Sud-Est de la butte Charles-Quint et quoique en seconde ligne occupe les villages de Scy et de Chazelles par des postes avancés tandis qu'un régiment tout entier, le 55e, occupe fortement Longeville.

La 2e division s'établit sur le versant Sud de la même butte et fournit les grand'gardes qui relient les villages désignés ci-dessus aux positions que le corps d'armée occupe.

La brigade Lapasset campe en arrière de Longeville couvrant le Ban Saint-Martin et appuyant sa gauche à la Moselle à hauteur du pont détruit du chemin de fer. Elle garde par des postes le cours de la Moselle.

La cavalerie conserve son campement qu'elle partage avec la réserve de l'artillerie, la réserve du génie, l'ambulance et les services administratifs.

Le général Frossard établit son quartier général au Ban Saint-Martin.

Le parc d'artillerie va se mettre à l'abri dans le fort Moselle.

1re DIVISION.

Journal de marche de la 1re division du 2e corps.

A 4 heures du matin, la division ralliée se met en route dans la direction de Metz. Le général Jolivet, qui ferme la marche, opère un mouvement de retraite par échelons en suivant la ligne des mamelons qui conduit à Moulins. Le dernier bataillon du 77e, en quittant la position, essuie une fusillade assez vive de la part des tirailleurs prussiens qui garnissent le bois; mais le feu cesse quand l'ennemi voit que la retraite est protégée par un bataillon du 76e. La 2e brigade arrive ainsi au village de Scy, où elle rencontre la brigade Lapasset qui doit former l'arrière-garde.

Vers 3 heures, la division est campée sur la pente de la butte Charles-Quint, du côté du Nord, au-dessous du fort Saint-Quentin. Le 55e est resté à Longeville avec les batteries d'artillerie; il s'y fortifie en arrière de la ligne du chemin de fer.

2e DIVISION.

Journal de marche de la 2e division du 2e corps.

A 2 heures du matin, l'artillerie commence son mouvement de retraite vers Metz; les bagages étaient allés à Metz, au Ban Saint-Martin, la veille. La cavalerie suit l'artillerie; vient ensuite la compagnie du génie, la 1re brigade et la 2e brigade. La division prend position sous le fort Saint-Quentin au-dessus de Longeville, la 1re brigade en 1re ligne, la 2e en 2e ligne à hauteur de la baraque du chemin de fer de ficelle qui va de Longeville au fort Saint-Quentin.

La compagnie du génie est en arrière de la 2e ligne.

La cavalerie et l'artillerie restent au Ban Saint-Martin, ainsi que l'ambulance et l'administration.....

3e DIVISION.

Journal de marche de la 3e division du 2e corps.

Le IIIe bataillon du 63e de ligne, qui était établi au fort Bellecroix, rejoint les deux premiers bataillons de ce régiment au fort Saint-Julien, dont la garnison a besoin d'être renforcée, et prend part à dater de ce jour aux travaux de défense et à la garde du fort.

Le 10e bataillon de chasseurs à pied quitte le fort Moselle et va remplacer au fort Bellecroix le IIIe bataillon du 63e; il campe vis-à-vis la gorge du fort. Trois compagnies sont détachées en grand'garde dans les ouvrages avancés du fort.

BRIGADE LAPASSET.

Journal de marche de la brigade Lapasset.

Désignée pour former l'arrière-garde du 2e corps, la brigade mixte quitte le plateau de Rozérieulles à 6 heures du matin, après le départ des deux premières divisions, et elle arrive à 11 heures au campement du Ban Saint-Martin.

GÉNIE.

Journal de marche du génie du 2e corps.

Le 18, vers 11 heures du soir, le chef d'état-major, accompagné d'un officier, part pour amener le parc et la réserve sur le champ de bataille qu'on suppose occuper encore le lendemain 19; mais la retraite vers Longeville commence à 3 heures du matin et lorsque le convoi arrive sur le plateau de Rozérieulles, celui-ci est en grande partie évacué, et le convoi reçoit quelques coups de fusil; il réussit pourtant à opérer sa retraite sans autre accident qu'une balle arrivée dans une de ses voitures.

Le 2e corps campe au Ban Saint-Martin, à Longeville et sur le versant Sud-Est du Saint-Quentin.

c) Opérations et mouvements.

Le maréchal Bazaine au général Frossard.

19 août.

J'ai l'honneur de vous informer que la division Forton reçoit l'ordre d'aller s'établir immédiatement à Chambière. L'emplacement occupé par cette division devient donc disponible, et je vous invite à donner l'ordre aux troupes de votre corps d'armée qui se trouvent actuellement au Ban Saint-Martin à en prendre possession sans retard, dès que la 3e division de cavalerie de réserve l'aura quitté.

3e CORPS.

a) Journaux de marche.

Journal de marche du 3e corps.

Dans la nuit du 18 au 19 août, vers 1 h. 30 du matin, le maréchal Le Bœuf reçut du commandant en chef, l'ordre de commencer sa retraite pour prendre position sous les forts, entre Lorry, Lessy et Scy. La cavalerie avait déjà suivi le mouvement de retraite du 4e corps; vers 2 heures du matin, les parcs et l'artillerie de réserve s'écoulèrent par le ravin de Châtel. Les divisions d'infanterie ne commencèrent leur mouvement que vers 3 heures par les deux seules voies étroites et escarpées qu'il était possible de suivre. Cette retraite se fit avec le plus grand ordre, sans être inquiétée par l'ennemi trop éprouvé par les pertes de la veille.

1re DIVISION.

Journal de marche de la 1re division du 3e corps.

A 2 heures du matin, la division a l'ordre de se replier en échelons par sa droite et de regagner la route d'Amanvillers à Châtel-Saint-Germain pour se porter à Metz.

Le mouvement s'effectue sans être inquiété par l'ennemi et la division campe sur le plateau de Plappeville.

A 6 heures, de nouveaux ordres changent le campement; la division va se loger dans les vignes et les vergers sous le fort de Plappeville.

Le quartier général est au village de Tignomont.

3ᵉ DIVISION.

Journal de marche de la 3ᵉ division du 3ᵉ corps.

Pendant la nuit du 18 au 19, toute l'armée reçoit l'ordre de se retirer sous le canon des forts de Metz ; cette marche en retraite a lieu avec le désordre inséparable des marches de nuit, sur une route étroite, encaissée et encombrée d'impedimenta de toute espèce. Cependant au point du jour, toute l'armée est établie sur les plateaux Saint-Quentin et Plappeville. La 3ᵉ division d'infanterie est sur le plateau de Saint-Quentin.

Toutes ces positions prises la nuit sont ensuite, au jour, visiblement exposées au feu de l'ennemi ; aussi, pendant la nuit du 19 au 20 toutes les divisions changent de bivouac.

4ᵉ DIVISION.

Journal de marche de la 4ᵉ division du 3ᵉ corps.

A 3 heures du matin, la division reçoit l'ordre de se retirer sans bruit par Châtel-Saint-Germain sur le plateau de Saint-Quentin.

Les troupes s'établissent provisoirement à droite et à gauche du col et reçoivent à 6 heures du soir l'ordre d'abattre les tentes, pour aller camper sur le versant Nord-Est du Saint-Quentin, la gauche à la butte de Charles-Quint.

La marche des colonnes qui la précèdent maintient la division sur pied jusqu'à 3 heures du matin.

DIVISION DE CAVALERIE.

Journal de marche de la division de cavalerie du 3ᵉ corps.

La division reste stationnaire (sur les glacis du fort Moselle). Les éclaireurs poussent des reconnaissances sur les routes de Sarrebrück et de Thionville.

ARTILLERIE.

Journal de marche de l'artillerie du 3ᵉ corps.

L'armée quitte sa position de la veille pour se mettre sous le feu des forts de Metz. La réserve et le parc sont dirigés sur Plappeville et campent au-dessous du village, près du Ban Saint-Martin.

Génie.

Journal de marche du génie du 3ᵉ corps.

Départ à 3 heures du matin. Le génie se rend par Lessy et Plappeville au camp de Devant-les-Ponts. A 7 heures du soir, on lève le camp pour aller au col de Lessy faire des travaux de fortification passagère.

La route est encombrée, nous n'arrivons qu'à 1 heure du matin.

c) Opérations et mouvements.

Le maréchal Le Bœuf aux Généraux commandant les divisions.

Plappeville, 19 août.

Veuillez me rendre compte immédiatement de la manière dont s'est effectuée votre marche de nuit du champ de bataille d'hier au bivouac de Plappeville. Quels accidents militaires ou autres se sont produits pendant votre marche ?

Vos emplacements d'aujourd'hui vous ont été donnés au milieu de l'obscurité ; il vous appartient, comme général de division, de les modifier dans le sens d'une bonne défense et aussi d'une meilleure installation des troupes ; l'essentiel est que vous restiez placé dans l'ensemble des dispositions arrêtées par M. le Maréchal commandant en chef, et que mon chef d'état-major vous a fait connaître par l'intermédiaire des officiers qui ont dû vous guider sur vos positions.

Les ordres du maréchal Bazaine sont que, les troupes une fois installées, on s'occupe de la construction d'ouvrages de défense, d'abatis et de communications dans les bois (1).

On devra aussi s'occuper immédiatement des distributions de vivres et de munitions à faire aux hommes s'il y a lieu.

Toutes les voitures du train administratif des divisions et du quartier général seront déchargées et envoyées à Metz en ravitaillement. On tiendra la main à ce que les hommes s'occupent des travaux de propreté. Il ne sera donné aucune permission pour aller à Metz. Cette défense sera renouvelée ou modifiée pour demain, s'il y a lieu.

Faites-moi connaître immédiatement le point où vous établirez votre quartier général.

---

(1) *A la 1ʳᵉ division :* la 1ʳᵉ division devra occuper et surveiller Vigneulles et le bois de Vigneulles, et mettre en état de défense le village de Lorry.

Mon quartier général est installé à Plappeville chez M. de Bouteiller (1).

Il me sera rendu compte ce soir du résultat des distributions des vivres et des munitions.

Le maréchal Bazaine au maréchal Le Bœuf.

Ban Saint-Martin, 19 août.

J'ai l'honneur de prier Votre Excellence de vouloir bien ramener son corps d'armée en arrière des hauteurs. Sa ligne commencerait au village de Tignomont, passerait au-dessus de Plappeville, s'élèverait jusqu'au col de Lessy et redescendrait sur les pentes Est du Saint-Quentin jusqu'à la colline de Charles-Quint où elle se joindra à la droite du 2º corps.

La gauche du 4º corps, qui s'appuie à Lorry, sera ramenée en arrière vers Tignomont et se reliera à la droite du 3º corps.

On s'établira solidement au col de Lessy en se défilant bien. Le 3º corps y établira dans les carrières une bonne batterie battant le ravin de Lessy et l'armera. Il utilisera les carrières qui vont jusqu'au fort de Plappeville pour se retrancher solidement. Enfin, il fera établir une batterie de 12 dans l'ouvrage avancé du Saint-Quentin qui est amorcé ; on l'organisera rapidement et on l'armera avec des pièces de 12 de la réserve du 3º corps.

Ces travaux seront entrepris immédiatement et poussés avec une grande activité.

2º DIVISION.

Le général Nayral au maréchal Le Bœuf.

Plappeville, 19 août.

J'ai l'honneur de rendre compte à Votre Excellence que la 2º division a quitté son bivouac de la ferme de Leipzig vers 3 heures du matin et est arrivée à son camp sous Plappeville à 8 heures. La marche a été très lente à cause de l'encombrement de la route.

Une brigade avait été placée sur les hauteurs à l'entrée du défilé pour protéger la retraite. Elle n'a pas été inquiétée par l'ennemi.

L'artillerie divisionnaire, à l'exception de la section attachée à l'arrière-garde, avait pris les devants et n'est pas encore arrivée au bivouac ; elle est sans doute à Metz.

Tous les corps de la division ont à compléter leur approvisionnement de munitions.

---

(1) *A la 3º division :* ordre de fournir un poste au quartier général.

On a commencé des distributions de vivres.

On a demandé au parc du génie deux prolonges d'outils pour faire des travaux de défense, notamment à la pointe Sud-Ouest du bois de Châtel-Saint-Germain.

J'ai installé mon quartier général derrière le centre de ma division.

3ᵉ DIVISION.

Le général Metman au maréchal Le Bœuf.

Saint-Quentin, 19 août.

J'ai l'honneur de rendre compte à Votre Excellence que, conformément à ses ordres, la 3ᵉ division a quitté ce matin à 3 heures le plateau de Moscou pour venir occuper un campement en haut du mont Saint-Quentin. La retraite s'est opérée avec ordre et sans que l'ennemi nous ait inquiétés.

L'emplacement occupé par la division, et qui m'a été indiqué par un officier de votre état-major, est assez restreint et il n'y a pas moyen de modifier beaucoup l'emplacement des corps. Le terrain que nous occupons, y compris celui des batteries d'artillerie, est enfilé par une batterie que les Prussiens construisent en ce moment en arrière de la route de Metz à Reims par Verdun, sur les plateaux occupés hier par la division.

La division a reçu ce matin à 10 heures une ration de biscuit, une de lard, une d'eau-de-vie; elle recevra ce soir une ration de viande pour la journée de demain et une ration d'avoine.

Tous les corps ont été complétés cette nuit en cartouches et l'artillerie a reçu des approvisionnements de batteries.

Mon quartier général est installé sur le plateau au centre de ma division.

J'apprends à l'instant que la distribution de 10 h. 30 n'est pas encore faite, j'envoie chercher le sous-intendant.

Le 71ᵉ arrive à l'instant; sa retraite s'est opérée en bon ordre, mais avec quelques coups de fusil qui n'ont blessé personne.

Le maréchal Le Bœuf au général Metman.

Plappeville, 19 août.

Le chef d'état-major de la 3ᵉ division d'infanterie devra se rendre le plus tôt possible à cheval au col de Lessy où se trouvera un officier de l'état-major général pour reconnaître un nouvel emplacement du bivouac à prendre ce soir même.

Note du 3ᵉ corps.

Plappeville, 19 août.

Le Maréchal commandant le 3ᵉ corps autorise le général Metman à retarder jusqu'à demain matin le mouvement prescrit aujourd'hui.

La 3ᵉ division doit se former sur le revers Nord du mont Saint-Quentin de manière à être défilée des vues de l'ennemi. Elle aura à sa droite la 2ᵉ division et à sa gauche la 4ᵉ, qui aura son point de gauche au mamelon dit de Charles-Quint.

Division de cavalerie.

Le général de Clérembault au maréchal Le Bœuf.

Bivouac sous Metz, 19 août.

On m'avait dit que votre quartier général était entre les deux ponts à la gare du chemin de fer ; j'y suis allé et là, je n'ai pu savoir où vous étiez établi ; je ne l'ai su que par le général Coffinières. Je m'empresse de vous faire savoir qu'hier soir n'ayant pour écouler ma cavalerie qu'un ravin et un sentier où on pouvait à peine marcher par un, que mes chevaux n'ayant pas bien bu depuis trois jours, j'ai pris le parti de donner pour rendez-vous à mes régiments, au cas où ils viendraient à s'égarer pendant la nuit, le camp que j'occupais sous Metz hier et à droite de la porte Thionville ; avec cette précaution, cette nuit tout le monde m'a rejoint, et ce matin, à l'exception des blessés et estropiés dans la charge poussée hier par le 3ᵉ chasseurs, j'avais tout mon monde. J'ai avisé de suite à faire donner à manger aux chevaux qui en avaient bien besoin ; on a délivré foin et avoine pour eux et pour deux jours ; les hommes sont alignés en pain pour les journées des 20, 21 et 22.

Maintenant j'attends les ordres que Votre Excellence pourrait avoir à me donner.

Voici trois fois que nous participons aux combats ou batailles des 14, 16 et 18. Faut-il adresser des mémoires de proposition pour les grades et la croix ?

J'ai ici les quatre régiments de dragons au complet ; la brigade de chasseurs est avec moi, mais toujours sous les ordres du maréchal Canrobert, qui lui a envoyé directement des ordres. J'ai encore mes deux escadrons d'éclaireurs, ceux-là ne me quittent pas. Votre Excellence, hier, a pu juger de leur utilité. Je désirerais bien avoir par écrit le consentement verbal que vous m'avez donné de leur accorder un supplément de 1 franc par jour.

Le maréchal Bazaine au maréchal Le Bœuf.

19 août.

J'ai l'honneur de prier Votre Excellence de vouloir bien rappeler à M. le général Bruchard l'ordre que je vous ai donné pour que cet officier général avec les deux régiments de sa brigade restés près de lui, se mette à la disposition du maréchal Canrobert et fasse partie de la division du Barail jusqu'à nouvel ordre.

Artillerie.

Rapport du colonel de Lajaille sur la marche de nuit du champ de bataille d'hier au bivouac de Plappeville.

Plappeville, 19 août.

Les quatre batteries montées de la réserve ainsi que les 1re et 2e batteries du 17e à cheval sont parties du plateau de Leipzig vers 2 heures du matin et sont arrivés à Plappeville vers 6 h. 30, en bon ordre. Rien de particulier à signaler.

Les 3e et 4e batteries du 17e, qui avaient été détachées pour appuyer le 4e corps pendant la bataille, ont passé la nuit dans leur dernière position et ne sont rentrées que vers 10 heures.

La route suivie a été celle qui passe par Châtel et Lessy. Toutes les batteries sont réunies avec leurs réserves.

Note du général de Berckheim.

Rien à signaler de particulier pour le parc qui, dans la journée du 18, avait l'ordre de se masser à Lorry, Devant-les-Ponts. Toutes les voitures sont arrivés à Plappeville vers 6 heures, en bon ordre.

Génie.

Le général Vialla au maréchal Le Bœuf.

Camp de Plappeville, 19 août.

J'ai l'honneur de rendre compte à Votre Excellence que la marche exécutée cette nuit, depuis le champ de bataille jusqu'au campement, par l'état-major et la réserve du génie s'est faite en ordre et sans difficultés. Je dois toutefois lui signaler les pertes qui ont eu lieu par suite des circonstances de la soirée d'hier et qui consistent :

1° Pour le parc du génie : En une prolonge d'outils envoyée au commandant du génie de la 2ᵉ division ; cette prolonge était attelée de six chevaux et avait quatre conducteurs, dont un haut-le-pied. Plus 300 outils environ laissés sur le terrain où se construisaient des tranchées-abris.

2° Pour le service de la télégraphie : En un triqueballe de poteaux, dont une flèche a été cassée et une prolonge portant des fils restés dans le ravin, qui conduit à Châtel. Et un cheval blessé d'un éclat d'obus.

4ᵉ CORPS.

a) Journaux de marche.

Journal de marche du 4ᵉ corps.

Le quartier général et les divisions reprennent les emplacements occupés le 15 et descendent des hauteurs de Saint-Julien (*sic*).

Après la soupe, les trois divisions d'infanterie sont établies en position sur le contrefort couvert de vergers et de vignes qui s'étend entre le village de Lorry et le château du Sansonnet. Cette croupe qui se détache des hauteurs de Plappeville s'appelle le Coupillon.

La 1ʳᵉ division occupe la droite, sa première brigade au-dessus du château du Sansonnet, sa 2ᵉ brigade dans la plaine au pied du coteau.

La 2ᵉ division est au centre, sa droite au chemin du Sansonnet à Lorry, occupant fortement en avant la maison dite Le Chêne.

La 3ᵉ division est établie à droite du village de Tignomont occupant Lorry.

La cavalerie est dans la plaine, près du château du Sansonnet, où elle se trouvait déjà le 15.

Les divisions d'infanterie se couvrent par de forts avant-postes poussés sur les mouvements de terrain en avant de leurs positions, sur lesquelles on commence des retranchements (batteries et tranchées-abris).

1ʳᵉ DIVISION.

Journal de marche de la 1ʳᵉ division du 4ᵉ corps.

Le noyau de la division, dirigé par son chef, installe son bivouac vers 2 heures du matin à la sortie de Woippy.....

On rallie dès la pointe du jour les corps de la division, et son bivouac est organisé sur les hauteurs du Coupillon, au-dessous du Saint-Quentin. Une pluie torrentielle survient, et complique l'installation de ce bivouac au milieu des vignes. Enfin, la plupart de nos malheureux soldats sont dépourvus de leurs sacs et de leurs effets de campement laissés à Saint-Privat et ont de grandes souffrances. Aussi, la principale préoccupation du général de Cissey est-elle de pourvoir les troupes des effets les plus indispensables qui leur manquent. On y travaille activement le 19 et le 20 en ayant recours aux ressources que l'on peut se procurer à Metz.

2ᵉ DIVISION.

Journal de marche de la 2ᵉ division du 4ᵉ corps.

A 4 heures du matin, le général Pradier s'aperçoit qu'il ne reste plus dans la ferme de Montigny que 500 blessés et ne trouve plus que le 18ᵉ bataillon de chasseurs, partant pour servir d'arrière-garde à la division Montaudon.

Il réunit les blessés qui étaient encore dans le voisinage, fait lever le camp et part à 6 h. 30 avec les sacs et le campement, moins ceux du bataillon du 64ᵉ qui avait suivi la division Lorencez.

La retraite commencée, des uhlans se sont montrés, mais ont été accueillis par le feu de deux compagnies du 98ᵉ qui partaient les dernières, étant de grand'garde.

Deux batteries prussiennes encore en position à Vernéville n'ont pas inquiété la retraite.

La 2ᵉ brigade rejoint la 1ʳᵉ devant Metz, près de Lorry, vers 9 heures du matin.

La 2ᵉ division tout entière se réunit pour camper près du chemin de Lorry, la 1ʳᵉ brigade sur le versant Ouest du Coupillon, la 2ᵉ brigade et l'artillerie sur le versant Est face à Lorry et le quartier général à la maison dite Le Chêne. On fait des tranchées-abris et on retranche la crête face au village et au bois de Lorry.

Des Prussiens sont sur la crête opposée au delà du village, construisant un épaulement et des tranchées.

3ᵉ DIVISION.

Journal de marche de la 3ᵉ division du 4ᵉ corps.

La division ne pouvant rester isolée sur les plateaux en arrière d'Amanvillers, elle se met en marche à minuit pour se retirer vers Metz. Elle suit la route qui passe par Lorry et arrive à 4 heures du matin à Devant-les-Ponts, où elle s'installe au bivouac en arrière de la maison d'école, près de la ligne du chemin de fer de Metz à Thionville.

Dans la journée, le général en chef prescrit de se reporter en avant et d'occuper le village de Lorry. La division commence son mouvement à 6 heures du soir et établit ses bivouacs en arrière et près de Lorry.

c) **Opérations et mouvements.**

Le maréchal Bazaine au général de Ladmirault.

Ban-Saint-Martin, 19 août.

J'ai l'honneur de vous prier de vouloir bien ramener un peu en arrière la gauche de votre corps d'armée et de l'appuyer au hameau de Tignomont où elle se reliera à la droite du 3ᵉ corps, qui va venir s'établir en arrière des hauteurs de Plappeville et du Saint-Quentin. Je vous prie de donner des ordres pour qu'on fasse immédiatement une forte batterie sur la crête du Coupillon et des épaulements partout où vous le jugerez utile. Ces travaux seront poussés avec la plus grande activité. L'armement s'effectuera aussitôt que possible.

3ᵉ DIVISION.

Le général de Lorencez au général de Ladmirault.

Lorry, 19 août.

J'avais compris que le village de Lorry était occupé par des troupes placées à ma gauche et que je n'avais rien à craindre de ce côté. Je viens de m'assurer qu'il n'en est rien, que le village, aussi bien que ses abords, sont complètement libres.

J'ai l'honneur de vous demander si je dois concentrer une vigoureuse défense dans le village de Lorry, et, dans l'affirmative, si vous entendez que je fasse occuper les maisons par les troupes, en ne négligeant aucun des moyens employés en pareil cas, tels que créneaux, partout où on a vue sur l'extérieur..... ?

Je crois qu'un ouvrage de fortification passagère serait utilement placé en avant du village. Mais il est impossible de songer à l'établir demain et les avant-postes prussiens ne sont guère à plus de 2 kilomètres de nous.

J'aurais désiré que M. le général commandant le génie du corps d'armée reconnût lui-même la position et nous aidât de ses conseils.

Lorry forme une longue rue d'environ 1,200 mètres ; c'est la seule voie par laquelle l'artillerie de l'ennemi pourrait se présenter ; il a sur sa gauche un vallon profond, boisé, qui ne saurait être vu par les troupes qui occupent les hauteurs à ma gauche et par lequel l'infanterie pénétrerait facilement entre nos lignes.

Il n'est pas un officier supérieur de ma division qui ne se préoccupe de la position que nous avons à garder et qui ne la considère comme défectueuse à tous égards. C'est l'opinion que m'exprime en ce moment le colonel du 33ᵉ de ligne venu tout exprès chez moi pour m'entretenir à ce sujet.

6ᵉ CORPS.

a) Journaux de marche.

1ʳᵉ DIVISION.

Journal de marche de la 1ʳᵉ division du 6ᵉ corps.

Le 19 au matin, la 1ʳᵉ division, après avoir rallié complètement ses divers corps, se dirige vers la porte de Thionville; elle est établie au bivouac, au Nord du fort Moselle, appuyant sa droite à la rivière et prolongeant sa gauche en avant du bastion Nord du fort. L'artillerie se porte en arrière du centre, la compagnie du génie campe près du quartier général de la division.

Vers le soir, les régiments d'infanterie renouvellent leurs approvisionnements de cartouches; l'artillerie reçoit de l'arsenal de Metz, environ 135 coups par pièce de 4 et 108 par pièce de 12.

Les troupes touchent un jour de ration de viande, pain, sucre, riz et café, le fourrage est fait pour deux journées. Dans la nuit, l'artillerie construit des batteries à terre-plein bas et à profil rapide le long de la Moselle.

3ᵉ DIVISION.

Journal de marche de la 3ᵉ division du 6ᵉ corps.

Dès le matin, la division est ralliée et établie entre la route de Thionville, où elle appuie sa droite, et le chemin de fer, où elle a sa gauche. Elle se garde en avant de ses lignes, du village de Woippy jusqu'à Saint-Éloy où ses avant-postes se relient avec ceux de la 2ᵉ division du 6ᵉ corps.

On distribue : 1° une ration de sucre et café à toutes les troupes du 6ᵉ corps; 2° 4,000 rations environ moitié pain, moitié biscuit, à chacune des divisions d'infanterie.

DIVISION DE CAVALERIE.

Journal de marche de la division de cavalerie du 6ᵉ corps.

La division se concentre et vient prendre son bivouac au Nord-Est de la route de Thionville à 300 mètres en avant de la pointe Nord du fort Moselle.

b) Organisation et administration.

Le maréchal Canrobert au maréchal Bazaine.

Camp sous Metz, 19 août.

Pour me conformer aux ordres de Votre Excellence, qui prescrivait de faire exécuter le plus promptement possible les travaux de terrassement indispensables à la défense du terrain occupé par mes campements, j'ai l'honneur de lui faire connaître que je viens de demander à M. le général gouverneur de la place de Metz des pelles et des pioches, qui seront mises à la disposition de la compagnie du génie de la 1re division du 6e corps. Cette compagnie a dû, par force majeure, abandonner sur le terrain de Saint-Privat les outils qu'elle possédait.

GARDE IMPÉRIALE.

a) Journaux de marche.

Journal de marche de la Garde impériale.

Le 1er et le 2e voltigeurs restés sur les hauteurs de Châtel-Saint-Germain avec la compagnie du génie sont relevés le 19 au matin par le 4e voltigeurs et rentrent à leur campement.

La Garde reste dans ses campements jusqu'au soir. A la nuit, elle descend des plateaux et est portée en arrière de sa position, et s'établit :

Les deux divisions d'infanterie le long du chemin de la Ronde au bas des pentes ; la 1re division ayant sa droite au Sansonnet, la 2e, sa gauche au pied du Saint-Quentin, couvert par le 2e corps d'armée ;

La cavalerie au Ban Saint-Martin ;

L'artillerie de réserve à Devant-les-Ponts ;

Le quartier général au Sansonnet ;

L'ambulance à la gare du chemin de fer de Thionville.

Le 4e voltigeurs a évacué à la nuit tombante la position de Châtel-Saint-Germain et est venu rejoindre sa division.

M. Charpenay, officier d'administration comptable de la 2e division, appelé le 16 à Gravelotte, y est resté jusqu'au 17 au matin. Il a quitté ce village entre 7 et 8 heures pour accompagner le troupeau de la division et précéder le sous-intendant Forot au Ban Saint-Martin. Ni l'officier d'administration ni le troupeau n'ont reparu. L'intendant en rend compte le 19.

1re DIVISION.

Journal de marche de la division de voltigeurs.

La compagnie du génie, les 1er et 2e voltigeurs sont rentrés le matin au bivouac du mont Saint-Quentin et ont été remplacés sur les hauteurs de Châtel par le 4e régiment de voltigeurs. Cette position occupée pendant toute la journée a été, par suite de nouveaux emplacements affectés aux différents corps d'armée, évacuée définitivement à la nuit tombante.

La division a quitté à 7 heures du soir le camp du mont Saint-Quentin pour venir s'installer à Devant-les-Ponts, entre le chemin de la Ronde et le Ban Saint-Martin.

Dans cette position, la Garde impériale se trouve au centre de l'assiette des campements des corps d'armée réunis sous Metz.

Le 2e corps est établi en arrière de Longeville perpendiculairement à la route impériale de Paris.

Le 3e corps a son extrême gauche aux villages de Scy et de Lessy, son centre sur le plateau de Plappeville et sa droite au village de Lorry.

Le 4e corps ayant sa gauche à Lessy étend sa droite jusqu'au Sansonnet par l'arête du coteau du Coupillon.

Enfin le 6e corps se développe entre le Sansonnet et le saillant Nord du fort Moselle.

Journal de marche de la 2e brigade de la 1re division de la Garde.

A 7 h. 30 du matin, le 4e voltigeurs tout entier prend les armes pour aller occuper la position de Châtel-Saint-Germain et y relever le 2e régiment de voltigeurs. Le 4e voltigeurs reste dans cette position jusqu'à 5 h. 30 ; il reçoit à ce moment l'ordre de revenir au Saint-Quentin. Vers 6 h. 30, l'ordre arrive de changer d'emplacement ; les troupes mettent en route, et après une marche des plus encombrées, arrivent par une nuit obscure au village de Devant-les-Ponts sans savoir ni où ni comment se placer. Les derniers hommes du 4e voltigeurs arrivent à minuit seulement.

2ᵉ DIVISION.

Journal de marche de la division de grenadiers.

La division occupe le même bivouac que la veille.
Elle le quitte à 8 heures du soir pour se rendre à Devant-les-Ponts.

Journal de marche de la 2ᵉ brigade de la division de grenadiers.

Du camp de Plappeville au camp de Devant-les-Ponts.

Dans l'après-midi, on reçoit avis de se tenir prêt à changer de camp pour se concentrer autour de Metz. Quoique les tentes soient abattues depuis 4 heures, on ne quitte le camp de Plappeville que vers 10 heures; on descend vers le Ban Saint-Martin par un chemin encombré d'artillerie, de voitures d'ambulance, etc., et on arrive à 1 heure seulement dans le lieu dit Devant-les-Ponts.

Les hommes campent en avant de la route, dans les vignes, le 3ᵉ grenadiers à droite, le 2ᵉ à gauche.

Le général s'installe sous la tente, dans les jardins du château de la Ronde à M. Dufour.

c) Opérations et mouvements.

Le général Bourbaki au maréchal Bazaine.

19 août.

Je crois que les positions qui ont été prises par le 3ᵉ corps ne pourront pas être tenues.

Longeville, Scy et Lessy seront exposés aux vues de l'ennemi et au tir des batteries que ce dernier ne manquera pas d'établir notamment à Jussy et à Sainte-Ruffine.

Les généraux Frossard et Coffinières ont dû étudier au Comité des fortifications les emplacements et la ligne défensive de l'armée appelée à camper autour de Metz.

Je me fais un devoir d'appeler l'attention de Votre Excellence sur les circonstances dans lesquelles une partie de l'armée peut se trouver dans le campement qui lui est affecté.

Le maréchal Bazaine au général Bourbaki.

Ban Saint-Martin, 19 août.

J'ai l'honneur de vous prier de ramener toute la Garde en arrière et de l'établir au pied des pentes Est du Saint-Quentin. Sa droite appuiera au chemin de la Ronde, à l'Ouest du village de Devant-les-Ponts ; sa gauche s'étendra jusqu'au pied des hauteurs à l'extrémité du Ban Saint-Martin. Si cette étendue ne suffisait pas, votre gauche se replierait en arrière en potence, de manière à former une seconde ligne derrière le 2ᵉ corps.

1ʳᵉ DIVISION.

Le général Deligny au général Bourbaki.

Camp de Plappeville, 19 août.

L'officier d'observation du fort Saint-Quentin signale des remuements de terre sur le plateau situé entre le Point-du-Jour et la vallée de Châtel-Saint-Germain. Il suppose que l'ennemi travaille sur ce point à l'érection de batteries qui se trouveraient ainsi à 2,500 ou 3,000 mètres de nos camps. Mais comme il n'a pas la certitude que ces travailleurs sont des Prussiens, il s'abstient jusqu'ici de tirer.

Il serait à craindre que quelques obus tombant cette nuit au milieu des camps n'y occasionnent une panique générale. Des précautions seront prises en vue de cette éventualité qui n'en recèle pas moins un très grand danger.

RÉSERVE DE CAVALERIE.

a) **Journal de marche.**

Journal de marche de la 3ᵉ division.

Le 19 au matin, deux reconnaissances sont envoyées pour explorer la vallée de la Moselle dans la direction d'Ars.

A 5 h. 30 du soir, la division reçoit l'ordre de partir pour aller camper dans l'île Chambière, entre les deux lunettes, conformément à l'ordre du Maréchal commandant en chef.

c) **Opérations et mouvements.**

Le maréchal Bazaine au général de Forton.

Ban Saint-Martin, 19 août.

Votre division va évacuer immédiatement et le plus tôt possible l'emplacement qu'elle occupe actuellement pour aller camper allée de

Chambière, entre les deux lunettes, dans la position que vous jugerez la meilleure. Avant d'exécuter votre mouvement vous devrez faire reconnaître le bras gauche de la Moselle qui semble devoir être guéable, et, s'il en était ainsi, vous traverseriez la rivière pour vous rendre dans votre nouveau campement. Dans le cas contraire, vous prendriez le pont du fort Moselle.

COMMANDEMENT DE L'ARTILLERIE DE L'ARMÉE

ET

RÉSERVE GÉNÉRALE D'ARTILLERIE.

a) Journal de marche.

Journal des opérations du général Soleille.

La consommation de munitions dans les combats livrés le 14, le 16 et le 18 avait été énorme (70,000 coups de 4, 7,500 de 12, 11,500 de canons à balles, 3 millions de cartouches); les ressources fort restreintes encore disponibles à l'arsenal de Metz, empruntées un moment pour former le parc de la réserve générale, puis rendues à la Direction, avaient été, en grande partie, consommées le 18. La situation précaire dans laquelle l'armée se trouvait placée ressort nettement de la dépêche suivante adressée le 14 août, au général commandant l'artillerie par le colonel de Girels, directeur (n° 333).

« Metz, le 14 août 1870.

« Mon Général,

« Aujourd'hui 14 août, le nombre de coups de canon disponibles après le réapprovisionnement des parcs et des batteries est de : 936 pour le 12 et 4,748 pour le 4.

« L'approvisionnement de la place de Metz en cartouches modèle 1866 est de 14,222,000.

« Il n'y en existe que 4,409,000.

« Toutes les voitures nécessaires pour reformer le grand parc de campagne (2ᵉ fraction) sont ici ; on n'en a pris que le chargement. Il y a 21 caissons de 4 (artillerie), 28 caissons modèle 1827 (infanterie) et 10 chariots de parc.

« Les pièces en batterie sur les remparts de Metz sont approvisionnées en moyenne de 20 coups confectionnés et d'éléments pour en confectionner 50 autres.

« Je n'ai pas d'autres moyens de transport que les voitures non attelées du grand parc.

« Par ordre de M. le commandant supérieur de la place, tout mon personnel est sur les remparts pour mettre les bouches à feu en état de tirer et compléter l'organisation de la défense.

« Le Ministre nous a annoncé 4 millions de cartouches à recevoir de Douai ; elles ne sont pas arrivées.

« *Le colonel directeur :* de GIRELS. »

Les 4 millions de cartouches annoncées par le Ministre et dont le colonel directeur parle à la fin de sa lettre, étaient arrivées à Metz par l'un des derniers trains qui avaient réussi à gagner cette place ; mais cette arrivée ne put être immédiatement signalée à la Direction. Elle était ignorée du chef des mouvements de la gare, et, cette circonstance, dont la critique s'est emparée, ne surprendra aucun de ceux qui se souviendront qu'il y avait en ce moment, dans la gare de Metz, quinze cents wagons dont personne ne connaissait ni le chargement ni la provenance.

Lorsqu'on eut remis un peu d'ordre dans ces voitures confusément entassées, *on découvrit* 4 millions de cartouches. L'artillerie, avisée depuis plusieurs jours de cet envoi, ne fut point surprise de la découverte, mais elle en fut très satisfaite, cet appoint doublant immédiatement ses ressources en munitions d'infanterie.

Malheureusement, les autres envois annoncés par le Ministre de la guerre et qui eussent été les bienvenus en ce moment critique, ne se trouvèrent pas dans cet inventaire rétrospectif.

La nécessité d'approvisionner largement l'armée était sentie à Paris aussi vivement qu'à Metz, et pendant toute la journée du 19, les télégrammes se succédèrent (n° 357, 359, 369, 377, 380, 381, 390, 415), annonçant des envois considérables par des voies désormais fermées.

Justement préoccupé de cette situation, le général commandant l'artillerie de l'armée avait, dès le 18 au matin, adressé aux généraux commandant l'artillerie des corps d'armée les recommandations les plus pressantes, pour ménager les munitions et pour en faire un emploi plus judicieux.

« Au camp sous Metz, le 18 août 1870.

« Mon cher Général,

« Après l'expérience de nos derniers engagements et surtout de la bataille du 16, il ne vous a pas échappé ..... (1). »

---

(1) Voir *Les Opérations autour de Metz*, III, Doc. annexes, p. 511.

En même temps qu'il recommandait une sage économie à la portion combattante, le général prescrivait à la Direction de Metz d'activer par tous les moyens possibles la production de la poudre et la confection des munitions; il fallait, à tout prix, combler les vides, et toute affaire cessante, réapprovisionner les batteries.

Les circonstances qui avait motivé la nomination de M. le général de Rochebouët au commandement supérieur de l'artillerie des 2e, 3e et 4e corps d'armée n'existant plus, cette nomination fut annulée. L'avis en parvint à l'état-major général le 19 ; M. le général de Rochebouët reprit, à partir de ce jour, le commandement de l'artillerie du 3e corps.

b) Organisation et administration.

Le général Soleille au général Susane, à Paris (D. T.).
19 août.

Le convoi de munitions annoncé par votre dépêche du 18 n'est pas arrivé. La voie de Thionville est coupée.

Note du général Soleille.
Metz, 19 août.

L'armée prendra à l'arsenal 50,000 kilogr. de poudre, et tout ce qui excède 1,600,000 cartouches dans les magasins.

La batterie de mitrailleuses sera reprise par l'armée.

Deux batteries de pontonniers et une batterie de montagne resteront à Metz.

Quelques officiers, du grade de capitaine et autres, seront attachés à la place de Metz.

Ordre du général Soleille.
Metz, 19 août.

Le directeur d'artillerie à Metz, par ordre du Maréchal commandant l'armée du Rhin, délivrera aux parcs de corps d'armée les munitions de campagne dont ils auront besoin.

Le colonel directeur rendra compte au général commandant l'artillerie de l'armée des livraisons faites.

RENSEIGNEMENTS

Bulletin de renseignements du Grand Quartier général.

Ban Saint-Martin, 19 août.

Sur la rive droite de la Moselle, le 15 août, 600 à 700 landwehriens du VIIIe corps, avec des pionniers du XIIe, ont tenté de surprendre Thionville. Ils ont été repoussés par le canon de la place et sont allés s'établir entre Metzervisse et Luttange. On pense que ce corps forme, avec les troupes de landwehr concentrées précédemment entre Perl, Mertzig et Saarburg, l'arrière-garde de Steinmetz qui devrait constituer un corps d'observation devant Thionville, tandis que toute l'armée prussienne cernerait Metz. Ces troupes de Perl et Saarburg sont venues le 16 dans la forêt de Villers, au Nord-Est de Vigy. Elles y étaient encore le 18 ; elles paraissent fatiguées et mécontentes.

Pas de nouvelles précises de Vogel de Falkenstein, qui devait passer dès le 10 à Trèves avec les troupes des côtes du Nord (1er et VIe corps, sans doute) et qu'on représentait déjà à Frisange le 12, sur la frontière luxembourgeoise. D'autres renseignements, il est vrai, mais renseignements peu certains, prétendent que ces troupes se dirigeraient vers le Sud pour suivre le Prince royal dans sa marche sur Châlons, sans doute.

Sur la rive gauche de la Moselle, les Prussiens ont commencé à occuper Pont-à-Mousson le 13. Une dépêche du Ministre de la guerre, en date du 18, signale leurs têtes de colonnes sur l'Ornain à Bar-le-Duc où seraient 150 des leurs, et à Demange-aux-Eaux, où l'on en indique 6,000. Ce doivent être, sur la gauche de l'armée d'invasion, des avant-gardes de la IIIe armée (V^e, XIe corps et troupes du Sud) que commande le Prince royal.

Au centre, dans la journée du 16, la IIe armée (prince Frédéric-Charles) marchait entre la Moselle et la Meuse pour aboutir entre Saint-Mihiel et Verdun, sur cette dernière rivière. Un ordre de mouvement pour le Xe corps prussien a été trouvé, près de Rezonville, sur le corps du colonel du 78e ennemi. Il porte que cette IIe armée comprend les IIIe, X^e, XIIe corps (Saxons) et la Garde. Le IIIe corps devait passer la Moselle en aval de Pont-à-Mousson et se porter par Novéant et Gorze sur Mars-la-Tour, en travers de notre route ; le Xe, dont le quartier général était déjà le 15 à Thiaucourt, devait continuer sa marche sur

Verdun ; il fut amené à combattre avec le IIIe, dans la première partie de la bataille. Le XIIe allait de Pont-à-Mousson à Regniéville, poussant sa cavalerie jusqu'à Buxerulles et Vigneulles ; enfin, plus à gauche, la Garde devait aller à Bernécourt sur la route de Saint-Mihiel.

« Le lieutenant général von Rheinbaben, commandant la division de cavalerie (du IIIe corps, sans doute), avait fait reculer, dit le document prussien, la division Forton, le 14 ; il avait l'ordre pour le 15 de se porter contre un camp français établi à Rezonville et de chercher à s'étendre jusqu'à la route de Metz-Conflans. Il devait profiter de toute occasion pour attaquer l'ennemi. »

Des prisonniers appartenant aux IIIe, VIIIe, IXe, Xe corps ont été faits dans la journée du 16, ainsi que des cavaliers qui disent appartenir au IVe corps. (On a fait remarquer dans un bulletin précédent que la répartition de paix de la cavalerie prussienne n'a pas été conservée dans cette guerre.) Il y aurait donc eu en face de nous quatre corps au moins et peut-être cinq. On a aucun renseignement encore sur l'interrogatoire que l'on a dû faire subir à quelques-uns des 500 prisonniers faits par notre 4e corps. On ne sait donc pas s'ils faisaient partie d'un sixième corps ennemi ou s'ils appartenaient à l'un des corps ci-dessus.

Les IIIe et Xe corps de l'armée du prince Frédéric-Charles ont donc, selon toute apparence, commencé l'action ; les VIIIe et IXe, qui ont combattu vers le milieu de la journée, sont de la Ire armée (Steinmetz). Le IVe, dont la présence à Rezonville n'est pas certaine encore, compte également dans cette Ire armée avec le VIIe corps, qui n'est pas signalé en face de nous ce jour-là. Enfin, la brigade de dragons de la Garde prussienne marchait avec le Xe corps. C'est donc de 110,000 à 130,000 hommes que l'ennemi aurait amené le 16, sur le champ de bataille, et qui ont été repoussés. Le prince Frédéric-Charles devait, dans le projet primitif, rester à Pont-à-Mousson ; on ne sait pas s'il est venu dans la journée à Rezonville, pas plus que Steinmetz.

Le Roi était, le 16, au château d'Aubigny, sur le champ de bataille du 14. Le 17, il passait par Gorze et parcourait celui de Rezonville. Dans cette journée du 17, on signalait du haut de la cathédrale de Metz, la marche de nombreuses colonnes autour de la place, dans la direction d'Ars, puis trois lignes de poussière continuant cette marche sur la rive droite (sic) de la Moselle, d'Ars vers Rezonville.

Briey était occupé par deux escadrons ennemis, ce qui intercepte la deuxième route de Verdun par Étain.

Le 18, les Prussiens attaquaient la ligne que nous avions prise le 17 en battant en retraite de Gravelotte pour renouveler nos vivres et nos munitions. On n'a encore aucun détail sur les forces amenées hier devant nous par l'ennemi ; il est naturel de supposer cependant qu'il a employé la journée du 17 à mettre en action tout ce dont il pouvait disposer, c'est-à-dire à peu près la totalité des Ire et IIe armées, ce qui a dû lui constituer au moins 200,000 hommes.

A la suite de ce combat, nous avons pris une position plus concentrée sous le canon des forts Saint-Quentin et Plappeville.

Dans la nuit du 18 au 19, les Prussiens ont coupé le chemin de fer de Thionville et complété ainsi l'investissement par la rive gauche de la Moselle. Ils ont pris, ce matin, une partie de nos positions d'hier et n'ont rien entrepris encore sur celles que nous occupons actuellement.

Renseignements fournis par les éclaireurs de la division de cavalerie du 2e corps.

19 août.

Sur la route d'Ars, il y a un peloton de cuirassiers et, en arrière, un bataillon d'infanterie.

Jussy et Sainte-Ruffine sont occupés par des grand'gardes.

Le petit poste de Sainte-Ruffine est à 800 mètres de Moulins. Ce dernier village est libre.

Bulletin de renseignements du 6e corps.

Camp devant Metz, 19 août.

L'ennemi est à Fèves et à Semécourt; le bois Labbey, en dessous de Semécourt, est occupé par de nombreuses troupes d'infanterie et de cavalerie. Il a coupé le chemin de fer entre Richemont et Mondelange; le chemin de fer a été rétabli par les employés pour le passage du train.

L'ennemi a coupé le chemin de fer à Maizières (près Metz); il a avec lui des voitures, des outils, etc.

Ses vedettes se montrent à 8 kilomètres de Metz.

Les routes vers Montmédy et Longuyon sont occupées par l'ennemi. (Ce dernier renseignement est adressé par voie télégraphique, par l'intendant du 6e corps, en ce moment à Verdun.)

Bulletin de renseignements de la Garde impériale.

Quartier général de Plappeville, 19 août, 4 h. 30 soir.

M. le général Picard a envoyé deux reconnaissances de guides, l'une du côté d'Amanvillers, l'autre du côté de Saulny. Elles n'ont apporté aucune nouvelle de l'ennemi. Les officiers qui les commandaient ont reconnu les positions occupées par le corps de Ladmirault.

Le général de Forton au maréchal Bazaine. (Rapport sur une reconnaissance exécutée par un peloton du 1er dragons.)

Longeville, près Metz, 19 août.

J'ai l'honneur de vous rendre compte du résultat d'une reconnaissance que j'ai fait exécuter, par un peloton de dragons, sur la route de Longeville à Ars, et dont le rapport me parvient à l'instant.

Entre Longeville et Moulins, le chef de peloton a rencontré une voiture de blessés et un sous-intendant militaire revêtu de son brassard et qui revenait, avec la voiture, du village de Rezonville.

Ce sous-intendant a averti le chef de peloton qu'une erreur malheureuse avait été commise par une reconnaissance précédemment faite sur la route par des chasseurs à cheval. Ils auraient tiré sur un officier prussien et un trompette, sans remarquer que ce dernier portait le drapeau blanc avec croix rouge des ambulances. Le trompette a été tué et l'officier démonté.

L'officier était porteur d'une lettre du sous-intendant demandant des secours pour nos blessés.

Plus loin, en effet, une reconnaissance de chasseurs a annoncé qu'elle avait tiré sur des Prussiens.

Le chef de peloton de la reconnaissance du 1er dragons a pris alors des mesures, pour éviter de la part de ses hommes une pareille méprise et a renouvelé les recommandations déjà faites à mes troupes.

Arrivé à Moulins, le peloton a tourné à gauche, sur le pont en pierre de la route d'Ars, et a aperçu, à 1,500 mètres du pont, une embuscade prussienne établie dans une maison sur le bord de la route (une quinzaine d'hommes à pied). En arrière de l'embuscade, se trouvaient les vedettes ennemies.

D'après les renseignements pris, les Prussiens occuperaient Jussy et y auraient un quartier général, et aussi Sainte-Ruffine, car, d'une maisonnette située au-dessus de ce dernier village, une sentinelle prussienne a fait feu sur une reconnaissance du 7e dragons, qui a riposté.

L'officier qui commandait le peloton a exploré la plaine qui s'étend près du pont, et n'y a rien remarqué. Il n'a pu distinguer aucun mouvement de troupes, aucune position occupée sur la rive droite de la Moselle.

Reconnaissance du 9e dragons.

19 août.

Le village de Moulins n'était pas occupé à 11 h. 30. Le village de Sainte-Ruffine a été occupé ce matin, immédiatement après que notre infanterie en a été sortie.

Dans le bois au-dessus de Sainte-Ruffine, dans une sorte de trouée vide de bois, on aperçoit des voitures (peut-être du canon ?), de l'infanterie et de la cavalerie en assez grande masse.

Dans le même bois et un peu à droite, dans une direction plus rapprochée du fort, on a cru apercevoir du monde, mais sans pouvoir distinguer exactement.

Du pont de Moulins, on a aperçu des sentinelles en avant de Sainte-Ruffine, dans les vignes.

Une troupe de deux compagnies environ est sortie de Sainte-Ruffine et est remontée vers la masse de troupes que l'on apercevait en haut.

A Rozérieulles, il y avait environ 400 fantassins, qui sont venus prendre des vivres, ont enlevé un mulet d'infanterie et son conducteur. Un civil à cheval a été blessé d'un coup de feu.

Dans la matinée, vers 5 heures, on a aperçu des batteries d'artillerie se dirigeant vers Ars à travers vignes ; on a dit que l'état-major de l'armée occupait Ars.

Dans la plaine, entre Sainte-Ruffine et la Moselle, on a aperçu un petit poste caché dans un fossé.

Au delà de la Moselle, sur la rive droite, à la pointe d'un bois situé en avant de Jouy-aux-Arches, on a aperçu une vingtaine d'hommes.

Le village de Vaux est occupé ; on aperçoit de la fumée dans le ravin.

Au delà du ravin on a cru apercevoir, dans le bois, une troupe de la force d'un bataillon à peu près.

A la Maison-Rouge, sur la rive droite de la Moselle, il ne semble pas y avoir de monde.

A Lessy, sont venus, à ce qu'il paraît, 4 coureurs, mais qui n'y sont pas restés.

A Rozérieulles, vers 8 heures du matin, il est venu 8 cavaliers.

Une reconnaissance de chasseurs, composée d'un peloton commandé par un lieutenant, s'est dirigée sur Moulins, au moment où la reconnaissance de dragons rentrait au bivouac.

L'infanterie coupe des arbres et commence à se barricader contre l'ennemi sur la route de Moulins à Longeville, tout près de l'extrémité de ce dernier village.

La reconnaissance partie à 10 heures est rentrée à midi.

Dépêche adressée au général Coffinières.

Maizières, 19 août, 1 h. 36 soir (n° 485).

Prussiens ici. Cavalerie en assez grand nombre.

Communication pour le général Coffinières.

50 Prussiens (dragons) à Maizières. Ils ont requis du pain, du lard et de la boisson, coupé les rails et le télégraphe.

Dépêches télégraphiques des différents observatoires.

Fort Plappeville, 6 h. 25 matin (n° 169).

Nuit calme au fort. Beaucoup de mouvement à l'extérieur, surtout sur la route de Briey.....

Fort Saint-Quentin, 6 h. 30 matin (n° 170).

On n'a rien vu cette nuit ; calme plat depuis la dépêche d'hier.

Cathédrale, 8 heures matin (n° 172).

Nos troupes ont abandonné le plateau au-dessus de Châtel-Saint-Germain pour se retirer sur le plateau même du Saint-Quentin, sous le canon du fort. Les masses prussiennes précédées d'éclaireurs et de lignes de tirailleurs viennent occuper les positions que nous avons abandonnées ; elles sont encore au delà de la route de Verdun. Faire suivre au maréchal Bazaine et au fort du Saint-Quentin. Des autres côtés, nos troupes ont repris à peu près les campements qu'elles occupaient lundi matin.

Cathédrale, 8 h. 30 matin (n° 173).

Les vedettes prussiennes couronnent le plateau au-dessus de Châtel et de Rozérieulles en deçà de la route de Verdun, mais leurs colonnes d'infanterie appuient vers leur gauche, en se tenant à distance du canon du fort. Vedettes au delà du fort de Saint-Privat.

Cathédrale, 8 h. 40 matin (n° 174).

Colonne d'infanterie et de cavalerie sortant de Sainte-Barbe et se dirigeant vers le fort de Saint-Julien entre Poixe et la route.
Prévenir le fort.

Fort Saint-Quentin, 9 h. 15 matin (n° 178).

Les Prussiens font des terrassements à droite et à gauche du Point-du-Jour. Ils paraissent très nombreux.

Cathédrale, 9 h. 15 matin (n° 176).

La colonne sortie de Sainte-Barbe continue à défiler et descend derrière la crête.

Des groupes d'infanterie protégés par des postes et des vedettes de cavalerie paraissent faire un petit ouvrage en avant d'Augny.

Un bivouac prussien est établi au-dessus de Sainte-Ruffine.

Le fort de Saint-Quentin tire quelques coups de canon à longue portée.

Cathédrale, 10 heures matin (n° 180).

Colonne d'artillerie passant au grand trot à hauteur de Marsilly et se dirigeant vers Sainte-Barbe ; prévenir le fort de Saint-Julien. Rien d'apparent contre Queuleu. Une centaine de fantassins continuent de faire un petit terrassement en avant et un peu à gauche d'Augny.

Cathédrale, 10 h. 15 matin (n° 181).

On voit sur route de Boulay sur la droite de Noisseville une colonne d'infanterie assez forte.

Cathédrale, midi (n° 183).

Notre infanterie prend les armes et se forme en colonne sur le plateau du Saint-Quentin.

Le fort tire le canon sur la droite.

La brume ne me permet pas de bien distinguer ce qui se passe autour de la place. Cependant on peut voir les Prussiens continuer leurs travaux en avant d'Augny.

Cathédrale, 12 h. 45 soir (n° 184).

Bivouac prussien au-dessous de la route de Sarrelouis à droite de Noisseville. Des travailleurs protégés par une ligne de tirailleurs semblent construire une batterie. Quelques groupes de fantassins en arrière de Mey semblent se disposer à en construire une autre.

Le feu a cessé au Saint-Quentin.

Cathédrale, 4 h. 25 soir (n° 186).

Dans la direction de Marange et Rombas, on ne voit pas les routes au delà de Semécourt. Dans la plaine, entre la chaussée romaine et la rivière, on ne voit aucune trace de l'ennemi.

Sur la rive droite de la Moselle, les Prussiens occupent en forces Noisseville, Mercy-le-Haut, Pontilly (*sic*) et Augny, et semblent s'y fortifier. On remarque un épaulement devant le parc de Mercy, à gauche du château, et des terrassements en avant d'Augny. Ils occupent en petit nombre Servigny-les-Sainte-Barbe et ont un poste d'infanterie à l'auberge de la Belle-Croix. De longs convois de voitures se croisent entre la Moselle et la Seille, à hauteur de Cuvry. Un convoi de blessés s'éloigne de Noisseville.

Cathédrale, 5 h. 15 soir (n° 187).

Un escadron de cavalerie prussienne est venu jusqu'au château de Ladonchamps et a tourné bride par la route de Maizières-les-Metz.

Fort Queuleu, 6 h. 25 soir (n° 188).

Journée très tranquille.

Quelques vedettes vers Mercy-le-Haut. Camp prussien sous le Saint-Blaise. Nous avons fait rentrer au fort un troupeau qui errait entre Borny et Grigy ; nous n'avons pas de quoi le nourrir : environ 10 bœufs, taureaux, vaches, qu'on conduisait peut-être aux Prussiens. Je l'envoie à Metz par quelques soldats ; donnez ordre de le recevoir.

Ne pourrait-on pas faire sauter les ponts de Magny ? La Horgne serait couverte avec la Seille débordée, et nous aurions plus de chances de ne pas être tournés.

Cathédrale, 7 heures soir (n° 189).

Dans la plaine de Thionville, on ne voit aucune trace de l'ennemi.

Les routes entre la Haute-Moselle et la Seille sont désertes. A en juger par les avant-postes, les troupes campées derrière Augny doivent être assez nombreuses. Le camp compris entre Noisseville et la route de Sarrelouis comprend un régiment d'infanterie et un détachement de cavalerie ; il ne semble pas qu'il soit soutenu.

Rapport du Commandant du fort de Plappeville.

19 août.

Ce matin on a vu l'ennemi sur la route de Verdun au lieu dit le Point-du-Jour.

Cet après-midi, des éclaireurs sont entrés à Saulny.

Une division du 3ᵉ corps est campée en avant du fort.....

Rapport du Commandant du fort Saint-Julien.

19 août.

La communication télégraphique entre le fort Saint-Julien et Metz est interrompue.

Plusieurs colonnes, nombreuses mais peu considérables, s'avancent vers nous et sont engagées dans les bois.

Une compagnie du 60ᵉ occupe Châtillon ; deux du 63ᵉ occupent Grimont. La garnison du fort reste très faible. Il serait essentiel d'envoyer de Metz, si c'est possible, un bataillon et une batterie pour garder Châtillon. C'est une position trop avantageuse pour l'abandonner.

Rapport du Commandant du fort Saint-Quentin.

19 août.

Journée calme. A 10 heures du matin, nous avons constaté à droite et à gauche du Point-du-Jour des travaux de terrassement commencés par les Prussiens. Ces renseignements ont été signalés au fort Plappeville avec prière de les communiquer au général en chef. Le temps est très brumeux ; on ne peut pas distinguer, malgré la lunette, l'état d'avancement des travaux des Prussiens, mais tout ce qu'on peut affirmer c'est qu'ils n'ont pas cessé de travailler depuis ce matin.

Des colonnes descendant du Point-du-Jour vers Rozérieulles se sont retirées devant un seul coup de canon de 24.

Vers midi, et d'après les renseignements venus de l'observatoire qui annonçaient que l'armée avait abandonné le terrain au delà de Châtel-Saint-Germain, le fort a tiré quatre coups de canon sur des rassemblements nombreux établis dans les ruines du château du même nom. Un « Cessez-le-feu » a sonné sur toute la ligne, et le feu a été arrêté. Le château était occupé, contrairement aux renseignements fournis, impossibles à contrôler à cette distance, par les voltigeurs de la Garde. Il n'y a eu aucun accident.

Rapport du capitaine Abel, de l'état-major de la garde nationale.

Du haut du Palais de justice, 19 août.

A 3 h. 15, une grande poussière annonçant la marche d'un corps de cavalerie ou d'artillerie allant très vite, de Richemont à Moyeuvre et à Jœuf.

A 4 heures sonnant, grosse poussière venant de Clouange, Rombas, vers Marange, comme le ferait un convoi d'artillerie ou un corps de cavalerie se dirigeant vers Marange. Cette route est cachée par les bois de Coulange et les bois de Pierrevillers et de Silvange.

A partir de Marange, on peut se dérober et regagner le plateau de Saint-Privat-la-Montagne par une route de grande communication qui n'existe, pas plus que celle de Rombas à Woippy, sur la carte d'état-major, parce que ces routes sont de date récente.

Renseignements fournis par trois ouvriers, employés du génie, rentrant d'Ars.

19 août (?)

Quartier général d'un Prince (on n'a pu dire le nom) à Ars.

Beaucoup de Prussiens entre Ars et Novéant.

Poste de quatre hommes sous Vaux.

Poste de six hommes et un lieutenant au village de Jussy.

Poste à 200 mètres en avant de Jussy. Cinq factionnaires à cheval. Chemin barricadé au moyen d'abatis. Ars est mis à un pillage organisé. Les Prussiens mettent la main sur tous les vivres qu'ils trouvent; ils délivrent des bons au crayon. Les boulangers ont ordre de ne fournir de pain qu'à l'armée prussienne; il y a un factionnaire chez chaque boulanger.

Journée du 20 août.

GRAND QUARTIER GÉNÉRAL.

a) **Journal de marche.**

Journal de marche de l'armée du Rhin.

Pas de mouvement.

D'après les ordres donnés par le commandant en chef, les troupes du 2ᵉ corps construisent sur les pentes Sud du Saint-Quentin des épaulements pour des batteries, ainsi que des tranchées-abris sur le front des lignes et des barricades sur les chemins qui mènent vers l'ennemi.

Le 4ᵉ corps construit deux batteries : l'une au-dessus du château du Sansonnet, l'autre à gauche du chemin qui conduit du Sansonnet à Lorry, et des tranchées-abris sur tous les avant-postes.

Ordre général n° 6.

Ban Saint-Martin, 20 août.

Officiers, sous-officiers et soldats de l'armée du Rhin,

Vous venez de livrer trois combats glorieux dans lesquels l'ennemi a éprouvé des pertes sensibles et a laissé entre nos mains un étendard, des canons et 700 prisonniers.

La Patrie applaudit à vos succès.

L'Empereur me délègue pour vous féliciter et vous assurer de sa gratitude. Il récompensera ceux qui ont eu le bonheur de se distinguer parmi vous.

La lutte ne fait que commencer ; elle sera longue et acharnée, car, quel est celui de nous qui ne donnerait la dernière goutte de son sang pour délivrer le sol natal ?

Que chacun de nous, s'inspirant de l'amour de notre chère Patrie, redouble de courage dans les combats, de résignation dans les fatigues et dans les privations.

Soldats,

N'oubliez jamais la devise inscrite sur vos aigles : Valeur et Discipline, et la victoire est assurée, car la France entière se lève derrière vous.

b) Organisation et administration.

Ordre général n° 5.

Ban Saint-Martin, 20 août.

La maraude a pris une telle extension dans l'armée qu'il est urgent, pour son honneur, d'y mettre un terme en la réprimant énergiquement.

Le maréchal commandant en chef décide, en conséquence, que tout maraudeur surpris en flagrant délit, sera condamné à six mois de travaux dans une forteresse, sur la simple déclaration des agents de la force publique, et il entend qu'on assimile les traînards à cette catégorie de malfaiteurs.

M. le général grand-prévôt, ainsi que les prévôts des corps d'armée, prendront des mesures pour faire arrêter les délinquants, et rendront les agents de la force publique dont ils disposent, responsables des faits de maraude qui pourraient se produire à l'avenir sous leurs yeux.

Le maréchal Bazaine aux Commandants de corps d'armée.

Ban Saint-Martin, 20 août.

J'ai l'honneur de vous prier de vouloir bien m'adresser un rapport confidentiel sur les conditions matérielles, physiques et morales, dans lesquelles se trouve votre corps d'armée.

Le même aux mêmes.

Ban Saint-Martin, 20 août.

J'ai l'honneur de vous prier de vouloir bien me faire connaître le nombre de cantinières qui se trouvent dans les corps et fractions de corps sous vos ordres, avec l'indication du nombre de voitures possédées par chacune d'elles.

Le même aux mêmes.

Ban Saint-Martin, 20 août.

En raison de la consommation prodigieuse des munitions de guerre qui a été faite par l'infanterie, la cavalerie et l'artillerie dans les derniers combats, M. le général Soleille, commandant en chef l'artillerie de l'armée, a jugé indispensable d'adresser aux généraux commandants l'artillerie des corps une instruction destinée à réglementer l'emploi des munitions. Il faut en effet absolument empêcher qu'il en soit fait un usage exagéré et inopportun.

Je vous prie de vouloir bien prendre les mesures nécessaires pour que cette instruction soit rigoureusement exécutée.

Le sous-intendant militaire Gaffiot au maréchal Bazaine.

Metz, 20 août.

Dans mon rapport en date du 19 août 1870, n° 1841, j'ai eu l'honneur d'appeler votre attention sur la situation de nos ressources au point de vue de la subsistance de l'armée.

Cette situation avait pour objet de vous faire pressentir que, dans le cas où nos communications avec Paris viendraient à être complètement interceptées, il y aurait nécessité, en raison de l'insuffisance des moyens de fabrication ressortant des causes que je vous ai exposées, de faire entrer la farine dans une certaine proportion dans les distributions.

Le moment d'avoir recours à cette mesure me paraît venu. Par télégramme en date du 17 de ce mois, le Ministre de la Guerre m'annonçait le départ de Paris pour Metz par la voie des Ardennes de 290,000 rations de pain qui auraient dû arriver hier et qui ne sont point parvenues.

D'un autre côté, par un télégramme du même jour, M. l'Intendant général informait M. l'intendant de Préval qu'il faisait diriger sur Metz tous les trains de vivres arrêtés à Sedan et à Mézières. Aucun de ces trains n'est non plus parvenu.

L'administration ne dispose donc, pour pourvoir aux besoins de troupes, en dehors des ressources que les différents corps d'armée ont pu conserver à la suite des engagements qui viennent d'avoir lieu et dont je ne saurais préciser le chiffre, que d'environ 100,000 rations de biscuit et des produits journaliers de la fabrication du pain.

Cette fabrication comprend non seulement le maximum de ce que peut produire la manutention de Metz, soit 32,000 rations, mais encore tout ce qui peut être obtenu des marchés passés dans cette place avec la boulangerie civile, soit 25,000 à 30,000 rations, et des faibles quantités que certains corps parviennent à réaliser au moyen des fours existants dans certains villages occupés.

Toutes ces dernières ressources sont variables, non seulement par le fait du déplacement des troupes, mais encore par une agglomération des populations des campagnes dans la place de Metz qui nous prive d'une partie du produit de la fabrication civile.

Pour accroître nos ressources, je fais pousser l'achèvement de dix fours de construction, au moyen desquels il sera possible d'obtenir journellement 25,000 rations de pain, et je fais installer six fours de campagne dont les éléments épars ont pu être réunis et qui donneront 15,000 rations.

En raison de cette situation, j'ai l'honneur de prier Votre Excellence de vouloir bien mettre à l'ordre du jour de l'armée que les consommations de pain ou de biscuit ne devront pas dépasser journellement 375 grammes pour le pain et 225 grammes pour le biscuit, soit moitié de la ration réglementaire, mais qu'il sera alloué par homme recevant cette demi-ration, 300 grammes de farine.

Dès que les circonstances permettraient d'améliorer ce régime, je m'empresserai de vous le faire connaître en vous indiquant, s'il y a lieu, la proportion dans laquelle la farine devrait continuer à être distribuée. Votre Excellence peut être assurée que rien ne sera négligé pour rentrer le plus tôt possible dans les conditions habituelles (1).

Le maréchal Bazaine aux Commandants de corps d'armée.

Ban Saint-Martin, 20 août.

La fabrication du pain ayant dû être ralentie par suite de circonstances imprévues, j'ai décidé que, pour la journée de demain, 21 courant, la ration de pain sera réduite de moitié, c'est-à-dire à 375 grammes, et que l'autre moitié sera remplacée par 300 grammes de farine.

En portant cette prescription à votre connaissance, j'ai l'honneur de vous informer que j'estime que l'administration sera en mesure de reprendre, dès après-demain, la distribution complète de pain.

Le maréchal Bazaine au général Coffinières.

Ban Saint-Martin, 20 août.

En raison des moyens restreints dont dispose l'intendance, il lui est devenu impossible de fabriquer chaque jour le nombre de rations de pain nécessaires pour les troupes réunies sous Metz. J'ai, en conséquence, l'honneur de vous inviter à faire construire immédiatement un

---

(1) *Note marginale du maréchal Bazaine :* « Il me semble que l'on peut pousser la construction d'autres fours, et le génie à cet égard serait mis à la disposition de l'intendance. 8 heures de confection, 12 heures de chauffe. »

certain nombre de fours pareils à ceux qui sont décrits dans l'aide-mémoire du génie et dont la construction n'exige que huit heures.

Il serait urgent que l'on se mît immédiatement à ce travail, afin qu'il pût être terminé demain matin et que l'intendance pût les mettre en usage le même jour pour reprendre les distributions de pain dès la journée d'après-demain.

Je prescris à M. l'intendant Gaffiot de vous faire connaître le nombre de fours qu'il serait nécessaire de construire et de se concerter avec vous au sujet de l'exécution de cette mesure.

Le général Coffinières au maréchal Bazaine.

Metz, 20 août.

J'ai l'honneur d'exposer à Votre Excellence que la place de Metz, qui n'avait reçu aucune organisation spéciale pour le service des hôpitaux et des ambulances, se trouve en ce moment encombrée au delà de toute expression par les blessés de l'armée du Rhin; nous avons aujourd'hui à Metz plus de 12,000 blessés, et il en arrive de nouveaux à tout instant. Toutes les casernes et les établissements publics de la ville ont été transformés en hôpitaux; des ambulances ont été établies sur les places publiques et sur tous les emplacements disponibles dans la ville et à ses abords. Nous parviendrons ainsi à pourvoir, quoique d'une manière fort insuffisante, au logement de nos blessés; nos glacis sont couverts d'ambulances. Mais ce qui nous fait absolument défaut, et ce à quoi nous ne pouvons suppléer, c'est le personnel et le matériel.

Je viens donc prier Votre Excellence de vouloir bien nous donner les moyens de soigner les blessés de l'armée et de nous faire envoyer :

1° Un médecin par ambulance de division et de corps d'armée ;
2° Six officiers d'administration ;
3° Un caisson d'ambulance par division et par corps d'armée ;
4° Un caisson de pharmacie par ambulance de corps d'armée.

Je crois devoir insister d'une manière toute spéciale auprès de Votre Excellence pour que ce personnel et ce matériel nous soient envoyés en totalité et le plus tôt possible ; il nous arrive à l'instant 800 blessés de la bataille de Gravelotte, et pour lesquels nous n'avons ni médecin ni linge ni médicaments (1).

---

(1) *Note marginale du général Jarras :* « On a déjà répondu par l'envoi à Metz des ambulances divisionnaires. »

Le maréchal Bazaine au général Coffinières.

Ban Saint-Martin, 20 août.

J'ai arrêté, en ce qui concerne le service des ambulances, les dispositions suivantes :

Jusqu'à nouvel ordre, il n'y aura plus qu'une ambulance par corps d'armée. Cette ambulance, qui sera fortement organisée, et sur une plus grande échelle qu'elles ne le sont en ce moment, conservera tous les mulets de cacolets des ambulances divisionnaires. Ces dernières seront non pas dissoutes, mais dirigées sur l'intérieur de la place de Metz, avec le matériel restant disponible; elles seront employées à soigner les nombreux blessés qui se trouvent dans Metz.

Cette organisation rendra disponibles un certain nombre de voitures actuellement affectées aux ambulances divisionnaires; elles seront employées par l'intendance pour le transport des vivres, de manière à remplacer, dans une certaine mesure, les voitures de réquisition, qui ne doivent plus être utilisées dans les mouvements de l'armée.

Les ambulances divisionnaires rentrant en ville, et dont on aura déduit tout ce qui est nécessaire pour organiser les ambulances de corps d'armée, seront groupées par corps d'armée, et affectées, chacune, à un hôpital différent, qui recevra, lui-même, les malades et blessés provenant de ce même corps d'armée. Cette disposition a pour but de permettre à ces ambulances divisionnaires de reprendre leurs places dans les corps d'armée auxquels elles appartiennent, lorsque cette organisation provisoire cessera d'exister.

L'Intendant militaire de Cevilly, de la 5ᵉ division, au maréchal Bazaine.

Metz, 20 août.

La situation sanitaire de la place de Metz est des plus graves. Chaque médecin civil ou militaire a 300 blessés à panser; il n'y a que quelques centaines d'infirmiers pour les soigner. Les hôpitaux, les casernes, les édifices publics, les places garnies de tentes sont occupés; enfin, nous avons confié à la charité publique les blessés que les habitants ont bien voulu prendre. Les dames de la ville, des gardes nationaux mobiles soignent du mieux qu'ils peuvent, mais sans direction. D'un autre côté, il est difficile d'établir une entente entre les divers médecins traitants militaires et civils; il faudrait un inspecteur qui aurait autorité, qui jugerait des hommes qui n'ont plus besoin que de quelques légers pansements et qu'on pourrait placer dans une caserne de convalescents.

Puisque nous recevons tous les blessés de l'armée, ne serait-il pas juste de mettre à notre disposition une partie des ambulances? Un médecin-major et quatre médecins aides-majors ont, d'ailleurs, été pris à l'hôpital de Metz au début de la guerre.

Je les ai remplacés par des civils, mais aujourd'hui tous les civils sont aux ambulances, ils font donc du service.

J'ai l'honneur de vous prier d'envoyer à Metz un des médecins-inspecteurs et le plus d'officiers de santé que vous pourrez. Les officiers d'administration et les infirmiers d'une partie de l'ambulance du quartier général les accompagneraient et contribueraient à soulager les malheureux blessés que nous sommes inhabiles à soigner complètement. Je demande également un sous-intendant militaire.

C'est devant l'insuffisance de nos moyens que je vous adresse cet appel; puisse-t-il être accueilli favorablement (1).

Le maréchal Bazaine au général Coffinières.

Ban Saint-Martin, 20 août.

J'ai l'honneur de vous informer que j'ai décidé que tous les effets et ustensiles de campement, moins les couvertures, seraient retirés aux troupes de la place de Metz, et qu'ils seraient versés au magasin du campement, afin que, par les soins de l'intendance, la répartition puisse en être faite aux corps de l'armée du Rhin qui en feront la demande.

Les troupes de la garnison pourront, en remplacement et en attendant que l'intendance ait pu leur donner les ustensiles réglementaires, se servir d'objets en terre ou autres qu'elles se procureront en ville.

Les effets et ustensiles précités devront être retirés non seulement aux combattants, mais aussi aux troupes d'administration, même à celles qui vont rentrer à Metz par suite de la suppression des ambulances divisionnaires, dont je vous ai informé par ma dépêche de ce matin, n° 76.

Je vous prie de donner des ordres pour assurer l'exécution immédiate de ces dispositions, dont je donne avis à M. l'Intendant général de l'armée.

Le général Coffinières au maréchal Bazaine.

Metz, 20 août.

Votre Excellence vient de me donner des ordres d'une exécution qui est presque matériellement impossible.

---

(1) *Note marginale du général Jarras:* « Répondre en faisant con-

1° Remettre tous les ustensiles et effets de campement, moins les couvertures :

Cette décision s'applique-t-elle à la division Laveaucoupet ? — 1ʳᵉ question. Pour les autres troupes qui sont toutes campées, leur enlever leurs ustensiles de campement, c'est rendre leur subsistance impossible, surtout pour des troupes inexpérimentées. Quant à trouver des ustensiles dans la ville, on ne peut pas y songer; nous avons tout ramassé pour nos immenses hôpitaux. — Enfin le retrait de ces ustensiles de tous les forts et de tous les camps est une mesure qui est d'une exécution longue et pénible (1).

2° Les ponts que vous demandez seront faits dans la journée de demain; nous allons travailler immédiatement.

3° Si les forts de Saint-Julien, de Bellecroix, les lunettes et les fronts de Chambière, et le fort Moselle étaient bien armés et bien servis, nul doute que la plaine de la basse Moselle serait bien battue. Mais nous n'avons qu'une pièce de 24 sur le fort Saint-Julien; deux ou trois pièces sur la lunette de Chambière, plus ou moins masquées par nos ambulances; Chambière a deux pièces, et les branches de Bellecroix et de Moselle en ont deux ou trois. L'armement est donc très faible; de plus ce sont les pontonniers qui servent ces pièces, et si ces hommes sont aux ponts, le feu sera presque nul (2).

4° Les petits dépôts composés d'hommes plus ou moins malingres ont été organisés en bataillons, et les hommes malades sont campés et bousculés par les mouvements incessants des blessés. Il est impossible pour le moment de dire où en sont ces petits dépôts (3).

5° Construire immédiatement des fours. — Combien faut-il préparer de rations ? ce nombre que j'ignore (n'ayant pas encore vu le sous-intendant Gaffiot) ne peut-être que fort considérable. Nous allons faire flèche de tout bois pour obtenir le résultat le plus prompt. Il ne faut cependant pas trop compter sur ces moyens improvisés, ce serait se faire illusion. D'ailleurs, il faudrait des hommes exercés, et c'est là ce qui nous manque. Les soldats du génie eux-mêmes sont des gens inexpérimentés, et dispersés dans nos ouvrages de défense. Ce n'est donc

---

naître ce qui a été fait. Il n'existe pas de médecin-inspecteur à l'armée. M. Larrey est parti. »

(1) *Note marginale du maréchal Bazaine :* « Que l'on donne ce que l'on pourra. »

(2) *Note marginale du maréchal Bazaine :* « Pourquoi ne pas profiter de notre présence pour pousser l'armement ? »

(3) *Note marginale du maréchal Bazaine :* « Le commandant de la place doit s'en occuper. »

pas en huit heures, mais en trois jours que nous pourrons cuire du pain. Ce que je peux vous assurer, c'est que, avec les ressources dont nous disposons, nous aurons après-demain, en tout, 90,000 rations (1).

6° Donner plus de place aux prisonniers. — Nous cherchons de tout côté pour atteindre ce but. Je suis allé moi-même voir la prison des forçats; elle contient des masses énormes de fer; ce travail serait beaucoup trop long. Je vais essayer de les mettre dans les casemates du bastion 112 du fort Moselle (2).

En résumé, nous allons faire tout ce qui sera matériellement possible, mais j'ai voulu faire savoir à Votre Excellence que ses ordres ne pourraient sans doute pas être exécutés dans un délai aussi court que celui qui nous est indiqué.

Le sous-intendant militaire Gaffiot au maréchal Bazaine.

Metz, 20 août.

Pour satisfaire à la demande que vous venez de m'adresser verbalement, j'ai l'honneur de vous faire connaître la situation de nos ressources existant à la date de ce jour, tant dans les magasins que dans les gares de la place de Metz.

Cette situation ne peut être établie que d'une façon approximative, en raison des nombreux mouvements qui ont eu lieu ces jours derniers et de la difficulté d'apprécier autrement que par aperçu les quantités existant en gare.

En supposant un effectif de 200,000 hommes et de 50,000 chevaux, cette situation approximative peut s'établir comme suit :

Blé, 7 jours (des mesures sont prises pour réduire ce blé le plus promptement possible en farine); farine, 15 jours; biscuit, 1/2 jour; riz et haricots, 5 jours; sel, 6 jours; sucre, 15 jours; café, 26 jours; vin, 7 jours; eau-de-vie, 8 jours; lard, 1 jour 1/2; avoine, 12 jours à 4 kilogrammes; viande, 6 jours, y compris le parc de réserve de la place de Metz (3).

---

(1) *Note marginale du maréchal Bazaine* : « Que l'on fasse ce que l'on peut à cet égard. »

(2) *Note marginale du maréchal Bazaine* : « On fera le possible pour les échanger. »

(3) Cette situation approximative contenait deux erreurs de copie :
   Avoine............ 12 jours au lieu de 15 jours.
   Blé.............. 15 —   —   7 —

(Note du sous-intendant militaire Forot. Paris, 20 juillet 1872.)

Les achats de bêtes sur pied se continuent avec toute l'activité possible.

Cette ressource serait beaucoup plus considérable, s'il avait été possible de faire arriver à Metz les quantités qui ont été réunies par l'entrepreneur dans le département de la Meuse et autour de Verdun.

Le maréchal Bazaine au général de Saint-Sauveur.

20 août.

J'ai remarqué que la gendarmerie fait son service avec mollesse. En route, elle ne s'occupe pas de la marche et de la conduite des voitures. En ce qui concerne les maraudeurs surtout, elle ne prend aucun soin de les arrêter et de réprimer leurs déprédations. Enfin, elle ne s'occupe pas de la propreté des camps. C'est ainsi que des maraudeurs ont pillé, à côté du camp de la prévôté du 3ᵉ corps, un champ de pommes de terre; qu'un charretier civil a cassé un arbre en présence d'un gendarme, lequel l'a laissé faire en alléguant que le délit ressortait d'un autre corps que celui auquel il appartenait; enfin, qu'un cheval mort est encore gisant sur la route de Plappeville depuis deux jours, tandis qu'il aurait dû être enterré.

Je vous charge, Général, d'infliger un blâme sévère à la gendarmerie placée sous vos ordres. Il vous appartient de veiller à ce que cette troupe fasse à l'armée le service dont elle est chargée. Représentants de l'autorité, les gendarmes ont mission de maintenir l'ordre et de réprimer tous les délits qui se commettent en leur présence, sans distinguer si ces délits ressortissent d'un corps d'armée autre que celui auquel ils sont attachés.

Vous voudrez bien leur faire savoir que je suis résolu à mettre un terme à cette espèce de force d'inertie derrière laquelle ils semblent se retrancher. Pour arriver à ce résultat, je n'hésiterai pas à envoyer aux compagnies de discipline les gendarmes qui auront manqué à leurs devoirs. Quant aux brigadiers et sous-officiers, si par hasard il s'en trouvait parmi eux qui ne fussent pas à la hauteur de leur mission, je les casserai.

c) Opérations et mouvements.

Le général Coffinières au maréchal Bazaine.

Metz, 20 août.

J'ai l'honneur de communiquer à Votre Excellence une dépêche qui arrive de Paris, en passant par Thionville.

C'est un homme de Thionville qui a porté cette lettre. Il n'a, du reste, rencontré personne sur son chemin ; il a suivi la rive droite de la Moselle.

Le convoi de poudre et de biscuit annoncé par le Ministre me semble avoir peu de chance d'arriver à Metz.

Les signaux télégraphiques annoncent des mouvements de troupes sur votre droite et sur votre gauche. Toute la surface du cercle que vous occupez est bien encombrée ; des obus arrivant sur ces masses compactes d'impedimenta produiraient un effet terrible. Excusez-moi, Monsieur le Maréchal, de vous soumettre mes impressions.

Le général Coffinières au Commandant de la place de Thionville.

Metz, 20 août.

Votre commissionnaire m'est arrivé fidèlement. Je lui compte les 50 francs que vous lui avez promis.

Si vous êtes certain de faire passer une dépêche, vous pouvez dire que les Prussiens ont attaqué notre armée sur les plateaux d'Amanvillers, à 12 kilomètres environ à l'Ouest de Metz. Après un combat des plus vigoureux, nos troupes, cédant vers la droite, faute de cartouches, se sont retirées sous Metz et sont entassées entre Longeville, Saint-Quentin, Plappeville, le Coupillon et la droite du fort Moselle. C'est une assez mauvaise position, attaquable sur les deux faces de l'Est et de l'Ouest. Les Prussiens s'établissent fortement autour de nous et ne nous laisseront pas longtemps pour nous refaire. Nous avons 11,000 à 12,000 blessés dans la place et peu de ressources pour les soigner. Si vous avez besoin d'argent, faites des réquisitions aux receveurs particuliers.

Le général Dejean et l'Intendant général Wolf au Général commandant supérieur, Verdun (D. T.).

Montmédy, 20 août, 11 h. 44 matin. Transmise à Verdun, à 12 heures soir (n° 324).

Dirigez de suite sur Montmédy le convoi de vivres et le troupeau. Faites partir pour Reims, les vivres chargés sur wagons et toutes les munitions.

Nos renseignements sont tels que nous ne mettons pas en doute l'opportunité de cette mesure. Faites escorter le convoi le mieux possible. On enverra des hommes de la garnison de Montmédy à Ville-devant-Chaumont pour relever votre escorte. Dites-nous de suite l'heure du départ du convoi.

Le maréchal Bazaine aux Commandants de corps d'armée.[1]

Ban Saint-Martin, 20 août.

Un parlementaire prussien a été reçu par nos avant-postes à coups de fusil, malgré le drapeau blanc et la sonnerie de trompette qui annonçaient son caractère. Ce fait est contraire aux usages de la guerre admis dans toutes les armées européennes, et il y a lieu de prendre des mesures pour qu'il ne se renouvelle pas.

Je vous prie donc de rappeler aux troupes sous vos ordres, que tout officier ou militaire ennemi qui se présente devant nos avant-postes accompagné ou porteur d'un drapeau blanc, et en s'annonçant par une sonnerie de trompette, doit être considéré comme un parlementaire et pouvoir, par conséquent, s'avancer jusqu'à nos premières sentinelles, sans recevoir de coups de feu.

Toutefois, il n'importe pas moins d'appeler avec insistance l'attention de tous, sur l'absolue nécessité d'observer scrupuleusement, en pareil cas, les mesures de précaution prescrites par l'article 94 du service en campagne, lequel commence ainsi : « Les trompettes et les parlementaires de l'ennemi ne dépassent jamais les premières sentinelles ; ils sont tournés du côté opposé aux postes et à l'armée ; on leur bande les yeux, s'il en est besoin, etc..... »

Le même article prévoit le cas où le parlementaire doit être retenu par les avant-postes temporairement, au lieu d'être congédié immédiatement après la remise de la dépêche dont il est porteur.

J'ai l'honneur de vous inviter, en conséquence, à donner à ce sujet les instructions les plus précises en rappelant et en commentant au besoin la teneur de l'article précité de notre service en campagne.

d) Situation.

Situation de l'effectif de l'armée du Rhin au 20 août.

CORPS.	HOMMES.	CHEVAUX.	EMPLACEMENTS.
1er corps (1)..............	»	»	Au camp de Châlons.
2e corps (divers)..........	12	37	
1re division...............	7,263	640	Sur les pentes du Saint-Quentin.
2e —	7,697	609	
3e — (2)............	»	»	Occupe les forts.
Division de cavalerie........	2,381	2,416	Au Ban Saint-Martin.
Réserve d'artillerie et du génie.	1,112	898	Id.
Totaux.....	18,465	4,270	
3e corps (divers) (3)........	545	450	A Plappeville.
1re division...............	9,817	684	A Tignomont.
2e —	9,193	775	Au col de Plappeville.
3e —	9,634	935	Au Mont Saint-Quentin.
4e —	8,862	755	Près la butte Ch.-Quint.
Division de cavalerie........	3,006	2,681	Porte de Thionville.
Réserve d'artillerie et du génie.	2,331	2,355	Route de Metz.
Totaux.....	43,388	8,635	
4e corps (divers) (4)........	813	643	
1re division...............	6,764	744	
2e —	7,549	677	
3e —	8,680	664	
Division de cavalerie........	2,253	2,182	
Réserve d'artillerie et du génie.	1,675	1,633	
Totaux.....	27,704	6,507	
5e corps (divers)..........	405	490	Au Ban Saint-Martin.
2e division (brig. Lapasset).	3,426	188	Id.
3e lanciers...............	396	401	Id.
Totaux.....	4,227	779	
6e corps (divers) (5)........	83	93	Du Sansonnet au fort Moselle.
1re division...............	8,502	924	
2e — (9e de ligne)...	1,196	52	
3e —	6,034	613	
4e —	5,643	401	
Division de cavalerie........	2,640	2,323	
Réserve d'artillerie et du génie.	97	14	Restée au camp de Châlons.
Totaux.....	24,497	4,420	

(1) Effectifs inconnus.
(2) Effectif non indiqué.
(3) Effectifs au 13 août : 48,361 hommes et 10,331 chevaux.
(4) Effectifs au 13 août : 35,063 hommes et 6,902 chevaux.
(5) La cavalerie du 6e corps comprend les 2e et 3e chasseurs venus du 3e corps, le 2e chasseurs d'Afrique et des détachements des 1er et 3e.

CORPS.	HOMMES.	CHEVAUX.	EMPLACEMENTS.
7ᵉ CORPS (1)	»	»	A Belfort, sauf la division Conseil Dumesnil qui marche avec le 1ᵉʳ corps.
GARDE IMPÉRIALE (divers) (2).	535	749	
1ʳᵉ division..............	7,344	202	
2ᵉ —	4,878	154	
Division de cavalerie........	3,476	3,648	
Réserve d'artillerie et du génie.	2,459	2,413	
TOTAUX.....	18,692	7,166	
RÉSERVE DE CAVALERIE :			
Division du Barail........	»	»	Ce qui en reste compte au 6ᵉ corps.
— Bonnemains......	»	»	Au 1ᵉʳ corps.
— de Forton........	2,479	2,187	
RÉSERVE DE L'ARTILLERIE (3)..	2,080	1,935	

Récapitulation générale au 20 août.

2ᵉ corps................	18,465	4,270
3ᵉ —	43,385	8,635
4ᵉ —	27,704	6,507
5ᵉ — (brigade Lapasset)...	4,227	779
6ᵉ —	24,197	4,120
Garde impériale............	18,692	7,166
Réserve de cavalerie........	2,479	2,187
— d'artillerie........	2,080	1,935
TOTAUX (4)..	144,229	35,599

(1) Effectif au 14 août : 23,148 hommes, 4,844 chevaux, non compris la division Conseil Dumesnil.
(2) Effectifs au 12 août : 21,422 hommes et 7,129 chevaux.
(3) Canons rayés de 4 : 36; de 12 : 36. — Caissons à munitions de 4 : 38; de 12 : 72. Le matériel et les munitions pour le 12 sont au complet. Il manque pour le 4 : 10 caissons et 2,200 coups.
(4) L'effectif général au 13 août était de 174,166 hommes et 39,581 chevaux. L'effectif général d'hier était de 154,481 hommes et 36,798 chevaux.

2ᵉ CORPS.

b) Organisation et administration.

Le maréchal Bazaine au général Frossard.

Ban Saint-Martin, 20 août.

Comme vous le savez, mon intention est de faire rentrer la division Laveaucoupet dans votre corps d'armée et de la remplacer par la division Vergé dans le service de la place de Metz.

Vous n'ignorez pas non plus les observations que MM. les généraux Coffinières et Laveaucoupet font à l'adoption de cette mesure. Je vous prie donc de les peser de nouveau, et, dans le cas où vous penseriez que, malgré ces observations, le mouvement doit avoir lieu, vous voudriez bien me faire savoir à quel moment il vous paraîtrait devoir s'effectuer.

Le général Gagneur au général Frossard.

Ban Saint-Martin, 20 août.

S. Exc. M. le Maréchal commandant en chef l'armée du Rhin, dans une lettre du 18 août (3ᵉ section n° 112) adressée à Votre Excellence, se plaint que les ordres donnés relativement au réapprovisionnement en munitions d'artillerie et d'infanterie n'aient pas été exécutés avec toute la ponctualité désirable.

Je tiens essentiellement à ce que S. Exc. ne puisse à cet égard m'imputer aucune négligence.

Le parc du 2ᵉ corps qui avait pu déjà avec ses propres ressources remplacer une partie des munitions consommées dans la bataille du 16, vint s'établir au Ban Saint-Martin dans la journée du 17, et, conformément aux ordres que je lui avais donnés, se réapprovisionna autant que ce fut possible à l'arsenal de Metz et au dépôt de Plappeville. Il se trouva ainsi en mesure le 18 août, de délivrer des munitions de très bon matin; il en fut même amené par mon ordre à proximité du lieu de combat pendant la journée afin d'éviter des pertes de temps.

En définitif, les munitions n'ont pas manqué au 2ᵉ corps pendant la journée du 18, ce qui montre suffisamment que je n'ai négligé aucun soin pour que les corps en soient pourvus.

Le général Gagneur au général Soleille.

Ban Saint-Martin, 20 août.

En réponse à votre lettre de ce jour, n° 342, j'ai l'honneur de vous faire connaître qu'en ce qui concerne les batteries de la réserve d'artillerie du 2ᵉ corps :

1° Leur matériel est complet ;

2° Les approvisionnements des batteries de 4 et de 12 R. sont complets ;

3° Les batteries ont en hommes et en chevaux un effectif suffisant pour ne pas être réduites à 4 pièces;

4° Les sous-officiers et brigadiers tués ou disparus ont été remplacés ;

5° Il ne manque que les officiers mis hors de combat, c'est-à-dire le commandant de Germay, les capitaines Calemard et Carbonnel, les lieutenants Chabord, Jouatte et Gazères.

Il n'y a donc pas lieu de réduire ces batteries à 4 pièces, ni de verser à l'arsenal une partie de leur matériel.

Le relevé des situations du personnel de ces batteries que je fais faire à la date de ce jour vous sera envoyé ce soir ou demain matin et fera ressortir par les effectifs le nombre d'hommes et de chevaux qu'il leur faudrait pour être dans de bonnes conditions.

L'artillerie de la 1re et de la 2e division d'infanterie est à peu près dans des conditions semblables. Quant à celle de la 3e division, qui est détachée du 2e corps pour rester à Metz, il doit en être de même, n'ayant assisté à aucune des affaires des 14, 16 et 18 août.

Il manque seulement à la batterie de mitrailleuses de la 2e division, trois caissons dont deux qui ont sauté dans l'affaire du 18, une forge et deux caissons légers laissés sur le champ de bataille. Je recevrai demain et vous adresserai de suite, de ces trois divisions, des situations qui feront ressortir le nombre d'hommes et de chevaux qu'il serait nécessaire de leur attribuer.

Je dois vous faire observer toutefois, en ce qui concerne les réserves divisionnaires en cartouches d'infanterie, que, par suite d'un ordre en date du 13 août du général commandant le 2e corps, chacune des trois divisions a dû remettre à la brigade Lapasset, deux caissons à deux roues et un caisson à quatre roues, afin de lui constituer la réserve de cartouches qui lui manquait. Ce qui réduit d'autant la réserve d'infanterie de ces divisions.

Un seul officier supérieur d'artillerie du 2e corps serait susceptible de recevoir une autre destination. C'est le lieutenant-colonel Larroque, du 15e régiment d'artillerie, lequel, par suite de la mesure qui lui enlève sa batterie de mitrailleuses pour la remettre au 6e corps, ne se trouve plus avoir sous ses ordres que deux batteries.

c) Opérations et mouvements.

Le général Frossard au général Vergé.

20 août.

M. le général Vergé enverra le 3e bataillon de chasseurs occuper le village de Scy, qui est à droite et au-dessus de la position de Longeville qu'occupe le 55e.

Le commandant de ce bataillon établira une grand'garde au hameau de Chazelles, situé en avant de Scy. Il se mettra en relations avec le colonel de Waldner, du 55e, et avec la fraction du 3e corps qui occupe le plateau du Saint-Quentin au-dessus de Scy.

Ce mouvement du 3ᵉ bataillon se fera aussitôt que possible, après que les troupes auront mangé la soupe.

Le même au même.

Ban Saint-Martin, 20 août.

Vous enverrez demain matin avant le jour à Scy et à Chazelles un bataillon du 32ᵉ de ligne. Le colonel Merle en prendra le commandement ainsi que des forces qui se trouvent déjà à Longeville, Scy et Chazelles (55ᵉ de ligne et 3ᵉ bataillon de chasseurs à pied). Il se liera à droite aux forces qui occupent le mont Saint-Quentin, observera les pentes au-dessous de Scy et de Chazelles et prendra des dispositions de défense.

Rapport journalier du génie du 2ᵉ corps (20 au 21 août).

La compagnie de réserve a complété les retranchements exécutés en avant de Longeville.

La 13ᵉ compagnie a exécuté un nouvel épaulement de batterie sur la butte Charles-Quint, après s'être concertée avec les officiers d'artillerie. Plusieurs tranchées-abris ont été organisées sur les pentes entre le Saint-Quentin et Longeville. Sur ces mêmes pentes, l'infanterie a creusé une grande quantité de tranchées sans plan d'ensemble et qui n'ont aucun caractère défensif. Il est fâcheux que les officiers d'infanterie aient fait là un travail considérable qui, après entente avec les officiers du génie, eût pu concourir à la défense de la position.

d) Situation.

Situation de l'effectif du 2ᵉ corps au 20 août.

CORPS.	OFFI-CIERS.	TROUPE.	TOTAUX.	CHEVAUX.
État-major général..............	12	»	12	37
1ʳᵉ DIVISION D'INFANTERIE.				
État-major...................	8	»	8	28
1ʳᵉ brigade. { 3ᵉ bataillon de chasseurs.	8	411	419	11
32ᵉ régiment de ligne....	28	1,269	1,297	31
55ᵉ —	49	1,861	1,910	30
2ᵉ brigade. { 76ᵉ régiment de ligne....	30	1,177	1,207	30
77ᵉ —	47	1,684	1,731	28
Artillerie....................	14	415	429	350
Génie.......................	5	151	156	21
Services administratifs..........	13	45	58	9
Train des équipages militaires.....	1	45	46	72
Totaux........	203	7,058	7,261	610
2ᵉ DIVISION D'INFANTERIE.				
État-major...................	12	»	12	20
1ʳᵉ brigade. { 12ᵉ bataillon de chasseurs.	12	568	580	9
8ᵉ régiment de ligne....	41	1,642	1,683	19
23ᵉ —	37	1,680	1,717	22
2ᵉ brigade. { 66ᵉ régiment de ligne....	36	1,437	1,473	13
67ᵉ —	40	1,276	1,316	22
Artillerie....................	16	487	503	389
Génie.......................	4	154	158	16
Services administratifs..........	10	43	53	7
Train des équipages militaires.....	»	29	29	46
Totaux........	208	7,316	7,524	563
DIVISION DE CAVALERIE.				
1ʳᵉ brigade. { 4ᵉ chasseurs..........	46	578	624	534
5ᵉ —	41	611	652	572
2ᵉ brigade. { 7ᵉ dragons...........	34	502	536	449
12ᵉ —	34	519	553	473
Totaux........	155	2,210	2,365	2,028

CORPS.	OFFI-CIERS.	TROUPE.	TOTAUX.	CHEVAUX.
Réserve d'artillerie.				
1re division. { 10e batterie du 5e rég... / 11e — ...	6	266	272	221
2e division. { 6e batterie du 15e rég.. / 10e — ..	7	357	364	306
3e division. { 7e batterie du 17e rég... / 8e — ..	7	282	289	289
Totaux........	20	905	925	816
Réserve du génie				
2e compagnie de sapeurs-conducteurs du 3e régiment..........	»	8	8	12
2e compagnie de sapeurs-conducteurs du 1er régiment..........	»	39	39	63
2e compagnie de sapeurs du 3e régiment....................	3	140	143	3
Totaux........	3	187	190	78
Totaux du 2e corps......	601	17,676	18,277	4,132
5e CORPS. Brigade Lapasset (1).				
État-major.................	3	9	12	17
2e d'artillerie (7e bie)............	4	125	129	115
2e cie du 14e bon de chasseurs.....	2	105	107	»
84e de ligne.................	40	1,423	1,463	33
97e —	40	1,671	1,711	26
3e lanciers.................	25	362	387	376
7e cie du 3e régiment du train.....	3	178	181	187
Services administratifs..........	11	60	71	7
Totaux........	128	3,933	4,061	761
Totaux généraux.......	729	21,609	22,338	4,893

(1) La diminution considérable entre la situation d'hier et celle d'aujourd'hui provient :
1° De la formation des petits dépôts pour les 84e et 97e de ligne et 3e lanciers;
2° Du renvoi à Metz des trois compagnies isolées des 11e, 46e et 86e de ligne.

3ᵉ CORPS.

a) Journal de marche.

Journal de marche du 3ᵉ corps.

Les positions désignées pour le campement du 3ᵉ corps, dans la journée du 19, furent sensiblement modifiées le lendemain, par ordre du commandant en chef, à la suite d'une reconnaissance qui démontra l'inconvénient de rester campé sur les versants Sud et Est du Mont-Saint-Quentin, où nos troupes étaient exposées, sans utilité, au feu de l'ennemi, qui ne tarda pas à couronner d'artillerie les côtes qui dominent Rozérieulles et Châtel-Saint-Germain.

En conséquence, le 3ᵉ corps s'établit, le 20, à Tignomont, Plappeville et sur le plateau de Saint-Quentin en arrière des crêtes. Le général Vialla commença immédiatement des travaux défensifs, reliant les forts de Saint-Quentin et de Plappeville.

A la suite de ces mouvements de retraite sous Metz, l'armée se trouvait accumulée tout entière dans l'espace compris entre Scy et Woippy.....

Le général de Berckheim et son état-major étaient passés au 6ᵉ corps (maréchal Canrobert) pour en commander l'artillerie. En même temps une batterie de mitrailleuses passa du 3ᵉ corps au 6ᵉ. A dater de cette époque, la réserve d'artillerie du 3ᵉ corps fut commandée par le colonel de Lajaille.

b) Organisation et administration.

Note du 3ᵉ corps.

Plappeville, 20 août.

Des désordres sont continuellement signalés comme étant commis par des militaires qui pénètrent en grand nombre dans les maisons et les jardins, où ils arrachent les arbres et brisent les clôtures.

Un pareil état de choses ne peut être toléré plus longtemps et les généraux commandant les divisions devront l'empêcher par tous les moyens possibles en employant journellement et concurremment des sauvegardes et le service de leur prévôté à exercer une surveillance continuelle.

A partir de demain, il sera formellement interdit aux corps d'envoyer chercher de l'eau autrement que par des corvées régulières qui ne pourront aller en prendre qu'à la Moselle et sous la conduite d'un nombre d'officiers suffisant pour le maintien de l'ordre.

Tout militaire isolé qui sera surpris pénétrant dans une maison devra être puni très sévèrement et le Maréchal commandant le 3e corps compte sur le bon esprit de tous, officiers, sous-officiers et soldats pour faire cesser dans nos rangs des abus antidisciplinaires et nuisibles aux compatriotes au milieu desquels nous sommes obligés de combattre.

P.-S. — Les chevaux iront aussi boire à la Moselle, mais par fractions successives de manière qu'il y ait toujours les deux tiers des attelages au camp.

Note du 3e *corps.*

Plappeville, 20 août.

Par ordre du Maréchal commandant en chef, toutes les fois qu'il sera absolument impossible de mettre les voitures et les chevaux ailleurs que sur les routes et rues des centres d'habitation, les uns et les autres devront être établis d'un même côté, de manière que la circulation reste libre le plus possible.

c) **Opérations et mouvements.**

Le maréchal Le Bœuf au maréchal Bazaine.

Plappeville, 20 août.

Le 19, à 1 h. 30 du matin, me parvint votre ordre me prescrivant de quitter le plateau que j'occupais pour venir avec tout mon corps d'armée prendre position sous les forts entre Lorry, Lessy et Scy.

Je fis aussitôt filer mon artillerie en ne laissant que ce qui était nécessaire pour appuyer les arrière-gardes; les parcs suivirent le mouvement, qui, se continuant sans bruit et sans que l'ennemi ait paru en avoir connaissance, était complètement terminé le matin à 11 heures.

J'avais eu le soin, avant de commencer mon mouvement, d'en prévenir le général Frossard, commandant le 2e corps d'armée, placé à ma gauche.

La marche difficile à travers les défilés de Châtel-Saint-Germain et de Lessy, effectuée de nuit par trois routes différentes, s'est effectuée dans un ordre parfait et sans être inquiétée de l'ennemi.

Aujourd'hui 20, dès le matin, tous les régiments du 3e corps ont pris à l'intérieur de la ligne des forts les nouveaux emplacements assignés par les instructions que vous m'avez fait parvenir hier au soir.

Après avoir reconnu la position, je fais poursuivre activement les travaux de défense, qui doivent assurer les abords et particulièrement le col de Lessy. Le général Vialla, installé sur les lieux, dirige lui-même cette opération, que je hâte de tout mon pouvoir.

La continuité de nos mouvements ne m'a pas permis encore de recevoir des divisions les états de nos pertes en hommes et de la consommation des munitions. Je crois les premières peu considérables ; j'ai demandé d'urgence les uns et les autres et dès que je les aurai, je vous les transmettrai.

Le général Montaudon au maréchal Le Bœuf.

Metz, 20 août.

En réponse à votre lettre datée d'hier, j'ai l'honneur de rendre compte à Votre Excellence que la 1re division, conformément à vos ordres, s'est rendue, des positions qu'elle occupait sur le champ de bataille du 18, au plateau de Plappeville.

La marche de nuit qu'a nécessitée cette opération s'est effectuée sans événement notable, ni poursuite de l'ennemi, et au point du jour la division, précédée de son artillerie, défilait à travers Châtel-Saint-Germain, se portait sur Lessy et de là sur le terrain que vous lui aviez assigné, sous le fort de Plappeville.

Au départ de l'artillerie, un essieu d'avant-train s'est rompu, et le colonel commandant l'artillerie a dû, pour enlever la pièce, prendre un avant-train de caisson et abandonner un caisson de munitions d'infanterie dans la forêt.

Sauf cette perte, la division est arrivée sans encombre sur sa nouvelle position.

Dans la soirée, elle a dû changer de campement pour venir se former sur les glacis du fort de Plappeville et dans les vignes au-dessus du village de Tignomout.

Cette seconde opération, commencée assez tard et à travers des vergers et des vignes, ne s'est pas effectuée sans quelque peine, principalement pour l'installation des voitures, mais enfin ce matin la division était installée très convenablement dans la position assignée.

Les prescriptions de Votre Excellence, quant aux vivres et aux munitions, sont exécutées et il en a été déjà rendu compte.

M. le commandant du génie s'occupe des travaux à établir pour organiser la défense de la position occupée par la division.

Mon quartier général est établit chez M. le maire de Tignomont.

d) **Situation.**

Situation de l'effectif du 3ᵉ corps du 20 au 21 août.

CORPS.	OFFI-CIERS.	TROUPE.	TOTAUX.	CHEVAUX.
QUARTIER GÉNÉRAL.				
État-major général............	17	22	39	59
Intendance militaire...........	5	»	5	12
Services administratifs.........	17	»	17	8
Troupes d'administration........	12	459	471	359
Gendarmerie...................	1	12	13	12
TOTAUX........	52	493	545	450
1ʳᵉ DIVISION D'INFANTERIE.				
État-major...................	11	»	11	28
1ʳᵉ brigade. { 18ᵉ bataillon de chasseurs.	21	757	778	9
51ᵉ de ligne............	40	1,708	1,748	26
62ᵉ —	57	1,942	1,999	26
2ᵉ brigade. { 81ᵉ de ligne............	63	2,139	2,202	28
95ᵉ —	60	2,096	2,156	33
Artillerie....................	14	464	478	414
Génie.......................	6	97	103	49
Train des équipages.............	1	49	50	75
Gendarmerie..................	1	20	21	9
Services administratifs..........	»	»	»	»
TOTAUX........	274	9,272	9,546	667
2ᵉ DIVISION D'INFANTERIE.				
État-major...................	10	14	24	27
1ʳᵉ brigade. { 15ᵉ bataillon de chasseurs.	15	675	690	9
19ᵉ de ligne............	65	1,876	1,941	30
41ᵉ —	52	1,882	1,934	29
2ᵉ brigade. { 69ᵉ de ligne............	53	1,786	1,839	30
90ᵉ —	52	1,951	2,003	26
Artillerie....................	18	457	475	446
Génie.......................	4	98	102	18
Train des équipages.............	1	106	107	133
Gendarmerie..................	1	18	19	11
Services administratifs..........	17	42	59	16
TOTAUX........	288	8,905	9,193	775

CORPS.	OFFI-CIERS.	TROUPE.	TOTAUX.	CHEVAUX.
3ᵉ DIVISION D'INFANTERIE.				
État-major....................	10	»	10	34
1ʳᵉ brigade. { 7ᵉ bataillon de chasseurs.	16	640	656	
7ᵉ de ligne............	55	1,709	1,764	
29ᵉ —	46	1,920	1,966	119
2ᵉ brigade. { 59ᵉ de ligne............	62	2,342	2,404	
71ᵉ —	50	1,919	1,969	
Artillerie....................	17	487	504	410
Génie.......................	5	99	104	17
Train des équipages et services administratifs....................	11	227	238	311
Gendarmerie..................	»	18	18	10
TOTAUX........	272	9,361	9,633	931
4ᵉ DIVISION D'INFANTERIE.				
État-major....................	12	27	39	40
1ʳᵉ brigade. { 11ᵉ bataillon de chasseurs.	21	775	796	9
44ᵉ de ligne............	47	2,044	2,091	25
60ᵉ —	44	1,318	1,362	28
2ᵉ brigade. { 80ᵉ de ligne............	46	1,767	1,813	30
85ᵉ —	58	2,050	2,108	31
Artillerie....................	16	453	469	421
Génie.......................	4	96	100	48
Train des équipages et services administratifs....................	1	106	107	136
Gendarmerie..................	»	17	17	9
TOTAUX........	249	8,653	8,902	747
DIVISION DE CAVALERIE.				
État-major....................	11	20	31	39
1ʳᵉ brigade : 10ᵉ chasseurs........	49	660	709	620
2ᵉ brigade. { 2ᵉ dragons............	39	535	574	535
4ᵉ —	42	509	551	505
3ᵈ brigade. { 5ᵉ dragons............	33	453	486	462
8ᵉ —	40	554	594	489
Gendarmerie..................	1	19	20	21
Services administratifs	11	74	85	7
TOTAUX........	226	2,821	3,047	2,678

CORPS.	OFFI-CIERS.	TROUPE.	TOTAUX.	CHEVAUX.
Réserve d'artillerie.				
État-major	7	»	7	19
Réserve. 7ᵉ batterie du 4ᵉ rég..	2	131	133	94
10ᵉ — 4ᵉ —..	3	138	141	97
11ᵉ — 11ᵉ —..	3	212	215	182
12ᵉ — 11ᵉ —..	6	183	189	147
1ʳᵉ — 17ᵉ —..	4	158	162	167
2ᵉ — 17ᵉ —..	4	176	180	188
3ᵉ — 17ᵉ —..	4	149	153	164
4ᵉ — 17ᵉ —..	5	156	161	173
Parc... { État-major.............	13	»	13	5
Troupes du train d'artillerie................	9	757	766	1,063
Totaux	60	2,060	2,120	2,299
Réserve du génie.				
État-major..................	7	»	7	16
Parc... { 4ᵉ compagnie du 1ᵉʳ rég. Demi-compagnie de chemins de fer.........	8	221	229	100
Totaux	15	221	236	116
Totaux généraux.......	1,436	41,786	43,222	8,663

4ᵉ CORPS.

a) Journal de marche.

Journal de marche du 4ᵉ corps.

Le quartier général du corps d'armée et les divisions d'infanterie conservent à peu près les positions occupées la veille. On les rectifie légèrement.

La cavalerie, qui est inutile en raison du terrain sur lequel nous pouvons être appelés à combattre, est portée en arrière près de la gare du chemin de fer en avant du fort Moselle. L'administration et l'ambulance ont aussi été installées sur ce point.

Le 6ᵉ corps, qui est dans la plaine à droite, fait occuper solidement le village de Woippy par une brigade pour appuyer notre droite. On travaille à la batterie au-dessus du château du Sansonnet et à une autre à gauche du chemin qui conduit du Sansonnet à Lorry, sur la crête occupée par notre ligne de bivouacs. On fait des abris pour couvrir les avant-postes.

On s'occupe de tirer du parc de l'administration et des magasins de Metz, les effets de campement, les havresacs, les demi-couvertures nécessaires aux hommes des 1re et 2e divisions, pour leur permettre de continuer la rude campagne dont ils ont supporté jusqu'à présent les fatigues et les privations avec tant de constance et de courage.

Pour fouiller le terrain couvert qui précède nos lignes, on songe à l'organisation de compagnies d'éclaireurs dans chacune de nos divisions.

b) **Organisation et administration.**

Le général de Ladmirault au maréchal Bazaine.

Au Sansonnet, 20 août.

Par votre lettre du 20 août n° 100, vous m'invitez à vous faire connaître, par un rapport confidentiel, les conditions matérielles, physiques et morales dans lesquelles se trouve le 4e corps d'armée.

Je regarde à peu près comme intactes les conditions matérielles qui peuvent constituer un corps d'armée, c'est-à-dire que le 4e corps possède encore tous ses canons ; il manque bien quelques chevaux d'attelage, mais la réduction du convoi, qui est trop lourd, permettrait de fournir les remplacements nécessaires. Les hommes possèdent leurs armes, qui sont en bon état ; leurs effets sont bons et peuvent résister encore. Les trois brigades qui ont perdu leurs effets de campement sont à peu près pourvues de bissacs, de couvertures et de tentes-abris ; elles peuvent ainsi bivouaquer et emporter leurs cartouches. L'état sanitaire est bon ; les maladies n'ont pas encore envahi la masse des troupes et un jour de repos remettrait les plus fatigués.

Quant aux conditions morales, je pense que l'on peut compter sur le patriotisme et le courage de la grande majorité pour faire face aux dangers de la situation. Le corps d'officiers ne laisse rien à désirer, mais beaucoup ont succombé dans les divers combats qui ont eu lieu. Cependant on peut encore pourvoir chaque compagnie d'un officier. Bien des généraux et des colonels manquent, par suite des pertes éprouvées dans les journées des 14, 16 et 18 août, mais chaque brigade possède encore un colonel pour la commander.

En somme, je regarde le 4e corps comme en mesure de tenter un effort suprême, en prenant la résolution de ne faire qu'un usage modéré des munitions.

Une disposition qui relèverait singulièrement le moral de tous, ce serait de pourvoir à toutes les vacances d'officiers supérieurs et de tous grades.

d) Situation.

Situation de l'effectif du 4ᵉ corps, au 20 août.

CORPS.	OFFICIERS.	TROUPE.	TOTAUX.	CHEVAUX.
État-major général	51	82	133	145
1ʳᵉ DIVISION D'INFANTERIE.				
État-major	10	»	10	35
1ʳᵉ brigade. { 20ᵉ bat. de chasseurs ..	12	624	636	8
1ᵉʳ de ligne	27	1,322	1,349	26
6ᵉ —	57	1,596	1,653	32
2ᵉ brigade. { 57ᵉ de ligne	19	1,105	1,124	35
73ᵉ —	32	1,284	1,316	26
Artillerie { 5ᵉ batterie du 15ᵉ ...	5	110	115	121
9ᵉ — du 15ᵉ ...	4	135	139	127
12ᵉ — du 15ᵉ ...	3	131	134	124
Réserve	»	40	40	75
Génie........................	5	72	77	11
Train des équipages.............	1	42	43	75
Services administratifs	14	114	128	16
TOTAUX.....	189	6,575	6,764	711
2ᵉ DIVISION D'INFANTERIE.				
État-major	14	»	14	47
1ʳᵉ brigade. { 5ᵉ bat. de chasseurs...	12	547	559	11
13ᵉ de ligne..........	41	1,500	1,541	32
43ᵉ —	31	1,331	1,362	40
2ᵉ brigade. { 64ᵉ de ligne	41	1,435	1,476	31
98ᵉ —	43	1,871	1,914	31
Artillerie { 5ᵉ batterie du 1ᵉʳ	2	419	421	104
6ᵉ — du 1ᵉʳ	4	150	154	146
7ᵉ — du 1ᵉʳ	2	131	133	117
Réserve.............	»	43	43	67
Génie........................	4	78	82	19
Train des équipages.............	1	41	42	33
Services administratifs	12	66	78	9
TOTAUX.....	207	7,312	7,519	657

CORPS.	OFFI-CIERS.	TROUPE.	TOTAUX.	CHEVAUX.
3ᵉ DIVISION D'INFANTERIE.				
État-major................	11	»	11	43
1ʳᵉ brigade. { 2ᵉ bat. de chasseurs...	9	548	557	10
45ᵉ de ligne.........	53	1,885	1,938	33
33ᵉ —	61	1,774	1,835	43
2ᵉ brigade. { 54ᵉ de ligne.........	47	1,844	1,891	33
65ᵉ	40	1,755	1,795	34
Artillerie { 8ᵉ batterie du 1ᵉʳ.....	6	147	153	140
9ᵉ — du 1ᵉʳ.....	3	144	147	98
10ᵉ — du 1ᵉʳ.....	3	140	143	107
Réserve............	1	46	47	70
Génie...................	5	101	106	20
Train des équipages........	»	41	41	48
Services administratifs........	1	15	16	12
Totaux.....	240	8,440	8,680	661
DIVISION DE CAVALERIE.				
État-major................	7	»	7	35
1ʳᵉ brigade. { 2ᵉ rég. de hussards....	40	596	636	597
7ᵉ —	34	473	507	516
2ᵉ brigade. { 3ᵉ rég. de dragons	41	490	531	518
11ᵉ —	40	532	572	516
Totaux.....	162	2,091	2,253	2,182
RÉSERVES D'ARTILLERIE.				
État-major................	5	»	5	21
1ᵉʳ régiment. { 11ᵉ batterie.........	4	196	200	469
12ᵉ —	3	193	196	470
8ᵉ régiment. { 6ᵉ batterie.........	4	142	146	120
9ᵉ —	4	139	143	120
17ᵉ régiment. { 5ᵉ batterie.........	4	157	161	182
6ᵉ —	4	155	159	177
Parc du corps d'armée.........	8	517	525	597
Totaux.....	36	1,499	1,535	1,556
Réserve du génie...........	4	97	101	16
Parcs du génie............	»	39	39	61
Totaux.....	4	136	140	77

CORPS.	OFFI-CIERS.	TROUPE.	TOTAUX.	CHEVAUX.
TRAIN DES ÉQUIPAGES.				
3ᵉ régiment. 3ᵉ compagnie........	2	78	80	78
10ᵉ —	2	188	190	204
1ᵉʳ régiment, 10ᵉ compagnie......	3	197	200	260
Force publique................	5	85	90	65
Service des subsistances.........	2	80	82	2
— des hôpitaux...........	9	113	122	3
— du campement..........	1	»	1	»
Trésor et postes...............	17	31	48	31
TOTAUX.....	41	772	813	643

6ᵉ CORPS.

a) Journaux de marche.

Journal de marche du 6ᵉ corps.

Les troupes occupent les mêmes positions que la veille, sauf une légère rectification vers la droite, qui est rapprochée de la place. Woippy est occupé par des troupes de la 4ᵉ division qui s'y retranchent.

L'installation et l'ordre se complètent dans les bivouacs. Vers 8 heures du soir, une dépêche confidentielle du commandant en chef annonce qu'il faut s'attendre à une attaque générale de nos positions, le lendemain au point du jour.

Des ordres en conséquence sont immédiatement donnés.

Journal de marche de la 1ʳᵉ division du 6ᵉ corps.

L'artillerie termine ses batteries. La division complète son installation. Il est commandé un bataillon de piquet par régiment. Les bataillons se relèvent de quatre heures en quatre heures, à partir de 8 heures du soir.

Dans la nuit du 20 au 21, des travailleurs d'infanterie réunis à ceux de l'artillerie et du génie mettent en état de défense, sur une longueur de 2,000 mètres, un grand fossé situé à 2 kilomètres environ en avant du front de bandière. Un peu en avant et près de la Moselle, on couronne l'épaulement d'une ancienne carrière pour y placer une batterie de position ; on construit également un petit redan pour le soutien de la batterie.

Dans la journée du 20, les troupes reçoivent leur ration moitié en pain, moitié en farine.

Journal de marche de la division de cavalerie du 6ᵉ corps.

20 et 21 août.

Le 10ᵉ chasseurs vient rejoindre la division ; on l'incorpore à la 2ᵉ brigade sous les ordres du général de La Jaille. Pendant toute la journée, deux escadrons de la division opèrent des reconnaissances sur la rive gauche de la Moselle, entre la rivière et les coteaux qui dominent Woippy ; un troisième escadron est chargé de reconnaître tout le terrain qui, sur la rive droite de la Moselle, s'étend vers la rivière et sur le plateau de Saint-Julien. Ces reconnaissances signalent l'ennemi comme ayant quelques forces à 500 mètres de Woippy, à Saint-Remy, en arrière du château de Ladonchamps et enfin à Charly. En outre, d'après les récits des paysans, les Prussiens auraient construit un pont en aval de Malroy.

Journal de marche de l'artillerie du 6ᵉ corps.

Le général de Berckheim est nommé commandant de l'artillerie du 6ᵉ corps. Il propose, dès le même jour, au Maréchal commandant le 6ᵉ corps une répartition de l'artillerie qui est adoptée.....

La 9ᵉ batterie du 4ᵉ, les 5ᵉ et 6ᵉ du 19ᵉ ne sont au 6ᵉ corps que postérieurement à la première répartition.

b) Organisation et administration.

Ordre du 6ᵉ corps.

20 août.

Les nécessités de la guerre causent assez de malheurs aux habitants des campagnes, pour que les soldats ne les augmentent pas par leurs déprédations. Un trop grand nombre de ces derniers traitent leurs compatriotes aussi cruellement que s'ils avaient affaire à des ennemis ; ils se répandent dans les maisons, en arrachent les fenêtres et les portes, pillant tout ce qui est à leur convenance.

Le Maréchal de France commandant le 6ᵉ corps, justement indigné d'une pareille conduite, rappelle que la loi militaire punit sévèrement le délit de maraudage ; il prescrit aux prévôts des divisions d'en rechercher activement les auteurs.

Les chefs de corps, les officiers et les soldats eux-mêmes, doivent exercer une surveillance sévère autour d'eux : l'honneur et la dignité de l'armée leur en font un devoir.

Tout homme arrêté sera immédiatement traduit devant un conseil de guerre.

Le maréchal Canrobert au maréchal Bazaine.

Sous Metz, 20 août.

Votre Excellence veut bien me demander, à la date de ce jour, un rapport confidentiel sur la situation matérielle, physique et morale de mon corps d'armée. Je m'empresse de satisfaire à sa demande.

Le 6ᵉ corps, organisé au camp de Châlons, après les cinq premiers, était encore en voie de formation lorsque des ordres et des contre-ordres, en l'appelant tantôt en avant, tantôt en arrière, ont en définitive amené un morcellement dans les divers éléments qui le composent.

Les 1ʳᵉ, 3ᵉ et 4ᵉ divisions d'infanterie ont pu être réunies sous Metz, les 1ʳᵉ et 3ᵉ avec leur artillerie et leur génie et la 4ᵉ dépourvue de ces armes.

La division de cavalerie, la réserve d'artillerie, six des batteries divisionnaires, la réserve, ainsi que le parc du génie, sont encore au camp de Châlons avec les trois quarts de la 2ᵉ division d'infanterie.

Quant aux services administratifs, ils n'étaient pas constitués à notre départ du camp ; aussi sommes-nous dépourvus de transports réguliers, de séries divisionnaires et d'une partie des ambulances (1).

Les chefs de l'artillerie, du génie et de l'administration sont également restés au camp, empêchés de nous rejoindre à Metz, par suite de l'interruption des communications.

Malgré ces conditions défavorables, la partie du 6ᵉ corps qui est ici, sous ma main, s'est présentée aux batailles des 16 et 18 avec une solidité dont j'ai eu à vous rendre un compte avantageux.

A la suite de ces deux journées, où le 6ᵉ corps a éprouvé de grandes pertes, plusieurs régiments sont privés de chefs et d'officiers supérieurs, plusieurs compagnies n'ont plus d'officiers, ce qui naturellement atténue leur force.

Un assez grand nombre d'officiers ont perdu leurs bagages et beaucoup de soldats, leurs sacs, ce qui leur constitue une situation gênante.

---

(1) *Note marginale du maréchal Bazaine :* « Organiser une ambulance de corps. »

Toutefois, le moral des généraux et des officiers encore présents et celui de la troupe, surtout depuis qu'elle a reçu des munitions et des vivres, m'inspirent une grande confiance.

Le général Bisson au maréchal Canrobert.

20 août.

J'ai l'honneur de rendre compte à V. E. que je ne puis continuer mes travaux de défense devant le front de bandière, faute d'outils. Il reste encore beaucoup de murailles et de maisons à créneler.

La compagnie du génie de la 3e division a reçu l'ordre de partir pour le 4e corps; la mienne est restée au camp de Châlons, ce qui fait que je n'ai ni pelles ni pioches.

Je prie V. E. de mettre à ma disposition, pendant quelques heures seulement, la compagnie du génie de la 1re division qui n'a rien à faire devant le front de cette division, attendu qu'il n'y a ni maisons ni jardins.

Un colonel du génie, qui est venu me voir cet après-midi, m'avait promis 500 pioches et 1,000 pelles pour établir les lignes de défense sur le front de bandière des 3e, 1re et 2e divisions, et je n'ai encore rien reçu. Je crains que M. le général Coffinières, n'ayant pas d'ordre de V. E., ne veuille pas mettre ces outils à notre disposition.

Je saisis cette occasion pour informer V. E. que je suis sans artillerie. Si j'avais une batterie de gros calibre, je pourrais la placer très avantageusement devant le front de notre ligne en la masquant par un ouvrage en terre que je ferai exécuter pendant la nuit, si on veut me donner des pelles et des pioches; j'ai tout ce qu'il faut pour faire les gabions nécessaires à la construction de cette batterie (1).

Le général La Font de Villiers au maréchal Canrobert.

Camp sous Metz, 20 août.

L'artillerie de la 1re division d'infanterie du 4e corps, représentée par deux batteries, deux pièces de mitrailleuses et les réserves divisionnaires, est campée entre la 1re et la 2e brigade de ma division, dans un espace complètement découvert. Cette artillerie ne s'est pas réappro-

---

(1) *Note marginale :* « Au général, répondu qu'on avait écrit deux fois avec instance au général Coffinières et que la compagnie du génie de la 1re division ne saurait lui être d'aucune utilité parce qu'elle a perdu sa voiture d'outils. »

visionnée. Elle me crée sur le terrain où je dois agir, toute la gêne d'un convoi.

J'ai l'honneur de porter ce renseignement à la connaissance de V. E.

Des outils du génie me sont annoncés par M. le général Bisson, dont les troupes campent à ma droite. Dès qu'ils seront distribués, le commandant du génie fera exécuter à l'aide de travailleurs d'infanterie, les épaulements dont j'ai donné moi-même l'emplacement.

En ce moment, les trois batteries de ma division, qui ont pris position, se font des masses couvrantes et ont abattu les arbres qui leur masquaient la vue. Ces arbres vont servir à construire les épaulements destinés à défiler les têtes de colonnes de l'infanterie campée en une seule colonne profonde par régiment, conformément aux ordres de V. E. qui m'ont été transmis hier matin verbalement par M. le colonel sous-chef de l'état-major général du 6ᵉ corps.

Enfin, tous les murs et bâtiments ayant vue sur l'espace découvert en avant du front de ma division ont été déjà ou vont être crénelés.

Je reçois à l'instant votre ordre verbal de mettre la compagnie du génie de la 3ᵉ division à la disposition de M. le général commandant la 4ᵉ division. Je ne garde qu'une demi-section pour conduire les travaux ci-dessus.

Au moment du départ de cette dépêche, je vois l'artillerie précitée évacuer le terrain de la 3ᵉ division du 6ᵉ corps.

Le maréchal Canrobert au général de Ladmirault.

Au camp sous Metz, 20 août.

Il est absolument nécessaire de mettre en état de défense le village de Woippy, en arrière duquel est campée une compagnie du génie appartenant à votre corps d'armée.

D'un autre côté, ma 4ᵉ division d'infanterie, qui occupe ce village, n'a pas sa compagnie du génie (1). Je viens donc vous prier de faire mettre à la disposition de cette division une section du génie, avec ses outils, pour diriger les travaux de défense dont il s'agit.

Le maréchal Canrobert au général Jarras.

Sous Metz, 20 août.

La 4ᵉ division d'infanterie de mon corps d'armée (Levassor-Sorval)

---

(1) *Note marginale du maréchal Canrobert :* « Et mon parc de réserve de cette arme est resté à Châlons. »

n'a pas de compagnie du génie et l'absence de cette compagnie se fait journellement sentir.

J'ai l'honneur de vous prier de vouloir bien donner des ordres pour qu'une compagnie de cette arme soit le plus tôt possible mise à la disposition de ma 4e division.

Le général Jarras au maréchal Canrobert.

Ban Saint-Martin, 20 août.

J'ai l'honneur d'informer V. E., en réponse à sa lettre de ce jour, que M. le Maréchal commandant en chef auquel j'ai rendu compte de la situation de la division Levassor-Sorval dépourvue de sa compagnie du génie, me charge de l'honneur de vous exprimer tous ses regrets de ne pouvoir disposer pour cette division d'aucune compagnie du génie ; mais il n'en a pas une seule qui puisse être retirée sans inconvénient de sa position actuelle, c'est-à-dire dont il puisse disposer.

Dans cette situation, il prie V. E. de vouloir bien faire une répartition des deux compagnies dont elle dispose, de telle sorte que leur personnel puisse être réparti à peu près également entre les trois divisions du 6e corps.

Le général Soleille au maréchal Canrobert.

Ban Saint-Martin, 20 août.

J'ai l'honneur de vous faire connaître que, d'après les ordres du maréchal Bazaine, je donne l'ordre aux batteries de canons à balles des divisions Castagny et de Laveaucoupet de venir se mettre à votre disposition, la première lorsque cette division rentrera dans Metz.

P.-S. — J'ai cru devoir, d'après les intentions manifestées hier par le maréchal Bazaine, ajouter à la mitrailleuse de la division Laveaucoupet, celle de la division Castagny, désignée pour augmenter la garnison de Metz.

Le chef d'escadron Loyer, commandant l'artillerie de la division de cavalerie du 6e corps, au général du Barail.

Camp sous Metz, 20 août.

J'ai l'honneur de vous rendre compte que les 5e et 6e batteries de combat placées sous mon commandement sont complètement approvisionnées. L'approvisionnement de la réserve est complet, sauf la 5e batterie qui n'a qu'un caisson, l'autre ayant été laissé brisé sur le champ de bataille. La réserve en cartouches de cavalerie est également complète.

d) Situations.

Situation de l'effectif de la 1re division du 6e corps, au 20 août.

DÉSIGNATION des CORPS.	PRÉSENTS.		INDISPONIBLES.				EFFECTIF TOTAL.		CHEVAUX.		VOITURES.
			OFFICIERS.		TROUPE.						
	OFFICIERS.	TROUPE.	Détachés hors du corps.	Malades.	Détachés, employés, musiciens.	Malades.	OFFICIERS.	TROUPE.	DISPONIBLES.	INDISPONIBLES.	
9e bataillon de chasseurs.	9	515	»	»	»	»	9	515	»	»	»
4e de ligne............	41	1,524	1	9	94	»	51	1,618	28	»	14
10e —	37	1,485	»	»	80	115	37	1,680	»	»	»
12e —	50	1,849	»	»	»	»	50	1,849	24	»	11
100e —	52	1,973	11	»	57	»	63	2,030	28	»	11
Artillerie (1)............	15	550	»	2	7	38	17	595	487	14	»
Génie..................	3	93	»	»	»	4	3	97	»	»	»
État-major.............	6	8	»	»	»	»	6	8	23	»	4
Totaux.......	213	7,997	12	11	238	157	236	8,392	590	14	40

(1) Dans cette situation, il n'est pas question des deux batteries de réserve.

Situation de l'effectif de la 2e division du 6e corps, au 20 août.

DÉSIGNATION des CORPS.	PRÉSENTS.		NON DISPONIBLES.				EFFECTIF TOTAL.		CHEVAUX.		SUBSISTANTS A D'AUTRES CORPS.
			OFFICIERS.		TROUPE.						
	OFFICIERS.	TROUPE.	Employés à l'ambulance.	Malades.	Détachés, à l'ambulance, disparus.	Malades.	OFFICIERS.	TROUPE.	DISPONIBLES.	INDISPONIBLES.	
9e régiment d'infanterie....	37	1,201	26	»	658	»	63	1,859	15	12	21

Situation de l'effectif de la 3e division du 6e corps, au 20 août.

DÉSIGNATION DES CORPS.	PRÉSENTS.		INDISPONIBLES.				EFFECTIF TOTAL.		CHEVAUX D'OFFICIERS.		CHEVAUX DE TROUPE.	
			OFFICIERS.		TROUPE.							
	Offi-ciers.	Troupe.	Em-ployés hors du corps.	Malades.	Dé-tachés, em-ployés, musi-ciens.	Malades.	Offi-ciers.	Troupe.	Dispo-nibles.	Indispo-nibles.	Dispo-nibles.	Indispo-nibles.
État-major	2	6	»	1	»	»	3	6	18	»	»	»
Corps d'état-major	7	7	»	»	»	»	7	7	18	»	»	»
Officiers de santé de l'ambulance	4	»	4	»	»	»	4	»	4	»	»	»
75e de ligne	41	1,416	»	45	12	618	60	2,046	21	»	»	»
91e —	42	1,428	19	»	502	20	61	1,950	18	»	2	»
93e —	25	1,444	41	»	1,210	»	66	2,334	22	1	2	»
94e —	32	1,290	33	»	1,427	»	65	2,447	28	»	»	»
Cavalerie	»	»	»	»	»	»	»	»	»	»	»	»
Artillerie { État-major	2	443	»	»	»	»	2	448	5	»	414	»
5e batterie	4	424	»	»	5	25	4	149	6	»	418	3
6e —	4	134	»	»	»	11	4	145	8	»	402	»
7e —	1	45	»	»	»	»	4	46	6	»	70	1
1er rég. du train	3	94	1	»	10	4	4	108	1	»	12	»
Génie	»	»	»	»	»	»	»	»	2	»	»	»
Équipages militaires	6	4	»	»	»	»	6	4	2	»	3	»
Services administratifs	»	13	»	»	»	»	»	13	»	»	21	»
Gendarmes	1	18	»	»	»	4	4	19	4	»	9	»
Totaux	478	5,866	98	46	2,866	680	294	9,442	160	1	453	4

Situation de l'effectif de la 4e division du 6e corps, au 20 août.

DÉSIGNATION DES CORPS.	PRÉSENTS.		INDISPONIBLES.			EFFECTIF TOTAL.		CHEVAUX.	
	OFFICIERS.	TROUPE.	OFFICIERS. Employés hors du corps.	OFFICIERS. Malades.	TROUPE. Détachés, employés, musiciens. / Malades.	OFFICIERS.	TROUPE.	DISPO- NIBLES.	INDISPO- NIBLES.
1re brigade. { 25e de ligne...	37	1,481	22	»	780 / »	59	1,964	26	3
26e —	34	963	2	26	50 / 675	62	1,688	25	»
2e brigade. { 28e de ligne...	57	1,699	4	»	532 / 164	61	2,395	24	»
70e —	27	1,448	35	»	731 / 15	62	2,194	16	6
TOTAUX.....	155	5,591	63	26	2,093 / 854	244	8,238	91	9

Situation de l'effectif de la division de cavalerie du 6e corps, au 20 août.

CORPS	PRÉSENTS			ABSENTS										EFFECTIF des officiers et de la troupe	CHEVAUX								EFFECTIF des chevaux et mulets
				OFFICIERS			TROUPE								DISPONIBLES					INDISPONIBLES			
	OFFICIERS	TROUPE	TOTAL	En mission	Détachés	Aux hôpitaux	En congé	Aux hôpitaux	Détenus en jugement	Déserteurs	Prisonniers	Détachés	TOTAL		D'officiers	De troupe	De trait	Mulets	TOTAL	Chevaux	Mulets	TOTAL	
État-major général	3 officrs générx	»	3	»	»	»	»	»	»	»	»	»	»	3	17	»	10	»	27	»	»	»	27
Corps d'état-major et officiers d'ordonnance	7	»	7	»	»	»	»	»	»	»	»	»	»	7	16	»	4	»	20	»	»	»	20
Ordonnances, secrétaires, conducteurs d'équipages	»	22	22	»	»	»	»	»	»	»	»	»	»	22	»	»	2	»	2	»	»	»	2
Intendance et administration	7	7	14	»	»	»	»	»	»	»	»	»	»	14	8	»	2	»	10	»	»	»	10
1re brig. { 2e rég. de chasseurs	42	625	667	»	1	1	»	18	3	»	»	4	27	694	87	504	7	3	601	4	»	4	625
3e	43	622	665	»	1	3	3	38	4	2	10	21	80	745	54	453	14	3	524	94	»	94	615
2e rég. de chass. d'Afrique	36	504	540	»	3	4	»	54	15	1	21 disparus	20	103	643	67	442	9	39	557	10	23 détachés	33	590
Détachements des 1er et 3e rég. de chasseurs d'Afrique, 5e et 6e batteries du 19e rég. d'artillerie	6	364	370	»	»	»	»	2	»	»	»	3	5	375	44	47	22	19	129	12	»	12	141
Gendarmerie	12 4	302 21	344 22	»	4	»	»	8	»	»	1 disparu	4	14	328 22	20 2	159 17	158 »	»	337 19	12 3	»	12 3	349 22
TOTAUX	157	2,467	2,624	2	6	5	3	117	9	3	32	52	229	2,853	312	1,622	226	61	2,221	156	23	179	2,400

GARDE IMPÉRIALE.

b) **Organisation et administration.**

Le général Bourbaki au maréchal Bazaine.

Le Sansonnet, 20 août.

Dans son rapport sur la bataille du 16 de ce mois, le commandant du bataillon de chasseurs à pied de la Garde impériale rend compte qu'à un moment de l'action, les soldats prussiens ont levé la crosse des fusils en l'air comme s'ils voulaient se rendre; mais qu'au moment où nos soldats, dupes de cette supercherie, se sont approchés d'eux, ils ont été accueillis à bonne portée par une violente fusillade.

M. le général Deligny, commandant la 1re division d'infanterie de la Garde, me demande d'appeler l'attention de V. E. sur ce fait qui, paraît-il, se serait déjà produit plusieurs fois, et il ajoute les réflexions suivantes :

« Cette manière d'agir est inqualifiable. La guerre, qui autorise les ruses de tout genre, ne permet pas les actes de déloyauté. De tels procédés, employés par l'armée prussienne, doivent être mis au grand jour et connus de l'opinion publique en Europe, qui ne pourra que les stigmatiser. »

Le général Deligny au général Brincourt.

Devant-les-Ponts, 20 août.

J'ai l'honneur de vous faire connaître que j'ai décidé qu'un caisson de munitions d'infanterie serait attaché d'une manière permanente à chaque bataillon.

En conséquence, vous voudrez bien demander à l'artillerie les caissons qui incombent à votre brigade.

Les conducteurs et les chevaux seront mis en subsistance dans les corps auxquels ils seront attachés.

On devra prendre les plus grandes précautions pour que ces caissons soient à l'abri de tout accident.

Le général Pé de Arros au général Soleille.

Ban Saint-Martin, 20 août.

J'ai l'honneur de vous rendre compte que le parc d'artillerie de la Garde a ravitaillé complètement les batteries des diverses divisions et de la réserve d'artillerie de la Garde; d'autre part, le parc a reçu de l'arsenal de Metz un certain nombre de munitions; ces mouvements exécutés, il manque encore au parc d'artillerie de la Garde pour compléter son approvisionnement normal les quantités ci-dessous:

1° Le chargement de 13 caissons de 4 rayé;

2° Le chargement de 2 caissons de 12 de cartouches d'infanterie modèle 1866;

3° Le chargement de 2 caissons légers en cartouches de même espèce;

4° Un arrière-train et un caisson complet.

En conséquence, j'ai l'honneur de vous prier, mon Général, de me faire connaître s'il sera possible de remplacer les munitions manquantes au parc d'artillerie de la Garde, et à quel endroit je devrai les faire prendre.

Le général Pé de Arros au général Soleille.

Ban Saint-Martin, 20 août.

En réponse aux instructions contenues dans votre dépêche n° 342 du 20 août courant, j'ai l'honneur de vous faire connaître que lorsque l'artillerie de la Garde aura reçu les 60 chevaux que vous me donnez l'ordre de prendre au 17° régiment d'artillerie, elle sera en mesure d'atteler complètement toutes ses batteries, à l'exception de la 2° batterie du régiment à cheval, qui a perdu 3 canons dans la journée du 16 (1).

Les batteries sont toutefois très incomplètes en hommes, et il serait nécessaire de combler ces vides; je vous adresserai incessamment le chiffre exact des besoins en hommes.

Les batteries ont toutes leurs voitures complètes en munitions; mais le parc a maintenant des voitures vides, et, s'il ne doit plus recevoir de nouvel approvisionnement, il pourra verser à l'arsenal 13 caissons de 4 rayé, 2 caissons de 12 pour cartouches d'infanterie, 2 caissons à deux roues.

Les officiers supérieurs attachés au commandement de l'artillerie dans les divisions de la Garde impériale ne pouvant être distraits de ce corps, je ne puis vous désigner d'officiers de cette catégorie susceptibles de recevoir une autre destination.

Les batteries de combat et les réserves des batteries sont au complet en munitions, sauf la 6° batterie du régiment monté qui a perdu un caisson pour canons à balles qui ne peut être remplacé.

---

(1) Je reçois à l'instant l'avis que les 3 pièces sont retrouvées.

Il reste au parc les quantités de munitions ci-après :

Obus oblongs de 4 ordinaires...............	3,912
Obus oblongs à balles	527
Boîtes à mitraille de 4.....................	443
TOTAL.............	4,884
Sachets remplis pour canons de 4	4,600
Coups pour canons à balles..................	4,608
Cartouches à balles, modèle 1866	944,150
Cartouches à balles, modèle 1863	78,806

Le général Soleille au général Pé de Arros.

20 août.

Dans la lettre que vous m'avez fait l'honneur de m'adresser le 20 courant, j'ai remarqué une différence de 284 en moins entre le nombre de sachets de 4 dont vous disposez actuellement et le chiffre de vos projectiles. Vous pouvez pour équilibrer vos ressources en sachets et projectiles vous adresser à l'arsenal de Metz qui confectionnera les sachets qui vous manquent.

Quant au caisson pour munitions de canon à balles qui vous fait défaut, vous pourrez peut-être le remplacer par un chariot de parc, si toutefois l'arsenal de Metz a encore des voitures de cette nature et des munitions pour canon à balles disposées dans des caisses blanches.

c) **Opérations et mouvements.**

Le général Bourbaki au général Deligny.

Le Sansonnet, 20 août.

La division Lorencez, du corps Ladmirault, occupe le village de Woippy, en avant de la position sur laquelle votre propre division est installée. Dans le cas où elle serait attaquée, je vous prie de prendre les mesures nécessaires pour la soutenir. Vous voudrez bien, dès à présent, faire reconnaître les chemins vous permettant de remplir le plus promptement et le plus sûrement possible cette mission, le cas échéant.

Situation de l'effectif de la 1re division de la Garde, au 20 août.

DÉSIGNATION DES CORPS.	PRÉSENTS.				AUX HOPITAUX.				ABSENTS pour AUTRES CAUSES.		EFFECTIF.		CHEVAUX ET MULETS.		
	OFFICIERS.		TROUPE.		OFFI-CIERS.		TROUPE.		OFFI-CIERS.	TROUPE.	OFFI-CIERS.	TROUPE.	DISPO-NIBLES.	INDISPO-NIBLES.	TOTAL.
	Dispo-nibles.	Indispo-nibles.	Dispo-nibles.	Indispo-nibles.											
État-major de la division......	11	»	»	»	»	»	»	»	»	11	»	39	»	39
Bataillon de chasseurs........	22	»	569	30	»	»	»	169	6	28	768	9	»	9
1er voltigeurs...............	62	»	1,612	»	»	»	2	61	64	1,673	31	»	31
2e —	56	»	1,514	20	2	»	»	180	9	65	1,714	32	»	32
3e —	65	»	1,674	»	»	48	»	41	»	67	1,760	32	»	32
4e —	62	»	1,649	»	»	26	4	84	»	66	1,759	29	»	29
Intendance.................	45	»	116	»	»	»	»	»	»	45	416	117	»	117
Régiment de chasseurs à cheval...	47	»	639	»	4	48	»	7	»	48	664	625	13	638
Artillerie.................	17	»	455	»	1	28	»	9	»	18	492	430	20	450
Génie.....................	4	»	98	4	»	7	»	3	»	4	109	46	»	46
Prévôté...................	1	»	49	»	»	»	»	»	»	4	49	13	»	13
Trésor et postes............	3	»	2	»	»	»	»	»	»	3	2	6	»	6
TOTAUX......	365	»	8,311	51	4	127	21	554		360	9,073	1,379	33	1,412

Situation de l'effectif de la 2ᵉ division de la Garde, au 20 août.

DÉSIGNATION DES CORPS.	PRÉSENTS SOUS LES ARMES.				AUX HOPITAUX.		ABSENTS pour AUTRES CAUSES.		EFFECTIF.		CHEVAUX ET MULETS.		
	OFFICIERS.		TROUPE.		OFFI-CIERS.	TROUPE.	OFFI-CIERS.	TROUPE.	OFFI-CIERS.	TROUPE.	Dispo-nibles.	Indispo-nibles.	TOTAL.
	Dispo-nibles.	Indispo-nibles.	Dispo-nibles.	Indispo-nibles.									
État-major............	10	»	»	»	»	»	»	»	10	»	39	»	39
Trésor................	3	»	»	»	»	»	»	»	3	»	2	»	(1)2
Intendance et service administratif.	8	»	4	»	»	»	»	»	8	4	8	»	8
Zouaves...............	42	»	1,404	42	»	9	9	63	51	1,476	28	3	28
1ᵉʳ grenadiers.........	57	»	1,560	»	10	170	»	33	67	1,775	29	3	32
2ᵉ —	47	»	1,256	»	16	503	4	20	64	1,779	30	»	30
3ᵉ —	29	»	740	»	1	19	22	426	51	1,485	48	7	25
Artillerie, 3ᵉ, 4ᵉ et 6ᵉ batt. montées.	46	»	424	46	»	18	»	3	47	464	374	26	397
Génie.................	2	»	59	»	»	1	»	»	2	60	8	»	(2)8
Gendarmerie...........	4	»	46	»	»	»	»	»	4	46	11	»	11
4ᵉ comp. du train des équipages...	»	»	50	»	»	»	»	»	4	50	69	4	73
2ᵉ section d'infirmiers........	»	»	15	»	»	»	»	»	»	15	»	»	»
Section d'ouvriers d'administration.	»	»	44	»	»	»	»	»	»	41	»	»	»
Régiment des guides..........	40	»	507	3	2	47	7	132	49	659	645	»	(3)645
TOTAUX....	256	»	5,743	31	29	737	39	677	324	7,188	1,258	40	4,298

(1) Deux mobiles détachés comme conducteurs.
(2) L'autre fraction est détachée à l'état-major général.
(3) Dont 134 chevaux absents détachés hors de la division.

Situation de l'effectif de l'artillerie de la Garde, au 20 août.

DÉSIGNATION DES CORPS.	OFFICIERS.			TROUPE.			CHEVAUX D'OFFICIERS.			CHEVAUX DE TROUPE.		
	PRÉSENTS.		AB-SENTS.	PRÉSENTS.		AB-SENTS.	PRÉSENTS.		AB-SENTS.	PRÉSENTS.		AB-SENTS.
	Dispo-nibles.	Indispo-nibles.		Dispo-nibles.	Indispo-nibles.		Dispo-nibles.	Indispo-nibles.		Dispo-nibles.	Indispo-nibles.	
État-major.	5	»	»	8	»	»	11	»	»	5	»	»
Régiment à cheval (réserve d'artillerie).	24	»	1	566	»	22	39	»	1	640	40	5
Escadron du train (parc).	16	»	»	382	»	10	20	»	»	470	»	8
Total du quartier général.	45	»	1	956	»	32	70	»	1	1,085	40	13
ARTILLERIE DIVISIONNAIRE.												
Régiment monté (six batteries).	30	»	1	795	16	73	45	»	2	616	26	15
Régiment à cheval (deux batteries).	10	»	»	281	»	7	13	»	1	295	»	7
Escadron du train (réserve divisionnaire).	2	»	»	85	»	4	2	»	»	140	3	»
Total des divisions.	42	»	1	1,161	16	84	60	»	3	1,051	29	22

RÉSERVE DE CAVALERIE.

3ᵉ DIVISION.

b) Organisation et administration.

Le Chef d'escadron Clerc, commandant l'artillerie de la 3ᵉ division de cavalerie de réserve, au général de Forton.

Polygone de Metz, 20 août.

Suivant votre intention, et en tenant compte des ressources actuelles des batteries, j'ai l'honneur de vous proposer de réduire à 4 pièces la 7ᵉ batterie qui a le plus souffert, et de laisser la 8ᵉ à 6 pièces en réduisant un peu sa réserve.

Dans ces conditions, les deux batteries pourront être reconstituées assez fortement avec les éléments existants.

La 7ᵉ batterie comprendrait : 4 pièces, 6 caissons, dont 2 de réserve, 2 chariots de batterie, 1 forge, 1 affût de rechange, 2 charrettes à bagages, 1 voiture de cantinière (la seule pour les deux batteries).

La 8ᵉ batterie comprendrait : 6 pièces, 8 caissons, dont 2 de réserve, 2 chariots de batterie, 1 charrette.

J'enverrai le 21 au matin des artificiers à l'arsenal pour confectionner les charges qui nous manquent dans ces conditions, c'est-à-dire 360 coups pour la 7ᵉ et 560 pour la 8ᵉ.

En matériel, la 7ᵉ batterie verserait à l'arsenal 2 pièces complètes et la 8ᵉ toucherait 2 caissons.

Le détachement du 17ᵉ composé de 8 hommes et 16 chevaux attellerait 2 caissons pour cartouches de cavalerie à 6 chevaux, plus un chariot de parc à 4 chevaux.

Il a perdu le chariot de parc, qui pourrait n'être pas remplacé, 2 hommes et 7 chevaux. Il suffirait de faire donner par le 17ᵉ, 3 chevaux pour pouvoir atteler les 2 caissons de cartouches de cavalerie qui sont encore au complet, moins 3,000 cartouches modèle 1866.

Si vous approuvez ces dispositions, je pourrais les mettre à exécution dans la journée de demain, et les deux batteries se trouveront rétablies sur un bon pied.

En supposant les batteries ainsi constituées, il manquerait à la 7ᵉ : un caisson complet pour la batterie de combat, plus les 2 caissons de réserve.

A la 8ᵉ batterie il manquerait : deux caissons et un coffre pour la batterie de combat, plus les deux caissons de la réserve.

d) Situation.

Situation de l'effectif de la 3ᵉ division de la réserve de cavalerie, au 20 août.

CORPS.	DISPONIBLES.		INDISPONIBLES.		CHEVAUX.	
	OFFI-CIERS.	TROUPE.	OFFI-CIERS.	TROUPE.	DISPO-NIBLES.	INDISPO-NIBLES.
1ᵉʳ dragons............	38	538	»	4	495	6
9ᵉ —	35	526	»	6	460	36
7ᵉ cuirassiers............	36	511	»	»	463	7
10ᵉ —	41	457	»	10	454	12
20ᵉ d'artillerie.. { 7ᵉ batterie. 8ᵉ batterie. }	7	269	»	»	294	»
Gendarmerie............	1	20	»	»	21	»
TOTAUX.....	158	2,324	»	20	2,187	61

COMMANDEMENT DE L'ARTILLERIE DE L'ARMÉE
ET
RÉSERVE GÉNÉRALE D'ARTILLERIE.

a) Journal de marche.

Journal des opérations du général Soleille.

Le commandement de l'artillerie du 6ᵉ corps était resté vacant, le général Labastie, titulaire, n'ayant pu rejoindre l'armée. Cette lacune devait être comblée. Les services éclatants rendus, dans la journée du 18, par l'artillerie du 6ᵉ corps eussent été plus éclatants encore et surtout plus profitables, si cette artillerie avait reçu l'impulsion d'un chef unique. M. le général de Berckheim fut nommé à cet emploi ; il prit immédiatement possession de son commandement et s'occupa, sans désemparer, de tous les détails de l'organisation.

Chacune des trois divisions du 6ᵉ corps fut pourvue de trois batteries au moyen de l'emprunt fait à la réserve générale des deux batteries de 4 du 18ᵉ régiment qui avaient déjà combattu avec le 6ᵉ corps, le 16 et le 18, sous les ordres du chef d'escadron Kesner.

La réserve fut formée de deux batteries de 12 de la réserve générale (9ᵉ et 10ᵉ du 13ᵉ), des batteries de canons à balles (Lauret et Bernadac) des divisions de Laveaucoupet (2ᵉ corps) et de Castagny (3ᵉ corps) qui avaient été désignées pour faire partie de la garnison de Metz; enfin, un peu plus tard, des deux batteries à cheval de la division du Barail.

Un parc fut organisé, sous la direction du chef d'escadron Jaubert, pour mettre le 6ᵉ corps en état de pourvoir aux premiers besoins à l'aide de ses propres ressources; ce parc comprenait vingt caissons de cartouches tirés de l'arsenal de Metz et le quart du parc du 3ᵉ corps.

b) Organisation et administration.

Le général Soleille aux généraux commandant l'artillerie des corps d'armée.

Ban Saint-Martin, 20 août (nº 342).

D'après les ordres du Maréchal commandant en chef, vous aurez à vous occuper dans la journée, de la reconstitution de celles de vos batteries qui ont été désorganisées par les pertes des derniers engagements. Un grand nombre d'officiers ont été mis hors de combat. Je ne puis disposer que d'un nombre d'attelages du train, relativement restreint. En fait de servants, il n'y a au dépôt du 1ᵉʳ régiment, qu'un petit nombre d'hommes, non instruits. Mais ces ressources sont insuffisantes pour réparer toutes les pertes.

Il devient donc nécessaire de réduire à quatre pièces, au lieu de six, les batteries qui ont le plus souffert dans leur personnel et dans leur matéreil. Je vous prie de m'adresser immédiatement des propositions à cet égard.

Les bouches à feu et voitures qui, par suite de cette disposition, ne vous sont plus utiles, seraient versées à l'arsenal de Metz. Les caissons de vos réserves divisionnaires et de vos parcs, qui, faute de munitions, restent vides, pourraient aussi, en totalité ou en partie, être versés à l'arsenal. Veuillez me faire connaître le nombre de caissons qui se trouvent dans cette catégorie.

Le Maréchal désire également, en raison de la pénurie d'officiers, prélever un officier supérieur sur les commandements de l'artillerie divisionnaire. Veuillez me faire connaître quels sont les officiers de cette catégorie qui seraient susceptibles de recevoir d'autres destinations.

Je vous prie de faire passer, dans la journée, la visite de vos munitions, et de me faire connaître : 1° si toutes les batteries de combat ont leurs caissons pleins ; 2° ce qui reste aux réserves divisionnaires et aux parcs.

Le même aux mêmes.

Metz, 20 août.

Un approvisionnement de cartouches d'infanterie étant présentement disponible à l'arsenal de Metz, je vous prie de compléter l'approvisionnement des réserves divisionnaires et des parcs de votre corps d'armée. Vous n'aurez qu'à faire envoyer demain à l'arsenal de Metz les voitures nécessaires pour recevoir ce complément.

Le général Soleille au colonel de Girels.

20 août.

Je préviens les généraux commandant l'artillerie des corps d'armée qu'ils aient à faire compléter l'approvisionnement en cartouches des parcs divisionnaires et de leurs parcs de corps d'armée. Pour éviter tout retard, je les invite à s'adresser directement à vous et à vous envoyer le nombre de caissons nécessaires pour recevoir le complément de leurs approvisionnements.

Je vous prie de me faire connaître demain dans l'après-midi le chiffre de cartouches ainsi délivrées. Quant à celles qui vous resteront, vous les ferez charger dans les caissons vides que les batteries et les parcs vous ont versés aujourd'hui.

Le général Soleille au colonel Marion.

20 août.

D'après les ordres du Maréchal commandant en chef, je vous invite à faire jeter sur le grand bras de la Moselle, et au point qui avait été déjà choisi, un pont de bateaux au moins, et deux si l'état de la rivière vous permet d'en établir un second à peu de distance et en aval du premier. Si le nombre des bateaux réglementaires n'était pas suffisant, vous pourriez trouver des ressources dans les bateaux du commerce qui se trouvent dans l'intérieur de la ville. Le commandant Hurstel me dit d'ailleurs qu'il existe dans les magasins d'artillerie du fort Moselle des poutrelles dont vous pourriez disposer. Veuillez, en conséquence, faire commencer dès demain matin la construction de ces deux ponts. Prenez, dès ce soir, les dispositions préparatoires. Dès que l'opération sera terminée vous m'en donnerez avis par ordonnance.

J'écris au général Coffinières pour que les détachements de pontonniers disséminés dans les forts et dans la place soient mis à votre disposition pendant les quelques heures que durera l'opération.

Le général de Mecquenem sera prévenu par la voie hiérarchique.

Le général Canu au général Soleille.

Ban Saint-Martin, 20 août.

J'ai l'honneur de vous adresser les réponses ci-jointes aux demandes formulées dans votre lettre n° 342, en date du 20 août 1870 :

Les batteries de la réserve générale ont été réorganisées imédiatement et sous ce rapport il ne reste plus rien à faire, sauf à remplacer les officiers tués ou blessés, à savoir : dans le 18e d'artillerie à cheval, 6 officiers, dont 2 tués et 4 blessés, comme il a été dit dans les états déjà fournis.

Le nombre des attelages est suffisant pour atteler tout le matériel utile.

Il y a assez de servants pour servir les pièces, tant dans le 13e régiment que dans le 18e régiment.

Il n'y a donc pas lieu, pour les batteries de la réserve générale, à réduire le nombre des pièces de 6 à 4. Seulement, dans le 18e régiment d'artillerie à cheval, il manque 4 caissons chargés de canon de 4 R. de campagne; le nombre des charges disponibles n'étant pas suffisant pour remplir les 36 caissons.

Le 13e et le 18e régiment ont versé à l'arsenal de Metz les voitures devenues inutiles.

Le désir exprimé par le Maréchal de prélever un officier supérieur dans les commandements de l'artillerie divisionnaire se trouve sans application pour les batteries de la réserve générale, qui n'ont qu'un chef d'escadron par division.

Le 18e régiment d'artillerie a un lieutenant-colonel, mais je crois qu'il doit être conservé. Celui du 13e régiment est détaché à Metz.

Les batteries montées du 13e régiment sont complètes, comme batteries de combat, et ont en plus 1 caisson par section à la réserve.

Les six batteries à cheval du 18e régiment ont 32 caissons chargés de canon de 4 R. de campagne.

d) Situation.

Situation de l'effectif de la réserve générale d'artillerie, au 20 août.

CORPS.		OFFICIERS.	TROUPE.	TOTAL.	CHEVAUX.
État-major...	Officiers.........	3	»	4	9
	Employés.........	1	»	»	»
3e régiment.	6e batterie (1)......	»	»	»	»
	8e et 12e batteries (2).	»	»	»	»
13e régiment.	État-major........	9	»	9	17
	5e batterie........	5	194	199	167
	6e —	5	197	202	163
	7e —	5	191	196	161
	8e —	4	190	194	155
	9e et 10e batteries (3).	»	»	»	»
	11e batterie.......	4	195	199	160
	12e —	4	195	199	157
18e régiment.	État-major........	10	»	10	21
	1re batterie........	4	145	149	174
	2e —	4	127	131	143
	3e —	2	143	145	153
	4e —	2	144	146	145
	5e —	4	146	150	148
	6e —	3	144	147	162
	7e et 8e batteries (4).	»	»	»	»
Parc de la réserve générale (5).....		»	»	»	»
TOTAUX.....		69	2,011	2,080	1,935

(1) Employée à Metz.
(2) Retenues à Lyon.
(3) Détachées au 6e corps.
(4) Détachées au 6e corps.
(5) Non arrivé.

RENSEIGNEMENTS

Le Ministre de la Guerre au maréchal Bazaine, à Metz (D. T. Ch.).

> Paris, 20 août, 12 h. 15 matin. Transmise à Thionville à 12 h. 25 matin (n° 25349).

Le préfet de la Meuse télégraphie ce qui suit : « L'armée ennemie paraît se concentrer entre Saint-Mihiel, Sampigny, Apremont; je crois que deux corps d'armée doivent se réunir sur ce point, l'un venant de Thiaucourt, l'autre de la vallée de la Meuse pour se rendre à Verdun; ils n'ont peut-être envoyé des troupes à Bar que pour tromper; il est à remarquer qu'ils ont laissé subsister le télégraphe de Revigny. »

Le Ministre de la Guerre au maréchal Bazaine, à Metz, Verdun. (Faire suivre.) (D. T. Ch.).

> Paris, 20 août, 10 h. 59 matin. Transmise à Verdun à 11 h. 10 matin; à Thionville à 11 h. 5 matin (n° 25401).

Je reçois de Longuyon la dépêche suivante expédiée le 19 août, à 7 h. 20 du soir, par X..., à Arlon.

« Corps d'armée prussien, mentionné dans ma dépêche d'hier, entré par Sierck, se dirigeant vers Briey. »

Bulletin de renseignements du Grand Quartier général.

> Ban Saint-Martin, 20 août.

Le 1er corps d'armée prussien combattait, le 14, en face de nos lignes; il est commandé par le général de Manteuffel. Le *Journal de Luxembourg* dit que les Prussiens firent avancer, ce jour-là, deux corps contre nos 3e et 4e corps d'armée, et que ces forces peuvent être évaluées de 80,000 à 90,000 hommes, ce qui laisserait plutôt supposer la présence de trois corps, probablement les Ier et VIIIe et le VIIe resté en réserve.

Un soldat du 43e prussien fait prisonnier en face de Borny, le 14, dit que le Ier corps, auquel il appartient, est sous les ordres de Steinmetz, avec les VIIe, VIIIe et IXe. Un infirmier prussien, arrêté par erreur à nos avant-postes, hier, déclare qu'il y a huit corps d'armée prussiens sur la rive gauche en face de Metz. Cette assertion ne pourra être éclaircie qu'après l'interrogatoire des 800 prisonniers faits le 18 et qui n'étaient pas arrivés encore ce matin, à 11 heures, à Metz. Il devrait y en avoir deux sur la rive droite. Ces dix corps, qui cerneraient Metz, sont les Ier, IIe, IIIe, IVe, VIIe, VIIIe, IXe, X^e, XIIe corps et la Garde.

La division hessoise (25e de l'armée prussienne) n'est pas dans le XIe corps, comme en temps de paix ; elle a été placée dans le IXe corps, qui a laissé une de ses divisions (la 17e) dans le Schleswig-Holstein.

Le Prince royal, qui paraît se rapprocher de Bar-le-Duc avec la IIIe armée, a donc seulement : les Ve et XIe corps prussiens, le corps wurtembergeois-badois, le IIe corps bavarois.

On ne sait pas où sont les deux autres corps allemands : le VIe prussien et le Ier bavarois. Le général Uhrich, commandant de Strasbourg, signalait des troupes nombreuses remontant vers le Sud et passant par Strasbourg.

Aux environs de Metz, on a signalé, depuis ce matin, des mouvements de troupes assez considérables vers la Moselle au Nord. Ces troupes déboucheraient par les points suivants : Rombas, Pierrevillers, Marange, Fèves et Semécourt, Norroy, Plesnois. Ils couvriraient ce mouvement par des éclaireurs du côté de Saulny et de Woippy.

A Marange, dit une reconnaissance d'éclaireurs, il y aurait 2 escadrons, avant-garde d'un corps de 15,000 hommes, qui seraient placés en arrière du village. Une batterie de six pièces au moins est établie sur la côte au-dessus de Marange. Maizières et les bois environnants sont occupés. L'ennemi se masse de plus en plus depuis le bois de Fèves jusqu'à Amanvillers en arrière de Semécourt.

La Garde royale paraît être à Montigny-la-Grange.

Sur notre gauche, les villages de Moulins, Sainte-Ruffine et Vaux sont occupés par l'ennemi.

Renseignements fournis par les éclaireurs du 7e dragons.

20 août.

Les avant-postes prussiens continuent à occuper Jussy. Nos éclaireurs se sont avancés dans la vallée de Moulins jusqu'à Châtel-Saint-Germain, qui n'est pas occupé ; ils ont dépassé ce village et rencontré les avant-postes ennemis à 500 mètres.

Au dire des habitants, il y aurait une quarantaine de pièces de canon au-dessus de Rozérieulles et des camps considérables à 2 kilomètres au plus de Châtel.

Bulletin de renseignements du 3ᵉ *corps.*

20 août.

Semécourt. — Hier, une patrouille prussienne s'est présentée à Semécourt. Les habitants se sont réfugiés à Metz et aux environs. (Renseignement privé.)

Norroy. — Ce matin, des jeunes gens venus de Norroy disaient que l'ennemi s'était présenté hier dans leur village et qu'il y avait fait une réquisition de 500 rations.

Ce matin, un agent envoyé de ce côté est revenu après avoir poussé jusqu'à Norroy. Il affirme avoir vu deux batteries (peut-être deux pièces) avec épaulement sur une hauteur au-dessus de Saulny ; cette hauteur doit être le Chesnois. Il a vu de l'infanterie et de l'artillerie qui suivait les pentes des collines se dirigeant du côté de Fèves ; la tête de colonne avait même déjà dépassé Fèves.

Saulny. — Le facteur de Lorry, allant ce matin à Saulny pour son service, a été arrêté en route par un habitant du village, qui l'a fait retourner sur ses pas en lui disant qu'il y avait en ce moment des cavaliers prussiens à Saulny.

Vaux. — Un habitant de Lessy qui travaillait à Vaux et qui en est revenu ce matin, dit que l'on construit des batteries sur les hauteurs au-dessus du village (on voit les travailleurs du Saint-Quentin). Le village de Vaux était gardé par une troupe d'environ 150 hommes. Un officier prussien, ancien sous-directeur aux forges d'Ars, se vantait devant les habitants qu'on enlèverait le fort du Saint-Quentin demain et que Metz serait pris par ce seul fait. (Ce bruit a déjà été rapporté, d'un autre côté, par un homme qui a été mené à l'état-major général de la Garde impériale.)

Maizières. — Une reconnaissance exécutée par des éclaireurs de cavalerie sur Maizières confirme les renseignements ci-dessus. L'ennemi occupe Marange avec deux escadrons ; ce serait, au dire des habitants, l'avant-garde d'un corps de 15,000 hommes. Il y a une batterie de six pièces au moins au-dessus de Marange. Un capitaine saxon, faisant une réquisition à Marange, y a répété ce bruit qui revient de tous les côtés, qu'une attaque générale devait avoir lieu aujourd'hui.

Rive droite de la Moselle. — Une reconnaissance a été exécutée sur la rive droite de la Moselle par le commandant de Lignières, du 2ᵉ régiment de chasseurs. Il a trouvé la redoute commencée de Saint-Privat occupée par des troupes prussiennes. Il a vu un long convoi sortant du village de Magny et se dirigeant sur le château de la Grange-aux-Ormes. La marche du convoi était protégée par une batterie établie en avant du village ; cette batterie s'est retirée après le passage du convoi. Continuant sa reconnaissance jusqu'à Peltre, le commandant de Lignières a trouvé un poste de cavalerie près du bois de la Haute-Bévoye, un autre au château de Mercy ; à Peltre, il n'y avait rien. A l'embranchement des routes de Strasbourg et d'Ars-Laquenexy, il a trouvé les cadavres de trois artilleurs français, non encore enterrés, et un avant-train rempli de munitions.

Bulletin de renseignements du 4ᵉ corps.

Le Sansonnet, 20 août.

Les Prussiens auraient occupé dans la journée d'hier la petite ville de Maizières-les-Metz. La voie ferrée a été coupée entre Metz et cette localité. L'ennemi s'occuperait de fortifier les hauteurs de Fèves entre Maizières et Saint-Privat.

Un soldat du 57ᵉ, blessé avant-hier et fait prisonnier, a trouvé moyen de s'échapper ce matin. Il se nomme Barbet. Les Prussiens ont fait feu sur lui et lui ont enlevé un doigt. Ils l'avaient interrogé sur le nombre de nos mitrailleuses et la quantité de nos munitions ; on lui a aussi demandé si les aiguilles de notre fusil ne s'émoussaient pas à la longue.

Il a affirmé nos ressources et répondu négativement à la dernière question.

D'après ses déclarations, l'ennemi est très nombreux ; ils bivouaquent toujours dans les bois ; à ce moment, ils occuperaient ceux qui s'étendent à droite et à gauche de Saulny. Leur artillerie est très nombreuse et de gros calibre : elle est traînée par des mulets qui s'arrêtent souvent.

Les soldats prussiens ont beaucoup de cartouches ; leurs vivres sont ceux qui viennent des soldats français.

Le maréchal Canrobert au général Jarras.

Camp devant Metz, 20 août, 10 h. 30.

J'ai l'honneur de vous adresser ci-dessous, copie des renseignements fournis par une reconnaissance de la cavalerie du Barail qui rentre au camp : « Les Prussiens paraissent se masser de plus en plus depuis les bois de Fèves jusqu'à Amanvillers en arrière de Semécourt.

« Avant-hier, ils ont coupé le chemin de fer et le télégraphe à Uckange, 11 kilomètres de Maizières, 6 de Thionville.

« Hier ils ont fait de même à Maizières.

« Je rallie mon monde. »

Reconnaissance faite par le sous-lieutenant d'état-major Lelasseux, du 2ᵉ chasseurs d'Afrique.

Camp sous Metz, 20 août, 1 heure soir.

A Argancy (13 kilomètres de Metz, sur la Moselle) se trouve un gué que les Prussiens ont franchi ce matin au nombre d'une trentaine pour venir sur la rive gauche; on aperçoit leurs feux entre Malroy et Olgy.

Le village de Failly était occupé hier au soir par de l'infanterie; les Prussiens en ont crénelé les maisons et barricadé les rues. Le fort Saint-Julien ayant tiré ce matin sur eux, ils se sont retirés dans le vallon en arrière du village.

Sur la route de Sarrebrück, les Prussiens occupent Montoy et Flanville et ont leurs avant-postes à la Planchette et jusqu'à Bellecroix (4^{km},500) où un volontaire a été attaqué par trois uhlans.

Dans le vallon, ils poussent leurs éclaireurs jusqu'à Vantoux (3^{km},500 de Metz).

Ce matin, une avant-garde forte de 30 à 50 fantassins est descendue de Noisseville sur Nouilly.

Noisseville, Servigny, Sainte-Barbe et les bois en arrière sont occupés par des bivouacs d'infanterie. Les Prussiens semblent se porter sur Failly. Le fort Saint-Julien a tiré ce matin sur eux et ils se seraient repliés de Nouilly sur Sainte-Barbe.

Renseignements transmis par le Général commandant la 1ʳᵉ brigade de la 1ʳᵉ division du 6ᵉ corps.

Camp sous Metz, 20 août, 1 h. 30 soir.

Le capitaine commandant la grand'garde de chasseurs à pied fait prévenir que des habitants de Maizières-les-Metz lui ont assuré qu'il y avait déjà plus de 10,000 Prussiens dans leur village.

Camp sous Metz, 20 août, 2 h. 30 soir.

La reconnaissance de cavalerie, envoyée sur la route de Saulny, signale des vedettes ennemies sur les coteaux qui dominent ce dernier village.

On dit que les Prussiens sont établis à Amanvillers et à Saint-Privat, et qu'une colonne a défilé pendant trois heures dans la matinée allant vers Châtel-Saint-Germain.

L'ennemi occupe Marange, mais serait peu nombreux à Maizières.

Dépêches télégraphiques des différents observatoires.

Fort Saint-Quentin, 20 août, 6 h. 40 matin (n° 190).

Nuit sombre, rien à signaler ; les positions ennemies sont dans le brouillard.

Cathédrale, 20 août, 8 h. 15 matin (n° 191).

Troupes prussiennes en bataille en arrière et à droite de la ferme de Saint-Thiébault. Un long convoi sort de Pouilly et se dirige vers Marly, voitures couvertes de bâches blanches. En avant d'Augny, les troupes campées en assez grand nombre continuent leurs travaux de campagne. Sur les plateaux au-dessus de Sainte-Ruffine et Rozérieulles, on aperçoit quelques détachements prussiens. Un long convoi montant par la route de Verdun paraît aller chercher des blessés. Du côté de la basse Moselle, on ne voit aucune trace de l'ennemi ; reconnaissance de cavalerie française, entre la Moselle et le chemin de fer, à hauteur de Saint-Remy.

Fort Queuleu, 20 août, 8 h. 20 matin (n° 192).

Nuit tranquille. Feux de signaux au Nord-Est vers Mey se continuant par Fleury et Pouilly vers Fey où se trouve encore ce matin le campement signalé hier soir. Il y a une heure, une colonne venant de Peltre et une venant de Fleury ont pris toutes deux la route de Marly à la ferme de Saint-Thiébault. L'une des colonnes est massée dans une prairie au-dessous de Saint-Thiébault, l'autre arrive à l'heure qu'il est à Marly. On prétend avoir vu des voitures et équipages qui pourraient appartenir au Roi ; je n'ai pu les distinguer. Les vedettes de Mercy-le-Haut ont disparu. J'envoie un paysan connu à Peltre voir ce qui s'y passe.

Cathédrale, 20 août, 8 h. 45 matin (n° 193).

Postes et vedettes d'infanterie et de cavalerie prussiennes au-dessus de Saulny, en avant de la lisière du bois.

Fort Plappeville, 20 août, 9 h. 37 matin (n° 194).

Rien de remarquable pendant la nuit. On a vu vers minuit des fusées-signaux dans la direction de Vigyal (sic). J'ai envoyé une reconnaissance vers Saulny. Elle a vu des sentinelles prussiennes dans les bois de ce village. On lui a dit qu'une batterie était établie à hauteur de Saulny à gauche de la route. Mais elle n'a pu le constater. Elle a ramené six chevaux abandonnés par les paysans. Je demande un approvisionnement de fourrages pour les chevaux de toute sorte au fort.

Cathédrale, 20 août, 10 h. 10 matin (n° 195).

Des groupes nombreux d'infanterie prussienne disséminés sur le plateau au-dessus du ravin de Rozérieulles et à gauche de la route de Paris creusent des trous qui paraissent alignés régulièrement. Ce sont probablement des fossés pour enterrer leurs morts.

Cathédrale, 20 août, 10 h. 57 matin (n° 196).

Une forte colonne se dirige de droite à gauche, c'est-à-dire se dirigeant de Peltre vers la Moselle en passant au Nord de Saint-Julien. Renseignements fournis en absence des officiers du génie.

Cathédrale, 20 août, 10 h. 57 matin (n° 196).

Une colonne d'infanterie et de cavalerie suivie d'un convoi considérable de voitures passe en arrière de Noisseville se dirigeant vers le Nord.

Les travaux de terrassement faits par les Prussiens sur le plateau à gauche de la route de Verdun paraissent être des tranchées-abris.

Fort Saint-Julien, 20 août, 11 h. 25 matin (n° 196).

La distance doit être de 4,500 mètres; je ne crois donc pas pouvoir tirer avec efficacité sur Woippy.

Fort Plappeville, 20 août, midi (n° 197).

Troupes nombreuses à gauche de la route de Verdun au-dessus de Rozérieulles; sont-elles prussiennes? Je puis essayer de les battre par le canon. Réponse rapide.

Cathédrale, 20 août, 12 h. 35 soir (n° 199).

Des quantités considérables d'infanterie et de cavalerie se massent entre Noisseville et Sainte-Barbe, en arrière de Mey, sans doute pour protéger le passage d'un immense convoi d'artillerie et de voitures qui se dirige vers Sainte-Barbe; quelques calèches à deux chevaux semblent indiquer la présence de généraux ou chefs de corps.

Cathédrale, 20 août, 1 heure soir (n° 200).

Toute la colonne d'infanterie, cavalerie, bagages, voitures de fourrages et même un troupeau de bœufs passe sur la crête entre le fort de Saint-Julien et Sainte-Barbe et descend sur Vrémy.

Fort Saint-Julien, 20 août, 1 h. 40 soir (n° 201).

D'assez fortes colonnes ennemies sortent de Sainte-Barbe et semblent se diriger du côté de Malroy. Nous les observons.

Cathédrale, 20 août, 3 h. 35 soir (n° 202).

Un petit détachement de cavalerie vient de l'Ouest vers Maizières; on n'a vu aucun mouvement dans la plaine de Thionville.

Cathédrale, 20 août, 4 h. soir (n° 203).

De nouvelles troupes d'infanterie renforcent le camp d'Augny.

Bivouac au-dessus de Vaux, à la lisière des bois qui sont d'ailleurs occupés en force à en juger par la fumée qui en sort.

Un petit convoi escorté par de l'infanterie vient par la route de Sarrelouis et s'arrête derrière Noisseville.

Un convoi vient du Sud vers Petit-Marais sur la route de Sarrelouis.

Fort Plappeville, 20 août, 4 h. 45 soir (n° 204).

On voit une forte colonne ennemie le long des bois, à gauche de la route de Verdun, au-dessous de Rozérieulles.

Cathédrale, 20 août, 5 h. soir (n° 205).

Des colonnes considérables d'infanterie se massent en avant et à gauche d'Augny. On pourrait craindre pour cette nuit un coup de main sur Montigny. Des convois se croisent à chaque instant sur les chemins transversaux entre Seille et Moselle.

Cathédrale, 20 août, 6 h. soir (n° 207).

Une colonne considérable d'infanterie, qui a mis plus de vingt-cinq minutes à défiler, est partie d'Augny se dirigeant vers Marly pour y passer la Seille. Elle a été suivie par de la cavalerie, de l'artillerie et des bagages. Avant de quitter le campement, ils ont mis le feu exprès ou par accident à un amas considérable de fourrages. Malgré le départ de ces troupes, Augny est encore fortement occupé. On voit en ce moment environ deux compagnies en bataille en avant du village et d'autres lignes paraissent sous les bois et dans les jardins. Le mouvement des convois continue entre Seille et Moselle. La tête de la colonne d'infanterie arrive à la ferme de Saint-Thiébault, entre Magny et Pouilly.

Fort Queuleu, 20 août, 6 h. 10 soir (n° 206).

Grands mouvements de troupe en vue du fort, venant de la Moselle, se dirigeant sur Peltre ; deux officiers à cheval se sont avancés vers le fort en face du bastion 1 en agitant un mouchoir blanc ; un sapeur armé s'est avancé ; ils ont demandé à parler au commandant du fort et, comme ils parlaient entre eux en allemand, le sapeur les a engagés à parler français, sans quoi il tirerait sur eux. Ils ont alors tourné bride en disant : « Tirez si vous voulez, mais dites au commandant qu'il faut qu'il se rende ». On a répondu par une volée de coups de fusil ; l'un est tombé, mais il a continué son chemin à pied.

Cathédrale, 20 août, 7 h. soir.

Trois bataillons bivouaquent près et en deçà de Pouilly. Un régiment de cavalerie est à leur gauche. Un bataillon a continué la marche vers Peltre en suivant la lisière des bois. On n'a pas vu d'ennemis dans Magny. Une batterie suivie d'une parallèle de 400 mètres de longueur est établie à 800 mètres de Grigy, sur la crête du contrefort compris entre les routes de Strasbourg et d'Ars-Laquenexy. Il est probable que les arbres de la route de Strasbourg la masquent à Queuleu.

Les pièces de l'extrémité gauche du cavalier atteindraient cette batterie en tirant à 1,800 ou 1,900 mètres dans la direction du château de Mercy.

Quelques bataillons arrivent encore vers Pouilly.

Cathédrale, 20 août, 7 h. 40 soir (n° 210).

De la fumée au-dessus du bois de Borny semble annoncer la présence d'un camp masqué. Le camp de Pouilly n'a pas de feux de bivouac ; Saint-Julien tire quelques coups de canon et fait deux décharges de mousqueterie.

Cathédrale, 20 août, 9 h. soir (n° 212).

Feux prussiens très brillants à Noisseville, Pouilly, Augny et Ars. En outre, quelques feux de bivouac au-dessus de Jussy et de Rozérieulles. Rien du côté de Saulny et de la basse Moselle.

Renseignements fournis par X....

Ban Saint-Martin, 20 août.

L'ennemi descendrait en force vers la Moselle sortant des bois et débouchant par les points suivants : Rombas, Pierrevillers, Marange, Fèves et Semécourt, Norroy, Plesnois.

Du côté de Saulny et de Woippy, il couvrirait ce mouvement par des éclaireurs.

Renseignements donnés par X..., délégué du Comité central de l'Internationale.

Il a quitté Paris, jeudi soir 11 h. 30 (1); on croyait les communications libres pour Metz. Paris était dans la joie, à la suite des batailles des 14 et 16.

La nomination du général Trochu avait été acclamée.

Les fortifications de Paris semblent armées partout; beaucoup de volontaires y travaillent.

80,000 pompiers sont arrivés à Paris de tous les départements.

Une commission est installée en permanence à l'Élysée pour faire partir les francs-tireurs par petits groupes.

A Épernay, encombrement de troupes et de matériel.

A Reims, il a rencontré un bataillon de mobiles parisiens, qu'on renvoie du camp de Châlons et qu'on dirige sur le camp de Saint-Maur. Il a appris d'eux que beaucoup de troupes se trouvent au camp de Châlons et que la marche en avant vers nous a dû commencer avant le 19.

Il a rencontré à Montmédy un train portant 2,500,000 cartouches; ce train allait rétrograder sur Charleville.

A Montmédy, la population est animée d'un excellent esprit; les mobiles font l'exercice pendant la plus grande partie de la journée; ils semblent très résolus.

M. X... est au jardin Fabert; part demain matin pour Paris, s'offre à emporter des lettres.

Le général Soleille au général Coffinières.

Ban Saint-Martin, 20 août.

Je n'ai pas à vous apprendre que les Prussiens débarquent à Peltre un matériel de siège; je me borne à vous dire que vos pièces de 24 de Queuleu pourraient troubler cette opération et peut-être même causer quelque dégât à ce matériel.

Rapport du Commandant du fort Saint-Julien.

20 août.

J'ai l'honneur de vous rendre compte que, à part quelques petites

---

(1) Le 18.

alertes, rien de particulier ne s'est passé dans le fort Saint-Julien depuis hier à pareille heure. Nous voyons à tout moment sortir de tous côtés de très petites colonnes d'ennemis qui s'avancent à 2 ou 3 kilomètres de nous, se répandent en tirailleurs et semblent épier. Après deux jours d'observation attentive et minutieuse, nous avons été forcés de nous avouer qu'elles ne s'occupent pas de nous, mais que les hommes dont elles se composent cherchent et arrachent des pommes de terre et s'en retournent lorsque la provision est faite.

Cependant aujourd'hui de longues et nombreuses colonnes ont débouché de Sainte-Barbe et se sont dirigées vers nous, puis ont tourné à notre gauche pour gagner la Moselle. J'en ai prévenu par dépêche M. le général commandant supérieur.

Le bois ne veut pas brûler. On continue à le mettre à bas. Je fais construire plusieurs embuscades, quelques épaulements en avant du bois. Nous pourrons ainsi nous mieux garder. J'emploie du reste tous les bras qui sont à ma disposition et l'ouvrage se fait bien, parce que ce sont les mêmes hommes qui travaillent toujours aux mêmes choses.

Notre état sanitaire est excellent.

Rapport du Commandant du fort de Plappeville.

20 août.

Une section d'une batterie du 3ᵉ régiment d'artillerie est détachée au fort de Plappeville; elle n'a emmené avec elle que ses servants et un sous-officier.

Il serait peut-être utile de la compléter en lui envoyant ses conducteurs et ses mulets. On aurait ainsi d'anciens soldats pour guider les canonniers et de plus on aurait des moyens de transport, mais à condition de les nourrir.

On a vu toute la journée, et particulièrement le soir de 4 heures à 5 heures, de longues colonnes ennemies suivant la lisière du bois de Vaux. Il y a des feux allumés dans ce bois. Je n'ai pas fait tirer sur ces troupes parce que nos munitions ne sont pas assez nombreuses. J'appelle du reste, de nouveau, l'attention sur cette question des munitions; le premier approvisionnement fixé pour les forts n'est même pas au complet; il faut en outre le considérer comme insuffisant.

Rapport du Commandant du fort Saint-Quentin.

20 août.

Toutes les troupes sont autour des forts; le 2ᵉ corps est campé à Longeville. A 4 heures, on a aperçu une forte colonne prussienne sur la route de Noméuy à Metz; elle a quitté cette route à hauteur de Fleury pour se rendre dans le bois de l'Hôpital.

Le fort de Plappeville a toujours un troupeau de dix à quinze animaux; ce serait une bonne mesure peut-être à prendre pour le fort Saint-Quentin. En fait de vivres de réserve, nous n'avons ni café ni sucre ni eau-de-vie ni vin.

Journée du 21 août.

GRAND QUARTIER GÉNÉRAL.

b) Organisation et administration.

Le maréchal Bazaine au maréchal Canrobert et au général Coffinières.

Ban Saint-Martin, 21 août.

Je vous prie, si aucun mouvement de l'ennemi ne s'y oppose et ne vous retient au milieu de vos troupes, de vous rendre demain matin, 22 du courant, à 7 heures, au grand quartier général, pour affaires de service.

Le maréchal Bazaine au général Soleille.

Ban Saint-Martin, 21 août.

J'ai l'honneur de vous adresser, ci-après, copie d'une dépêche télégraphique, qui est adressée par M. le Commandant de la place de Sedan au général commandant à Metz.

« Par ordre du Ministre, faire savoir au maréchal Bazaine que 60 wagons de poudre ..... (1).

---

(1) Voir documents annexes, p. 4.
Note marginale du général Jarras : « Il résulte d'un renseignement que je viens de recevoir d'une personne qui a voyagé avec ce convoi que les munitions sont arrivées hier matin à Montmédy où il a été jugé prudent de les arrêter. Cependant, un convoi de voyageurs parti à 9 h. 50 du matin est arrivé sans accident à Thionville vers 11 h. 30, et la personne en question a pu, pendant la nuit, se rendre de cette dernière place à Metz, sans être arrêtée par l'ennemi. »

Le maréchal Bazaine aux Commandants du 2ᵉ corps et de la Garde impériale.

Ban Saint-Martin, 21 août.

Le maire du Ban Saint-Martin se plaint des déprédations qui sont commises par les soldats dans les propriétés particulières, pour se procurer du bois. Ces excès ne peuvent être le fait que des troupes qui sont campées dans les environs. Je vous prie donc de donner les ordres les plus formels pour qu'on s'abstienne absolument de ces regrettables dévastations. La gendarmerie est invitée à faire exécuter rigoureusement l'ordre général n° 5 en date d'hier et à saisir les délinquants.

Pour ôter tout prétexte à ces abus, je prends des mesures pour qu'une distribution régulière de bois soit faite aujourd'hui aux troupes, et je compte sur des mesures énergiques de votre part pour faire cesser immédiatement la dévastation des propriétés privées.

Il est indispensable que ces mesures soient prises sans aucun retard.

Le maréchal Bazaine au général Coffinières.

Ban Saint-Martin, 21 août.

J'ai l'honneur de vous adresser, ci-après, copie d'une lettre de M. le Ministre de la Guerre, en date du 13 de ce mois.

« Monsieur le Maréchal, d'après le compte que je me suis fait rendre du personnel du génie (officiers et troupes) existant dans les divisions autres que les 5ᵉ et 6ᵉ divisions militaires, il m'est impossible, après avoir assigné au 12ᵉ corps d'armée en formation au camp de Châlons et à la défense de la capitale, les officiers et les compagnies rigoureusement indispensables au fonctionnement du service, de compléter comme il conviendrait le personnel du génie des places fortes des divisions susdésignées.

« Le général commandant le génie de l'armée dispose à Metz d'un nombreux personnel d'officiers, soit de la place, soit de l'École d'application de l'artillerie et du génie, et de 4 compagnies du 1ᵉʳ régiment du génie (sans compter les compagnies de cette arme qui sont attachées aux sept corps d'armée et au corps de la Garde). En outre, il n'y a pas, à l'état-major du commandant du génie de l'armée, moins de 12 officiers du génie de divers grades, qui ne sont peut-être plus tous nécessaires, depuis la formation de l'armée sous les ordres de Votre Excellence.

« Dans ces circonstances, je crois nécessaire que les officiers et les troupes du génie, qui doivent être affectés à la défense des places de l'Est, soient prélevés sur le personnel dont dispose le général Coffinières;

et j'ai l'honneur de vous prier de vouloir bien donner des ordres à cet officier général pour que, sans aucun retard, il fasse diriger, si ce n'est déjà fait, sur les places de Langres, Montmédy, Verdun, Thionville, Longwy, Toul, Strasbourg, Schlestadt, Neuf-Brisach et Belfort, en passant par Mézières et Reims, le personnel complémentaire pour assurer la défense de ces places.

« Je vous prie de me rendre compte des dispositions qui seront prises. »

C'est en vertu des prescriptions contenues dans cette dépêche ministérielle, qui ne m'est parvenue que le *20 de ce mois*, que je vous ai prié de désigner un colonel et un autre officier pour être chargés, à l'état-major général, de tout ce qui concerne le service du génie de de l'armée, et que je vous ai demandé également un officier supérieur pour remplir les fonctions de commandant du génie du 6° corps.

Le général Coffinières au maréchal Bazaine.

Metz, 21 août.

D'après le désir que Votre Excellence m'a exprimé, j'ai l'honneur de vous adresser un colonel, M. Boissonnet, et un capitaine, M. Wagner.

Ce sont deux excellents officiers pleins de dévouement; le capitaine connaît bien la langue allemande.

Je suis de plus en plus dépouillé, Monsieur le Maréchal; c'est bien pénible pour moi, et cependant je me résigne de grand cœur, espérant que tous les moyens que vous m'enlevez seront plus utiles à la grande cause.

Mais je ne dois pas vous dissimuler que la place de Metz est dans un triste état, et bien peu préparée pour la résistance.

J'espère cependant, Monsieur le Maréchal, que vous voudrez bien vous souvenir de la promesse que vous m'avez faite de me donner une seconde division.

Le maréchal Bazaine au général Coffinières.

Ban Saint-Martin, 21 août.

Les soldats n'ayant pas de distributions régulières de bois, dévastent les propriétés particulières pour s'en procurer. Il est urgent de mettre fin à cet abus. Sur les glacis et au Ban Saint-Martin, il existe un grand nombre d'arbres qui doivent être abattus pour dégager les abords de la place. Ces arbres appartenant à l'État, je charge un sous-intendant de réunir le bois qui en provient et de le faire distribuer régulièrement. Ce fonctionnaire aura l'honneur de s'entendre, à ce sujet, avec vous, et je vous prie de concourir, en ce qui vous concerne, à l'approvisionnement régulier des troupes en bois, afin d'arrêter le pillage des propriétés privées.

Le même au même.

Ban Saint-Martin, 21 août.

Un très grand nombre de soldats se rendent à Metz sous divers prétextes et plusieurs y séjournent indûment. Les commandants de corps d'armée m'adressent à ce sujet des plaintes fondées.

Il faut absolument mettre un terme à cet abus qui amoindrit nos effectifs de combat. En conséquence, je vous prie de prendre immédiatement les mesures les plus énergiques pour empêcher les soldats d'entrer dans la ville et pour en faire sortir tous ceux qui s'y trouvent irrégulièrement.

Vous voudrez bien donner les consignes les plus sévères aux officiers commandant les postes placés aux portes, pour qu'ils refusent absolument l'entrée de la ville à tout sous-officier ou soldat qui ne serait pas en corvée régulière ou envoyé comme porteur de dépêches.

Vous prescrirez à la gendarmerie et à la police de faire des perquisitions dans toute la ville et d'expulser tous les hommes qui n'y sont pas en garnison. Je vous prie de veiller à l'exécution rigoureuse de ces dispositions.

Le général Coffinières au maréchal Bazaine.

Metz, 21 août.

En réponse à votre dépêche, dans laquelle vous m'invitez à prendre les mesures les plus sévères pour empêcher les militaires isolés d'entrer dans la place et pour faire sortir ceux qui s'y trouvent, j'ai l'honneur de vous rendre compte que ces mesures étaient déjà prises, et que je vais insister de nouveau pour leur application.

Le maréchal Bazaine au général Coffinières.

Ban Saint-Martin, 21 août.

C'est pour satisfaire à des nécessités urgentes que j'ai prescrit de retirer aux hommes de la garnison de Metz, leurs tentes et leurs effets de campement; je ne peux donc que maintenir les dispositions destinées à assurer l'exécution de cette mesure que j'ai l'honneur de vous prier de faire continuer sans interruption.

Il sera d'ailleurs possible aux troupes restant à Metz de remplacer leurs effets et ustensiles de campement au moyen des ressources existantes ou qui seront confectionnées dans la ville.

P.-S. du général Jarras : « M. le Maréchal, après avoir signé cette lettre, me charge de vous dire que si vous ne trouvez pas en ville les ustensiles nécessaires pour assurer les besoins de vos troupes, il vous autorise à ne pas exécuter rigoureusement son ordre; il désire seulement que vous nous donniez le plus possible. »

Le même au même.
Ban Saint-Martin, 21 août.

Par votre dépêche du 20 août, vous me faites connaître que l'armement des forts de Metz n'est pas aussi complet qu'il serait désirable qu'il le fût, dans les circonstances actuelles.

Je viens d'écrire à M. le Général commandant l'artillerie de l'armée pour l'inviter à s'entendre avec vous, et à mettre à votre disposition, dans la mesure du possible, pendant le séjour de l'armée sous les murs de Metz, les hommes et les attelages nécessaires pour hâter l'armement des forts.

Le maréchal Bazaine au général Soleille.
Ban Saint-Martin, 21 août.

L'armement des forts de Metz n'est pas aussi complet qu'il serait désirable, dans les circonstances actuelles, et il serait bon de prendre des mesures pour arriver à le compléter le plus tôt possible.

On pourrait, à cet effet, profiter de la présence sous Metz de l'armée, et faire coopérer aux travaux de l'armement des forts, les canonniers et les attelages momentanément campés autour de la ville.

Je vous invite, en conséquence, à vous entendre à cet égard avec M. le Général commandant militaire à Metz et à prendre, de concert avec lui, toutes les mesures propres à hâter, le plus possible, l'armement en question.

En marge : « On y a consacré les batteries de la division Laveaucoupet et plus tard de la division Castagny. »

Le maréchal Bazaine aux Commandants des 2e, 3e et 6e corps d'armée.

Ban Saint-Martin, 21 août.

Il a été organisé dans le 4e corps des sections d'éclaireurs volontaires prises dans les régiments parmi les hommes de bonne volonté et spécialement aptes à ce genre de service. Ces éclaireurs circulant la nuit par petits groupes, en avant de nos positions, se glissant à la faveur des bois jusque dans le voisinage de l'ennemi, nous ont rapporté des renseignements précieux et rendent des services réels au 4ᵉ corps et à l'armée.

Je signale ces faits à V. E. qui pourrait, si elle le jugeait convenable, organiser des sections analogues dans son corps d'armée et en retirer les mêmes avantages.

Le sous-intendant Gaffiot au maréchal Bazaine.

Ban Saint-Martin, 24 août.

J'ai eu l'honneur de vous exposer hier la situation des ressources restant disponibles dans les magasins de l'armée. Je crois devoir appeler votre attention sur l'approvisionnement en sel et sur celui en viande. L'abaissement de l'approvisionnement en sel, lequel approvisionnement avait été un moment considérable, ne peut provenir que des pertes qui ont été faites par les corps d'armée dans les divers engagements. Les ressources locales ne permettant pas de le rehausser, et rien ne devant être attendu du dehors pour le moment, je vous propose de réduire à 0,010 grammes la ration de sel qui est de 0,016, ce qui peut avoir lieu sans inconvénient.

Quant à la viande, le chiffre peu élevé de l'approvisionnement tient à ce que l'entrepreneur de la fourniture, entré en service depuis peu de temps, a dû faire effectuer ses achats au milieu des événements de guerre qui viennent de se produire. Ces événements, en le privant successivement des communications avec Paris et le reste de la France, par chacune des lignes qui viennent aboutir à Metz, ont réduit son rayon d'achat aux seuls environs de la place de Metz.

Si l'entrepreneur avait pu faire parvenir jusqu'à l'armée les quantités achetées par lui au dehors et qui ne représentent pas moins de 2,000 têtes de bœufs, d'après les dépêches télégraphiques qui m'ont été adressées, la situation sous ce rapport serait suffisante.

Il devient malheureusement maintenant à peu près impossible, vu l'état de resserrement dans lequel nous nous trouvons sous les murs de Metz, de donner aux achats une importance assez considérable pour parer à l'absence des arrivages du dehors.

L'entrepreneur fait acheter tout ce qu'on peut se procurer en bœufs et en moutons, mais bientôt, d'après les renseignements qui m'ont été donnés, il ne restera plus de disponible que le bétail d'élevage. Ce bétail, dont les propriétaires ne consentiront pas à se défaire, ne pourra être affecté à nos besoins que par voie d'appel, si les nécessités l'exigent. Il peut représenter 4 à 5 jours d'approvisionnement.

Avant de songer à ce moyen extrême, je crois devoir vous proposer de décider que, jusqu'à ce que la situation se soit modifiée, la ration de viande, qui avait été fixée à 400 grammes, et qui n'est réglementairement que de 250, sera ramenée au taux de 300 grammes au plus.

Pour le même motif, je propose à V. E. de ramener provisoirement à 250 grammes la ration de lard, qui, réglementairement, n'est que de 200 grammes et qui a été fixée à 300 grammes.

Cette mesure est d'autant plus utile que l'approvisionnement en lard est presque nul.

Le même au même.

Metz, 21 août.

Sur ma proposition, vous avez bien voulu décider qu'en raison de la situation des ressources et pour faciliter d'ailleurs les distributions, il ne serait alloué à toutes les parties prenantes qu'une seule ration de vivres, quel que soit le nombre de rations allouées à chaque grade par le tarif du 26 juillet, applicable à l'armée du Rhin.

Il vous paraîtra sans doute équitable de tenir compte à toutes les parties prenantes ayant droit à plus d'une ration, des rations qu'elles ne touchent pas en nature en leur allouant une indemnité représentative, qui leur permettra d'améliorer leur régime réduit par la décision précitée.

Je vous propose de fixer cette indemnité à 1 franc par ration de vivres non perçue d'après le droit fixé par le tarif du 26 juillet.

Cette allocation représente approximativement la valeur des diverses denrées qui entrent dans la composition de la ration de vivres, viande comprise.

Si vous approuvez cette mesure, je prie V. E. de vouloir bien la mettre à l'ordre du jour de l'armée et de décider qu'elle recevra son exécution à compter du 10 août pour les corps qui touchaient déjà des vivres de campagne, et du lendemain de leur entrée en jouissance de ces mêmes vivres pour les autres corps.

Le même au même.

Ban Saint-Martin, 21 août.

M. l'Intendant militaire de la 5ᵉ division vient de me faire connaître qu'une notable partie du pain fabriqué hier à Metz par la boulangerie civile, pour concourir à la distribution à faire aux troupes, y avait été enlevée par les corvées de l'armée.

Bien que ces corvées aient acheté le pain en question, il n'en résulte pas moins que ce pain n'a pas reçu la destination qui lui était affectée, et que, par conséquent, le service manque d'une ressource nécessaire dans l'intérêt même des troupes.

Je viens d'inviter M. l'Intendant de la 3e division à signaler le fait à M. le général Coffinières, en réclamant son concours.

Je vous serais reconnaissant si vous vouliez bien, de votre côté, prier M. le Général commandant supérieur de la place, de prendre toutes les mesures qui lui paraîtront utiles pour que tous les boulangers, qui coopèrent à la fabrication du pain de troupe, puissent conserver pour l'administration les quantités de rations qu'ils se sont engagés à lui fournir.

c) **Opérations et mouvements.**

Le maréchal Bazaine au général Coffinières.

21 août.

Le maréchal Canrobert et le général de Ladmirault me signalent beaucoup de monde devant eux et s'attendent à être attaqués.

Veuillez prendre des dispositions pour que du fort Moselle (bastion 110), de la branche du fort Bellecroix et de la branche gauche de Chambière et enfin de la gorge du fort Plappeville, en retournant les pièces, on puisse seconder les troupes des 6e et 4e corps.

Le maréchal Bazaine aux Commandants de corps d'armée.

Ban Saint-Martin, 21 août.

J'ai l'honneur de vous informer que demain matin, à 5 heures, trois divisions du 3e corps d'armée quitteront leur campement actuel avec l'état-major général du corps d'armée et la réserve d'artillerie pour aller s'établir sur la rive droite de la Moselle, entre les forts de Queuleu et de Saint-Julien. Une seule division du 3e corps restera en position sur son emplacement actuel pour la garde des tranchées-abris et autres ouvrages qui ont été exécutés en avant et en arrière du Saint-Quentin.

La division de cavalerie du 3e corps passera également sur la rive droite de la Moselle.

2ᵉ CORPS.

b) Organisation et administration.

Le général Frossard au maréchal Bazaine.

Ban Saint-Martin, 21 août.

Votre Excellence m'a invité à lui adresser un rapport confidentiel sur les conditions matérielles, physiques et morales dans lesquelles se trouve mon corps d'armée.

1° Le 2ᵉ corps a conservé toute son artillerie, qui toutefois a perdu un certain nombre de chevaux, et dont les caissons ont été réapprovisionnés.

L'armement de la troupe existe; les fusils ne sont pas en très bon état d'entretien, parce que les soldats ont perdu, avec leurs sacs, les nécessaires d'armes; mais ils n'en sont pas moins disponibles pour un bon service.

Au point de vue matériel, la perte la plus sensible a été celle des effets et ustensiles de campement. Dans leur combat du 6 août, à Forbach, la plupart des régiments avaient été forcés d'abandonner leurs camps, et y avaient laissé tous ces objets. Depuis, ils avaient pu se procurer quelques marmites, bidons et gamelles. Le 16, la panique causée par la retraite précipitée de la divison de cavalerie de Forton a fait perdre de nouveau les ustensiles de campement dans une partie des corps des 1ʳᵉ et 2ᵉ divisions d'infanterie. Le dénuement, sous ce rapport, est très grand; les hommes ne peuvent faire la soupe et le café qu'en se repassant, d'une compagnie à l'autre, les quelques marmites qui restent. Cette situation est très fâcheuse; elle rend les soldats tristes et mécontents, sans que toutefois ils se plaignent.

2° Malgré les fatigues éprouvées par ces troupes, qui, depuis le 2 août, ont combattu quatre fois et ont presque constamment marché, l'état sanitaire est bon, en général. Il s'est bien manifesté quelques dysenteries par suite de la privation de soupe, mais c'est sans importance, et ces affections céderaient devant quelques jours de repos, dans de bonnes conditions locales.

3° Je ne dois pas dissimuler que le moral et la discipline ont subi quelques légères atteintes. Presque tous les régiments du corps d'armée, dans nos combats des 6, 16 et 18 août ont éprouvé de très nombreuses pertes en officiers; tel régiment aujourd'hui (le 8ᵉ de ligne) est commandé par un capitaine.

Beaucoup de compagnies n'ont plus un seul officier. On cherche à combler ces vides, par des promotions soumises à M. le Maréchal ; mais il y a des difficultés.

De ce manque de cadres résulte certain relâchement de la discipline, un défaut de direction et d'ensemble. Les soldats, à la première alerte, sont disposés à regarder en arrière, sans qu'il y ait autour d'eux assez d'efforts pour les maintenir et les encourager. Le lien s'est évidemment détendu. On ne peut pas dire cependant que cette troupe soit démoralisée, tant s'en faut. Elle est toujours animée d'un patriotisme ardent, et elle en a donné des preuves, le 18, dans sa lutte contre l'infanterie ennemie, à la gauche de notre grande ligne de bataille.

Elle aurait besoin seulement de se refaire, de se rasseoir et de reprendre toute la confiance que nos soldats ont toujours eue en eux-mêmes et qui, en ce moment, me semble un peu altérée.

P.-S. — Ma 3ᵉ division (de Laveaucoupet) qui, d'après les ordres de M. le Maréchal, a été laissée le 14 dans Metz, s'est refaite et se trouve en parfait état sous tous les rapports. Elle a ses trois officiers généraux.

Dans la 1ʳᵉ division (Vergé), manque un général de brigade blessé (Valazé). Dans la 2ᵉ division (Bataille), manque le général de division, blessé le 16.

Dans la division de cavalerie, il y a eu aussi perte d'effets et d'ustensiles de campement le 16 ; néanmoins l'état est bon.

Le général Soleille au général de Laveaucoupet.

Ban Saint-Martin, 21 août.

Vous avez été prévenu par le quartier général que le Maréchal commandant en chef avait décidé que la batterie de mitrailleuses de votre division serait temporairement détachée à la réserve du 6ᵉ corps d'armée.

Le maréchal Canrobert s'attendant à être attaqué dans la matinée, réclame d'urgence l'envoi de cette batterie.

Vous rendriez donc un grand service au commandant du 6ᵉ corps, si vous mettiez immédiatement en marche la batterie de mitrailleuses du capitaine Lauret. Cette batterie se porterait par le pont Tiffroy sur la route de Thionville jusqu'à la hauteur de la maison de Planche, à laquelle s'appuie la droite du maréchal Canrobert ; elle parquerait à droite et à gauche de la route et prendrait, quant à son campement, les ordres du général de Berckheim, commandant l'artillerie du 6ᵉ corps. Si la batterie se trouvait détachée dans un des forts, il serait bon de la faire prévenir le plus promptement possible.

Le général de Laveaucoupet au général Frossard.

Metz, 21 août.

J'ai l'honneur de communiquer ci-joint, à Votre Excellence, une dépêche de M. le général Zentz, commandant la 1ʳᵉ brigade de ma division.

D'après l'ordre contenu dans cette dépêche, tous les effets et ustensiles de campement, moins les couvertures, doivent être retirés aux troupes de la garnison de Metz, et M. le Commandant supérieur de la place de Metz, tout en reconnaissant les inconvénients de cette mesure, en ce qui concerne ma division, pense qu'elle doit lui être appliquée.

Les troupes de ma division sont réparties dans les forts et établies au bivouac, les casernes étant pour la plupart transformées en hôpitaux ou occupées par d'autres troupes. En outre, je suis parvenu à grand'peine à reconstituer pour ma division une partie de son campement.

Il n'y a plus rien à Metz, et si on enlève à mes hommes les effets et ustensiles dont ils sont pourvus, on les mettra dans une situation difficile sans grand profit pour l'armée.

Je vous serais reconnaissant, en vous présentant ces observations, de vouloir bien me faire connaître, si l'ordre ci-joint, qui de l'agrément du général Coffinières a été suspendu, en ce qui concerne ma division, doit lui être appliqué.

M. le général Coffinières m'assure qu'il a fait connaître à M. le Maréchal qu'il considérait l'exécution de cette mesure comme insuffisante et inexplicable.

Le général Gagneur au général Soleille.

Ban Saint-Martin, 21 août.

..... Toutes les batteries du 2ᵉ corps d'armée sont au complet en matériel et munitions, excepté :

1° La 9ᵉ du 5ᵉ (mitrailleuses) à qui il manque trois caissons de munitions ;

2° La 11ᵉ du 15ᵉ (mitrailleuses) dont un caisson n'a que 158 coups et un autre est vide ;

3° La réserve divisionnaire de la 2ᵉ division dont deux caissons légers à deux roues sont perdus.

Je vous proposerais : de faire charger le caisson vide de la 11ᵉ du 15ᵉ et de le donner à la 9ᵉ du 5ᵉ afin qu'elle en ait six ; de compléter le caisson incomplet de la 11ᵉ du 15ᵉ ; enfin, de remplacer les deux caissons légers qui manquent à la 2ᵉ division, et, s'il n'y a plus de ces caissons de rechange, d'y substituer un caisson à quatre roues; il y a grande importance à ne pas diminuer l'approvisionnement des réserves divisionnaires.

Quant aux demandes en hommes et en chevaux, elles sont faites en vue de revenir au complet déterminé; mais elles ne seraient pas complètement satisfaites que les batteries n'en pourraient pas moins rester constituées telles qu'elles sont; d'ailleurs les servants pourraient être suppléés par des hommes d'infanterie dont beaucoup ont fait la manœuvre du canon, et je vous proposerais d'en faire le cas échéant la demande au Maréchal commandant en chef.

Le parc est fortement réduit en munitions; beaucoup de ses voitures sont vides, mais ne sachant pas quelles ressources seront mises à sa disposition, je ne puis vous indiquer les voitures qu'il aurait à verser à l'arsenal. C'est une opération qui se réglerait mieux sur place, puisque notre parc est à l'arsenal, et que le colonel Brady est en rapport direct avec le colonel directeur.

c) **Opérations et mouvements.**

Rapport journalier du 21 au 22 août, de la division de cavalerie du 2ᵉ corps.

Une reconnaissance du 7ᵉ dragons commandée par le maréchal des logis Agar a ramené au camp un hussard prussien fait prisonnier.

Une reconnaissance du 5ᵉ chasseurs a ramené deux soldats d'infanterie prisonniers.

Situation de l'effectif de la 2e division du 2e corps au 21 août.

CORPS DE LA DIVISION.	OFFICIERS.					TROUPE.					CHEVAUX OU MULETS.		
	Dispo-nibles.	Indispo-nibles.	Aux hôpitaux ou déta-chés.	Aux ambu-lances.	TOTAL.	Dispo-nibles.	Indispo-nibles.	Aux hôpitaux ou déta-chés.	Aux ambu-lances.	TOTAL.	Dispo-nibles.	Indispo-nibles.	TOTAL.
État-major général	2	»	»	1	3	»	»	»	»	»	6	»	6
État-major et officiers d'ordonnance	40	»	»	4	44	»	»	»	»	»	44	2	46
12e bataillon de chasseurs	12	1	9	1	23	568	3	288	43	872	9	1	40
8e régiment d'infanterie	41	2	3	16	62	1,642	2	359	277	2,280	19	4	23
23e	37	»	19	11	67	1,680	»	600	89	2,369	22	5	27
66e	36	1	4	18	59	1,437	43	54	441	1,972	13	12	25
67e	40	4	4	16	60	1,276	42	554	386	2,228	22	»	22
5e escadron du 5e rég. de chasseurs	6	»	»	1	7	105	16	7	7	135	104	10	114
Génie. { 12e c^{ie} du 3e régiment	4	»	»	»	4	446	»	4	»	450	»	»	»
Sapeurs-conducteurs	»	»	»	»	»	8	»	1	»	9	»	»	»
Officiers sup^{rs} et médecins	3	»	»	»	3	»	»	»	»	»	46	»	46
Artille-{ 7e batterie du 5e régiment	4	»	»	»	4	447	»	4	3	454	42	2	44
rie... { 8e — 5e —	4	»	»	»	4	443	»	8	»	451	140	2	142
9e — 5e —	5	»	»	»	5	446	»	1	»	162	95	»	95
Dét. de la 4e c^{ie} du 2e rég.	»	»	»	»	»	51	»	»	3	54	66	»	66
Services administratifs	10	»	»	»	10	43	»	»	1	44	7	»	7
Train des équipages militaires	»	»	»	»	»	29	»	»	1	30	46	»	46
Prévôté	1	»	»	»	1	45	»	»	»	45	11	1	12
TOTAL	245	4	39	65	323	7,436	76	1,877	1,233	10,622	675	38	713

Invent. Metz. — Docum.

3ᵉ CORPS.

b) Organisation et administration.

Le maréchal Le Bœuf au maréchal Bazaine.

Plappeville, 21 août.

Votre Excellence me fait demander, par le retour d'un de ses officiers d'état-major, l'état matériel, physique et moral du 3ᵉ corps. Je m'occupais de réunir les éléments de ce rapport que vous m'aviez demandé par votre dépêche confidentielle d'hier soir.

L'artillerie a recomplété ses approvisionnements. La troupe est alignée à deux jours de vivres de campagne, et il en existe trois en réserve dans les divisions. Les distributions se font régulièrement. L'état sanitaire se maintient, malgré la fraîcheur des nuits et l'accumulation des troupes sur un espace resserré.

L'état moral est excellent, surtout chez le soldat ; les officiers, très dévoués et très braves au feu, sont naturellement un peu enclins à la critique, mais sans aigreur, chacun d'eux ayant son plan de campagne.

L'ordre général que vous m'avez adressé ce matin, et que j'ai donné l'ordre de faire lire dans les camps, fera certainement la meilleure impression.

Le 3ᵉ corps a perdu environ 4,000 hommes, tués, blessés ou disparus, dans les affaires des 14, 16 et 18 courant. Beaucoup de blessures étaient légères. Il reste au 3ᵉ corps un effectif général d'environ 40,000 hommes.

J'aurai l'honneur de vous donner tous les chiffres, dès que je les aurai reçus.

Ordre du 3ᵉ corps.

Plappeville, 21 août.

L'expérience des derniers combats que nous venons de livrer les 14, 16 et 18 août, ainsi que les renseignements parvenus à l'état-major général de l'armée, doivent prouver que la tactique des Prussiens consiste à nous faire user, dès le commencement de l'action, la plus grande partie de nos munitions d'artillerie et d'infanterie, tandis qu'ils conservent les leurs pour la fin de la journée, de manière à s'assurer la supériorité du feu au moment décisif.

On sait, en outre, par les officiers prussiens eux-mêmes, « que si nos hommes visaient mieux, ils feraient de leurs ennemis un véritable massacre, mais que généralement ils visent trop haut et usent ainsi en pure perte une grande partie de leurs munitions ».

Il est de principe que l'artillerie ne doit être employée que contre des masses ou pour renverser les obstacles et faciliter ainsi l'action des autres armes; que lorsqu'elle ne tire pas, elle doit être défilée et cachée autant que possible à la vue de l'ennemi.

En conséquence, le Maréchal commandant le 3ᵉ corps d'armée ordonne aux commandants d'armes, de troupes de grand'gardes ou de postes, de veiller très scrupuleusement et sous leur responsabilité personnelle au bon et judicieux emploi des munitions des hommes placés sous leur commandement.

Le même au même.
Plappeville, 21 août.

J'ai l'honneur de rendre compte à V. E., en réponse à sa dépêche de ce jour n° 286, que la création de compagnies, d'escadrons d'éclaireurs a été prescrite dans le 3ᵉ corps d'armée, dès le 14 août, par M. le général Decaen, à raison d'une compagnie de 100 hommes par brigade d'infanterie et de deux escadrons par division de cavalerie.

Le 20 août, j'ai décidé qu'il serait alloué sur les fonds éventuels mis à la disposition des généraux de division une gratification journalière de 1 franc à chaque homme de troupe en faisant partie.

Les événements de ces derniers jours n'ont pas permis encore de mener à bonne fin cette organisation; le général Aymard seul l'a terminée pour la 4ᵉ division.

Les généraux commandant les autres divisions sont invités à les compléter immédiatement.

Le maréchal Le Bœuf aux Généraux commandant les divisions du 3ᵉ corps.
Plappeville, 21 août.

Afin de prévenir les effets fâcheux que pourrait produire sur la santé des hommes l'abaissement brusque de la température par le temps pluvieux et la fraîcheur des nuits, les mesures suivantes, soumises au général en chef par M. l'Intendant général sur la proposition de M. le Médecin en chef, devront être observées :

1° Substituer le pantalon de drap au pantalon de toile, dans les corps qui en font usage;

2° Faire porter la ceinture de flanelle à tous les hommes qui en sont pourvus;

3° Recommander aux soldats de ne pas se découvrir brusquement lorsqu'ils sont en sueur;

4° Leur recommander de ne pas s'abreuver de boissons froides et de ne pas manger de mauvais fruits.

M. le Médecin en chef estime que ces simples mesures, si elles sont bien appliquées pendant la durée du mauvais temps ou d'une mauvaise saison, peuvent avoir les plus heureux effets pour prévenir surtout les maladies intestinales. Il ajoute qu'en définitive, il importe de prévenir, avant son apparition, le développement de la dysenterie épidémique, dont les conséquences seraient très redoutables pour la santé des troupes.

Ordre du 3ᵉ corps.

Plappeville, 21 août.

Il est prescrit d'une manière absolue que toutes les troupes aient, dans le sac, une réserve de vivres composée comme il suit : deux jours de biscuit, un jour de lard, deux jours de vivres de campagne.

Cette mesure devra recevoir son exécution *aujourd'hui même*.

MM. les Sous-Intendants divisionnaires devront s'adresser à leurs collègues des divisions voisines dans le cas où ils n'auraient pas à leur disposition les quantités de vivres nécessaires pour assurer la distribution ci-dessus.

Le général Montaudon au maréchal Le Bœuf.

Tignomont, 21 août.

En réponse à votre dépêche de ce jour, j'ai l'honneur de vous informer que je me suis assuré par moi-même et, qu'après avoir consulté mes généraux de brigade et mes chefs de corps, j'ai été confirmé dans les appréciations suivantes concernant les conditions matérielles de ma division. Les soldats et MM. les officiers ont tous leurs bagages, rien n'a été perdu ; on s'est pourvu des cartouches qui manquaient et on hâte le remplacement de quelques effets de campement et autres qui sont en moins depuis le commencement de la campagne.

Quant à l'état physique, nos hommes ont beaucoup souffert de la faim et de la soif, mais il y a eu peu de plaintes, quelques rares cas de maraudage et d'indiscipline que je cherche à réprimer autant que je le puis.

L'état sanitaire est satisfaisant, j'ai peu de malades et mon effectif combattant est très respectable.

Seulement il est à craindre que les fruits verts que nos soldats ont la funeste manie de manger, malgré les défenses et les conseils qui leur sont donnés, ne nous amènent des dysenteries. Les deux jours de repos et les vivres distribués ont réparé les forces et chacun est prêt pour de nouvelles fatigues.

Quant à l'état moral, il a toujours été très bon ; il est encore satisfaisant, mais je ne dois pas vous laisser ignorer que certaines faiblesses remarquées dans des corps voisins ont produit quelque impression; la contagion de l'exemple est très à redouter. Pour le moment il n'y a rien de caractéristique, mais il faut suivre avec la plus grande attention ce qui peut se passer dans les autres corps de l'armée.

Il est une autre considération que je crois devoir vous présenter, considération importante et ayant une très grande action au point de vue moral.

Ce sont les cadres; vous le savez, ils ont une importance capitale, surtout en campagne et sous le feu de l'ennemi, et c'est précisément le moment où ils font le plus défaut.

Il faudrait remplacer de suite tous les officiers tués et même ceux blessés; de même pour les sous-officiers. Nous avons des compagnies commandées par un sergent. Au 51°, il ne reste plus que 36 officiers présents ; à un pareil état de choses, il faut des mesures énergiques car les soldats les meilleurs cèdent facilement quand ils n'ont plus de chefs pour les guider et les entraîner.

En résumé, Monsieur le Maréchal, ma division est en bon état et, malgré les pertes essuyées dans les trois derniers combats, elle peut encore faire bonne figure sur de nouveaux champs de bataille.

Le général Metman au maréchal Le Bœuf.

Plappeville, 21 août.

En réponse à la demande confidentielle des conditions matérielles, physiques et morales dans lesquelles se trouve la 3º division de votre corps d'armée, j'ai l'honneur de faire connaître à Votre Excellence que :

La condition matérielle des troupes d'infanterie et d'artillerie est satisfaisante ; la division n'a perdu jusqu'à ce jour par suite du feu que 1,609 hommes et 38 chevaux d'artillerie. (L'effectif de l'infanterie avant le 14 était de 9,845 hommes, il est aujourd'hui de 8,761; celui de l'artillerie était de 504 hommes et 442 chevaux, il est encore malgré les pertes de 504 hommes et 410 chevaux, les 40 hommes manquants à son effectif par suite du feu ou des maladies ayant pu être remplacés par sa réserve, mais cette même réserve ne pourrait plus faire face à un second renouvellement.) Les approvisionnements de munitions pour l'infanterie et l'artillerie sont au complet. Les états de pertes de toute nature constatent un déficit qui n'est pas assez considérable pour entraver la marche des opérations.

L'état sanitaire des troupes de la division est bon malgré quelques diarrhées qui n'ont encore qu'un caractère individuel. L'artillerie expose, quant à l'état physique de ses chevaux, qu'il décline sensiblement par suite du manque de nourriture, l'excès de fatigue causé par la longueur excessive des temps d'arrêt ou d'attente, l'usage constant de l'avoine qui, à l'exclusion du foin, ne suffit pas à la longue pour entretenir les forces du cheval. Dès aujourd'hui, le nombre d'attelages disponibles étant juste en rapport avec le nombre des voitures à atteler, toute perte nouvelle entraînerait l'abandon des voitures et par suite des munitions.

Quant à l'état moral, il faut reconnaître que les troupes d'infanterie ont perdu un peu de l'élan dont elles étaient susceptibles au début de la campagne ; que les hommes se préoccupent de la situation ; qu'ils s'étonnent de la supériorité numérique et de la puissance de l'artillerie ennemie, ne pouvant se rendre compte de l'infériorité réelle de l'infanterie prussienne dont cette artillerie ne serait que le masque ; enfin, qu'en présence d'effectifs composés, depuis l'arrivée des réserves, d'éléments dont l'instruction pratique est incomplète, les succès de l'avenir peuvent dépendre également d'une expectative savante ou d'une de ces occasions heureuses qui relèvent la confiance des masses.

Le général de Juniac au général de Clérambault.

Camp sous Metz, 24 août.

J'ai l'honneur de vous rendre compte, sur votre demande, de l'état matériel, physique et moral de ma brigade.

L'état matériel laisse beaucoup à désirer ; par suite de nos différentes marches, les distributions ont été très rares, les hommes ont vécu souvent de ce qu'ils avaient sous la main, et aujourd'hui encore, bien que sous les murs de Metz, le bois leur manque pour la cuisson de leurs aliments.

Malgré ces difficultés de nourriture, l'état physique est bon ; il n'y a pas eu de maladies graves, à peine quelques indispositions causées par les fruits verts, l'eau ou les fatigues et qui tendent chaque jour à diminuer.

Quant à l'état moral, il règne une certaine inquiétude sans qu'il y ait cependant le moindre abattement. Cette inquiétude règne surtout parmi les officiers qui sont plus à même de se rendre compte des événements. La discipline est bonne, les hommes obéissent sans se plaindre et sans murmurer.

Les chevaux ont supporté aussi bien que possible les fatigues qu'ils ont endurées ; les cas de blessures par le harnachement sont rares, mais, malgré ces deux jours de repos, quelques-uns sont encore un peu raides et fatigués.

Le général de Rochebouët, commandant l'artillerie du 3ᵉ corps, au maréchal Le Bœuf.

Plappeville, 21 août.

Conformément à vos ordres, j'ai l'honneur de faire connaître à Votre Excellence les conditions matérielles, physiques et morales dans lesquelles se trouve l'artillerie du 3ᵉ corps.

Conditions matérielles. — Aucune batterie n'a été désorganisée. Les pertes sont de 96 servants, 49 conducteurs d'artillerie et 7 du train d'artillerie; 188 chevaux; soit en moyenne : 5 servants, 3 conducteurs, 10 chevaux par batterie.

La perte en chevaux devant être incomplètement réparée par un versement de 85 chevaux, j'ai donné l'ordre aux batteries de sacrifier et de renvoyer à l'arsenal de Metz, 1 chariot de batterie et 1 affût de rechange sur deux.

Je pense que ce sacrifice suffira et que l'on n'aura pas besoin, comme l'a prescrit M. le Général de division, commandant en chef l'artillerie, de renvoyer une pièce dans les batteries qui auraient un nombre de servants insuffisant.

Il est très regrettable que l'infanterie ait perdu les caisses mobiles d'une partie de ses caissons à deux roues. Ce gaspillage, que les circonstances ne paraissent pas excuser, met hors de service plusieurs de ces voitures. Je pense qu'elles pourront être remplacées dans la journée.

Le parc, après avoir distribué la totalité de ses munitions d'artillerie, se reconstitue *complètement* aujourd'hui et sera prêt demain matin au plus tard.

Conditions physiques. — État sanitaire excellent.

Conditions morales. — L'état moral est excellent.

Les officiers pensent néanmoins qu'il serait fâcheux de continuer des combats d'artillerie à longue portée.

L'infériorité de nos bouches à feu ne nous permet pas d'espérer le succès dans une lutte semblable, et elle a l'inconvénient de démoraliser, en la paralysant, notre infanterie qui paraît très supérieure à celle de l'ennemi.

NOTA. — La perte des caisses de cartouches et de plusieurs caissons à deux roues ne me paraît nullement justifiée. Si les corps se font suivre de ces voitures, ce que je trouve d'ailleurs tout naturel, ils devraient les faire abriter sous peine de les voir tous disparaître en peu de temps.

Le général de Rochebouët aux Commandants de l'artillerie divisionnaire du 3ᵉ corps.

Plappeville, 21 août.

Les ressources étant insuffisantes pour combler les vides qui se sont produits dans vos batteries, vous aurez à prendre aujourd'hui les dispositions nécessaires pour restreindre vos effectifs.

Vous ne devez pas compter recevoir plus de quatre chevaux en moyenne par batterie. Vous devrez donc faire ramener dans la journée à l'arsenal de Metz les voitures que vous ne pourrez plus atteler. Vous procéderez comme il suit : Vous vous débarrasserez d'abord d'un chariot par batterie ; puis d'un affût de rechange pour deux batteries ; puis, si c'est nécessaire, d'une forge pour deux batteries.

Les chevaux que vous recevrez seront tout harnachés ; vous devrez donc renvoyer, avec le chariot de chaque batterie, l'excédent du harnachement qu'elle possède.

En fait de servants, il n'y a au dépôt du 1ᵉʳ régiment qu'un petit nombre d'hommes peu instruits ; si donc vous avez des batteries qui ne soient plus en mesure de servir leurs six pièces, vous devrez prendre le parti d'en renvoyer une.

L'arsenal est en mesure de vous délivrer des caissons à deux roues. Vous pourrez donc faire remplacer ceux qui vous manquent.

Vous vous efforcerez d'obtenir qu'ils vous soient délivrés pleins ; s'ils vous sont délivrés vides, vous les ferez remplir au parc.

c) Opérations et mouvements.

Le maréchal Le Bœuf au maréchal Bazaine.

Plappeville, 21 août.

J'ai l'honneur de vous faire savoir que je viens de visiter les lignes qui relient les forts de Plappeville, de Saint-Quentin et qui couvrent le front de la position que j'occupe ; j'ai été fort satisfait de la disposition des ouvrages et de la manière dont ils sont défendus. M. le général Frossard, qui les a visités également et qui craignait que je ne me reliasse pas suffisamment par ma gauche avec le village de Scy qu'il occupe lui-même, a trouvé, après examen, que les tranchées-abris construites en avant du fort Saint-Quentin établissaient un lien satisfaisant entre sa droite et ma gauche.

La visite que je viens de faire me détermine, Monsieur le Maréchal, à vous demander l'autorisation de remplacer les deux batteries de 12, établies au col, par deux batteries divisionnaires tirées de la division placée sur ce point (1). Ces batteries ont pour objet de battre le terrain qui se trouve immédiatement devant elles et non de répondre aux feux des batteries de position prussiennes; ce but serait atteint tout aussi bien par des batteries divisionnaires et je préférerais faire descendre dans la plaine ces deux batteries de réserve, qui peuvent m'être d'une grande utilité, dans l'éventualité d'une attaque dirigée sur notre droite. Si votre Excellence approuve ces dispositions, elles seraient mises à exécution demain matin.

Note du 3ᵉ corps.

Plappeville, 21 août.

MM. les Généraux de division sont invités à conserver tous leurs hommes sous la main et à veiller à ce que chacun reste à son camp.

Le général Montaudon au maréchal Le Bœuf.

Plappeville, 21 août.

Le village de Lorry est occupé par deux compagnies de la 1ʳᵉ division du 3ᵉ corps, concurremment avec le 4ᵉ corps, ce qui me paraît assez anormal, mais l'important est que ce point soit fortement occupé et défendu. Il n'y avait hier que deux compagnies du 4ᵉ corps, ce qui est tout à fait insuffisant.

Le maréchal Le Bœuf au général Montaudon.

Plappeville, 21 août.

Il appartient à M. le Général commandant la 1ʳᵉ division d'infanterie de prendre les dispositions qu'il jugera convenables pour sa défense, tant sur son front que sur son flanc droit. Il devra donc faire occuper, comme il l'entendra, le village de Lorry, concurremment avec le 4ᵉ corps, avec qui il doit être en communication constante.

L'essentiel est que la défense soit organisée au mieux du bien de tous.

Le maréchal Bazaine au maréchal Le Bœuf.

Ban Saint-Martin, 21 août.

J'ai l'honneur d'informer V. E. que la division de cavalerie du 3ᵉ corps d'armée a modifié, d'après mes ordres, son emplacement, de la manière suivante :

---

(1) *Note marginale du maréchal Bazaine* : « Approuvé. »

Sa gauche au chemin de fer de Thionville, près la droite de la division de cavalerie du 4e corps, et sa droite s'étendant au Nord-Ouest, en avant de la ligne du chemin de fer, sur le terrain compris entre la Ronde et le chemin de fer.

J'ai dû ordonner cette modification par la raison que, derrière le 6e corps, se trouvaient entassées d'une manière fâcheuse les divisions de cavalerie des 3e, 4e et 6e corps.

Le même au même.

Ban Saint-Martin, 21 août.

Demain matin, à 5 heures, trois divisions d'infanterie de votre corps d'armée se mettront en mouvement pour passer la Moselle sur les ponts et iront s'établir sur la rive droite entre les forts Saint-Julien et Queuleu, sur les emplacements qui leur seront désignés par M. le colonel Boissonnet, chef d'état-major du commandant du génie de l'armée. Ces divisions emmèneront avec elles leurs batteries d'artillerie et leur compagnie du génie. Vous voudrez bien établir votre quartier général à Saint-Julien et emmener avec vous votre réserve. Vous laisserez en position la division de votre corps d'armée qui a construit et garde les tranchées-abris et autres travaux que vous avez fait construire en avant et en arrière du Saint-Quentin. Si je ne me trompe, c'est votre 2e division dont il s'agit, et, en tout cas, mon intention est que vous désigniez pour être maintenue celle qui fournit les postes et les gardes situés en avant et en arrière du Saint-Quentin. Vous emmènerez avec vous votre division de cavalerie et vous l'établirez à Plantières.

Vos trois divisions, ainsi établies sur la rive droite de la Moselle, ont pour mission de fournir au génie de la place des travailleurs, qui seront payés à raison de 10 centimes l'heure. Elle ne seront, du reste, employées à ces travaux qu'après avoir fait des tranchées-abris, etc., etc., que vous jugerez nécessaires pour les couvrir du côté de l'ennemi. M. le colonel Boissonnet se trouvera au débouché des ponts au moment où votre tête de colonne s'y présentera.

Il est entendu, du reste, que la division que vous devez laisser en position modifiera son campement, si c'est nécessaire, de manière à remplir le mieux possible le rôle dont elle est chargée, de couvrir l'armée de ce côté.

Vous voudrez bien également laisser dans sa position actuelle la batterie de 12 de votre réserve qui a construit et occupe la batterie placée dans les positions que votre 2e division est chargée de défendre. En un mot, j'insiste pour que les troupes qui occupent les ouvrages que vous avez fait construire n'en soient point retirées.

4ᵉ CORPS.

a) Journaux de marche.

Journal de marche du 4ᵉ corps.

Alertes pendant la journée. Mouvements de troupes prussiennes du côté du village de Saulny et de Malroy.

Crainte d'attaque sur le village de Woippy et sur les hauteurs occupées par la 1ʳᵉ division. On travaille aux batteries et aux tranchées-abris qui couvrent nos camps sur le mouvement de terrain où se trouvent nos bivouacs.

Temps variable, averses.

Journal de marche de la 1ʳᵉ division du 4ᵉ corps.

Alerte vers 8 heures du matin; la division prend les armes, mais tout se borne à un échange de coups de feu aux avant-postes. Dans l'après-midi, on aperçoit du côté de Malroy, en aval de Metz, de grands mouvements de colonnes de convois prussiens.

c) Opérations et mouvements.

Le maréchal Bazaine au général de Ladmirault.

Ban Saint-Martin, 21 août.

J'ai l'honneur de vous informer que la division de cavalerie du 4ᵉ corps d'armée a modifié, d'après mes ordres, son emplacement de la manière suivante :

Sa gauche à la gare de Devant-les-Ponts; sa ligne longeant le chemin de fer de Thionville et se reliant, par sa droite, à la gauche de la division de cavalerie du 3ᵉ corps.

J'ai dû ordonner cette modification par la raison que, derrière le 6ᵉ corps, se trouvaient entassées, d'une manière fâcheuse, les divisions de cavalerie des 3ᵉ, 4ᵉ et 6ᵉ corps.

Le général de Ladmirault aux Généraux commandant les divisions.

21 août.

Dans la prévision d'une attaque qui paraît assez probable pour demain matin, tous les corps devront redoubler de vigilance. Tous les avant-postes devront être fortifiés au moyen de retranchements. S'il y a lieu, ces retranchements devront être défendus très vigoureusement.

On devra profiter de la soirée d'aujourd'hui pour achever les ouvrages commencés et en reconstruire de nouveaux sur les points où ce serait reconnu nécessaire.

Le commandant en chef du 4e corps insiste de la manière la plus formelle pour qu'on ne néglige rien de ce qui peut augmenter la force de nos positions et doit ménager la vie de nos soldats.

Si l'attaque a lieu, on devra ménager son feu le plus possible, ne tirer qu'à de bonnes distances et lorsqu'on sera presque certain d'atteindre son but. Le général commandant le génie du 4e corps devra immédiatement faire une reconnaissance de tous les ouvrages avancés, s'assurera qu'ils se relient bien entre eux et prescrira la construction de ceux qu'il jugera nécessaires.

En cas d'alerte, cette nuit, on devra recommander aux hommes de ne pas tirer.

Le général de Ladmirault au général Prudhon.

Le Sansonnet, 21 août.

La section de la compagnie du génie, qui a été mise hier à la disposition du 6e corps d'armée, devra rentrer au 4e corps dès que les travaux pour lesquels elle a été envoyée à Woippy seront terminés.

Cette section ne peut pas être détachée d'une manière permanente de la réserve du 4e corps; toutefois le général commandant en chef le corps sera disposé à prêter son concours à la brigade qui est à Woippy, toutes les fois qu'il y aura sur ce point des travaux bien déterminés à exécuter.

6e CORPS.

a) Journaux de marche.

Journal de marche du 6e corps.

Dès 4 heures du matin jusqu'à 10 heures, le Maréchal est à Woippy et à la Maison-Rouge, mais rien absolument d'important ne se produit sur notre front.

Organisation par le général de Berckheim d'une petite réserve de deux batteries de 12 et d'une batterie de mitrailleuses.

Journal de marche de la 1re division du 6e corps.

Appel en armes pour toute la division à 4 heures du matin. Le travail continue dans le fossé et à la batterie. La brigade Péchot occupe un bouquet de peupliers, en arrière de la ferme de Saint-Éloy, qui flanque la gauche de la tranchée.

Vers 11 heures, l'ennemi est signalé du côté des Maxes; la division prend les armes; le Maréchal commandant le 6e corps vient reconnaître la position et donne l'ordre de créneler la ferme de la Grange-aux-Dames située un peu en arrière et à gauche de la batterie des Carrières.

La compagnie du génie perce 150 créneaux dans les murs de la ferme et du jardin.

Sur un ordre du Maréchal commandant en chef, la ligne organisée, la ferme et la batterie sont abandonnées.

La nouvelle position est reportée à 1,000 mètres en arrière; la tranchée-abri est tracée à 6 h. 30 du soir et immédiatement commencée. Elle a un développement circulaire de 1,000 mètres, s'appuyant d'un côté à la Moselle, de l'autre à la position occupée par la division Bisson, contre la route de Thionville.

La tranchée est occupée pendant la nuit par deux bataillons sous les ordres d'un colonel.

Il est commandé une batterie de piquet.

Journal de marche de la 2e division du 6e corps.

En station au camp sous Metz.

Les travaux de défense continuent. Ils n'avancent que lentement en raison du nombre insuffisant d'outils mis par le génie à la disposition des troupes. Néanmoins le front de la division est couvert soit par des murs crénelés, soit par des fossés naturels avec abatis, soit par des tranchées-abris. On travaille à l'installation des réserves en crénelant quelques maisons et enclos en arrière. On commence à démolir les murs et à abattre les arbres du château Saint-Éloy, qui est occupé par une grand'garde de la 1re division, mais qui, en cas où il serait évacué, constituerait pour l'ennemi une très forte position à 500 mètres de nos lignes et nous prenant en écharpe. Les forts de Saint-Julien à droite et de Plappeville à gauche tirent quelques coups de canon, mais l'ennemi ne paraît pas. Les avant-postes sont, à ce qu'apprennent les reconnaissances de cavalerie envoyées en avant, à 3 kilomètres environ de Woippy, poste le plus avancé occupé par l'armée au Nord. Les troupes sont installées à leur poste de combat et y bivouaquent.

Journal de marche du génie de la 3ᵉ division du 6ᵉ corps.

Dès le matin, on part pour Woippy, et on y rencontre un détachement de la compagnie des mineurs du 1ᵉʳ régiment, qui est attachée au parc du 4ᵉ corps d'armée. Les sapeurs de la 7ᵉ et ces mineurs sont réunis sous la direction du commandant du génie de la 3ᵉ division pour créneler les murs d'un grand enclos appelé le parc de Woippy, lequel doit servir de réduit et de pivot à la défense, et être occupé jusqu'à la dernière extrémité. On dispose des gradins et une banquette pour la fusillade, là où les murs de l'enclos sont trop bas pour être crénelés efficacement, et on met le parc en état complet de défense.

Journal de marche de la réserve d'artillerie et du parc du 6ᵉ corps.

On s'attend à être attaqué de bonne heure et l'on envoie chercher la batterie de canons à balles du capitaine Lauret; mais la matinée se passe tranquille. On fait dans la journée de nouveaux projets d'emplacement de batteries.

b) Organisation et administration.

Le maréchal Canrobert au maréchal Bazaine.

Camp sous Metz, 21 août.

Vous m'avez fait connaître que deux batteries de mitrailleuses seraient mises à ma disposition. J'ai l'honneur de vous rendre compte que le général commandant l'artillerie du 6ᵉ corps n'en a reçu qu'une.

Le général de Berckheim au général Soleille.

Devant-les-Ponts, 21 août.

En réponse à votre lettre du 20 août courant n° 342, j'ai l'honneur de vous faire connaître que pour réorganiser les batteries divisionnaires du 6ᵉ corps, il faudrait :

1° Réduire à quatre pièces, au lieu de six, la 5ᵉ batterie du 8ᵉ régiment. Cette batterie verserait à l'arsenal deux canons de 4, un affût de 4 et un caisson vide à munitions de 4 ; elle devrait recevoir une forge. Elle serait alors composée de quatre canons, cinq caissons, un affût de rechange, deux chariots de batterie et une forge ;

2° La 7e batterie du 8e régiment verserait à l'arsenal deux caissons vides ;

3° La 8e batterie du 8e régiment devrait, faute de chevaux, verser un caisson plein à la 12e batterie du même régiment ;

4° La 12e batterie du 8e régiment verserait à l'arsenal un caisson de réserve presque vide et recevrait de la 8e batterie du même régiment un caisson plein.

Les parcs divisionnaires sont complets, sauf celui de la 4e division qui n'existe pas.

Quant aux officiers supérieurs, d'après la nouvelle organisation de l'artillerie du 6e corps, la 3e division seule en possède deux, le lieutenant-colonel Jamet et le commandant Bernadet ; ce dernier pourrait recevoir une autre destination.

Les batteries constituées comme il est dit plus haut ont leurs caissons pleins ; les réserves divisionnaires sont complètes, sauf celle de la 4e division qui n'existe pas ; le 6e corps ne possède pas de parc.

Le maréchal Bazaine au général Coffinières.

Ban Saint-Martin, 21 août.

M. le Commandant du génie du 6e corps étant resté à Châlons, j'ai demandé à M. le Ministre de la Guerre de désigner un autre officier pour exercer ces fonctions auprès de M. le maréchal Canrobert.

En attendant que cette demande puisse recevoir une solution, je vous prie de désigner un officier supérieur de l'état-major général du génie de l'armée pour remplir les fonctions de commandant du génie du 6e corps d'armée.

M. le maréchal Canrobert demande que cette mesure soit prise d'urgence. Veuillez me faire savoir le nom de l'officier que vous désignerez.

c) Opérations et mouvements.

Le maréchal Canrobert au maréchal Bazaine.

Camp sous Metz, 21 août.

V. E. m'a fait donner avis hier que la division de cavalerie du général *de Forton* prenait position à ma droite dans l'île Chambière et de faire reconnaître un gué pour se mettre en communication avec moi. Je pense qu'il en résulte que cette division est placée sous mes ordres.

J'ai l'honneur de prier V. E. de vouloir bien me fixer à ce sujet.

Le maréchal Bazaine au maréchal Canrobert.

Ban Saint-Martin, 21 août.

En réponse à la lettre de V. E. n° 420, j'ai l'honneur de lui faire connaître que je place provisoirement sous ses ordres, pour les opérations de guerre, M. le général de Forton, commandant la 3ᵉ division de la réserve de cavalerie. Je notifie cette disposition à cet officier général.

Le maréchal Canrobert au maréchal Bazaine.

Camp sous Metz, 21 août.

Le général Tixier, commandant ma 1ʳᵉ division d'infanterie, demande qu'une batterie de position soit établie en avant du fort Saint-Julien, sur la rive droite de la Moselle, pour battre le terrain de sa division, qui, dit-il, ne serait pas battu par ce fort. Quoiqu'il me semble peu admissible que ce terrain ne soit pas sous les feux des forts, j'ai l'honneur de soumettre à l'appréciation de V. E. la demande du général Tixier, en la priant d'y donner la suite qu'elle jugera convenable (1).

Le même au même.

Camp sous Metz, 21 août.

Pour assurer la défense des abords des positions occupées par la 3ᵉ division du 6ᵉ corps, il est nécessaire de couper de grands peupliers du côté du château Saint-Éloy.

J'ai l'honneur de prier V. E. de vouloir bien donner des ordres pour que 200 haches tirées du grand parc du génie soient mises à la disposition du 6ᵉ corps de l'armée (urgence) (2).

Le général La Font de Villiers au maréchal Canrobert.

Camp sous Metz, 21 août.

J'ai renforcé d'un bataillon du 91ᵉ, les deux compagnies de grand'garde postées à la Maison-Neuve et au groupe de maisons qui se

---

(1) *Note marginale du maréchal Bazaine :* « A renvoyer au général Coffinières; c'est inutile quant à présent. »

(2) *Note marginale du maréchal Bazaine :* « Donner immédiatement les ordres nécessaires. »

trouvent sur ce point. 50 pelles ou pioches ont été distribuées à ce bataillon pour mettre ces maisons et leurs abords en état de défense.

Je reçois à l'instant l'invitation de mettre un régiment à la disposition de M. le général Bisson. Je pense que les dispositions précitées répondent à la pensée de Votre Excellence qui doit être bien convaincue que, en cas de nécessité, tout l'appui nécessaire serait donné à la 2ᵉ division.

La Maison-Blanche a été crénelée et la tranchée-abri du 75ᵉ la déborde sur la droite de la route de Thionville, de manière à donner un bon appui au flanc gauche du 9ᵉ de ligne.

Le même au même.
Camp sous Metz, 21 août.

M. le commandant de la compagnie du génie de la 3ᵉ division me rend compte que, malgré les ordres donnés par M. le Maréchal, cette compagnie est retenue à Woippy.

Le maréchal Canrobert au général Levassor-Sorval.
Camp sous Metz, 21 août.

J'ai l'honneur de vous informer que le Maréchal commandant en chef met, provisoirement, à la disposition du 6ᵉ corps, la compagnie du génie attachée à la Garde, pour remplacer celle qui manque à votre division.

Dès que le Maréchal commandant en chef pourra vous en donner une autre d'une façon définitive, il s'empressera de compléter l'organisation régulière de votre division.

Cette compagnie a reçu l'ordre de vous rejoindre sur-le-champ.

Quand cette compagnie vous aura rejoint, veuillez renvoyer à la 3ᵉ division le détachement du génie qui lui appartient.

Le maréchal Bazaine au maréchal Canrobert.
Ban Saint-Martin, 21 août.

J'ai l'honneur de prier Votre Excellence de vouloir bien donner les ordres nécessaires pour que la division de cavalerie du 6ᵉ corps d'armée modifie, demain, dès la première heure, son emplacement actuel et aille se reporter en arrière, sur les glacis du fort Moselle.

GARDE IMPÉRIALE.

b) **Organisation et administration.**

Le général Bourbaki au maréchal Bazaine.

Au Sansonnet, 21 août.

J'ai l'honneur de rendre compte à Votre Excellence, en réponse à sa dépêche du 20 de ce mois (n° 100), que les troupes de la Garde impériale se trouvent dans d'excellentes conditions matérielles, physiques et morales.

Les munitions d'infanterie et d'artillerie sont au complet et en parfait état de conservation.

Les armes sont bien entretenues et les réparations s'exécutent chaque fois que les corps stationnent.

Sauf quelques effets et ustensiles de campement et de linge et chaussures, dont l'état sera envoyé aujourd'hui même, les hommes sont pourvus de tout ce qui est nécessaire pour assurer leur campement.

Les vêtements sont en très bon état, ainsi que les chaussures.

La nourriture est abondante et saine; les distributions, régulières; les ordinaires, bien entretenus.

L'état sanitaire des hommes est bon ; à peine signale-t-on quelques dérangements causés par l'abus des fruits verts.

Celui des chevaux n'est pas moins satisfaisant, bien que l'alimentation, réduite généralement à l'avoine, soit un peu échauffante. Il est bien à désirer que l'on puisse distribuer, de temps en temps, du foin ou d'autres fourrages.

Le moral de ces troupes d'élite est celui que l'on doit attendre d'elles ; leur plus grand désir est de se mesurer avec l'infanterie prussienne; elles ne doutent pas du succès.

Malheureusement, les pertes éprouvées par la Garde, dans les journées des 16 et 18 août, ont réduit les effectifs de 138 officiers et 2,926 soldats. Il serait regrettable de les laisser diminuer encore, et Votre Excellence appréciera, sans doute, l'urgence de donner suite à ma demande de contingents de la ligne pour les corps de la Garde.

Le général Deligny au général Bourbaki.

Devant-les-Ponts, 21 août.

J'ai l'honneur de vous adresser les rapports de MM. les Généraux de brigade et chefs de service sur les conditions matérielles, physiques et morales dans lesquelles se trouve la division que je commande.

Ces rapports sont des plus satisfaisants à tous égards.

Ma division est en mesure de faire face à toutes les éventualités et de répondre dignement à ce que le pays est en droit d'attendre d'un corps d'élite.

Le général Brincourt au général Deligny.

Devant-les-Ponts, 21 août.

Les conditions matérielles, physiques et morales dans lesquelles se trouve la brigade sont excellentes.

Les hommes sont pourvus de tout ce qui est nécessaire pour assurer leur campement et leur nourriture; leurs vêtements sont en bon état, la chaussure bien entretenue, le linge est complet; chaque escouade a les ustensiles nécessaires pour nettoyer les effets et les entretenir. Les armes sont soignées. Quelques fusils ont besoin de réparations légères, que les chefs armuriers exécutent toutes les fois que le corps stationne. Chaque homme a ses 90 cartouches, dont il a le plus grand soin.

Les conditions physiques ne le cèdent en rien aux conditions matérielles. L'état sanitaire est excellent et bien supérieur à celui des mêmes troupes en garnison; il n'y a pas de diarrhées ni de maladies provenant de l'agglomération de troupes.

L'alimentation est bonne, les ordinaires bien entretenus, les distributions régulières, les hommes mangent bien, et même beaucoup, cela ne peut leur nuire.

Les conditions morales sont celles que l'on doit attendre de soldats comme les nôtres.

Je passe chaque jour dans les camps et je puis m'assurer à chaque instant par moi-même de l'esprit patriotique qui anime nos troupes.

Tout le monde est convaincu de l'infériorité de l'infanterie prussienne.

Le plus grand désir de nos soldats est de se rencontrer face à face avec elle. Ils sont sûrs du succès et convaincus que pas un Prussien ne sortira de France.

Cette idée ne peut qu'entretenir l'énergie et le dévouement que nos hommes ont montré jusqu'aujourd'hui.

L'état moral des officiers est peut-être moins bon que celui de la troupe. Cela tient à ce qu'ils ignorent ce qui se passe. Un bulletin mensuel provenant de l'état-major général de l'armée, indiquant les résultats obtenus à la suite des combats livrés, serait lu avec avidité par ces Messieurs qui ont contracté l'habitude des journaux.

Le général Garnier au général Deligny.

Camp Devant-les-Ponts, 21 août.

En réponse à votre lettre de ce jour, j'ai l'honneur de vous adresser le rapport confidentiel que vous m'avez demandé sur les conditions matérielles, physiques et morales des corps de la brigade.

L'état moral des troupes des deux régiments est excellent, et nous pouvons compter sur un concours énergique de la part de tous, quelles que soient les circonstances.

L'état physique est très bon et, à l'exception de quelques maladies insignifiantes, tout le monde peut marcher.

L'armement est en bon état; les armuriers font en ce moment les petites réparations courantes; les munitions sont au complet et en bon état.

Sous le rapport matériel, je n'ai à faire qu'une seule observation, c'est de diminuer, autant qu'il sera possible, la longueur des convois, en supprimant les voitures inutiles (cantinières et autres).

Le colonel de Montarby, du régiment de chasseurs de la Garde, au général Deligny.

Camp Devant-les-Ponts, 21 août.

En réponse à votre dépêche n° 43, j'ai l'honneur de vous faire savoir que le régiment est dans d'excellentes conditions matérielles; sauf quelques effets de campement qui seraient nécessaires pour remplacer ceux qui ont été détériorés ou détruits, il ne lui manque rien.

Quant aux conditions physiques, elles sont excellentes; l'état sanitaire des hommes et des chevaux est parfait.

Enfin, quant aux conditions morales, elles sont excellentes.

Le lieutenant-colonel Gerbaut au général Deligny.

Camp Devant-les-Ponts, 21 août.

Les conditions matérielles, physiques et morales des trois batteries et de la compagnie du train sous mon commandement sont excellentes sous tous les rapports.

Les hommes sont bien nourris, leur santé très bonne, leur moral excellent.

L'état des chevaux seul laisse un peu à désirer, ils maigrissent faute de foin; quelques-uns deviennent fourbus par suite de la nourriture trop échauffante, composée presque uniquement d'avoine. Malgré cela, les batteries sont dans de bonnes conditions pour marcher. En un mot, si les distributions de foin se faisaient plus régulièrement nous serions tout à fait bien.

Le chef de bataillon Hitschler, commandant le génie de la 1re division, au général Deligny.

Camp Devant-les-Ponts, 21 août.

Sous le rapport de la nourriture, les hommes n'ont pas à se plaindre; le pain est bon, la viande ne laisse rien à désirer. La dernière distribution de biscuit seulement a été très inférieure et a été refusée. Quand cette distribution aura été remplacée, nous serons alignés jusqu'au 25 inclus.

Les effets et ustensiles de campement, l'armement, l'équipement et l'habillement sont en bon état et au complet.

L'état sanitaire est très bon; pas un homme n'est entré à l'hôpital ou à l'ambulance depuis huit jours. Les six hommes qui y sont entrés, dès le début de la campagne, avaient pour la plupart des maladies antérieures.

Quant à l'état moral, il se ressent de l'état physique, c'est-à-dire qu'il est on ne peut meilleur; les hommes sont très gais et partent toujours avec le même entrain, quand il s'agit de se porter en avant.

Le sous-intendant Jallibert au général Deligny.

21 août.

Les conditions matérielles dans lesquelles se trouvent les hommes et les chevaux de la division sont aussi bonnes que possible, après les marches faites, les fatigues supportées et les combats livrés depuis un mois. Pendant cette période, et malgré d'énormes difficultés, les distributions de denrées de toute nature ont toujours été régulièrement faites, excepté en ce qui concerne le foin et la paille, qui n'ont pu être perçus qu'à proximité de Metz ou dans les localités qui offraient des ressources fourragères. On peut affirmer par conséquent que les hommes n'ont manqué de rien, en tout ce qui touche aux besoins de leur alimentation, et cette situation favorable a certainement beaucoup contribué à entretenir l'état physique dans lequel ils se trouvent.

L'ambulance, qui avait reçu 1,200 blessés environ, à la suite de la bataille du 16, les avait évacués presque tous dans la nuit suivante sur la place de Metz; une soixantaine seulement, la plupart non transportables, ont été laissés à Gravelotte, sous la protection de la Société internationale de secours aux blessés. Hier, au moment de sa dissolution, elle ne contenait pas de malades.

Des pertes assez nombreuses d'effets de petit équipement, de campement et d'armes ont eu lieu, soit pendant les marches, soit pendant les divers combats qui ont été livrés. Il a été pourvu au remplacement de ces divers effets, au fur et à mesure des besoins, avec les ressources qu'offrent les magasins de la place de Metz, et les manquants qui existent encore en ce moment devront pouvoir être facilement comblés.

Dans une situation matérielle aussi satisfaisante, il n'est pas douteux que les conditions morales dans lesquelles se trouvent les troupes de la division, conditions qui étaient excellentes au départ de Nancy, ont dû rester et restent excellentes.

En ce qui concerne les approvisionnements, j'ajouterai que la division est approvisionnée pour plus de huit jours en vivres de campagne et pour quatre jours en avoine. Le biscuit seul fait défaut; depuis deux jours, il n'a pas été possible de s'en procurer à Metz; j'envoie encore aujourd'hui des voitures pour y prendre un chargement de 200 quintaux de biscuit, représentant un approvisionnement de plus de quatre jours.

Le troupeau, composé d'environ 50 têtes de bétail, est alimenté par des achats journaliers et paraît devoir suffire à tous les besoins.

Le général Picard au général Bourbaki.

Devant-les-Ponts, 23 août.

En réponse à votre dépêche du 20 août courant, j'ai l'honneur de rendre compte que l'état sanitaire des troupes sous mes ordres est jusqu'à présent satisfaisant. Quelques cas de diarrhées se sont présentés. Les recommandations les plus expresses pour s'abstenir de manger des fruits verts et pour se prémunir contre la fraîcheur de la nuit, ainsi que la ration de vin, qui, à partir d'aujourd'hui, va être distribuée, sont de nature à entretenir le bon état de la santé générale.

Il est à désirer que les effets de campement et de linge et chaussure, dont la liste a été adressée avant-hier à M. le Général commandant en chef, soient délivrés dans le plus bref délai.

Quant à l'état moral des troupes, il est parfait.

Le général Jeanningros au général Picard.

Camp du Ban Saint-Martin, 21 août.

Jusqu'à ce jour, l'état matériel et physique a été satisfaisant. On doit cependant signaler que les cas de diarrhées augmentent, ce qui tient probablement aux nuits d'insomnie et aux fruits verts mangés. Il est à désirer que les effets de linge, chaussure et campement, dont la note a été adressée à la division, soient délivrés à la troupe (surtout les chemises et souliers).

Il y a environ une trentaine de malingres.

Quant à l'état moral, il est excellent.

Le lieutenant-colonel Dennecey de Cevilly au général Picard.

Camp de Metz, 21 août.

L'état sanitaire des batteries de l'artillerie de la Garde est très satisfaisant. D'après le rapport du docteur, quelques hommes seulement sont atteints de diarrhées légères. Les troupes sont pourvues de l'habillement, du campement et du harnachement nécessaire.

Le moral est excellent. Tous les hommes sont prêts à montrer, par leur énergie et leur courage, qu'ils sont dignes de faire partie de la Garde impériale.

Le général Desvaux au général Bourbaki.

Bivouac du Ban Saint-Martin, 21 août.

J'ai l'honneur de répondre à votre dépêche confidentielle de ce matin relative aux conditions matérielles, physiques et morales de la division de cavalerie de la Garde. Les renseignements qui suivent s'appliquent aux lanciers, dragons, cuirassiers et carabiniers.

Je n'ai pu avoir encore de communication avec les chasseurs et les guides, mais je sais qu'ils sont en bon état n'ayant presque pas éprouvé de pertes.

Du reste, les pertes signalées dans les lanciers et les dragons au moment de leur retour de la bataille du 16 se trouvent réduites par la rentrée depuis ce temps d'une assez grande quantité d'hommes et de chevaux. Ce sont toujours les cuirassiers qui sont le plus éprouvés. J'ai dû fondre provisoirement l'escadron le plus éprouvé dans les quatre autres de manière à ramener ces 4 escadrons à un effectif moyen de 80 chevaux.

Je joins à ma dépêche un état indiquant le nombre d'hommes et de chevaux par escadron dans chaque régiment.

L'état sanitaire des hommes est excellent. Il y a quelques diarrhées qui n'inspirent aucune inquiétude.

Les chevaux commencent à maigrir un peu, mais ils ont de la vigueur. Presque tous pourraient prendre part au combat. Tous sont harnachés ou vont l'être.

Tous les hommes sont armés. On complète les quelques munitions qui manquent.

Le matériel de toute nature est généralement en bon état. Les deux batteries d'artillerie de ma division sont au complet de toute manière. Les trois pièces que l'on avait crues perdu sont en ce moment dans leurs batteries; hommes, chevaux, matériel de ces batteries sont en bon état.

Permettez-moi de vous signaler une de mes préoccupations. Malgré toute la surveillance exercée, il est à craindre que la réserve de biscuit ne soit entamée par les hommes. Serait-il possible, au lieu de distribuer du nouveau biscuit aujourd'hui ou demain s'il y a lieu, de conserver ces distributions sur nos voitures et de ne les donner aux hommes qu'au moment extrême, soit de départ, soit de remplacement? Je crois que cette mesure, si vous la trouvez possible, nous permettrait d'avoir la certitude de recomposer la réserve de biscuit.

Un certain nombre d'officiers figurent encore dans la catégorie des disparus, et les ambulances de Metz peuvent cependant en contenir quelques-uns. Si l'état des officiers de la division de cavalerie de la Garde soignés aux ambulances de la ville pouvait m'être communiqué officiellement, j'arriverais à ramener cette catégorie de disparus à la réalité.

Je ne demande pas la même mesure pour la troupe en raison des difficultés matérielles de l'exécuter.

Quant aux dispositions morales des régiments de cavalerie, vous pouvez être assuré qu'elles sont parfaites et que tout le monde est prêt à recommencer.

Le général Pé de Arros au général Bourbaki.

Camp de la Ronde, 21 août.

J'ai l'honneur de vous rendre compte, en réponse à votre lettre confidentielle en date de ce jour, que les troupes de l'artillerie de la Garde sont dans d'excellentes dispositions morales, dans des conditions matérielles satisfaisantes, et, sauf quelques dérangements d'entrailles, dans de bonnes conditions physiques.

Les chevaux sont en bon état.

Le maréchal Bazaine au général Bourbaki.

Ban Saint-Martin, 21 août.

J'estime, comme vous, que les effectifs de la Garde impériale déjà faibles, et qui ont été réduits encore d'une manière assez sensible au combat du 16 août, auraient besoin d'une augmentation. Aussi, très prochainement, je ferai aux corps de la ligne des demandes à l'effet de relever les effectifs de vos régiments.

Le même au même.
Metz, 21 août.

J'ai l'honneur de vous informer que je suis obligé de vous enlever provisoirement la compagnie du génie qui avait été attachée à la Garde, pour la mettre à la disposition de M. le maréchal Canrobert, auprès duquel sa présence est nécessaire.

Par suite de l'urgence des travaux à exécuter, j'ai envoyé directement à la compagnie l'ordre de se mettre en route sur-le-champ et d'aller rejoindre le 6° corps.

Le général Bourbaki au général Picard.
Le Sansonnet, 21 août.

L'intention du général commandant la Garde est que la compagnie du génie attachée à la 1re division d'infanterie de la Garde soit la seule mise à la disposition du maréchal Canrobert. Donnez des ordres pour que la compagnie attachée, partie à la 2e division, partie au quartier général soit maintenue à son poste.

c) Opérations et mouvements.

Ordre de la Garde.
Sansonnet, 21 août, 9 h. 45 matin.

Toute la Garde prendra immédiatement les armes et se tiendra prête à marcher. MM. les Généraux commandant l'infanterie enverront de suite à Woippy leur génie qui se mettra à la disposition de M. le maréchal Canrobert, commandant le 6° corps.

Le général Bourbaki aux Généraux commandant les divisions.
Le Sansonnet, 21 août.

Les tentes peuvent être dressées, mais les troupes ne continueront pas moins de se tenir prêtes à prendre les armes.

d) Situation.

Situation numérique des régiments de la division de cavalerie de la Garde par escadron, au 21 août.

CORPS.	HOMMES de TROUPE.	CHEVAUX D'OFFICIERS.	CHEVAUX de TROUPE.	OBSERVATIONS.
LANCIERS.				
État-major	5	24	5	
2ᵉ escadron	67	8	74	
3ᵉ —	107	13	89	
4ᵉ —	107	9	92	
5ᵉ —	107	13	88	
6ᵉ —	94	11	90	
TOTAUX	487	78	438	Dont 18 indisponibles.
DRAGONS.				
État-major	12	20	6	
2ᵉ escadron	122	14	102	
3ᵉ —	108	10	90	
4ᵉ —	115	10	96	
5ᵉ —	114	8	97	
6ᵉ —	116	8	94	
TOTAUX	587	70	485	
CUIRASSIERS.				
État-major	11	20	10	
1ᵉʳ escadron	91	11	69	
2ᵉ —	93	9	60	
3ᵉ —	91	8	68	
6ᵉ —	87	11	64	Le 4ᵉ escadron a été versé dans les quatre autres.
TOTAUX	373	59	271	
CARABINIERS.				
État-major	11	28	7	
1ᵉʳ escadron	127	14	104	
2ᵉ —	122	14	104	
3ᵉ —	126	12	106	
5ᵉ —	128	14	98	
6ᵉ —	123	14	102	
TOTAUX	637	96	521	
TOTAUX de la division	2,084	303	1,715	

COMMANDEMENT DE L'ARTILLERIE DE L'ARMÉE

ET

RÉSERVE GÉNÉRALE D'ARTILLERIE

a) Journal de marche.

Journal des opérations du général Soleille.

Le réapprovisionnement des batteries et des parcs des autres corps d'armée s'exécutait, en même temps, avec la plus grande activité. Dès le début de la campagne, il avait été réglé que les ressources de la place de Metz resteraient distinctes de celles de l'armée rassemblée sous ses murs. Après les trois combats qui venaient d'être livrés, en présence de la situation particulière qu'ils faisaient à l'armée en la privant de toute communication avec le dehors, cette distinction ne pouvait plus subsister dans son intégrité; la place devait venir en aide à l'armée. Les projectiles ne faisaient pas défaut, la poudre seule n'était pas en quantité suffisante et la confection des charges exigeait un temps assez long. Le 21 août, le colonel de Girels écrivait au général commandant l'artillerie de l'armée qu'il ne lui restait plus que 400,000 kilogrammes de poudre, quantité réservée pour les besoins de la place; on entama cette réserve que l'on s'empressa, d'ailleurs, de reconstituer au moyen de la production journalière de la poudrerie.

Les approvisionnements de l'armée furent rapidement complétés, grâce au zèle, à la bonne volonté de tous.

Il fallut aussi combler les vides faits par le feu de l'ennemi. Les dépôts des 1er et 17e régiments donnèrent les hommes et les chevaux disponibles; les 6e compagnie bis et 15e compagnie principale du 1er régiment du train d'artillerie fournirent également un certain nombre d'attelages.

Mais cela ne pouvait suffire. Il devint nécessaire de réduire à quatre pièces les batteries qui avaient le plus souffert; les voitures en excédent furent versées à la Direction. En outre, en présence de la pénurie d'officiers qui commençait déjà à se faire sentir, le Maréchal ordonna de prélever un officier supérieur sur les commandements de l'artillerie divisionnaire.

Les pontonniers, disséminés dans les forts et dans la place, furent groupés de nouveau sous les ordres du colonel Marion et employés à établir deux ponts sur le grand bras de la Moselle afin de multiplier les communications entre les deux rives.

Enfin, il fut ordonné que l'armée coopérerait aussi activement que possible à l'armement des forts de Metz. Cet armement à peine ébauché, étant destiné à jouer un rôle considérable dans les opérations ultérieures, il était de la plus haute importance qu'il fût promptement complété ; le sort de l'armée se trouvait en quelque sorte lié à celui de la place, tant que les forts ne seraient pas effectivement à l'abri d'une insulte et à la merci d'une surprise.

b) Organisation et administration.

Le général Soleille aux Généraux commandant l'artillerie des corps d'armée.

Ban Saint-Martin, 24 août.

Vous avez dû être frappé, comme moi, de la mauvaise tenue et de la malpropreté des canonniers en général. Les pantalons de treillis, que beaucoup portent encore, et les buffleteries sont dans un état de saleté extrême ; le débraillement est devenu une habitude presque générale ; en un mot, la tenue des troupes d'artillerie fait avec celle des autres troupes un contraste pénible pour l'amour-propre des officiers de l'arme.

Je vous invite à profiter des moments où la troupe n'est point en marche pour faire nettoyer et réparer l'habillement et l'armement. Je me borne à vous faire remarquer que le pantalon de drap est le pantalon réglementaire, et que l'artillerie doit le porter ; les buffleteries auraient un aspect moins sale et seraient d'un plus facile entretien si elles n'étaient plus blanchies, mais simplement lavées.

La tenue des batteries en route laisse beaucoup à désirer ; les voitures de combat, et les pièces elles-mêmes, sont quelquefois surchargées de sacs d'avoine, de fourrage, de bois et des objets les plus divers.

Les sacs des servants autres que les servants de la pièce sont accrochés aux voitures dans le plus grand désordre.

Je conçois que la nécessité de transporter du fourrage avec le nombre réduit de nos voitures ne peut guère être évitée ; c'est une raison de plus pour ne pas surcharger les voitures d'objets inutiles pendant le combat.

La réserve des servants et des conducteurs non montés marche souvent au hasard et sans qu'un officier ou sous-officier la surveille.

J'appelle sur ces différents points toute votre attention, laissant à votre discrétion de prescrire les mesures que vous jugerez les plus propres à faire cesser cet état de choses vraiment choquant.

Le général Canu au général Soleille.

Au camp du Ban Saint-Martin, 21 août.

Dans le convoi ramené le 19 par le 13ᵉ régiment d'artillerie, il se trouvait : quatre caissons chargés de 12, qui ont servi à ravitailler les batteries du 13ᵉ régiment, quatre caissons chargés de 4 R. de campagne, qui ont été mis à la disposition du 18ᵉ régiment d'artillerie à cheval, et sept caissons d'infanterie, qui se trouvent au camp du 13ᵉ régiment d'artillerie.

La réserve générale d'artillerie, n'ayant pas de parc, n'ayant pas charge de distribuer des munitions d'infanterie, j'ai l'honneur de vous prier de me faire savoir à qui doivent être remis ces caissons, pour lesquels d'ailleurs les moyens d'attelage manqueraient complètement.

RENSEIGNEMENTS

Bulletin de renseignements du Grand Quartier général.

Ban Saint-Martin, 21 août.

Rive gauche de la Moselle. — L'ennemi paraît être peu nombreux à Maizières. Il a montré des éclaireurs à Ladonchamps; les coups de feu d'une de nos reconnaissances les ont rejetés sur Saint-Remy, où paraissent se diriger des troupes; il en viendrait également et en assez grand nombre de Bellevue sur Woippy.

La batterie et les 10,000 à 15,000 hommes placés près de Marange, contre la route de Rombas, dont parle le bulletin d'hier, sont indiqués aujourd'hui par d'autres reconnaissances. A côté de Marange, l'ennemi occupe aussi le moulin de Féreau.

Des patrouilles ennemies ont paru à Semécourt et Norroy. Le bois de Woippy serait occupé par de l'infanterie et de la cavalerie prussienne; de l'artillerie, abritée derrière des épaulements, est au-dessus de Saulny.

Hier, une forte colonne a défilé pendant trois heures de Saint-Privat-la-Montagne vers Châtel-Saint-Germain.

A Gravelotte, un parlementaire français a vu le VIIIe corps et, à l'Est du village, de nombreuses troupes au bivouac. Les officiers prussiens lui ont dit que si nos hommes visaient mieux, ils feraient de leurs ennemis un véritable massacre. Notre parlementaire a été escorté par un officier de landwehr.

Vaux est occupé par 150 hommes. L'ennemi y a établi des batteries; il a relié Ars et Gravelotte par un fil télégraphique.

Dans une clairière, au Nord d'Ancy, une forte batterie.

Rive droite de la Moselle. — Grand camp d'infanterie et d'artillerie dans le ravin entre Corny et Jouy. Ce dernier village est occupé; les pionniers prussiens paraissent travailler à son pont.

La redoute commencée à Saint-Privat est occupée par l'ennemi (reconnaissance du 2e chasseurs à cheval). Il y a des postes de cavalerie près du bois de la Haute-Bévoye et du château de Mercy.

A Peltre, grands travaux de retranchements; rien, comme troupes, dit un autre renseignement.

A Chesny, il a été vu beaucoup d'artillerie.

Une colonne très longue a été aperçue, hier, allant de Vigy à Sainte-Barbe. Ce dire est confirmé par un soldat du 8ᵉ de ligne, qui, fait prisonnier le 16, conduit à Pont-à-Mousson, puis à Remilly pour y être mis en chemin de fer, a pu s'échapper, traverser de nouveau les lignes ennemies et rentrer à Metz par la porte des Allemands. Il a vu près de l'auberge de Bellecroix un corps prussien marchant de sa gauche à sa droite, c'est-à-dire allant à la Moselle.

Montoy et Flanville sont occupés. Noisseville, Servigny, Sainte-Barbe et les bois environnants servent de bivouacs à des troupes d'infanterie.

Failly était mis en état de défense le 19 ; on apercevait hier soir des feux entre Malroy et Olgy.

Enfin, 30 hommes ont passé hier la Moselle au gué d'Argancy, ce qui complète la ligne d'investissement.

Des Prussiens auraient dit à un parlementaire qu'ils étaient 300,000 autour de Metz, ce qui serait à peu près vrai si les dix corps cités dans le bulletin d'hier sont bien autour de Metz.

Pas de nouvelles du Prince royal depuis le bulletin du 19.

Derniers renseignements — Le VIIIᵉ corps descendrait depuis hier de Gravelotte vers Moulins ; le médecin, qui l'a vu en mouvement, aurait compté 140 canons avec ce corps.

Des troupes du VIIᵉ corps (*29ᵉ, 13ᵉ, 15ᵉ, 55ᵉ, 66ᵉ et 7ᵉ pionniers*) seraient établies vers Rozérieulles et Châtel-Saint-Germain.

Ces corps font partie de l'armée de Steinmetz, qui occuperait ainsi encore la droite des forces ennemies, sur la rive gauche de la Moselle, la IIᵉ armée étant à sa gauche, vers Montigny-la-Grange, Amanvillers, etc. Le prince Frédéric-Charles a son quartier général à Rezonville ; Steinmetz, qui s'y trouvait avant-hier, en est parti.

Un Prussien (chevalier de Malte) aurait dit que la résistance de nos troupes, le 18, a été héroïque et que, faute de munitions, après avoir été vainqueurs jusqu'à 5 heures du soir, ils se seraient laissé hacher par leurs ennemis. Il ajoutait que cette défense était plus héroïque et plus sanglante que celle des Autrichiens à Sadowa.

Le parlementaire, auquel ces propos s'adressaient, déclare que les Prussiens font l'exercice les jours de repos.

Le général de Valabrègue au général Frossard.

21 août.

D'après les renseignements fournis par les reconnaissances de ce matin :

Les avant-postes ennemis seraient en arrière de Moulins.

Les Prussiens seraient solidement établis à la Maison-Neuve sur le versant Ouest de la vallée de Monvaux.

L'infanterie prussienne a passé sur la rive droite de la Moselle, au-dessus de Moulins.

Le même au même.

21 août.

M. Seegmüller, du 5ᵉ chasseurs, qui est en éclaireur à Moulins, envoie le renseignement suivant :

« Vers 11 heures, une colonne de cavalerie forte à peu près d'une division et de l'artillerie se sont portées sur les hauteurs qui dominent Sainte-Ruffine.

« Cette colonne venait d'au delà de Vaux. »

Le maréchal Le Bœuf au maréchal Bazaine.

Plappeville, 21 août, 9 h. 15 matin.

Le général Nayral me signale la présence d'assez fortes colonnes ennemies dans le bois de Châtel.

Des paysans de Châtel me confirment ce fait.

Je monte sur le plateau et je tiendrai Votre Excellence au courant de ce que je verrai.

Bulletin de renseignements du 3ᵉ corps.

21 août.

Maizières. — A 3 heures de l'après-midi, on distinguait une grand'-garde et plusieurs petits postes en avant de la gare de Maizières.

Une batterie d'artillerie, à ce qu'il semblait, précédée d'un ou deux pelotons de cavalerie, se dirigeait sur Maizières par la route de Marange.

A droite et à gauche de la route, entre Maizières et Woippy, on voyait de l'infanterie en bataille ; derrière cette infanterie estimée à un ou deux bataillons, douze voitures militaires (fourgons des équipages ou du génie).

Saint-Remy. — Près de Saint-Remy, un régiment d'infanterie ennemie construisait des tranchées-abris, la droite appuyée au chemin de fer.

Semécourt—Fèves. — Au-dessus de Fèves, il y a une compagnie de grand'garde. (Tous les renseignements qui précèdent ont été fournis par le capitaine de Locmaria.)

Norroy. — Dès hier, il y avait en arrière des crêtes qui dominent

Norroy et Fèves, de nombreuses troupes au bivouac. Ce sont, sans doute, celles qu'on avait vu marcher de ce côté dans la matinée.

Saulny. — A 3 h. 45, un bataillon d'infanterie est signalé par le capitaine de Locmaria et par le capitaine commandant la grand'garde du 51ᵉ; ce bataillon descend d'abord d'Amanvillers vers Woippy, puis il quitte la route et entre dans le bois de Lorry.

A 5 heures, la grand'garde du 51ᵉ signale de fortes colonnes ennemies, qui descendent de plusieurs points sur le village de Saulny.

Châtel. — Les grand'gardes de la 2ᵉ division signalent, d'une part, une forte colonne d'infanterie dans le bois de Châtel et, d'autre part, une reconnaissance exécutée par un régiment de cavalerie soutenu par de l'infanterie. Cette reconnaissance venait du côté de Nancy.

Rive droite de la Moselle. — A 3 heures, on signalait, aux avant-postes, sur la route de Thionville, une forte colonne d'infanterie, qui s'avançait vers Metz sur la route de Bouzonville.

Bulletin de renseignements du 4ᵉ corps.

Le Sansonnet, 21 août, 8 heures matin.

Une section d'éclaireurs fournie par le 6ᵉ de ligne (20 hommes, sergent Laurelli chef) rentre de reconnaissance et a fouillé tout le terrain boisé en avant de nous (1).

Cette reconnaissance est partie hier soir à 8 heures; a franchi la crête entre les forts Saint-Quentin et Plappeville; s'est jetée dans les bois de Lorry et de Châtel; a remonté le chemin qui, de Châtel-Saint-Germain mène à Amanvillers et Saint-Privat. Arrivée à la lisière du bois à 1 kilomètre au Sud-Est d'Amanvillers, la reconnaissance a longé les carrières boisées de la Croix, puis, se maintenant dans le bois de Saulny, a atteint la grande route de Briey à Metz, a coupé cette dernière, s'est jetée dans les bois dits le Vémont et de Plesnois. Elle a ensuite traversé le village de Saulny, a passé par une tuilerie au pied du bois de Vigneulles, est enfin rentrée dans les bivouacs français par Lorry-les-Metz.

Cette reconnaissance, faite avec une grande hardiesse, rapporte les renseignements suivants :

De grosses masses prussiennes, à en juger par la ligne des feux de bivouac, tiennent la crête des bois de Saulny et de Lorry; elles sont à

---

(1) *Note marginale du général Jarras :* « Inviter à faire de même dans tous les corps. »

petite distance de nos bivouacs. Des masses ennemies un peu moins considérables (à en juger toujours par les feux de bivouac) tiennent les hauteurs boisées au Nord et au Nord-Est de Saulny, de l'autre côté de la route de Briey à Metz.

On peut donc déduire de ce renseignement que l'ennemi serait en force sur les crêtes en face de nos positions.

Pendant toute la nuit, on a abattu de grandes quantités d'arbres, peut-être traçait-on des chemins dans les bois de Saulny et de Lorry.

Dès 3 heures du matin, il y avait un grand mouvement dans leurs bivouacs, les musiques jouaient. Un certain mouvement de voitures a été signalé sur la grande route, mais par suite de l'obscurité le chef des éclaireurs n'a pas pu préciser si ces voitures descendaient vers Saulny.

En rentrant, nos éclaireurs ont été obligés de faire deux fois le coup de feu ; une première fois dans le bois de Plesnois, près de Saulny, une seconde à la Tuilerie au pied du bois de Vigneulles. Nos éclaireurs n'ont subi aucune perte et ont tué trois Prussiens. Enfin, ils ont pu prévenir à temps un peloton de hussards français en reconnaissance sur nos avant-postes et qui allait tomber dans une embuscade.

Le général de Ladmirault au maréchal Bazaine.

Château du Sansonnet, 21 août, 3 h. 30 soir.

L'on voit du château du Sansonnet des colonnes prussiennes descendant sur Olgy et Malroy (rive droite de la Moselle).

Ces colonnes vont probablement franchir la Moselle à hauteur de l'un de ces deux villages.

Renseignements fournis par le 6ᵉ corps.

21 août, 7 heures matin.

Hier, les Prussiens occupaient avec du canon les crêtes du bois de Fèves ; cette nuit, on n'y a pas vu de feux.

Un régiment de cavalerie et 400 à 500 fantassins venus de Marange ont campé hier à 3 kilomètres en avant de Saint-Remy sur la route de Maizières. Près de Saint-Remy, les éclaireurs ont coupé le télégraphe. Ce matin Semécourt est évacué par l'ennemi, qui y est resté de 2 heures jusqu'à la nuit. Tout confirme l'opinion qu'ils sont en force à partir de Maizières vers leur droite, ayant abandonné le côté vers la Moselle.

Nos éclaireurs sont aux Tapes, en avant de Bellevue, près de Saulny et près de Vigneulles et de Lorry. Ceux dans la direction de Vigneulles croient avoir aperçu quelques cavaliers prussiens isolés.

Il vient de passer un peloton du 2ᵉ chasseurs ayant ordre de reconnaître Bellevue en avant duquel nous sommes depuis longtemps. L'officier ayant des ordres, je n'ai pas pu changer sa direction pour l'envoyer vers Vigneulles.

Rapports des reconnaissances de cavalerie du 6ᵉ corps.

6 h. 15 matin.

Le détachement envoyé à Calembourg a envoyé un brigadier et deux hommes sur ce point; ils ont été accueillis par un feu d'infanterie qui a tué le chasseur Hayot et blessé un cheval. Le peloton envoyé sur Vigneulles n'a pas encore rejoint.

Le bois de Woippy est occupé par l'infanterie et la cavalerie prussienne (1).

6 h. 35 matin.

L'escadron du capitaine Chaulin rentre, annonçant la présence de 700 à 800 hommes dans le bois de Woippy (des deux armes).

Le peloton envoyé sur Vigneulles arrive et annonce que le feu est engagé entre les avant-postes en avant de Saulny et au Nord de ce village. L'attaque dirigée contre la reconnaissance du capitaine Villatte venait de Calembourg et du bois de Vigneulles, en avant de quelques-uns de nos postes d'infanterie. L'ennemi occupe le moulin Féreau et Marange ainsi que les bois qui sont en arrière. On estime les forces prussiennes à 10,000 hommes environ.

Woippy, 7 h. 45 matin.

La droite du village de Woippy n'est pas gardée (2); on craint que l'ennemi n'arrive de ce côté. Déjà des groupes ont été signalés par des vedettes.

7 h. 45 matin.

On me signale des troupes ennemies se détachant d'un corps considérable et se dirigeant de manière à couper notre droite vers Saint-Remy. Nos éclaireurs en avant de Woippy voient des troupes d'infanterie et de cavalerie sortant du bois qui est au Nord. La route de Thionville, à droite de Woippy, n'est pas gardée; un seul peloton s'y trouve et c'est de ce côté qu'arrivent les forces signalées. Une reconnaissance a été envoyée entre Vigneulles et Lorry.

---

(1) *Note marginale du maréchal Bazaine :* « A envoyer en communication à M. le général Coffinières pour la partie qui regarde Woippy. »

(2) *Note marginale du maréchal Bazaine :* « Pourquoi ne pas l'occuper sérieusement ? »

8 h. 15 matin.

Un paysan qui a traversé le camp prussien dit que les Prussiens ont pris deux guides à Norroy pour les conduire à Jaumont par la route de Marange. Il dit que les Prussiens lui ont raconté qu'ils sont 300,000. Quelques cavaliers ennemis se sont montrés en avant de Ladonchamps ; les coups de feu de notre reconnaissance les ont fait retirer vers Saint-Remy. Un corps ennemi assez considérable se montre à Bellevue, se dirigeant sur Woippy.

10 heures matin.

Les 25 à 30 Prussiens précédemment signalés se sont retirés derrière le château de Ladonchamps.

Trois tirailleurs se dirigent sur notre droite du côté de la Moselle. Quelques fantassins viennent d'être signalés avec les cavaliers aux environs du château. Trois cavaliers sont signalés à environ 1,200 mètres, près de la Moselle. Une troupe d'environ un escadron vient de se montrer du côté des Grandes Tapes.

10 h. 30 matin.

Un voiturier venant de Franclochamps, commune de la Maxe, vient de me dire qu'il a vu 150 cavaliers environ dans la plaine en arrière des villages de Bellevue, Ladonchamps et Saint-Remy.

M. le général Péchot, commandant la 1re brigade de la 1re division, rend compte qu'il vient d'apprendre qu'un parti prussien de cavalerie évalué à un escadron et qui, d'après le dire des paysans, précède une assez forte colonne, se dirigeait sur Saint-Remy et sur les Maxes.

Rapports des grand'gardes du 6e corps.

Au matin.

Woippy (26e de ligne). — L'ennemi doit tourner la droite du village de Woippy ; il se fait un mouvement de troupes sur la droite.

Maison-Rouge (94e de ligne). — Le capitaine commandant la grand'garde du 94e rend compte que l'ennemi est signalé à Bellevue ; à 2 kilomètres de la grand'garde on aperçoit des vedettes. Les paysans fuient du village ; le château de Ladonchamps, qui se trouve en face de la grand'garde, paraît devoir être occupé par l'ennemi. Une reconnaissance des chasseurs d'Afrique s'y est rendue.

Le capitaine désirerait avoir deux ou trois cavaliers pour le relier au camp et prévenir rapidement en cas de difficulté. La grand'garde est à 25 minutes du camp. Les autres grand'gardes ne signalent rien.

9 h. 20 matin.

Plusieurs pelotons de cavaliers prussiens se montrent à 1 kilomètre en avant de nous environ, venant de Plesnois, à gauche, de Fèves, de Semécourt, du château de Ladonchamps. Les chasseurs d'Afrique ont déjà tiré contre les dragons prussiens dont un a été tué à 800 mètres de nous. Mes hommes sont postés dans le fossé prêts à tirer.

Nous avons avec nous un escadron de chasseurs à cheval.

Je crois que la fusillade s'avancera avant peu.

Une avant-garde de Prussiens a commandé cette nuit, pour aujourd'hui, au village de Plesnois, des vivres pour 200 hommes environ.

Midi 30.

Le mouvement de gauche à droite paraît se prononcer fortement. Depuis près d'une heure, on voit des colonnes traverser la voie à $1^{km},500$ en avant de nous; l'ennemi va de Bellevue dans la direction de Franclochamps et Malroy (1).

On distingue presque des voitures; peut-être est-ce une batterie d'artillerie que les Prussiens placent pour enfiler la voie?

Le maréchal Canrobert au maréchal Bazaine.

Camp sous Metz, 21 août.

On a vu un long convoi de voitures s'acheminant derrière Woippy et paraissant se disposer à traverser la Moselle.

Il y a au moins une centaine de Prussiens à Vigneulles; une section d'infanterie tiraillait avec eux au moment où la reconnaissance a passé. Le mouvement se dessine bien de la côte de Saulny au bois de Woippy. Ils passent à Bellevue, et plus haut vers Semécourt, traversant le chemin de fer et se dirigeant vers Olgy et Malroy. On voit s'approcher des groupes sur le chemin de fer, à 3 kilomètres environ.

Les avant-postes français signalent Saulny comme surtout occupé.

Renseignements fournis par le 2ᵉ chasseurs d'Afrique.

2 h. 45 soir.

6 escadrons de cavalerie, 8 peut-être, s'avancent de Saint-Remy sur les Maxes et Ladonchamps, devant nos vedettes.

---

(1) *Au crayon, du colonel de Geslin :* « Malroy est sur la rive droite de la Moselle. »

Du côté de Vigneulles, sur la crête, on voit une grand'garde de cavalerie. Vigneulles a toujours de l'infanterie prussienne. Une soixantaine de Prussiens se sont portés sur nos avant-postes.

2 h. 45 soir.

On aperçoit à 1,500 mètres devant nous, sur la route de Thionville, de l'infanterie prussienne embusquée; leur cavalerie s'avance sur la route (200 hommes environ). Nos vedettes échangent quelques coups de fusil avec leurs éclaireurs.

Du côté de Saulny et de Vigneulles, on aperçoit sur la côte une grand'garde de cavalerie (15 hommes environ), à 1,200 ou 1,500 mètres de nos avant-postes. Ces deux villages sont toujours occupés par l'infanterie prussienne. Il y a une demi-heure, aux deux coups de canon du fort de Plappeville, une soixantaine de fantassins prussiens se sont portés sur nos avant-postes d'infanterie, puis se sont repliés sans tirer. La fusillade, peu forte du reste, entre la grand'garde de Lorry et les Prussiens de Vigneulles a cessé.

Sans indication d'heure.

Le village de Woippy est occupé par notre infanterie. La route est barricadée. Les fantassins tirent de loin en loin quelques coups de feu.

Le général Durand de Villiers inspecte les travaux. L'infanterie est retranchée.

Du château de Ladonchamps viennent quelques vedettes prussiennes, mais ne s'aventurent pas.

Derrière les fermes des Grandes Tapes et de Franclochamps, on aperçoit quelques pelotons de cavaliers montés en chevaux blancs. Il est probable que ce sont des cuirassiers.

Enfin, en arrière du château de Ladonchamps, on aperçoit une colonne d'infanterie, mais qui ne fait pas mine d'avancer. Je n'ai pu en apprécier la force. En arrière des Maxes, on voit des feux de bivouac qui s'allument, mais en petite quantité.

21 août, 3 h. 30.

La compagnie qui s'avançait sur la route de Thionville s'est arrêtée, mais semble s'augmenter. De l'artillerie vient d'arriver à la ferme des Petites Tapes; on semble y installer un bivouac. A hauteur des Maxes, sur la rive droite de la Moselle, une colonne d'infanterie longue de 400 à 500 mètres s'aperçoit distinctement et paraît se diriger sur Metz.

La fusillade a recommencé entre Lorry et Woippy.

Le général La Font de Villiers au maréchal Canrobert.
21 août, 4 heures.

Des troupes se montrent au-dessus de Saulny, glissent sur la lisière du bois de Woippy et se dirigent vers ce village.

Le général de Chanaleilles au général Le Vassor-Sorval.
21 août, 6 h. 45.

Les Prussiens ont établi une tranchée-abri en avant du village de Lorry. Une batterie semble établie sur la crête. On voit une ligne de travailleurs.

L'ennemi se porte dans les bois par petits groupes. Quelques coups de fusil ont été tirés dans le courant de l'après-midi par les avant-postes du 4ᵉ corps.

Un capitaine du 25ᵉ de ligne, commandant une grand'garde, a été enlevé par deux espions prussiens. (*Rapport* d'un sergent du 25ᵉ.)

Rapport du capitaine de Locmaria en observation au Saint-Quentin.
Saint-Quentin, 21 août, midi 30 à 1 h. 45 soir.

Sur la route de Metz à Nancy, à 3,400 mètres du fort Saint-Quentin, entre la Maison Rouge et la route, on aperçoit un escadron prussien, pied à terre; le canon du fort tire dessus; un obus tombe près de lui et l'oblige à s'éloigner.

Une colonne d'infanterie, forte d'un bataillon, marche de l'Ouest à l'Est, à 5 kilomètres environ au delà de Rozérieulles.

Sur la route de Gravelotte, et dans le même sens, descendent des attelages militaires avec des vedettes en avant.

Un épaulement est établi entre la route et le bois de Rozérieulles.

Au Point-du-Jour, on aperçoit une forte grand'garde; un poste de 30 hommes environ se porte en avant dans le bois. On aperçoit des épaulements détachés les uns des autres, et pour une pièce ou deux, au Nord de Saint-Hubert. A droite et à gauche de la route de Châtel-Saint-Germain à Vernéville, sur la crête que nous occupions le 18, deux compagnies environ font des tranchées-abris; on distingue le mouvement des pioches avec la longue-vue.

A Augny brille, d'un très vif éclat, un héliostat, et un autre à Ars, dont l'effet est intermittent.

Près de la route de Lorry à Amauvillers, sur la crête, à hauteur d'une clairière, se montre une patrouille d'une vingtaine d'hommes à cheval. Au Nord, dans la plaine, on ne distingue aucun mouvement de troupes. D'ailleurs le ciel est très couvert de ce côté et ne permet pas de voir au delà de 4 kilomètres.

Reconnaissance faite du haut du mont Saint-Quentin, de 3 heures à 7 heures du soir, par les capitaines Jung et Costa de Serda.

Ban Saint-Martin, 24 août.

Rive droite de la Moselle. — Entre Olgy et Malroy, campement (surtout artillerie et cavalerie).

A hauteur et en avant de Sainte-Barbe, autre camp sur plusieurs lignes paraissant considérable (les trois armes), à droite et à gauche de la route.

Mouvement continu de très grands convois (voitures militaires attelées à quatre chevaux avec deux conducteurs) venant de Peltre par Augny, Magny et Fey. Ces convois sont sans escorte; leurs mouvements paraissent fort réguliers.

La ferme d'Orly est occupée ainsi que le coin du bois de Jouy.

Des postes sont poussés jusqu'à la Maison Rouge pendant la nuit.

A hauteur de Jouy, on a établi la circulation d'un pont en construction, et les convois s'y dirigent régulièrement.

Poste au signal de Saint-Blaise.

Rive gauche de la Moselle. — D'Ars à Novéant, nombreux campements : 1° forte avant-garde à Ars; 2° troupeaux; 3° convoi; 4° à hauteur de Jouy, Corny et Novéant, troupes de toutes armes.

A Vaux et Jussy, avant-postes d'infanterie.

Presque toutes les têtes de bois sont occupées par des petits postes. A côté de l'auberge du Point-du-Jour, forte batterie, se continuant vers le Nord par une tranchée-abri couronnant la crête et s'étendant aussi loin que les bois permettent de l'apercevoir.

Pas d'apparence d'ouvrage au-dessus de Saulny. Petits postes et grand'gardes à la lisière du bois.

Il y a du monde à Norroy, Fèves et Semécourt.

Il y a des tranchées-abris entre la route et les premières pentes à proximité de Saint-Remy. Entre Saint-Remy et Ladonchamps se trouvaient des troupes d'infanterie et de cavalerie se rendant à leurs postes du soir.

Renseignements généraux. — Le relèvement des grand'gardes paraît se faire à 4 heures du soir.

Il n'y a pas eu de mouvement très particulier à signaler.

En réalité, apparence de cinq grands camps à Ars, Gravelotte, Saint-Remy, Malroy et Sainte-Barbe.

Renseignements fournis par M. le Sous-Intendant militaire Martinie.

21 août, au soir.

Le quartier général du prince Frédéric-Charles serait à Briey. Le IIe corps tout entier serait établi entre Châtel-Saint-Germain et Amanvillers.

Lettre de M. X... au colonel Boissonnet.

Metz, 21 août.

Je tiens de M. X... que les Prussiens construisent en ce moment et avec une grande activité, un chemin de fer de Remilly à Pont-à-Mousson. Ils emploient à ce travail tous les habitants des villages qu'ils occupent. J'ai pensé que ce renseignement était bon à connaître.

Le chemin de fer de Forbach fonctionne jusqu'à Peltre.

Lettre de M. X...

Metz, 21 août

Les fermiers de la Grange-aux-Bois sont revenus ce matin, ayant été battus par les Prussiens et obligés de faire un détour par Montoy. Ils confirment l'existence de retranchements autour de cette ferme et joignant l'étang de Mercy-le-Haut.

Hier, ils ont vu arriver de Boulay un corps très nombreux; on le leur a dit de 25,000 hommes. On leur a dit aussi qu'une armée prussienne marchait sur Paris. Cette nouvelle, bien entendu, ne vaut que ce que valent les récits de l'ennemi.

Dépêches télégraphiques des différents observatoires.

Fort Saint-Quentin, 21 août, 6 h. 35 matin.

Nuit calme. Le brouillard empêche de voir les travaux exécutés par l'ennemi la nuit.

Fort Queuleu, 21 août, 6 h. 45 matin (n° 214).

Nuit tranquille. Ce matin, quelques coups de fusil venant du bout des vignes; on n'a pas répondu; seule inquiétude, bastion 1, poste sur l'Orméché; sera très bon de presser l'envoi de la poudre et des projectiles demandés par l'artillerie.

Le bruit se répand que nos deux bataillons du 2e de ligne pourraient partir. Ce serait un vrai danger en ce moment; officiers et soldats connaissent leur service, la manière de rejoindre chacun son poste; si l'intention de ne pas attaquer se manifeste chez les Prussiens, rien ne s'opposera à un changement de garnison, mais aujourd'hui ce serait très fâcheux.

Fort Saint-Julien, 21 août, 7 h. 25 matin (n° 215).

Une colonne ennemie de 500 à 600 hommes s'étant présentée à la tombée de la nuit à 1,200 mètres environ du fort, sur le bord de la Moselle, on l'a éloignée en tirant trois coups de canon de 12 et six de mitrailleuses. L'obscurité n'a pas permis de suivre leur retraite; ce matin tout est tranquille.

Fort Plappeville, 21 août, 7 h. 55 matin (n° 216).

Nuit tranquille. Hier soir, on a vu quelques fusées de couleur dans la direction de Vigy. Ce matin, un commencement de fusillade dans le vallon de Lorry. Il y a en ce moment au fort de Plappeville : 28 chevaux du 40° d'infanterie, 15 chevaux de la compagnie du génie, 8 chevaux du 1er régiment d'artillerie, 5 chevaux du 3° régiment d'artillerie, 9 chevaux du 2° régiment du train d'artillerie, 4 chevaux de l'état-major, plus quelques chevaux abandonnés qui ont été recueillis au fort.

Le service de l'artillerie et celui du génie auraient besoin de deux ouvriers en fer, dont un forgeron et un maréchal ferrant, bons ouvriers.

Fort Plappeville, 21 août, 8 h. 40 matin (n° 217).

On voit des démonstrations prussiennes tout autour du fort de Plappeville.

Cathédrale, 21 août, 8 h. 45 matin (n° 218).

Un escadron de cavalerie prussienne à gauche de la ferme des Petites Tapes, avec postes et vedettes; en avant, un autre escadron près de Saint-Remy; colonne considérable d'artillerie venant de Fey et arrivant à Cuvry.

Fort Plappeville, 21 août, 9 h. 25 matin (n° 219).

. Les Prussiens occupent les bois à 1,600 mètres du fort et de la ligne. Il serait urgent de venir vous-même aujourd'hui ou d'envoyer des ordres pour que 2,000 travailleurs soient commandés à partir de cet après-midi et travaillent jour et nuit. Il faudrait une direction unique, sans quoi ces ouvrages ne pourront avoir de solidité. Déjà des boyaux tracés sont enfilés; le col n'est pas défendu. Il faudrait des outils pour 800 hommes. Les forts et le parc compléteront pour outiller les 2,000 hommes. Si on laisse s'écouler deux jours, il sera impossible de travailler à la ligne.

Le commandant Peaucellier et le capitaine Gillet donneront tous les renseignements désirables. Cette dépêche est faite d'après une note du capitaine du génie.

Fort Saint-Julien, 21 août, 9 h. 45 matin (n° 220).

Une colonne assez profonde, se dirigeant du côté de Metz et venant du côté de Thionville, se trouve en ce moment à hauteur de Semécourt; on ne peut distinguer de quoi elle se compose.

Cathédrale, 21 août, 10 heures matin (n° 221).

Deux fortes colonnes d'infanterie descendent des plateaux et marchent de Marange vers Hauconcourt et de Plesnois vers Olgy; les deux escadrons de cavalerie postés aux environs de Saint-Remy protègent le mouvement.

Fort Saint-Quentin, 21 août, 10 h. 5 matin (n° 222).

Y a-t-il des reconnaissances françaises sur la route de Montigny à Ars, à 3,500 mètres? Nous ferions feu immédiatement si pas des Français.

Cathédrale, 21 août, 10 h. 45 matin (n° 223).

La colonne qui débouchait du vallon de Plesnois s'est mise en bataille à hauteur de Semécourt, vers la route de Thionville, comme pour soutenir les escadrons de cavalerie qui sont établis près de Bellevue, Saint-Remy, les Tapes. Un petit campement entre le chemin de fer et la voie romaine, à l'Ouest des Petites Tapes. On croit voir en deçà deux épaulements. Postes de cavalerie sur la crête au Nord-Ouest de Semécourt. Toutes ces dispositions semblent avoir pour but de protéger un mouvement vers Hauconcourt par Marange et Pierrevillers.

Fort Saint-Julien, 21 août, 11 heures matin (n° 224).

Une colonne qui paraît très longue traverse la route de Sarrelouis et descend dans la plaine se dirigeant du côté de Malroy en passant entre Sainte-Barbe et le fort Saint-Julien, hors de portée de notre canon.

Fort Saint-Julien, 21 août, 11 h. 46 matin (n° 226).

Le mouvement des colonnes se rendant vers la Moselle en passant entre Sainte-Barbe et le fort Saint-Julien continue. Il y a infanterie, artillerie, cavalerie.

Cathédrale, 21 août, midi (n° 227).

Colonne que l'on voit sur une longueur de 6 kilomètres sur la route du pont de Domangeville à Sainte-Barbe et qui continue sa marche vers le Nord de ce village.

Un régiment au moins vient occuper Noisseville. Une division environ campe derrière Poixe; elle est rejointe par des troupes venant de la droite en passant par Servigny et d'autres venant de Vrémy.

Fort Saint-Julien, 24 août, 12 h 30 soir (n° 228).

Les colonnes continuent à arriver; elles se massent en avant de Sainte-Barbe et semblent se diriger sur Failly.

Cathédrale, 24 août, 12 h. 45 soir (n° 230).

Une longue colonne passe près de Cheminot, allant de Pont-à-Mousson vers Luppy; elle fait beaucoup de poussière. Cette poussière et la brume ne permettent pas de voir de quelles troupes elle est composée. Artillerie nombreuse et voitures d'ambulance derrière Poixe. Il est probable qu'on prépare une attaque contre Saint-Julien. Un long convoi de fourrages se dirige de Servigny vers Poixe. La colonne qui passe derrière Sainte-Barbe continue son mouvement.

Cathédrale, 24 août, 1 heure soir (n° 231).

Une colonne d'infanterie suivie d'artillerie attelée de six chevaux passe entre les Petites Tapes et Maizières, se dirigeant vers Argancy. On voit disparaître derrière la colline de Sainte-Barbe la queue de la colonne qui se dirigeait au Nord de ce village.

Fort Plappeville, 24 août, 1 h. 45 soir (n° 232).

Mes canonniers travaillent aux remparts à portée de leurs pièces et prêts à faire feu. De 9 heures à 10 heures du matin, un déploiement s'est fait à 3,000 mètres du fort; j'ai tiré dessus, il est rentré dans le bois; à 1 heure, un rassemblement s'est formé à gauche de la route de Saulny, trois coups l'ont dispersé. Je crois que ces démonstrations masquent des constructions de batteries qui auront pour but d'atteindre les camps en tirant par-dessus les forts; mais ces batteries sont défilées, je ne les vois pas, je ne pourrai les atteindre et gêner leur construction que par un tir au jugé qui consommerait une grande quantité de munitions. Je n'ai pas assez de munitions pour entamer une semblable opération; je ne puis tirer qu'à coup sûr, et même je n'ai pas assez de pointeurs exercés, ni de chefs de pièce pour servir utilement toutes les bouches à feu qui pourraient entrer en action.

Fort Saint-Julien, 24 août, 1 h. 40 soir (n° 233).

La marche des colonnes continue; elles se massent entre Sainte-Barbe et Poixe.

Fort Cathédrale, 21 août, 1 h. 30 soir (n° 234).

Troupes affluent toujours derrière Poixe. Saint-Julien les voit-il ? Quelques troupes se massent dans la plaine vers les Petites Tapes. On ne remarque rien vers Mercy.

Queuleu, 21 août, 2 heures soir (n° 235).

Nous voyons depuis une demi-heure des troupes se diriger vers le fort Saint-Julien venant de Sainte-Barbe.

Cathédrale, 21 août, 2 h. 20 soir (n° 236).

Les troupes prussiennes continuent à se masser dans la plaine en arrière des Petites Tapes et jusqu'à la ligne du chemin de fer. Des batteries d'artillerie, au moins trois, ont déjà pris position. En avant du Saint-Julien, les Prussiens occupent toujours à peu près la même position. Ils paraissent faire des épaulements pour leurs batteries.

Cathédrale, 21 août, 2 h. 55 soir (n° 237).

Les troupes massées en avant de Saint-Julien semblent se disposer à y bivouaquer pendant qu'un long convoi de voitures défile en arrière se dirigeant vers le Nord et disparaissant derrière la crête. Dans la plaine, sur la rive gauche de la Moselle, les troupes restent en position.

Fort Plappeville, 21 août, 2 h. 50 soir (n° 238).

On voit des Prussiens descendre par Norroy-le-Veneur dans la plaine de la Moselle et se réunir vers Bellevue et Saint-Remy. Si ce mouvement se prononce, il rendra très utile l'ouvrage du Coupillon. La construction de batteries en avant du fort devient de plus en plus certaine.

Cathédrale, 21 août, 3 h. 45 soir (n° 240).

Des colonnes d'infanterie défilent en arrière de Malroy, se dirigeant sur Argancy, sans doute pour donner la main aux troupes qui sont dans la plaine et établir des ponts sur la Moselle.

Toutes les autres troupes conservent les mêmes positions.

Le fort Saint-Julien tire quelques coups de canon. Le fort de Plappeville vient de tirer un coup de canon.

Fort Plappeville, 21 août, 3 h. 45 soir (n° 241).

Une troupe nombreuse descend par le bois de Plesnois à droite de la route de Briey et se dirige vers la plaine.

Un télémètre nous rendrait service.

Fort Saint-Julien, 21 août, 4 h. 10 soir (n° 242).

Les troupes massées entre Sainte-Barbe et Poixe restent immobiles; d'autres troupes, en moins grand nombre, sont dans la plaine se dirigeant sur Argancy. Nous avons pu leur envoyer quelques projectiles.

Cathédrale, 21 août, 4 h. 15 soir (n° 243).

Un long convoi de voitures qui paraissent contenir des hommes défile derrière Marly se dirigeant sur Cuvry; les troupes qui défilent derrière Malroy se sont arrêtées et ont pris position, couvertes par de la cavalerie.

Cathédrale, 21 août, 4 h. 50 soir (n° 245).

Les troupes arrêtées en arrière de Malroy se sont remises en marche se dirigeant sur Olgy. Un escadron de cavalerie à la Planchette, sur la route de Sarrebrück, pour couvrir des convois qui passent en arrière se dirigeant vers le Nord.

Fort Saint-Julien, 21 août, 7 h. 16 soir.

L'ennemi occupe toujours les mêmes positions entre Poixe et Sainte-Barbe, ainsi qu'en arrière de Charly. Sa ligne passe par Vany, Chieulles et Malroy.

Cathédrale, 21 août, 7 h. 35 soir.

Quelques bataillons bivouaquent dans la plaine de Thionville, à hauteur des Petites Tapes.

Des troupes nombreuses bivouaquent sur la colline au Sud-Est d'Argancy. On les a vues depuis la Moselle jusqu'à l'Est de la route de Bouzonville. Elles se relient sans doute par les bois de Failly et Vrémy à celles qui campent entre Poixe et Sainte-Barbe.

Contrairement à ses usages, l'ennemi a des feux de bivouacs nombreux et brillants, sans doute pour attirer l'attention.

Rapports du Commandant du fort Saint-Quentin.

21 août.

A 10 heures du matin, le Maréchal en chef a demandé des renseignements sur la position des troupes ennemies.

Voici les renseignements fournis :

« A droite et à gauche de la route qui mène de Woippy à Amauvillers, on distingue de forts détachements ennemis. Du côté du Point-du-Jour les travaux de terrassement continuent. Des cavaliers isolés parcourent la route de Verdun. Un régiment de cavalerie traverse Ars et se dirige sur Jouy. On ne distingue aucun mouvement dans les bois au-dessus de Magny. »

Ces documents peuvent être complétés ainsi qu'il suit :

De forts détachements se montrent à Saint-Remy sur la route de Thionville. Les troupes qui avaient passé à Ars sont allées jusqu'à Frescaty.

En résumé on voit des mouvements de troupes de Montigny à Saint-Remy, mais ces troupes sont peu nombreuses.

Le maréchal Le Bœuf a envoyé deux officiers d'état-major faire des observations à partir de 11 heures; je leur ai adjoint deux officiers d'infanterie, qui, à l'avenir, pourront toujours s'occuper de ce travail.

On distribue de la farine, comme rations à la troupe. Si on avait à Metz des fours en tôle, il serait facile d'utiliser de suite ce genre de rations; tandis que s'il faut construire un four en briques, il faudra au moins 5 à 6 jours pour arriver à un résultat. Il n'y a plus un seul maçon civil dans le fort, tous les ouvriers l'ont abandonné.

Fort Saint-Quentin, 21 août.

Entre le bois de Lorry et celui de Châtel, à gauche et à droite de la route qui mène de Woippy à Amanvillers, on aperçoit un fort détachement d'infanterie ayant l'air de se diriger vers Saulny.

A droite et à gauche du Point-du-Jour, sur la route de Verdun, les travaux de terrassement continuent. On voit des cavaliers isolés sur cette route.

Rien à Jussy.

Beaucoup de monde campé à Ars et à Jouy. Un régiment de cavalerie à 9 heures traverse la Moselle se dirigeant sur Jouy.

Aucun mouvement apparent du côté de Magny.

Fort Saint-Quentin, 21 août.

Deux capitaines d'état-major ont surveillé depuis 10 heures les mouvements de l'ennemi. Ces officiers avaient été envoyés au fort par M. le maréchal Le Bœuf.

Il n'y a rien à ajouter à la dépêche de ce matin que ce qui suit :

De grands détachements occupent Saint-Remy sur la route de Metz à Thionville.

En résumé, depuis Saint-Remy jusqu'à Frescaty, en passant par Amanvillers, le Point-du-Jour, Ars, Jouy, on a vu toute la journée des mouvements de troupes. Ces troupes ne paraissent pas en nombre très considérable.

Rapport du Commandant du fort Saint-Julien.

21 août.

J'ai l'honneur de vous confirmer par écrit les nombreuses dépêches que je vous ai adressées aujourd'hui.

Les troupes massées entre Sainte-Barbe et Poixe semblent assez nombreuses. Je n'ose dire un chiffre, puisque à cette distance on peut facilement se tromper, mais il y a bien de 5,000 à 6,000 hommes (la reconnaissance de cavalerie les évalue à 10,000 hommes).

D'autres troupes descendues dans la plaine sont en ce moment massées en carré en arrière du village de Malroy; il y a de l'artillerie en assez grande quantité. J'ai essayé de l'atteindre avec du 24, mais mon projectile n'est pas arrivé. Cette artillerie n'est pas seule, elle est accompagnée d'infanterie et d'un ou deux escadrons de cavalerie.

Les avant-postes ennemis se sont avancés aujourd'hui un peu plus près de nous que les jours derniers; il y a eu échange de quelques coups de fusil sans grand résultat. Chieulles et Vany sont occupés par l'ennemi.

Ce matin, un peloton de cavaliers envoyé par la ville s'est porté en avant de notre bois. Nous n'avions pas été prévenus, de telle façon qu'il y a eu un moment d'hésitation qui a bien vite disparu; il serait bon, je crois, que nous soyons prévenus lorsqu'il nous en arrivera, ce qui nous satisfera toujours.

Le capitaine Lauret nous a quitté avec ses mitrailleuses; je le regrette, mais je comprends qu'il peut être excessivement utile ailleurs; si plus tard nous en avions besoin je sais bien, mon Général, que vous penseriez à nous le rendre.

Je ne pense pas, jusqu'à présent, que toutes les troupes qui nous entourent se disposent à nous attaquer; nous les surveillerons cependant et j'aurai l'honneur, mon Général, de vous tenir au courant des mouvements que j'observerai, autant du moins que la nuit me le permettra.

Dès que j'ai vu les positions des armées, j'ai supposé qu'il pourrait y avoir une affaire dans la plaine de Woippy et j'ai de suite songé, mon Général, à me servir de mes canons à longue portée. Vous pouvez être assuré que tout sera fait pour seconder nos armes et que là où nous ne faisons rien, c'est que nous ne le pouvons pas.

Journée du 22 août.

GRAND QUARTIER GÉNÉRAL.

b) **Organisation et administration.**

Le maréchal Bazaine aux Commandants de corps d'armée.

Ban Saint-Martin, 22 août.

Je vous ai écrit hier sous le n° 286, au sujet des sections ou compagnies d'éclaireurs volontaires ou *partisans d'infanterie* qu'il me paraissait utile d'organiser dans les différents corps. Le complément de cette mesure serait de former dans chaque régiment de cavalerie un ou deux pelotons d'éclaireurs pris parmi les hommes bien montés et dont quelques-uns parleraient allemand. Ces pelotons feraient pendant le jour le service que font pendant la nuit les partisans d'infanterie. Il leur serait recommandé d'éclairer l'armée aussi loin que possible, en avant des divers fronts de la place de Metz, et de faire rentrer en ville tout ce qu'ils rencontreraient en fourrages, foins, blés, bestiaux, etc., ressources qui s'ajouteront utilement à nos approvisionnements.

En ce qui concerne les captures qu'ils pourront faire sur l'ennemi, on leur appliquera les dispositions de l'article 119 de l'ordonnance du 3 mai 1832 sur le service en campagne. Quant aux denrées et bestiaux appartenant aux habitants qu'ils seraient dans le cas de ramener, c'est seulement à titre de réquisitions qu'ils devront les réclamer des légitimes possesseurs pour en faire le dépôt régulier soit au magasin ou parc du grand quartier général, soit au magasin ou parc du corps d'armée qui se trouvera le plus à proximité.

M. l'Intendant général de l'armée est prévenu de ces dispositions et donnera les instructions de détail nécessaires pour régulariser la réception des denrées provenant soit des prises soit des réquisitions.

Le même aux mêmes.

Ban Saint-Martin, 22 août.

M. l'Intendant général de l'armée vient d'appeler mon attention sur la situation des approvisionnements en sel et en viande ; il me signale que, vu les difficultés d'entretenir ces approvisionnements à la hauteur voulue pour les besoins de l'armée, attendu l'insuffisance des ressources locales et l'impossibilité de rien attendre du dehors, pour le moment, il importe de prendre des mesures pour ménager celles encore existantes.

En conséquence, j'ai décidé, sur sa proposition :

1° Que la ration de sel serait réduite de 0,016 grammes à 0,010 grammes, ce qui peut avoir lieu sans inconvénient ;

2° Que la ration de viande, qui avait été élevé à 400 grammes, serait ramenée à 250 grammes, taux réglementaire, et que la ration de lard, au lieu d'être de 300 grammes, serait fixée à 200 grammes, chiffre également réglementaire ;

3° Que, comme compensation, les troupes recevraient, journellement, une ration d'un quart de litre de vin acheté *sur place* par les soins de MM. les Intendants des différents corps, et, à défaut, l'indemnité représentative de cette ration.

J'ai l'honneur de vous prier de donner des ordres pour assurer, en ce qui vous concerne, l'exécution de ces mesures, qui recevront leur application *à partir de demain 23 courant.*

Le même aux mêmes.

Ban Saint-Martin. 22 août.

Il importe que les corps reçoivent les distributions de bois auxquelles ils ont droit et il n'importe pas moins que les propriétés privées soient respectées.

En conséquence, on devra profiter des abatis exécutés autour de la place par le service du génie et au moyen desquels MM. les Intendants militaires des corps d'armée seront chargés de réunir les quantités nécessaires aux distributions et de les délivrer ensuite régulièrement aux troupes.

Je vous prie de vouloir bien donner, en ce qui vous concerne, les ordres nécessaires pour l'exécution de cette disposition, qui devra recevoir son application dès demain.

c) **Opérations et mouvements.**

Le maréchal Bazaine aux Commandants de corps d'armée.

Ban Saint-Martin, 22 août.

J'ai l'honneur de vous faire connaître ci-après les mouvements qui devront s'effectuer aujourd'hui de midi à 1 heure, si les opérations de l'ennemi ne s'y opposent pas.

La division Nayral, du 3ᵉ corps, qui est restée en position en arrière et sur le plateau du Saint-Quentin, sera relevée par des troupes de M. le général Frossard.

M. le général de Ladmirault poussera sa gauche vers les hauteurs de Plappeville, ainsi que cela a été convenu, et en même temps M. le maréchal Canrobert appuiera sa gauche vers le Coupillon pour se relier avec le général de Ladmirault.

Au maréchal Le Bœuf seul. — Quand la division Nayral sera passée sur la rive droite de la Moselle, vous lui ferez occuper la position derrière la levée du chemin de fer, en avant des faubourgs de Montigny et des Sablons, se reliant avec la division qui s'est établie ce matin à Queuleu.

Le même aux mêmes.

Ban Saint-Martin, 22 août.

Je suis informé qu'à la bataille du 16, au milieu de l'action, le bataillon de chasseurs de la Garde a été traîtreusement fusillé par des troupes ennemies qui avaient mis la crosse en l'air comme signe qu'elles voulaient se rendre, et qui ont fait feu au moment où notre bataillon s'est trouvé à petite portée.

Je vous invite à porter ce fait à la connaissance des troupes sous vos ordres, pour qu'elles se tiennent en garde contre cette ruse inqualifiable, si elle était renouvelée, et surtout pour qu'elle soit énergiquement déjouée.

d) Situation.

Situation au 22 août au soir du matériel de campement et petit équipement.

DÉSIGNATION DES EFFETS.	EXISTANT le 21 AOUT au soir.	REÇUS LE 22.	TOTAUX.	SORTIES pendant LA JOURNÉE.	RESTANT le 22 AOUT au soir.	OBSERVATIONS.
1° Magasin du grand quartier général.						
Ceintures de flanelle............	7,818	2,060	9,878	5,354	4,524	Corps qui ont touché du matériel le 22 :
Supports de sacs-abris...........	5,622	2,005	7,627	4,536	3,094	
Étuis .... { Gamelles........ Marmites.......	17 58	» »	17 58	» »	17 58	4ᵉ *corps.* 100 collections ustensiles, 1,500 musettes-besaces, 32 bissacs de cavalerie.
Piquets de sacs-abris............	13,946	4,497	18,443	12,432	5,981	
Grands bidons. { Infanterie...... Cavalerie.......	131 51	161 »	292 51	178 30	114 21	*Garde impériale.*
Petits bidons... { 1 litre......... 2 litres........	1,203 8	100 »	1,303 8	1,203 8	100 »	372 petits bidons, 32 bissacs.
Gamelles ...... { Infanterie...... Cavalerie.......	231 36	116 2	347 38	206 30	141 8	6ᵉ *corps.* Les 75ᵉ, 26ᵉ, 70ᵉ, 100ᵉ de ligne

	°	»	8	8	»	ligne.
Courroies d'ustensiles..............	88	»	88	»	88	Le 3e corps n'a pas encore fait connaître ses besoins.
Corde à piquet de cavalerie.........	216m	»	216m	.	216m	
Cordeaux { de tirage............	4,718	1,799	6,547	4,536	1,981	
{ de piquet...........	7,602	3,621	11,223	8,692	2,531	
Sacs de couchage, tentes-abris......	6,102	2,233	8,335	4,308	3,927	
Bissacs en toile à voile............	96	»	96	64	32	
Fers à mulets.....................	1,700	»	1,700	»	1,700	
Souliers..........................	10,815	»	10,815	350	10,465	
Besaces, musettes	1,240	1,500	2,740	2,618	122	

2° Magasin de la place de Metz.

Couvertures à une place............	»	»	»	»	6,604	
Piquets de cavalerie grands.........	»	»	»	»	99	
Tentes à muraille complètes........	»	»	»	»	95	
Pioches...........................	»	»	»	»	2,530	
Hachettes.........................	»	»	»	»	1,024	
Souliers..........................	»	»	»	»	18,738	

2ᵉ CORPS.

a) Journal de marche.

Journal de marche de la 1ʳᵉ division du 2ᵉ corps.

Un second bataillon du 32ᵉ vient renforcer le premier dans les positions de Scy et de Chazelles. Le génie barricade tous les chemins qui viennent de la plaine, au moyen de levées en terre et de banquettes pour le tir. Le clos Jacquin, position principale du village, est fortement occupé. Des meurtrières sont percées dans les murailles qui l'entourent; les lignes de retraite sont protégées. Le village de Scy-Chazelles est ainsi parfaitement à l'abri d'un coup de main et peut résister à une attaque d'infanterie.

b) Organisation et administration.

L'intendant militaire Bagès au général Frossard.

Ban Saint-Martin, 22 août.

Conformément à vos ordres, je ferai partir demain matin de bonne heure pour Scy et Chazelles un sous-intendant militaire accompagné d'un comptable, pour faire l'achat et amener au camp le bétail et les moutons qu'on trouvera dans ces deux communes; ces animaux seront réunis au parc pour servir aux distributions régulières d'après le nouveau tarif arrêté par le commandant en chef.

Quant au foin, attendu que nous avons licencié la plus grande partie de nos voitures auxiliaires, d'après l'ordre du commandant en chef, et que le peu qui nous reste est à peine suffisant pour assurer nos ravitaillements avec Metz, d'autant plus que nous avons en outre des transports de bois et de vin à effectuer, je crois devoir vous proposer, mon Général, de faire prendre le foin qui se trouve à Scy et à Chazelles (environ 1,200 à 1,300 rations), en se conformant aux dispositions du 3ᵉ paragraphe de l'article 152 du règlement sur le service en campagne.

A cet effet, on pourrait conduire en ordre des corvées à cheval, soit de la division de cavalerie, soit de la réserve d'artillerie, toutes deux à proximité des susdits villages, qui prendraient livraison du foin sous la direction d'officiers et avec le concours de l'intendance et du comptable, qui aura fait l'achat de la denrée à enlever.

Cette opération toute réglementaire pourrait être effectuée avec rapidité et pleine sécurité, puisque les villages en question sont gardés par de l'infanterie (1).

En ce qui concerne le vin, j'ai reçu ordre de l'intendant général de l'armée de n'en pas acheter en trop grande quantité, car en cas de départ précipité, il faudrait l'abandonner; j'ai déjà traité pour une centaine d'hectolitres, dont la livraison commencera demain. Cependant je vais m'enquérir des ressources que nous pourrions trouver à Scy et à Chazelles, ainsi que de la facilité de pouvoir faire venir ce vin dans nos campements (2).

J'aurai l'honneur de vous en rendre compte.

c) Opérations et mouvements.

Le général Frossard au général Fauvart-Bastoul.

Ban Saint-Martin, 22 août.

Par suite d'un mouvement qu'a fait le 3ᵉ corps d'armée, le 2ᵉ corps se trouve chargé d'occuper et de défendre les retranchements exécutés sur le plateau en avant du fort du Saint-Quentin, retranchements dont la gauche est au-dessus et un peu en arrière du village de Scy occupé par la division Vergé.

C'est votre division qui fournira la garde de cette position. Vous y enverrez donc aujourd'hui, à midi, un bataillon qui sera relevé demain à la même heure par un autre et ainsi de suite.

Le commandant de ce bataillon recevra les indications de celui du 3ᵉ corps qu'il va relever pour le placement de ses grand'gardes et de ses petits postes; il étendra sa droite jusqu'au col entre le fort de Saint-Quentin et le fort de Plappeville, où il se reliera aux troupes du 4ᵉ corps qui vont occuper le reste de la position.

S'il était attaqué dans cette position, votre division aurait naturellement à le soutenir. A cet effet, vous enverriez des troupes de votre campement actuel, sur le plateau du Saint-Quentin. Il faut donc que vous connaissiez bien le chemin ou sentier qui peut conduire sur ce plateau.

Le capitaine Chanoine, mon aide de camp, guidera votre bataillon vers les retranchements qu'il doit occuper. Il sera avant midi à vos campements.

---

(1) *Note marginale, au crayon rouge :* « Donner suite. »
(2) *Note marginale, au crayon rouge :* « 100 hectolitres font 40,000 rations. »

3ᵉ CORPS.

a) Journaux de marche.

Journal de marche de la 1ʳᵉ division du 3ᵉ corps.

La division part du camp de Tignomont à 5 heures du matin, tourne la ville de Metz par les glacis et va prendre position en arrière du fort Queuleu, la droite commandant le vallon de la Seille, la gauche à la redoute des Bordes qu'occupe la 3ᵉ division.

Le génie trace des tranchées-abris que l'obscurité de la nuit et le mauvais temps empêchent de commencer immédiatement.

Journal de marche de la 3ᵉ division du 3ᵉ corps.

Par ordre du maréchal Bazaine, le 3ᵉ corps quitte l'emplacement qu'il occupait sur les monts Saint-Quentin et Plappeville, pour aller occuper l'espace compris entre les forts Saint-Julien et Queuleu. Le but de ce nouveau changement est de faire travailler les troupes du 3ᵉ corps aux travaux de fortification qui ne sont pas terminés.

La 3ᵉ division dans ce nouveau bivouac a une brigade sur les glacis du fort Bellecroix et une brigade dans les vignes au Sud de Saint-Julien.

c) Opérations et mouvements.

Ordre de mouvement de la 4ᵉ division.

Saint-Quentin, 22 août, 1 h. 45 matin.

Aujourd'hui, à 5 heures du matin, la division se mettra en mouvement pour passer la Moselle sur les ponts et ira s'établir entre les forts Saint-Julien et Queuleu, sur les emplacements qui seront désignés par le colonel Boissonnet, chef d'état-major du commandant du génie de l'armée.

Dans cette nouvelle position, la division fournira au génie de la place des travailleurs qui seront payés à raison de 0 fr. 10 l'heure; ces travailleurs ne seront du reste fournis qu'après la construction des tranchées-abris nécessaires pour se couvrir du côté de l'ennemi.

Le quartier général du 3ᵉ corps sera établi ce matin au village de Saint-Julien.

Ordre de marche :

Compagnie du génie, 85ᵉ de ligne, 80ᵉ de ligne, les trois batteries de combat, 60ᵉ de ligne, 44ᵉ de ligne, moins deux compagnies, 11ᵉ bataillon de chasseurs (tous la gauche en tête), réserve d'artillerie ;

Bagages du général de division et de l'état-major et des corps dans l'ordre de marche, le train des équipages, le convoi de l'administration y compris le train auxiliaire chargé de vivres.

Les deux compagnies du 44ᵉ de ligne formeront l'arrière-garde.

2 mulets à cacolets marcheront derrière chaque bataillon ; 3 mulets avec les compagnies d'arrière-garde.

2 cavaliers seront mis à la disposition du commandant de l'arrière-garde pour faire parvenir, s'il y a lieu, des avis au général de division.

Le peloton de cavalerie de service suivra le général.

Les tentes devront être abattues et les voitures chargées de manière que la division prenne les armes à 5 heures très précises.

Il ne sera fait *aucune sonnerie* pour le réveil ni pour la mise en route.

Les chefs de corps donneront des ordres pour que les officiers et la troupe soient prévenus dans les tentes, sans bruit.

4ᵉ CORPS.

a) Journal de marche.

Journal de marche du 4ᵉ corps.

Le quartier général est transporté du château du Sansonnet à celui de Plappeville. La 1ʳᵉ division est portée de la droite à la gauche des positions occupées par le 4ᵉ corps d'armée ; elle est relevée près du château du Sansonnet par des troupes du 6ᵉ corps. Le 73ᵉ de ligne entre Lorry et le fort de Plappeville, un bataillon aux avant-postes sur le plateau ; le 57ᵉ de ligne entre Tignomont et le même fort. La 1ʳᵉ brigade de la 1ʳᵉ division au col de Lessy, entre les forts de Plappeville et du mont Saint-Quentin. Les deux autres divisions conservent leurs positions de la veille, la 3ᵉ a un bataillon aux avant-postes à droite du village de Lorry.

Les ambulances divisionnaires sont supprimées et celle du quartier général du corps d'armée constituée d'une manière plus complète.

c) Opérations et mouvements.

Le général de Ladmirault au général de Lorencez.

Le Sansonnet, 22 août.

D'après les ordres du Maréchal commandant en chef, trois divisions du 3e corps ont quitté ce matin leurs positions pour passer sur la rive droite de la Moselle. Une seule division de ce corps reste établie sur le mont Saint-Quentin.

La 3e division du 4e corps, ayant son flanc gauche découvert, devra prendre ses dispositions pour couvrir ce flanc et occuper les positions en arrière de Lorry qu'il sera jugé nécessaire d'occuper. Elle ne devra plus compter sur l'appui d'aucune troupe entre les emplacements qu'elle occupe et le plateau de Plappeville.

6e CORPS.

a) Journaux de marche.

Journal de marche de la 1re division du 6e corps.

L'artillerie attachée à la division est réduite définitivement à trois batteries, 5e, 7e et 8e du 8e régiment, sous les ordres du commandant Vignotti. La 1re division prend livraison de fourrages requis dans la ferme de la Grange-aux-Dames. Sur l'ordre du général commandant en chef, les troupes de la division abandonnent leur campement et se portent vers la gauche, mouvement qui a pour but de démasquer les vues du fort Moselle sur la plaine. Les troupes campent en colonnes par division à demi-distance, les bataillons ayant entre eux l'intervalle de déploiement; la division, faisant face à Saint-Julien, est à cheval sur la route de Thionville en arrière de la Maison de Planche; les brigades sont accolées. Dans la journée, on commence la construction d'une batterie à profil rapide, à 600 mètres environ en avant et à droite du bastion Nord du fort Moselle. La batterie dessine une ligne en crémaillère de 100 mètres environ de développement; $1^m,30$ de relief au-dessus du sol, fossés en avant; à droite et à gauche, 50 mètres de tranchée-abri pour les soutiens de la batterie; les pièces doivent être espacées de 10 mètres; le front de la batterie est parallèle à la direction des forts Saint-Julien et Tignomont.

Journal de marche de la 2ᵉ division du 6ᵉ corps.

A la suite d'une visite de S. E. le Maréchal commandant le 6ᵉ corps sur le front de son corps d'armée, il est reconnu que notre droite s'étend trop vers la Moselle et masque ainsi, sans effet utile, le tir des canons du fort Moselle. Des ordres sont donnés par suite pour faire appuyer le 6ᵉ corps à gauche sur la ligne qu'il occupait auparavant. La 2ᵉ division traverse donc la route de Thionville, ainsi que le régiment de gauche de la 1ʳᵉ division (100ᵉ de ligne), et s'établit entre la route de Thionville et le chemin de Woippy sur l'emplacement occupé par le centre de la 3ᵉ division. Ce mouvement s'effectue à 2 heures de l'après-midi. Le quartier général de la division est placé dans une maison à 300 mètres environ en arrière de la ligne. Distance parcourue un demi-kilomètre.

Les forts de Saint-Julien et de Plappeville continuent à tirer quelques coups de canon. L'ennemi ne paraît pas. On apprend qu'il élève des ouvrages en avant de nos lignes.

Journal de marche de la 3ᵉ division du 6ᵉ corps.

La division change d'emplacement et appuie sur sa gauche, la droite au chemin de fer de Thionville.....

Il est prescrit à la division d'avoir, dans le sac, deux jours de vivres de réserve. Les corps se complètent en souliers et en couvertures.

La division pendant la journée se couvre dans ses nouvelles positions par des tranchées-abris et établit ses batteries.

Journal de marche de la 4ᵉ division du 6ᵉ corps.

La 1ʳᵉ brigade vient occuper la position du Coupillon sur trois lignes. La 2ᵉ laisse deux bataillons dans Woippy et vient s'établir à la droite du Coupillon de manière à combler l'intervalle qui sépare la 4ᵉ division de la 3ᵉ.

Journal de marche de la division de cavalerie du 6ᵉ corps.

Au réveil, la division change de bivouac et vient s'établir sur le glacis même du fort Moselle. Le service des reconnaissances est modifié par suite du passage du 3ᵉ corps sur la rive droite de la rivière. Pendant toute la journée, deux escadrons seulement sont employés à ce service, l'un auprès du général Tixier, commandant la 1ʳᵉ division d'infanterie du 6ᵉ corps, l'autre auprès du général La Font de Villiers, commandant la 3ᵉ division d'infanterie du même corps.

Journal de marche de la réserve d'artillerie et du parc du 6ᵉ corps.

Le 3ᵉ corps passe de l'autre côté de la Moselle et va bivouaquer entre le fort de Saint-Julien et le fort Queuleu. Le reste de l'armée reçoit l'ordre de rapprocher ses bivouacs de la place, de manière à ne pas en gêner les feux. Le 6ᵉ corps prend position entre le saillant Nord du fort Moselle et le Coupillon; toutefois, il détache de fortes grand'gardes à la Grange-aux-Dames et à Woippy. Tout le front du corps est protégé par des tranchées-abris destinées à l'infanterie. Une batterie est sur le Coupillon; une autre bat la route qui, longeant les coteaux, va du Ban Saint-Martin à Woippy par la petite route de Woippy à Metz; une quatrième, le chemin de fer; une cinquième, la route de Thionville; une sixième enfin la plaine du côté de la Grange-aux-Dames. Ces batteries, enterrées pour la plupart de 0ᵐ,80 à 1 mètre, sont les unes dans la tranchée-abri, les autres à 100 ou 200 mètres en avant.

GARDE IMPÉRIALE.

b) **Organisation et administration.**

Le général Bourbaki aux généraux commandant les divisions.

La Ronde, 22 août.

Le relevé des pertes éprouvées par la Garde impériale dans les journées des 14, 16 et 18 août a montré que les officiers montés figurent parmi les tués ou blessés en nombre relativement beaucoup plus considérable que les officiers non montés des mêmes corps.

Un pareil résultat ne peut être attribué qu'à ce que les officiers à cheval sont plus en évidence et par conséquent plus exposés aux coups de feu des soldats prussiens, qui ont reçu la consigne spéciale de tirer sur les officiers.

J'ai l'honneur de vous informer qu'afin de prévenir le retour de ces faits regrettables et dans l'intérêt général de l'armée, j'ai prescrit la disposition suivante :

Dès que les troupes sont en position de combat et couchées, les officiers montés doivent mettre pied à terre. Ils ne doivent remonter à cheval que lorsqu'ils ont à porter leurs hommes en avant et à les diriger sur les positions où ils doivent être établis.

J'ai déjà recommandé à plusieurs reprises de ménager les munitions et surtout les cartouches. Je ne saurais trop insister sur cette dernière recommandation. A cet effet, j'invite MM. les Généraux et Chefs de corps d'infanterie à n'engager dans les combats qu'un nombre de tirailleurs plus ou moins considérable, suivant les circonstances, et à maintenir le gros de leurs forces en arrière des crêtes militaires, à l'abri des feux d'artillerie et de mousqueterie.

Cette manière d'opérer présente le double avantage de ménager les munitions et de laisser dans la main du chef des troupes fraîches pour le moment décisif.

Je crois également devoir appeler votre attention sur la nécessité de bien s'éclairer.

Il a été arrêté dans ce but, par le Maréchal commandant en chef, qu'il serait formé dans chaque division une compagnie d'éclaireurs composée d'officiers et d'hommes de bonne volonté et connaissant bien le pays.

La force de cette compagnie ne dépassera pas 100 hommes ; son organisation sera semblable à celle des autres compagnies. Elle formera corps et s'administrera en conséquence.

Je vous autorise à ne procéder à cette organisation que lorsque vous le jugerez convenable. Vous aurez à me rendre compte de ce que vous aurez arrêté.

P.-S. — Je désire m'entretenir avec vous avant qu'il soit procédé à cette organisation. Elle ne me paraît pas, quant à présent, très utile pour la Garde, appelée par son rôle à se trouver la plupart du temps en deuxième ligne. Elle pourrait même avoir pour résultat de l'affaiblir, ces compagnies pouvant être détachées.

Note de la 1re division de la Garde.

22 août.

Le général de division recommande qu'on profite des intervalles de repos pour laver le linge et mettre en état les effets d'habillement et autres.

On devra, dans les corps, passer des revues fréquentes ; on évitera ainsi de se laisser aller à cet état débraillé et de malpropreté dont certains régiments de l'armée donnent le triste spectacle. On devra aussi veiller à la conservation des vivres de réserve et profiter des appels pour se les faire représenter.

Le général Pé de Arros au général Soleille.

Ban Saint-Martin, 22 août.

J'ai l'honneur de vous rendre compte que le matériel et les munitions des batteries de la Garde sont au complet, à l'exception du caisson pour canons à balles qui a été laissé sur le champ de bataille de Rezonville, après en avoir retiré les munitions.

La 6ᵉ batterie a, d'après vos ordres, demandé à l'arsenal de Metz un chariot de parc chargé de munitions pour canons à balles en caisses blanches pour remplacer ce caisson; mais l'arsenal n'a pu délivrer de voiture de cette espèce.

Le parc a équilibré ses ressources en sachets et en projectiles; il a complété son approvisionnement normal en munitions d'infanterie; il a délivré aux batteries un caisson d'artillerie de 4 rayé et un arrière-train de caisson de même nature.

Il lui reste, à ce moment, 11 caissons non garnis de munitions.

Il manque donc à l'approvisionnement normal du parc d'artillerie de la Garde, le chargement de 13 caissons d'artillerie; conformément à vos ordres, je ferai verser à l'arsenal de Metz les 11 caissons devenus inutiles.

c) Opérations et mouvements.

Le général Bourbaki aux généraux commandant les divisions.

Le Sansonnet, 22 août, 1 h. 30 matin.

Par suite des mouvements que le 3ᵉ corps doit exécuter ce matin à 5 heures, la diane sera battue à 4 heures dans les corps de la Garde.

Toutes les troupes prendront les armes à 5 heures. Les tentes resteront dressées.

M. le Général commandant la 1ʳᵉ division d'infanterie se tiendra prêt à soutenir la division du 3ᵉ corps demeurée seule en position sur la rive gauche de la Moselle.

Le même aux mêmes.

Le Sansonnet, 22 août.

Les chevaux seront dessellés, mais les hommes ne s'éloigneront pas du campement.

On touchera aujourd'hui moitié pain et moitié farine.

Le général Bourbaki au maréchal Bazaine.

La Ronde, 22 août.

J'ai l'honneur de vous informer que j'ai transporté aujourd'hui mon quartier général au château de La Ronde, qu'occupait avant moi M. le général d'artillerie de Rochebouët.

COMMANDEMENT DE L'ARTILLERIE DE L'ARMÉE
ET
RÉSERVE GÉNÉRALE D'ARTILLERIE.

a) Journal de marche.

Journal des opérations du général Soleille.

22 août.

Le 22 août, le général commandant l'artillerie de l'armée rendait compte, dans les termes suivants, au Maréchal commandant en chef de la situation présente :

Au camp sous Metz, 22 août.

Monsieur le Maréchal,

J'ai l'honneur et je suis heureux de porter à la connaissance de V. E. les faits suivants :

En ce qui concerne l'artillerie :

1° Toutes les batteries de combat sont complètement réapprovisionnées.

2° Tous les parcs, moins celui du 6e corps qui n'a jamais rejoint l'armée, sont complets.

3° Les batteries (batteries divisionnaires ou de réserve) ont réparé leurs pertes en hommes et en chevaux et sont prêtes à marcher.

En ce qui concerne l'infanterie :

4° L'infanterie doit posséder, d'après les rapports qui m'ont été fournis, les 90 cartouches de sac.

5° Les réserves divisionnaires et les parcs de corps d'armée portent 50 cartouches par homme environ.

6° Un parc formé à la suite de la réserve générale contient à l'heure qu'il est 3,800,000 cartouches.

Après ce dernier et suprême effort, l'arsenal de Metz est complètement épuisé.

A la suite des journées du 16 et du 18, les troupes ont pu croire un moment que les munitions leur feraient défaut; pour relever leur moral, je pense, Monsieur le Maréchal, qu'il ne serait pas inutile que l'armée sût qu'elle est, aujourd'hui, 22 août, complètement réapprovisionnée et prête à marcher.

En ce qui concerne la défense de Metz :
La place possède aujourd'hui 22 août :

Bouches à feu.	Canons de 24 (de place et de siège)....	103
	Canons de 12 (de place et de siège)....	145
	Canons de calibres inférieurs.........	103
	Mortiers.........................	189
Approvisionnements......	Projectiles (l'approvisionnement est plus que suffisant)	
	Poudre................... (kilogr.)	400,000
Fusils.......	Modèle 1866......................	20,000
	Modèle 1867 (transformés)..........	3,256
	A percussion......................	37,889
Cartouches....	Modèle 1866......................	2,218,000
	Modèle 1867......................	1,018,340
	Pour fusils à percussion............	3,759,000

Le général : Soleille.

b) Organisation et administration.

Le général Soleille au maréchal Bazaine.

Camp sous Metz, 22 août.

Vous avez bien voulu approuver les observations que j'ai eu l'honneur de vous soumettre hier, concernant l'emploi de l'artillerie et les consommations énormes de munitions de toutes sortes, qui ont été faites soit par l'artillerie, soit par l'infanterie depuis le début de la campagne. Vous avez exprimé le désir d'appuyer de votre autorité auprès des commandants de corps d'armée, les prescriptions que j'envoyais aux commandants de l'artillerie. Ces prescriptions ont dû être données par moi avec des détails qui sont sans doute trop longs et trop spéciaux pour être reproduits complètement par une communication de V. E. aux commandants de corps d'armée; mais le chef d'état-major général pourra trouver facilement à extraire de l'ordre que je vous envoie les prescriptions essentielles que V. E. jugera utile de porter à leur connaissance.

Le général Canu au général Soleille.

Ban Saint-Martin, 22 août.

J'ai l'honneur de vous faire savoir que dans le 13ᵉ régiment d'artillerie, par suite de chevaux manquant à l'effectif, la troisième ligne des voitures ne pourra être attelée, dans la plupart des batteries, qu'avec deux attelages au lieu de trois. Le 13ᵉ a également à fournir un attelage à l'ambulance de la réserve générale et il a des chevaux éclopés et blessés ne pouvant pas faire un service actif.

En conséquence, ce régiment demande 49 chevaux pour compléter l'effectif réglementaire des 6 batteries présentes en ce moment à la réserve générale.

Le 18ᵉ régiment d'artillerie à cheval a subi des pertes considérables en chevaux (111), et il serait bien à désirer que l'on pût lui envoyer 20 chevaux de selle et 30 de trait.

RENSEIGNEMENTS

Renseignements du Grand Quartier général.

22 août, 8 heures matin.

Un hussard prussien du 7e régiment (VIIIe corps d'armée) fait prisonnier ce matin près de Moulins, a fait les dépositions suivantes :

Hier dans l'après-midi, en passant à Rezonville avec son détachement, il a vu sur une porte un grand écriteau indiquant : Grand quartier général de S. M. le Roi. Le fanion portant les armoiries royales était fiché en terre devant la maison.

Le VIIIe corps d'armée est établi devant notre gauche, appuyant sa droite à la Moselle. Les autres corps de l'armée de Steinmetz s'étendraient vers la gauche et le prince Frédéric-Charles achèverait *l'investissement* de l'armée française et de la place sur la rive gauche de la Moselle. On construit partout des retranchements.

Le prisonnier ajoute qu'il n'a pas entendu dire qu'il serait arrivé de l'artillerie de siège, mais le bruit est accrédité dans toute l'armée ennemie qu'il doit y avoir prochainement une grande bataille décisive pour mettre fin à une situation devenant de jour en jour plus intolérable. Le prisonnier ne sait rien de ce qui se passe sur la rive droite.

Les corps d'armée seraient fondus considérablement, mais il arrive des renforts composés de recrues et de landwehr. Ainsi, il est arrivé hier 1,000 hommes pour refaire le *40e*, qui n'existait presque plus et qui n'a presque plus d'officiers.

Selon ce hussard (un landwehrmann, riche brasseur des environs de Bonn), le Prince royal filerait sur Paris contre l'armée venant de France, et dix corps d'armée dont il exagère l'effectif, mais dont nous pouvons fixer le chiffre à 250,000 hommes au maximum, seraient devant nous.

La misère est grande dans l'armée prussienne. On ne distribue plus ni pain, ni biscuit ; on réserve le pain pour les malades.

A l'affaire du 18 août, vers 4 heures, on avait pris des dispositions pour la retraite. Ce hussard lui-même a été un de ceux chargés d'arrêter tout mouvement de passage sur la Moselle et de faire dégager les routes pour les tenir libres.

Deux chasseurs à pied faits prisonniers à Moulins vers les 8 heures du matin, également du VIII⁰ corps d'armée, ont fait des dépositions qui confirment en général les précédentes. Ils n'ont rien pu préciser sur l'établissement du quartier général du Roi, mais ils savent qu'il est sur le plateau, en arrière des troupes.

Un de nos coureurs, (un garde forestier) rentré ce matin après avoir été arrêté et s'être échappé, déclare que de Courcelles et de Peltre partent des convois considérables dans la direction de la Moselle, du côté d'Ars. On voit peu de monde de ce côté, des postes et des éclaireurs de cavalerie.

C'est à la station de Courcelles qu'on ferait des retranchements; il ne sait rien de précis sur la station de Peltre, dont il n'a pu approcher.

D'après un renseignement assez certain, le quartier général du général Steinmetz serait à Ars, à l'hôtel du Lion d'or.

Bulletin de renseignements du Grand Quartier général.

Ban Saint-Martin, 22 août.

Rive gauche de la Moselle. — Hier 21, dans l'après-midi, un convoi d'environ 150 voitures escorté par de la cavalerie et venant de la rive droite, a franchi la Moselle en avant de Malroy sur un pont de bateaux. Aujourd'hui, de Saint-Quentin, on déclare qu'il n'y a pas de pont à Argancy. On sait qu'il y a un gué.

Avant-postes prussiens en face d'Argancy.

Postes et patrouilles de l'ennemi (infanterie et cavalerie) aux Maxes (où arrive de l'artillerie), à Ladonchamps, Saint-Remy et en arrière de Bellevue. On aurait vu de ce côté des dragons du X⁰ corps.

Un régiment d'infanterie construisait des tranchées-abris au Nord de Saint-Remy, à hauteur de la cote 169, entre la route et le chemin de fer de Thionville. L'ennemi aurait relié cette nuit le château de Ladonchamps aux villages environnants par des tranchées.

Mouvements de troupes de Bellevue et Semécourt traversant la voie ferrée et se dirigeant vers Olgy et Malroy.

Dès le 20, il y avait en arrière des crêtes qui dominent Norroy et Fèves, de nombreuses troupes au bivouac. Ces deux villages sont occupés par l'ennemi. Le bois de Woippy ne l'était pas ce matin.

Fortes colonnes venues de divers points, hier soir, sur le village de Saulny; 3,000 à 4,000 hommes y auraient pris position ce matin; ouvrages sur la hauteur Nord du village entre la route et le bois de Olesnois.

Une centaine d'hommes à Vigneulles disait une reconnaissance le 21; personne ce matin dit un autre renseignement.

L'infanterie établit une ligne continue de retranchements entre la ferme de Moscou et la route de Gravelotte, passant par le Point-du-Jour; elle dispose, en avant, des ouvrages isolés. On signalait hier une forte colonne dans les bois de Châtel.

Des épaulements détachés les uns des autres et établis pour une ou deux pièces se voient au Nord de Saint-Hubert.

Lessy n'est pas occupé.

Épaulements entre la route et le bois de Rozérieulles.

Moulins n'est pas occupé par l'ennemi; ses éclaireurs y viennent quelquefois.

Le gros des forces entre Gravelotte et Vaux est posté sur la lisière des bois et aussi dans ces bois.

Sur les hauteurs, entre Jussy et Ars, artillerie nombreuse derrière des épaulements; trous dans les vignes.

A Vaux, un jeune homme, qui s'est échappé des mains des Prussiens, prétend qu'il a vu de grosses pièces, qui viendraient par la route de Rezonville. Le VIII⁰ corps est de ce côté, à la droite de Steinmetz, contre la Moselle. Ce jeune homme aurait entendu dire à l'ennemi que ce corps ou un corps devait partir aujourd'hui pour Verdun.

L'officier d'état-major placé à Saint-Quentin n'a vu aucune batterie du côté de Vaux, mais des tranchées-abris qui semblent relier les bois.

Entre Vaux et Ars, tranchée depuis la route jusqu'à la hauteur.

Ouvrage dans l'île de Vaux; les usines en avant d'Ars sont crénelées ainsi qu'une maison à mi-chemin entre Vaux et Ars.

Depuis Frescaty (rive droite) jusqu'à Saint-Remy, en passant par Jouy, Ars, le Point-du-Jour, Amanvillers, on voit des mouvements de troupes.

Le quartier général du Roi est à Rezonville; Steinmetz serait à Ars.

Rive droite de la Moselle. — Aujourd'hui, à 11 heures, de Saint-Quentin, on signale des convois incessants de voitures militaires d'Augny à Fey, paraissant se diriger vers Corny et Novéant; ils ne sont pas escortés; l'un d'eux, probablement de munitions, était accompagné de deux bataillons.

Hier, à 6 heures du soir, un éclaireur a vu une colonne allant d'Augny à Marly, Peltre, Ars-Laquenexy; elle se serait établie dans le bois de Borny et à Colombey en se fortifiant sur ces deux points. Un autre coureur déclare que les Prussiens font également des travaux à Courcelles-sur-Nied.

En continuant le cercle d'investissement jusqu'à la Moselle, à Argancy, on indique, à Malroy et à Olgy, au bas de la pente et près de la rivière, un camp composé de deux régiments d'infanterie, un de cavalerie, de l'artillerie (composition habituelle des avant-gardes de corps d'armée prussiens).

Il se confirme que l'armée de Steinmetz forme la droite de la ligne d'investissement sur la rive gauche et que celle du prince Frédéric-Charles est à sa gauche.

Les Prussiens auraient fait de grandes pertes; ils désireraient la fin de la guerre; ils déclarent une grande bataille imminente.

Les Prussiens établissent, dit-on, une voie ferrée entre Pont-à-Mousson et Herny.

Bulletin de renseignements du 4ᵉ corps.

Le Sansonnet, 22 août.

Rive droite de la Moselle. — Les troupes prussiennes n'ont cessé de passer jusqu'au 18 août courant par Trèves, Sarrelouis, Boulay. Ce sont, en majeure partie, des hommes de la landwehr. Un détachement composé des *23ᵉ*, *68ᵉ* et *69ᵉ*, du *12ᵉ* pionniers, de plusieurs escadrons de hussards et de treize pièces du *8ᵉ* d'artillerie, a tenté de surprendre Thionville, le 15 août, à 4 heures du matin ; ces troupes ont été repoussées par un feu vif de la place; on dit qu'elles appartenaient à l'arrière-garde de Steinmetz.

Le 17, 4,000 hommes de la landwehr, 7ᵉ et 65ᵉ régiments venant de Bitburg, ont passé à Trèves se dirigeant sur Sarrebrück.

Beaucoup de ces hommes de la landwehr ont traversé Bouzonville et Boulay. Les derniers venus paraissaient de tristes soldats, la plupart très vieux, quelques-uns très jeunes. Les Prussiens font des réquisitions de pain, de viande pour leurs troupes, de vin et de cigares pour leurs officiers. Ils font des bons et ne payent rien (1).

Rive gauche de la Moselle. — Hier, dans l'après-midi, un convoi de 150 voitures environ, escorté par de la cavalerie et venu de la rive droite, a passé la Moselle en aval de Malroy sur un pont jeté par les Prussiens. En même temps, une colonne d'infanterie ennemie est descendue des hauteurs de Fèves par Semécourt et a recueilli le convoi sur la rive gauche ; l'ennemi a ainsi relié les troupes qu'il a sur les deux rives. Le fort Saint-Julien a tiré quelques coups de canon sur ce convoi.

Les Prussiens ont beaucoup remué de terre sur les hauteurs de Saulny. A 10 heures du soir, on entendait de ce côté des bruits de pelles, de pioches et de scies. Le village de Saulny était occupé par l'ennemi, celui de Vigneulles était vide. Les vedettes prussiennes abreuvent leurs chevaux au ruisseau de Vigneulles.

---

(1) *En marge, de l'écriture du général Jarras :* « Nous avons dit tout cela dans le bulletin du 19 envoyé au 4ᵉ corps. »

Le général La Font de Villiers au maréchal Canrobert.

22 août, 5 heures matin.

Nuit tranquille.

Vers 2 heures du matin, plusieurs factionnaires du petit poste avancé de la grand'garde du 91e ont entendu dans la direction de la plaine en avant et à droite de Maison-Neuve, plusieurs coups de langue de clairon et le bruit confus d'une grande réunion d'hommes.

Renseignements des grand'gardes de la 4e division du 6e corps.

Camp sous Metz, 22 août, 7 h. 30 matin.

Les gens du pays racontent que les Prussiens ont travaillé toute la nuit à relier par des tranchées le château de Ladonchamps aux villages environnants. Ils sont à Norroy, Fèves, Saint-Remy.

Les vedettes sont en vue de nos avant-postes ; elles ne bougent pas.

Observations faites du mont Saint-Quentin par le capitaine d'état-major Méquillet.

22 août, de 8 heures à midi.

Ouvrages. — L'ennemi exécute divers travaux sur la rive gauche de la Moselle, savoir :

1° Entre Saint-Remy et Maizières, épaulement continu dans la direction du chemin indiqué sur la carte au 1/80,000e à la cote 169, et s'étendant de la route de Thionville au chemin de fer.

2° Au Nord de Saulny, entre la route et le bois de Plesnois.

3° Entre la ferme de Moscou et la route de Gravelotte passant par le Point-du-Jour, de nombreux travailleurs établissent une ligne d'épaulements continue. En avant de cette ligne, des groupes d'une trentaine de travailleurs chacun, formés en ateliers, exécutent des parapets.

4° Au-dessus du village de Jussy, on élève une batterie. Ces travaux semblent destinés à barrer la route de Metz à Verdun.

Mouvements. — Un campement d'infanterie est observé à 9 heures en avant de Maizières. A 9 h. 30, une compagnie d'infanterie s'établit sur la rive gauche de la Moselle en face d'Argancy. Elle constitue probablement les avant-postes des troupes établies à Maizières.

A 9 h. 50, une forte colonne d'infanterie en marche sur la voie romaine qui passe derrière la ferme de Moscou, semble se diriger sur Amanvillers.

A 10 h. 30, trois fortes compagnies paraissent au-dessus de Rozérieulles, entre la route de Gravelotte et le bois de Vaux ; elles font halte et pénètrent dans le bois des Génivaux après un repos de 25 minutes.

A 10 h. 45, un état-major composé d'une quinzaine de cavaliers se fait remarquer sur la crête à l'Ouest de Châtel-Saint-Germain ; il examine la position et se retire dans la direction de la ferme de Moscou. Cet état-major a reparu à 11 h. 20, n'est resté que peu d'instants en vue et est rentré dans le bois des Génivaux accompagné de 40 hommes à pied.

A 11 h. 30, on remarque un long convoi de voitures militaires dirigé sur la route d'Augny à Fey et paraissant se diriger sur Corny. Il n'est pas escorté.

Les renseignements d'hier, 21, ont signalé le point d'Argancy. L'ennemi avait fait étudier un gué en face de ce village. Ce matin, on n'a remarqué aucun passage de troupes sur ce point. Aucun pont n'y était construit. La même observation s'applique au village de Malroy.

Dépêches télégraphiques des différents observatoires.

Fort Saint-Julien, 22 août, 6 h. 20 matin.

Le brouillard ne permet pas de voir si l'ennemi a conservé les positions qu'il occupait hier soir, mais les feux ont été allumés toute la nuit aux deux emplacements indiqués.

Fort Queuleu, 22 août, 7 heures matin (n° 249).

Me communiquer immédiatement le plan qu'on a pu établir pour les lignes en question. La place n'a ici aucun renseignement. Nous tracerons toujours bien quelque chose, mais il vaut mieux être d'accord avec les études antérieures.

Fort Saint-Quentin, 22 août, 7 heures matin (n° 251).

Feux ennemis de Borny à Saint-Remy, en passant par Jouy, Ars, Amanvillers. Ligne de feux considérables dans la plaine, sans doute près de Saint-Remy. Le brouillard empêche de reconnaître cette position, ce matin.

Fort Plappeville, 22 août, 7 h. 40 matin (n° 252).

Nuit calme. On a signalé quelques mouvements de troupes et quelques signaux dans la direction de Saulny. Je suis averti qu'une portion de l'armée fait un mouvement ; le fort cesse d'être couvert par elle. Je demande qu'on y fasse rentrer le bataillon du 40ᵉ qui en est parti le 17 août.

Cathédrale, 22 août, 9 h. 30 matin (n° 253).

Les troupes prussiennes occupent les mêmes positions qu'hier soir, entre Sainte-Barbe et Poixe, en arrière de Malroy jusqu'à Olgy, et dans la plaine sur la rive gauche de la Moselle, en arrière de Saint-Remy et des Petites Tapes.

Des détachements nombreux d'infanterie prussienne semblent faire des tranchées et des batteries au-dessus de Saulny et à la lisière du bois du Chesnois.

Une colonne de cavalerie, escortant quelques voitures, passe en arrière de Marly, se dirigeant sur Cuvry.

Des troupes françaises se massent à droite du fort de Saint-Julien; d'autres troupes se dirigent sur Queuleu.

Cathédrale, 22 août, 12 h. 45 soir.

Du côté du Nord la ligne prussienne descend des bois du Chesnois et de Plesnois au-dessus de Saulny, passe par Bellevue, Saint-Remy, les Petites et les Grandes Tapes et se réunit par Olgy aux forces de la rive droite établies en arrière de Malroy. Les troupes en avant de Saint-Julien occupent toujours la même position derrière Poixe. Les nôtres se massent en face d'elles entre le fort et le vallon de Vallières et Vantoux. De Noisseville à Ars, on aperçoit à peine quelques vedettes prussiennes. On ne voit presque plus de troupes sur les plateaux au-dessus de Châtel, Rozérieulles, Sainte-Ruffine, Jussy, Vaux. Les bivouacs occupés hier par les Prussiens paraissent abandonnés aujourd'hui.

Fort Queuleu, 22 août, 1 h. 30 soir (n° 265).

Ce matin à 11 heures, tracé fait pour relier fort à Seille. Commandant 1ʳᵉ division arrive seulement, sans outils. Donner ordre d'agir.

Cathédrale, 22 août, 3 h. 45 soir (n° 256).

Quelques bataillons prussiens épars sur les plateaux au-dessus de Rozérieulles paraissent faire quelques travaux de terrassement. Ils construisent notamment au-dessus de Jussy, à la lisière du bois, une batterie qui semble destinée à enfiler la route de Longeville et à battre le versant Sud du Saint-Quentin. Convois nombreux entre Seille et Moselle dans les deux sens et toujours sur les mêmes chemins.

Cathédrale, 22 août, 4 h. 45 soir (n° 258).

Les troupes prussiennes établies dans la plaine en arrière des Petites

Tapes se livrent à des manœuvres d'ensemble qui tendraient à faire croire que l'on procède à leur instruction. Elle ont creusé de longues tranchées derrière lesquelles on les exerce à se cacher, puis, à un signal donné, tous les hommes reparaissent, se déploient en tirailleurs au pas gymnastique, etc. Ce sont peut-être des troupes de la landwehr que nous avons devant nous sur ce point.

Cathédrale, 22 août, 8 h. 10 soir (n° 259).

Feux de bivouac à Sainte-Barbe et Poixe, entre Malroy et Argancy, en arrière des Petites Tapes et sur la hauteur au-dessus Semécourt.

Rapport du Commandant du fort de Plappeville.

22 août.

On a pu remarquer pendant la journée, une grande circulation d'ennemis entre Saulny et la plaine de la Moselle, ainsi que la construction de terrassements et d'abatis bordant la route de Briey.

On amène sans cesse de la terre dans le fort pour épaissir les parapets et le mettre dans le meilleur état possible de défense; mais je demande toujours des munitions, surtout des projectiles de 24.

L'approvisionnement actuel n'est pas suffisant pour une défense énergique. J'en puis dire autant pour les vivres.

Rapport du Commandant du fort Saint-Quentin.

22 août.

Travaux de terrassement au Point-du-Jour, en avant du bois de Vaux, entre le bois de Saulny et le bois de Vigneulles, aux carrières d'Amanvillers, au-dessous du bois de Plesnois.

Poste considérable sur la rive gauche de la Moselle en face le village d'Argancy. Le village de Maizières semble fortement occupé, il en sort continuellement des détachements.

Un fort camp ennemi est installé sur la rive droite de la Moselle entre Malroy et Olgy (au point coté 166).

Entre Rongueville et Ancy (point 174), un bataillon garde un grand troupeau.

Un fort bataillon s'est montré sur la route qui mène de Woippy à Amanvillers; le fort de Plappeville a tiré et le bataillon a disparu dans les bois.

Un très fort convoi paraissant venir de Peltre passe à Magny, Augny et il disparaît derrière les bois de Jouy.

Le maire de Scy nous a prêté des fours pour utiliser la farine distribuée au 24°. Il a été requis de fournir le bois nécessaire au chauffage des fours; les hommes de ce corps n'ont touché hier et aujourd'hui qu'un pain pour quatre hommes. Le général de brigade Micheler qui est venu au fort aujourd'hui dit que la mesure prise de distribuer de la farine aux troupes du fort est essentiellement temporaire.

Journée du 23 août.

GRAND QUARTIER GÉNÉRAL.

b) Organisation et administration.

Le maréchal Bazaine aux Commandants de corps d'armée.
Ban Saint-Martin, 23 août.

Par ma dépêche du 20 de ce mois n° 275, je vous ai prié d'appuyer de votre autorité, dans votre corps d'armée, les instructions qui ont été envoyées par M. le Général commandant l'artillerie de l'armée aux commandants de l'artillerie des corps, au sujet de l'emploi de l'artillerie et des consommations énormes de munitions qui ont été faites, soit par l'artillerie, soit par l'infanterie, depuis le début de la campagne.

Afin de vous mettre à même d'apprécier l'importance de l'appui moral que je vous ai demandé, j'ai l'honneur de vous adresser ci-joint la copie des instructions de M. le général Soleille (1).

Le même aux mêmes.
Ban Saint-Martin, 23 août.

Il m'est rendu compte que, dans un seul corps d'armée, 1,000 paquets de cartouches ont été recueillis, abandonnés sur le sol. D'un autre côté, on a trouvé des fusils tordus et détériorés à dessein et d'autres encore qui avaient été jetés sur le terrain. Ces faits, je le sais, ne peuvent être attribués qu'à un petit nombre d'hommes indignes de figurer dans nos rangs. Parmi eux se trouvent peut-être quelques jeunes gens sans expérience et non suffisamment pénétrés de leurs devoirs militaires. C'est surtout à ces derniers qu'il importe de faire connaître qu'en abandonnant leurs armes ou leurs munitions, ils se rendent passibles des

---

(1) Voir ces instructions p. 27 et aux *Opérations autour de Metz*, t. III, Doc. ann. p. 544 et suiv.

conseils de guerre et se mettent dans le cas de se voir condamner à des peines sévères. C'est sans doute parmi ces hommes qu'a pris naissance le bruit, qui ne saurait être trop démenti, que nous manquons de munitions. *Je vous prie de vouloir bien faire savoir dans tout votre corps d'armée que l'armée est aussi largement et aussi complètement approvisionnée qu'aux débuts de la campagne.*

Les observations qui font l'objet de la présente dépêche devront être portées à la connaissance des troupes sous vos ordres par la voie du rapport journalier.

Le même aux mêmes.

Ban Saint-Martin, 23 août.

J'ai l'honneur de vous informer qu'en raison des mouvements que l'armée peut être appelée à faire prochainement, j'ai jugé indispensable de réduire au plus strict nécessaire les voitures que le règlement attribue aux états-majors et aux corps pour les bagages des officiers. D'après les propositions que m'ont faites MM. les Commandants des corps d'armée, consultés sur la nature de la réduction à opérer, j'ai adopté les bases indiquées dans l'état ci-joint.

Cette réduction devra s'opérer demain matin 24, dans les proportions arrêtées; les voitures qui se trouveront ainsi en trop seront immédiatement versées entre les mains des intendants des corps d'armée, qui les distribueront aux corps qui ont perdu les leurs et à ceux qui, n'ayant pu en recevoir au début de la campagne, s'étaient servis jusqu'à présent de voitures civiles requises.

Les voitures restant après cette répartition seront dirigées sur les magasins de la ville de Metz, et les chevaux en seront versés au dépôt de remonte.

Quant aux bagages et effets que les officiers ne pourront emporter par suite de la réduction des moyens de transport, ils devront être réunis dans chaque corps, qui formera un petit dépôt à la tête duquel on placera un officier que son état de santé empêcherait de suivre l'armée. Ces petits dépôts seraient placés dans la ville de Metz sous un commandement spécial.

Vous aurez à apprécier pour vous-même la proportion dans laquelle vous aurez à réduire vos propres bagages; je laisse toute latitude, sur ce point, à MM. les Commandants de corps d'armée.

Le même aux mêmes.

Ban Saint-Martin, 23 août.

Je suis informé que, dans les affaires successives des 16 et 18 courant, quelques ambulances, personnel et matériel, ont été enlevées, et qu'une certaine quantité de matériel a été détruit par les projectiles de l'ennemi.

Afin de prévenir le retour de ces pertes regrettables, j'ai l'honneur d'appeler tout particulièrement votre attention sur la nécessité d'assurer à l'avenir toute sécurité à vos ambulances, en les établissant assez loin du champ de bataille pour qu'elles soient à l'abri des projectiles et des mouvements en avant des troupes ennemies.

Cet éloignement ne saurait présenter que peu d'inconvénients pour le relèvement des blessés, opération qui pourra toujours être faite rapidement, attendu le grand nombre de brancards dont les ambulances disposent.

J'ajouterai qu'outre l'avantage d'assurer la conservation du personnel et du matériel, la stricte observation des recommandations que je vous adresse aura pour conséquence de procurer à tous un calme non moins utile au moral des blessés qu'à la sûreté de main de l'opérateur et aux travaux matériels du personnel d'administration.

2ᵉ CORPS.

b) Organisation et administration.

Le colonel Brady, directeur du parc du 2ᵉ corps, au général Soleille.
Metz, 23 août.

Il m'est impossible de vous dire ce qui a été chargé de munitions au parc du 2ᵉ corps, depuis hier matin, puisque l'opération était en cours d'exécution; mais le chargement des cartouches d'infanterie, commencé hier, est presque terminé.

Vous pouvez donc considérer le parc du 2ᵉ corps comme entièrement réapprovisionné en munitions d'artillerie et d'infanterie.

Il n'y a aucun caisson vide et le parc est au complet : 48 caissons de 4; 24 caissons de 12; 21 caissons de cartouches modèle 1866.

Toutefois, le général Gagneur me prévient *qu'il est possible* que des caissons vides, dépendant des réserves divisionnaires, viennent se réapprovisionner aujourd'hui. Il n'en est pas venu encore et j'ignore s'il en viendra. Le général Gagneur me demande de nouveau des aiguilles de rechange et des rondelles en caoutchouc. Ces rechanges, réclamées par moi avec instance, de Lunéville, ne me sont jamais parvenues. Ne serait-il pas possible d'en fabriquer à Metz? On me demande également des ressorts, têtes-mobiles, nécessaires (tous ces objets perdus avec les sacs des soldats) *Je n'ai rien de ces approvisionnements.*

La veille de la bataille de Gravelotte, mon Général, vous m'aviez autorisé à prendre 2,000 fusils à l'arsenal pour remplacer ceux hors de service dans le 2ᵉ corps. Peut-être serait-ce, en ce moment, le seul moyen de remédier au désarmement d'une partie de l'infanterie, par suite de la détérioration des pièces d'armes qu'on ne peut renouveler.

Il existe à l'arsenal un approvisionnement de *21,000 fusils* modèle 1866.

Je fais disposer aujourd'hui le compartimentage des coffres de 4 pour recevoir des munitions de canons à balles, quelques caissons ayant fait explosion le 16 et le 18. Chaque coffre contiendra 63 charges.

3ᵉ CORPS.

a) Journal de marche.

Journal de marche de la division de cavalerie du 3ᵉ corps.

La brigade de Maubranches et l'escadron d'éclaireurs porté depuis le 22 août de quatre à six escadrons montent à cheval à 3 heures du matin avec une batterie d'artillerie pour aller pousser une reconnaissance dans la direction de Malroy; une brigade d'infanterie avait pris les armes pour protéger au besoin la retraite de la cavalerie.

La reconnaissance regagnait le camp à 6 heures, ayant constaté la présence d'avant-postes fortement constitués, mais sans avoir été inquiétée.

b) Organisation et administration.

Le général Clinchant au général Montaudon.

Camp de Metz, 23 août.

J'ai l'honneur de vous rendre compte que depuis quelques jours le nombre des diarrhées augmente d'une façon inquiétante.

En passant aujourd'hui dans les bivouacs, d'après les renseignements que j'ai pris, je ne crois pas exagérer en disant qu'un dixième des hommes est atteint.

J'attribue cet état maladif à l'abus des fruits verts, à la mauvaise eau que nous avons eue dans quelques campements antérieurs, enfin à l'abaissement de la température.

J'ai prescrit aux colonels de prendre toutes les mesures qui sont en leur pouvoir pour arrêter l'accroissement du nombre de malades, mais je crois surtout que si l'on pouvait baraquer pendant quelques jours les hommes malades, on obtiendrait un heureux résultat. Je crois surtout, dans les circonstances présentes, qu'il serait bon d'avoir une maison ou deux pour les infirmeries régimentaires.

c) **Opérations et mouvements.**

Le maréchal Le Bœuf au maréchal Bazaine.

Saint-Julien, 23 août, 8 heures matin.

J'ai l'honneur de rendre compte à V. E. que le 3ᵉ corps occupe depuis hier soir les positions que vous lui avez assignées : les divisions Aymard et Metman, la gauche au fort Saint-Julien, la droite refusée dans la direction du fort Bellecroix ; la division Montaudon, en arrière du fort Queuleu, la droite à la Seille ; la division Castagny (Nayral) entre la Seille et la Moselle, garnissant la levée du chemin de fer ; les dragons Clérambault, vers Plantières, à cheval sur les routes de Sarrebrück et de Strasbourg qu'ils éclairent.

Les divisions voisines des forts ont l'ordre de fournir les travailleurs demandés par le génie.

Ces dispositions défensives sont bonnes, si l'ennemi ne doit pas attaquer sérieusement ; mais si, comme l'indiquent les renseignements que V. E. m'a adressés hier soir par son état-major général, l'ennemi se préparait à une attaque générale, il me serait difficile de rallier le 3ᵉ corps. Il me faudrait près de trois heures pour rappeler à moi la division Montaudon et, quant à la division Castagny, elle en est entièrement séparée. Je crois devoir appeler l'attention de V. E. sur cette situation, qui ne me préoccupe pas en ce moment, mais qui pourrait ne pas se trouver en rapport avec certaines éventualités.

Les hommes se trouvent beaucoup mieux dans le campement actuel que dans celui du Saint-Quentin.

Ce matin, à la pointe du jour, le général Clérambault a fait une reconnaissance dans la direction de Malroy, village en arrière duquel se trouve un camp ennemi qu'un de mes officiers avait signalé à V. E. La reconnaissance a été faite par une brigade de dragons, appuyée par une batterie d'artillerie. La brigade d'infanterie Brauer se tenait en réserve sur un plateau d'où l'on découvre tout le terrain. De ma personne, j'étais avec cette réserve.

L'ennemi, dont les petits postes s'étaient repliés, n'a pas tardé à déployer d'assez nombreuses troupes d'infanterie, à Chieulles, Vany, Failly, et surtout en avant de Sainte Barbe ; peu de cavalerie.

Quelques coups de feu sans résultat ont été échangés entre les tirailleurs. Pour se porter plus avant, il fallait engager une affaire contrairement à vos instructions et, je le crois, à l'intérêt de la situation. En conséquence, après être restée déployée, face à l'ennemi, assez de temps pour juger de ses dispositions, qui m'ont paru purement défensives, j'ai donné à la cavalerie l'ordre de se replier lentement sur la réserve d'infanterie, et à 7 heures, les troupes étaient rentrées au camp.

Point d'autres nouvelles de mes avant-postes, ni des compagnies de francs-tireurs ou partisans qui ont commencé leur service la nuit dernière.

Le général Montaudon au maréchal Le Bœuf.

Queuleu, 23 août.

J'ai l'honneur d'informer V. E. que ce matin je me suis rendu aux avant-postes et au fort de Queuleu. Il résulte des renseignements recueillis et de ce que j'ai vu par moi-même, qu'en avant de notre front il n'y a pas de troupes prussiennes ; de simples vedettes d'infanterie et de cavalerie se promènent à de faibles distances sans être inquiétées par personne. Si j'avais eu de la cavalerie à ma disposition, j'aurais fait explorer le terrain en avant de mon front, et ces vedettes seraient repoussées. Peltre, paraît-il, serait inoccupé et un mouvement aurait lieu de la gauche de l'ennemi sur sa droite vers Sainte-Barbe et Malroy. Cependant il reste encore du monde à Mercy-le-Château et à la Grange-aux-Bois ; il est difficile d'en apprécier la quantité et l'espèce, mais tout fait supposer qu'il y a de l'artillerie avec des soutiens d'infanterie.

A la Grange-aux-Bois, il y aurait soit de l'artillerie, soit des réserves d'artillerie ; comme c'est un terrain que ma division connaît parfaitement puisqu'elle y a campé et y a combattu, je viens vous proposer de faire cette nuit, sur ce point, une tentative avec mes éclaireurs que je soutiendrais avec un bataillon. Mon intention serait de tâter lentement le terrain avec quelques éclaireurs jetés en avant et, si la chose était reconnue possible, d'enclouer ou d'enlever les pièces d'artillerie qui s'y trouveraient, ainsi que de détruire ou de rapporter les provisions qui y seraient rassemblées.

Je ne veux pas compromettre les compagnies d'éclaireurs, car je n'opérerai qu'avec circonspection et prudence, en quelque sorte à coup sûr. Si vous autorisez cette opération que je dirigerai moi-même, il sera nécessaire de donner de suite aux éclaireurs des marteaux et des clous, afin de pouvoir mettre les canons hors de service.

J'attends les instructions de V. E. avant de prendre aucune mesure.

Tous les habitants de Grigy et des environs ayant fui, il m'est fort difficile de me renseigner exactement et de trouver des guides. Si V. E. avait quelques-uns de ces habitants à sa disposition, je lui serais fort reconnaissant de me les envoyer.

Le maréchal Le Bœuf au général Montaudon.

Saint-Julien, 23 août.

Je vous remercie des renseignements que vous m'adressez et qui concordent avec les résultats d'une reconnaissance que j'ai fait faire en avant de notre gauche, par de la cavalerie. L'ennemi paraît faire un mouvement de notre droite vers notre gauche.

Je vous autorise à faire l'opération dont vous me parlez ; je m'en rapporte entièrement à votre expérience.

Je vous envoie des marteaux et des clous. L'on peut mettre les pièces se chargeant par la culasse hors de service en brisant les poignées du verrou à coups de masse en fer.

Ordre de mouvement de la 4ᵉ division du 3ᵉ corps.

Saint-Julien, 23 août.

Demain à 3 h. 15 du matin, les troupes suivantes partiront du camp, sans sacs et avec toutes leurs cartouches, sous les ordres du général commandant la 4ᵉ division, pour faire une reconnaissance.

Elles marcheront dans l'ordre suivant : bataillon de chasseurs à pied, 1 section d'artillerie de combat, 3 bataillons du 44ᵉ, 2 sections de combat, 2 bataillons du 80ᵉ, dont celui qui est sur la route de Bouzouville, 30 cacolets.

Le peloton de cavalerie marchera avec le général de division. M. le général de Brauer commandera les troupes, sous les ordres du général de division.

M. le général Sanglé-Ferrière commandera le camp pendant la durée de la reconnaissance.

On prendra les armes à 3 h. 15 précises, de manière que la réunion se fasse sur la route qui passe devant le fort à 3 h. 30.

Le colonel d'artillerie prendra ses mesures pour que la batterie de mitrailleuses et la batterie de 4 restant au camp puissent se porter rapidement sur le point qu'elles doivent occuper, pour le cas d'attaque du plateau.

4ᵉ CORPS.

b) Organisation et administration.

Le général de Ladmirault au maréchal Bazaine.

Plappeville, 23 août.

V. E. a décidé que, faute de biscuit et de pain fabriqué, il serait distribué de la farine en remplacement d'une portion de pain et biscuit. Dans certains corps campés près des lieux habités, on a pu utiliser cette farine en faisant confectionner du pain ; mais dans la plupart des autres corps cette farine n'est pas utilement employée et ne sert que très peu à l'alimentation.

J'ai l'honneur de demander à V. E. s'il ne serait pas possible de distribuer du riz au lieu de la farine. Le riz se cuit facilement, ne serait pas perdu ; et, si l'approvisionnement de cette denrée le permet, je crois qu'il y aurait avantage à cette combinaison.

Le maréchal Bazaine au général de Ladmirault.

Ban Saint-Martin, 23 août.

Vous m'avez demandé par votre dépêche de ce jour n° 74 de substituer à la farine, que l'on distribue en remplacement de pain ou de biscuit, du riz, parce que cette denrée est d'un emploi plus facile.

J'ai l'honneur de vous informer qu'il ne m'est pas possible de faire droit à votre demande, attendu que les approvisionnements en riz de la place de Metz ne permettent pas de distribuer du riz à la place de la farine.

L'approvisionnement en nombre de rations de riz n'est pas même aussi élevé que celui de la farine. Il s'en faut de plus de moitié.

Le colonel de Luxer, directeur du parc du 4ᵉ corps, au général Soleille.

Metz, 23 août.

J'ai l'honneur de vous informer que nous avons touché à l'arsenal, dans la journée d'hier : 8 caissons à munitions de 12 ; 2 caissons 1/2 de cartouches 1866 (69,435 cartouches).

L'arsenal n'a pas pu nous délivrer hier des munitions pour le canon de 4 ; mais nous avons envoyé ce matin 10 caissons de 4 vides, qui seront bientôt remplis ; avec ce qui restait ce matin à l'arsenal d'obus ordinaires de 4 (1,500 à peu près), nous pourrons charger 15 caissons environ en tout. Il nous en eût fallu 34 pour compléter notre approvisionnement en munitions de 4; c'est donc 19 caissons de 4 qui resteront à remplir. Pour les autres munitions, nous avons notre approvisionnement complet, à l'exception de celles pour canons à balles, dont il nous manque 5 chariots 1/2 de parc. L'arsenal n'a pas de munitions pour canons à balles. Mais, d'après les consommations faites jusqu'à ce jour, les 6 chariots 1/2 qui nous restent me paraissent suffisants pour le moment.

Ordre général du 4ᵉ corps.

23 août.

Le Général commandant en chef le 4ᵉ corps porte à la connaissance des troupes qu'une compagnie d'éclaireurs à pied par division et une division d'éclaireurs à cheval pour le corps d'armée opèrent de concert, jour et nuit, en avant de la ligne des avant-postes.

Le général en chef insiste, en conséquence, sur l'interdiction absolue aux avant-postes de faire feu la nuit, ce qui ne conduirait qu'à des méprises douloureuses comme il est arrivé cette nuit même pour des chasseurs d'Afrique, à une consommation regrettable de cartouches et à dénoncer la nuit à l'ennemi les emplacements occupés par nos troupes.

c) Opérations et mouvements.

Le maréchal Canrobert au général de Ladmirault.

Camp sous Metz, 23 août.

Il a été convenu que la batterie élevée par vos troupes au Coupillon serait armée et servie par votre artillerie.

Je pense qu'il n'y a rien de changé à cet égard et j'ai l'honneur de vous prier de m'en donner l'assurance.

Le général de Ladmirault au maréchal Canrobert.

Château de Plappeville, 23 août, 5 h. 30 soir.

La batterie qui a été construite à l'extrémité du contrefort du Sansonnet ne doit pas être armée et servie par l'artillerie du 4ᵉ corps. En effet, elle ne se trouve point sur le terrain occupé par mes troupes.

Mais j'ai fait construire une autre batterie sur la croupe qu'on appelle le Coupillon, à gauche de la route qui conduit à Lorry et qui sépare le 4ᵉ corps du 6ᵉ, batterie plus importante, qui doit être servie par l'artillerie de ma 2ᵉ division. Cette batterie n'est pas encore armée, mais elle le sera demain matin et pourrait l'être immédiatement en cas de besoin. J'ai, en outre, d'autres batteries sur le front de mes autres divisions et servies par chacune d'elles.

6ᵉ CORPS.

b) Organisation et administration.

Le sous-intendant militaire Courtois à M. l'Officier comptable de la manutention de Metz.

23 août.

Un ordre de M. le Maréchal commandant le 6ᵉ corps prescrit aux troupes sous ses ordres de se pourvoir de deux jours de *vivres de réserve* à porter dans le sac.

En tenant compte de ce qu'il nous reste, il faudrait encore *pour deux jours*, environ 45,000 à 50,000 rations de biscuit, riz, sel, sucre et café, et il n'y a que le service de Metz qui puisse nous les donner.

Veuillez me faire connaître : 1° Si vos ressources permettront de faire cette livraison ? 2° Quand ? 3° Où ?

L'officier d'administration principal Williame, de la manutention, à M. le sous-intendant militaire Courtois.

Metz, 23 août.

M. le Maréchal n'a malheureusement pas compté avec nos ressources car j'ai bien de la peine à donner une demi-ration en pain à chaque homme par jour ; j'en pourrai donner demain trois quarts et après-demain la ration entière.

Le biscuit fait complètement défaut ; la ration de sel est réduite à 10 grammes ; il en faut par conséquent prendre le moins possible. Quant au surplus, se composant de riz, sucre et café, je suis en mesure de donner 40 à 50 rations (*sic*).

Vous pouvez donc envoyer prendre les denrées ci-dessus indiquées demain ou ce soir à la Pyrotechnie. Le pain, demain seulement.

c) Opérations et mouvements.

Le maréchal Canrobert au général du Barail.

Quartier général du 6ᵉ corps, 23 août.

Le maréchal commandant en chef m'écrit ce qui suit :
« Des paysans disaient ce matin, à Maison-Neuve, que beaucoup de Prussiens paraissaient se diriger de Metz sur Briey.
« Il serait nécessaire..... (1). »

Afin de répondre aux intentions du commandant en chef, j'ai l'honneur de vous prier de vouloir bien faire faire *demain matin, dès la première heure, sur la rive gauche de la Moselle,* une reconnaissance d'*un régiment de cavalerie,* qui sera chargée de reconnaître les forces des Prussiens sur cette rive. Cette reconnaissance sera poussée le plus loin possible. Le régiment devra être couvert par un escadron, qui détachera des cavaliers le plus en avant possible, etc.

Vous voudrez bien me rendre compte dès que la reconnaissance sera rentrée.

Ordre de la division de cavalerie du 6ᵉ corps.

Camp sous Metz, 23 août.

Demain matin, 24 août, à la pointe du jour, le 2ᵉ régiment de chasseurs de France montera à cheval et se portera sur la rive gauche de la Moselle, dont il descendra le cours.

Cette reconnaissance a pour but de reconnaître les forces des Prussiens sur cette rive. Elle sera poussée le plus loin possible. Le régiment sera couvert par un escadron qui détachera lui-même des cavaliers en avant de lui. Ces vedettes devront s'engager avec l'ennemi et seront soutenues suffisamment pour que le commandant de la reconnaissance puisse se rendre compte exactement et de la position et de la force des troupes qui sont devant lui.

De demi-heure en demi-heure il fera prévenir le général commandant la division de ce qui se passera.

Le 3ᵉ régiment de chasseurs de France aura ses chevaux sellés et les cavaliers se tiendront prêts à monter à cheval pour se porter au secours de la reconnaissance s'il y a lieu.

---

(1) Voir p. 207.

GARDE IMPÉRIALE.

b) **Organisation et administration.**

Le général Bourbaki aux Généraux commandant les divisions.

La Ronde, 23 août.

D'après les ordres du Maréchal commandant en chef, chaque division d'infanterie, lorsqu'elle se trouve en première ligne, doit s'éclairer très au loin avec de très petites fractions du régiment de cavalerie qui lui est attaché, afin de ménager les chevaux.

J'ai l'honneur de vous prier de vous conformer à l'avenir à cette prescription toutes les fois que la Garde sera en première ligne et sans que je vous envoie de nouvelles instructions à cet égard.

En outre, et d'après les ordres du Maréchal, vous aurez dans le même cas à envoyer sans cesse en avant de vous et sur vos flancs des hommes du pays pour recueillir des renseignements. Ces hommes pourront être mis à votre disposition, surtout par les maires et les agents forestiers auxquels des instructions ont été données à ce sujet par ordre de l'Empereur.

Vous donnerez à chacun de ces agents civils une gratification proportionnée à l'importance des informations qu'ils vous auront apportées et des circonstances dans lesquelles ils les auront recueillies. Ne vous arrêtez pas à la dépense, telles sont les recommandations du Maréchal. Je suis en mesure de vous fournir les fonds nécessaires. Je tiens dès à présent à votre disposition une somme de 1,000 francs, que je vous prie d'envoyer toucher à mon état-major général aujourd'hui dans l'après-midi.

Vous tiendrez compte de toutes les dépenses que vous ferez pour le service des fonds secrets et vous m'en enverrez un relevé exact à la fin de chaque mois. Lorsque vous aurez besoin d'argent pour ce service vous n'hésiterez pas à m'en redemander. Il est bien entendu que vous me rendrez compte journellement des renseignements que vous obtiendrez, ainsi que le prescrivait ma dépêche n° 122 du 30 juillet dernier.

Le général de Lacroix au général Picard.

Devant-les-Ponts, 23 août.

Le général de brigade estime que les soldats sous ses ordres sont animés des meilleurs sentiments et du plus grand dévouement ainsi que de beaucoup de confiance dans leurs chefs. Ils se trouvent donc dans d'excellentes qualités morales. Il serait seulement à désirer que les effectifs puissent être renforcés, car le 3ᵉ régiment ne peut plus mettre en ligne qu'un seul bataillon et le 2ᵉ environ 1,000 hommes, non-valeurs déduites. Quant à l'état hygiénique, il est bon jusqu'à présent. Cependant la ration de vin qui va être allouée en remplacement d'une partie de la ration de viande n'atteindra pas le but proposé, les hommes trouvant à leur disposition autant de vin et d'alcools qu'ils le désirent chez les marchands qui les environnent. Le général de brigade croit devoir transmettre ici une réclamation qui lui a été soumise par MM. les officiers récemment promus dans la ligne et qui doivent continuer à servir aux grenadiers. Ils prétendent, à juste raison je crois, qu'ayant combattu avec ceux qui viennent de périr en soutenant le drapeau français, ils ont droit aux places que le feu ennemi a faites. En outre, ils demandent quel est leur rôle et quels sont leurs droits dans l'avenir quand de nouvelles rencontres auront lieu.

Le colonel de Vassoigne, directeur du parc de la Garde, au général Soleille.

Camp sous Metz, 23 août.

J'ai reçu de l'arsenal de Metz :

1° Dans la journée du 20, dix caissons chargés de munitions de 4 ;

2° Dans la journée du 21, *toutes* les cartouches d'infanterie nécessaires pour *compléter* l'approvisionnement du parc ;

3° A l'heure qu'il est, il manque au parc de la Garde pour être complet le chargement de *treize caissons pour canon de 4*.

Le colonel de Vassoigne au général Pé de Arros.

Camp sous Metz, 23 août.

Conformément à vos ordres, neuf caissons de 4 ont été envoyés ce matin à l'arsenal de Metz, mais ils viennent de rentrer vides.

J'ai l'honneur de vous transmettre la réponse de M. le colonel de Girels à ce sujet.

Le général Pé de Arros au général Soleille.

La Ronde, 23 août.

J'ai l'honneur de vous envoyer ci-joint en communication la lettre que je reçois à l'instant de M. le Colonel, directeur du parc d'artillerie de la Garde. La réponse incluse de M. le colonel de Girels étant en contradiction formelle avec les ordres que vous m'avez envoyés hier par votre lettre n° 378, je vous prie de vouloir bien prescrire à M. le Colonel directeur d'artillerie à Metz de réserver pour le parc d'artillerie de la Garde le chargement de neuf caissons d'artillerie pour calibre de 4, et de m'informer si je puis renvoyer à l'arsenal ces neuf caissons pour y être chargés.

COMMANDEMENT DE L'ARTILLERIE DE L'ARMÉE

ET

RÉSERVE GÉNÉRALE D'ARTILLERIE.

a) Journal de marche.

Journal des opérations du général Soleille.

Les ordres relatifs à l'armement des forts avaient été donnés concurremment avec ceux relatifs au réapprovisionnement des batteries.

Il n'était déjà que trop probable que la guerre conserverait un caractère défensif et que l'équipage de siège en formation à Metz en prévision de l'attaque des forteresses allemandes n'aurait, avant un long temps, aucun rôle à jouer. Cet équipage comprenait 50 canons de 24 court, leur emploi était tout désigné; il fallait les placer dans les forts de Metz, afin d'augmenter la dotation de ces forts en pièces de gros calibre et de permettre au feu de la place de maintenir à la plus grande distance possible les établissements que l'ennemi allait faire autour d'elle.

Le 23 août, le Maréchal était informé par la lettre suivante (n° 389), des dispositions arrêtées à cet égard :

Camp sous Metz, 23 août.

« Monsieur le Maréchal,

« Je donne l'ordre, aujourd'hui, 23 août, au général commandant l'artillerie dans la place de Metz, de commencer..... (1). »

Avant que ces 58 pièces de 24 de l'équipage de siège et du poly-

---

(1) Voir cette lettre, p. 201.

gone ne fussent attribuées à l'armement des forts, cet armement comprenait :

	Queuleu.	Saint-Julien.	Plappeville.	Saint-Quentin.	Totaux.
Canons de 24............	12	5	13	8	38
— de 12............	29	25	31	13	98
Obusiers de 22 c.........	8	6	1	3	18
— de 16 c.........	6	8	5	4	23

A la date du 23, ces pièces étaient approvisionnées de 100 à 120 coups, et il existait en tout à l'arsenal 39,700 obus de 24.

La situation particulière faite à l'armée, tant par la force numérique de l'ennemi que par l'étendue des positions qu'elle devait occuper entre les forts, exigeait que l'armée eût une prompte connaissance des incidents qui pouvaient à chaque instant se produire. Les communications télégraphiques pouvant être coupées, à la faveur de la nuit, les Allemands pouvaient risquer une surprise. La Direction d'artillerie reçut l'ordre de confectionner d'urgence 1,000 fusées de signaux à feux rouges, blancs et verts et des instructions furent données pour leur emploi.

b) Organisation et administration.

Le général Soleille au maréchal Bazaine.

Camp sous Metz, 23 août.

Je donne l'ordre, aujourd'hui 23 août, au général commandant l'artillerie dans la place de Metz, de commencer à faire transporter dans les forts, les 8 pièces de 24 de siège, constituant la dotation du polygone de Metz, et les 50 pièces de même espèce, qui, avant les derniers événements de la guerre, avaient été destinées à entrer dans la composition de l'équipage de siège en formation à Metz. Ces 58 pièces, ajoutées à celles qui se trouvent déjà dans les forts, porteront les dotations de chacun d'eux aux chiffres suivants :

	Pièces de 24 de place ou de siège.
Fort de Queuleu..........................	30 pièces.
Fort de Saint-Julien.....................	20 —
Fort de Plappeville......................	28 —
Fort de Saint-Quentin...................	18 —

Ces pièces, qui seront placées sur les cavaliers des forts de Queuleu, Saint-Julien, Plappeville et Saint-Quentin, auront pour objet, non seulement de contrebattre les batteries d'investissement de l'ennemi, mais encore, et surtout, de tirer pendant cette première période du siège, sur ses camps, ses parcs, ses grands dépôts. On le forcera ainsi à agrandir de 5 kilomètres le rayon de son investissement et à porter le plus loin possible l'établissement de ses camps.

C'est le plus grand service que puisse rendre à nos places assiégées le système nouveau des forts éloignés, lorsqu'on les arme avec des bouches à feu des plus gros calibres.

Je fais armer l'enceinte basse des forts avec les pièces qui donnent les plus fortes mitrailles. Ces pièces sont destinées à maintenir à plus de 400 mètres des fronts extérieurs (portée efficace des fusils prussiens) les tirailleurs ennemis. Je les ai fait placer surtout, en plus grand nombre, sur les flancs de la gorge des forts pour suppléer à l'inachèvement de la fortification du côté intérieur ; la gorge non terrassée, et présentement non escarpée, est évidemment le point faible des forts de Metz.

J'ai également prescrit la construction de traverses de haut-relief, de magasins d'approvisionnements pour les pièces et les dispositions nécessaires pour la bonne exécution des feux.

Pour le service de ces pièces et pour les travaux que l'armement comporte, vous avez pensé, M. le Maréchal, à mettre des batteries à la disposition du général Coffinières.

J'ai l'honneur de proposer à V. E. de prendre une batterie montée de 4 à chacune des réserves des 2e et 4e corps, et deux batteries montées au 3e corps.

Le 3e corps, réduit à trois divisions par le départ d'une division, aurait encore une réserve de six batteries.

Ces quatre batteries montées, jointes aux deux batteries de la division Laveaucoupet présentement dans la place et aux deux de la 2e division qui doit y entrer, porteront à huit le nombre des batteries affectées à la défense de la place.

J'ai cru devoir laisser toutes les batteries de 12 aux réserves particulières des corps, aussi bien qu'à la réserve générale.

J'avais songé à mettre à la disposition du général Coffinières un certain nombre d'officiers supérieurs détachés, d'après vos intentions, des états-majors divisionnaires ; mais le personnel que comportent, telles qu'elles sont constituées, les huit batteries en question, pourvoiera amplement aux besoins de la défense.

L'affaiblissement des réserves des 2e, 3e et 4e corps est largement compensé par l'appui que ces corps recevront, tant des forts extérieurs que du corps de place.

Le général Soleille au général de Mecquenem.

Camp sous Metz, 23 août.

Je vous prie de faire exécuter les dispositions suivantes, concernant l'armement de la place de Metz et de ses forts.

Il ne sera rien changé à l'armement du corps de place tel qu'il est établi en ce moment.

Vous commencerez dès aujourd'hui à faire transporter dans les forts, les 8 pièces de 24 de siège, constituant la dotation du polygone de Metz, et les 50 pièces de même espèce qui, avant les derniers événements de la guerre, avaient été destinées à entrer dans la composition de l'équipage de siège en formation à Metz. Ces 58 pièces seront réparties entre les forts, de la manière suivante :

Fort de Queuleu............................	18 pièces.
Fort de Saint-Julien........................	15 —
Fort de Plappeville.........................	15 —
Fort de Saint-Quentin......................	10 —

Ces pièces, en s'ajoutant à celles qui se trouvent déjà dans les forts, porteront en définitive les dotations aux chiffres suivants :

	Pièces de 24 de place ou de siège.
Fort de Queuleu............................	30 pièces.
Fort de Saint-Julien........................	20 —
Fort de Plappeville.........................	28 —
Fort de Saint-Quentin......................	18 —

Ces pièces seront établies sur les cavaliers des forts et auront pour objet, non seulement de contrebattre les batteries d'investissement, mais encore, et surtout, de tirer, pendant cette première période du siège, sur les camps, les parcs et les grands dépôts de l'ennemi.

Vous ferez armer les enceintes basses des pièces qui donnent la plus forte mitraille ; ces pièces sont destinées à maintenir à plus de 400 mètres des fronts extérieurs des ouvrages les tirailleurs ennemis, elles seront placées en plus grand nombre sur les flancs de la gorge. La gorge non terrassée, et présentement non escarpée, est évidemment le point faible des forts de Metz.

Je vous adresserai une note sur la construction des traverses couvrantes, des traverses pare-éclats, des embrasures et des revêtements, et sur celle des petits magasins d'approvisionnements. Pour le service des pièces et pour les travaux de l'armement, je demande au Maréchal commandant en chef d'envoyer dans la place de Metz une batterie montée de chacune des réserves des 2ᵉ et 4ᵉ corps et deux batteries montées de la réserve du 3ᵉ corps; ces quatre batteries, jointes aux deux batteries de Laveaucoupet et aux deux de la division Castagny, qui doit recevoir l'ordre d'entrer dans la place, porteront à huit le nombre des batteries mises à la disposition du commandant supérieur.

Je porte à la connaissance du général Coffinières les dispositions de la présente lettre.

Le général Soleille au général Coffinières.

Sous Metz, 23 août.

Vous avez raison : jusqu'à présent et dans l'état de désordre ou au moins de confusion dans lequel se trouvent hommes et choses, tout s'est passé un peu révolutionnairement, et j'ai toujours couru au plus pressé pour vous fournir les moyens de faire face aux immenses difficultés de votre tâche. J'ai toujours pris auprès du général en chef l'initiative des mesures qui, même en gênant mon service d'armée, pouvait aider votre service de défense de Metz. Mais rien n'est plus facile que de rentrer dans la règle ordinaire du moment que vous le désirez, et par exemple rien n'est plus facile que de nous concerter sur les moyens d'armer la place.

Je dis plus, j'aime mieux me désintéresser de cette question d'armement et vous la laisser tout entière puisque vous êtes commandant supérieur de la place et avez à ce titre toute la responsabilité.

Je ne mettais le pied sur votre terrain que pour vous être utile et à la chose publique. Vous me rendrez au moins plus tard cette justice que j'ai mis à votre disposition toute ma bonne volonté et les ressources dont je pouvais disposer.

Ce matin encore, je proposais au maréchal Bazaine de mettre sous vos ordres directs, quatre batteries montées tirées des réserves des commandants de corps, qui certes ne m'en sauront aucun gré.

Au lieu de faire de la chose publique une question commune et de bonne entente, comme nous l'avons fait jusqu'à présent, distinguons si vous le voulez et restons chacun chez nous; j'ai assez d'affaires sur les bras pour ne pas être très satisfait d'en avoir moins, mais il est peut-être regrettable que *les suggestions d'un esprit étroit et fâcheux, qui est près de vous, se soit mis entre nous.*

Le général Soleille au colonel de Girels.

Metz, 23 août.

Le capitaine Deloye, que je vous ai envoyé ce matin, me rapporte que vous possédez présentement à l'arsenal 30 caissons vides à 4 roues provenant des versements des corps, et que vous pouvez en monter 100 autres.

Je vous prie de faire charger immédiatement tous ces caissons avec les 3,800,000 cartouches d'infanterie qui sont à la disposition de l'armée ; remplissez également tous les caissons qui pourraient vous être ultérieurement renvoyés par les parcs.

Veuillez me faire connaître quand cette opération sera terminée.

Je vous prie de faire confectionner le plus tôt possible un millier de fusées de signaux, mais ces fusées ne devront point être à serpentaux, à étoiles ou à pluie d'or, elles seront à feux rouges, blancs ou verts.

Les serpentaux, les pluies d'or se confondent beaucoup dans la nuit.

RENSEIGNEMENTS

Bulletin de renseignements du Grand Quartier général.

Ban Saint-Martin, 23 août.

Rive gauche de la Moselle. — L'ennemi est toujours aux Petites Tapes; il paraît occuper Saint-Remy avec une division, ce qui a rapproché ses avant-postes des nôtres établis à Woippy et les a amenés à échanger des coups de fusil.

Entre Woippy et Saulny, sur la côte dominant la route au Nord, il y a un épaulement, des tranchées-abris et une ligne en crémaillère. Ce matin, les deux petits bois entre Saulny et Woippy étaient évacués par les Prussiens ainsi que les tranchées et abris faits sur cette côte.

Il y avait hier soir beaucoup de feux au-dessus du bois de Plesnois.

L'ennemi occupe Vigneulles par une forte grand'garde, s'appuyant sur des troupes qui paraissent se prolonger dans le bois de Saulny.

Hier soir, un groupe d'infanterie ennemie stationnait sur le ruisseau aux moulins de Vigneulles; nos avant-postes ont tiré sur le groupe.

Un éclaireur a reconnu cette nuit dans le bois de Châtel qu'un certain nombre de feux de bivouac avaient été abandonnés.

Ouvrage près de la ferme de Moscou.

Lessy n'est pas occupé.

Tranchée avec branchages et fossé profond intérieur sur la côte à l'Ouest de Jussy.

Petit poste d'infanterie prussien sur la route de Gravelotte à hauteur de Rozérieulles; vedettes de cavalerie à Maison-Neuve, les nôtres sont à Moulins. L'ennemi ne reste pas le jour à Sainte-Ruffine.

Rive droite de la Moselle. — Le nombre des convois sur la route d'Augny a continué toute la nuit; on voit des sentinelles en avant d'Augny. Le chemin de fer de Herny (ou de Remilly) à Pont-à-Mousson avance rapidement avec des ouvriers allemands; il est fait de Remilly à Luppy.

Un paysan, qui a traversé ce matin les lignes ennemies, dit qu'il y a beaucoup de troupes à Courcelles-sur-Nied. De Courcelles à Metz, il n'a rencontré qu'un rideau de troupes.

A Peltre, il a traversé avec difficulté les derniers avant-postes. On a dit ces jours-ci que ces troupes de Courcelles étaient venues de la direction d'Ars. On ne voit que des vedettes devant Noisseville. Des troupes en position comme hier entre Sainte-Barbe et Poixe, entre Sainte-Barbe et Argancy.

Feux ennemis depuis Magny jusqu'à Charly, en passant par Jouy, Gravelotte, Amanvillers, Maizières, Malroy. Le sentiment de quelques observateurs serait que ces feux sont multipliés à dessein.

M. Gillet, habitant de Lyon, membre de l'Internationale, a vu le 19, à Rezonville, MM. de Moltke, Bismarck et de Roon; il a entendu dire que le 16, les Prussiens avaient perdu 20,000 hommes, mais que ces pertes étaient réparées par l'arrivée continuelle de renforts.

L'ennemi parlait de marcher rapidement sur Paris. « Comment, disaient ces messieurs, la population résistera-t-elle, si nous parvenons à incendier un quartier? »

M. de Bismarck aurait dit qu'il déplorait cette guerre, que les pertes étaient énormes, que Sadowa n'était rien en comparaison de cette campagne.

Le 21, ajoute M. Gillet, il n'y avait plus de troupes prussiennes à Rezonville; elles se trouvaient toutes à Gravelotte et en avant, mais en moins grand nombre que la veille; elles se plaindraient du manque de vivres et pilleraient tous les villages.

On dit qu'un corps d'armée ennemi muni d'artillerie aurait été vu le 18 près de Sierck, marchant sur Briey, et qu'un nombreux matériel de siège arriverait par grande vitesse de Wesel et de Coblentz sur notre frontière. Des troupes nombreuses de landwehr continueraient à aller vers Sarrebrück. On ajoute que deux corps d'armée venant l'un de Thiaucourt, l'autre de la vallée de la Meuse, paraissent vouloir se réunir entre Saint-Mihiel, Sampigny et Apremont pour se rendre à Verdun.

Des paysans disaient ce matin, à Maison-Neuve, que beaucoup de Prussiens paraissaient se diriger de Metz sur Briey.

Il serait nécessaire de découvrir ce que l'on a devant soi au Nord de Metz (rive gauche) et sur divers points de la rive droite, afin de rechercher si Steinmetz ne serait pas resté seul devant Metz avec quatre, cinq ou six corps, tandis que le prince Frédéric-Charles avec ses quatre corps (IIIe, X^e, XIIe, Garde) s'éloignerait de la place.

Il est certain que le VIIIe corps va de la Moselle à Gravelotte et que le IIe est à Montigny-la-Grange. Il faudrait compléter ces renseignements par des reconnaissances.

Le général de Laveaucoupet au général Frossard.

Metz, 23 août.

Un homme, venu de Vaux, rapporte les renseignements suivants : Le village est occupé ainsi que celui de Jussy et tous les bois d'alentour par des troupes nombreuses ; à gauche de Jussy on a fait des tranchées profondes et des abatis. Un nombre considérable de troupes occupe un bois de sapins situé tout auprès. D'après le dire des habitants, outre les abatis exécutés sur les routes et sous les bois, on a tendu sur la lisière de ces derniers des fils de fer pour en rendre l'abord plus difficile.

Un autre homme, qui a essayé d'aller à Doncourt, est parti de Moulins-les-Metz, a poussé jusqu'à Rozérieulles et Maison-Neuve, où il a été arrêté par des avant-postes ennemis. Ayant demandé à parler au commandant, on lui a fait traverser 300 ou 400 mètres, à travers des abatis et des tranchées ; il a entendu dire aussi que des forces très considérables étaient massées dans les bois.

Un homme et une femme venus de Longeville, hier matin, affirment (d'accord en ceci avec un bruit très répandu dans Metz) avoir vu un grand mouvement de troupes commencé le 21, de 4 heures du matin; à 4 heures du soir il durait encore ; tout ce monde se dirigeait sur la route de Verdun. Le général Steinmetz commandait le mouvement et le prince Frédéric-Charles devait le suivre.

Un autre homme, venu ce matin de Gravelotte et qui y est retourné, affirme que le quartier général du roi Guillaume y est établi et que le Roi s'y trouvait avec Bismarck, hier 22. On avait enterré tout auprès le prince Albert blessé mortellement à la bataille du 18. Cet homme n'a rien pu dire concernant le mouvement de troupes sur Verdun.

Quelques hommes, venus de Thionville et Saint-Avold, disent que l'on attend sur ce point 150,000 hommes de la landwehr et de la landsturm, qui doivent y arriver sous peu.

Bulletin de renseignements du 3e corps.

23 août.

Malroy. — Des officiers de l'état-major général ont passé plusieurs heures en observation au fort Saint-Julien munis d'excellentes lunettes; de leurs appréciations il résulte ce qui suit :

En arrière de Malroy on voit deux campements: le plus rapproché de la rivière est occupé par une troupe d'infanterie dont la force peut être évaluée à un régiment ; le second groupe, établi à 500 ou 600 mètres du premier, au bas d'un coteau, peut être évalué à un régiment d'infanterie, en arrière duquel est établie de la cavalerie. Ce serait donc une brigade d'infanterie avec de la cavalerie. Ces troupes exécutent des travaux de terrassement. Entre Charly et la route de Bouzonville, il y a une longue tranchée continue; le long de cette tranchée, il y a des factionnaires.

Entre la route de Bouzonville et Malroy, on ne voit pas de tranchée, mais des excavations auxquelles on travaillait encore.

A 3 heures, on voyait un mouvement de voitures entre les deux camps de Malroy; ce mouvement était particulièrement accentué vers la Moselle. A la même heure, des voitures traversaient à gué, à hauteur de Hauconcourt, où la carte indique l'existence d'un bac, et passaient de la rive droite à la rive gauche.

Sainte-Barbe. — Vers Sainte-Barbe, on apercevait un campement, mais le brouillard n'a pas permis de se rendre un compte exact de son importance. Au dire des habitants de ce côté, relaté par le rapport d'une grand'garde du 8e dragons, il y aurait, sur la hauteur de Sainte-Barbe, une batterie de 40 pièces couverte par des retranchements et des abatis.

La Planchette. — Vers la Planchette, il y aurait, d'après le même rapport, des retranchements abritant des troupes que l'on estime à 10,000 hommes d'infanterie et 2,000 cavaliers.

(Ces derniers renseignements paraissent fortement empreints d'exagération.) Au dire des habitants, les Prussiens font manœuvrer leurs recrues en arrière de leurs retranchements : cela est probable; en effet, à 4 heures, on voyait, sur la gauche de Malroy, une colonne de six à huit pelotons qui semblait manœuvrer, et c'est ce qui a pu servir de base à nos évaluations.

Chieulles. — Le maire de Chieulles, venu à Saint-Julien, à 4 heures, a déclaré qu'il n'était venu dans son village que quelques cavaliers, qui avaient pris la fuite à l'approche de la reconnaissance de cavalerie française. Il a promis d'envoyer deux charretiers qui arrivent aujourd'hui, avec leurs voitures, de Kédange et de Boulay.

A 5 heures, le brouillard et la pluie ont obligé d'interrompre les observations au fort Saint-Julien.

Dès que les charretiers annoncés de Chieulles seront arrivés, il sera établi un supplément au bulletin de renseignements.

9 heures.

Deux paysans se sont présentés au maréchal Le Bœuf et lui ont déclaré qu'ils avaient conduit des voitures de réquisition; ils ont été congédiés et voulaient rentrer chez eux; les Prussiens les ont arrêtés à Charly; on les a renvoyés dans nos lignes en leur disant que les Prussiens avaient trop souffert dans les rencontres qu'ils ont eues avec nous, que, par suite, ils ne voulaient plus nous attaquer, mais chercheraient à nous affamer en ne permettant à personne de sortir de nos lignes.

Un paysan des environs de Remilly a réussi à traverser ce matin les lignes prussiennes et rapporte ce qui suit :
On a fait venir de Prusse un grand nombre d'ouvriers et ils sont occupés à construire, en toute hâte, *un chemin de fer* entre Remilly et Pont-à-Mousson. Le tracé est déjà fait entre Remilly et Luppy ; le travail marche rapidement parce qu'on aime mieux tourner les accidents de terrain considérables que de les percer.

C'est à Courcelles-sur-Nied que ce paysan a vu le plus de troupes ; il y a là un rassemblement considérable. Depuis Courcelles-sur-Nied jusqu'à Metz, il n'a trouvé qu'un rideau de troupes.

Il a traversé à Peltre les derniers avant-postes et a éprouvé beaucoup de difficultés pour passer.

P.-S. — Hier soir, à Metz, dans les cercles, il était bruit de la prochaine arrivée par Verdun du corps de Mac-Mahon et que les Prussiens, qui avaient occupé les terrains entre les routes de Verdun et la rive gauche de la Moselle, repassaient sur la rive droite.

Bulletin de renseignements du 4ᵉ corps.

Plappeville, 23 août.

Rive gauche de la Moselle. — Les reconnaissances d'hier soir ont constaté que le village de Vigneulles était occupé par une forte grand'-garde ennemie, s'appuyant sur des troupes qui paraissent se prolonger dans les bois de Saulny. A 8 heures du soir, un groupe d'infanterie ennemie stationnait sur le ruisseau, aux moulins de Vigneulles. Nos avant-postes de Lorry ont tiré sur eux. Entre Saulny et Woippy, au Nord de la route qui traverse ces localités et sur le versant qui la domine, s'étendent : un épaulement en saillant ayant vue sur Lorry, des tranchées-abris, enfin une ligne en crémaillère. Des lueurs très étendues ont été aperçues au-dessus du bois de Plesnois, donnant à penser que près de la localité de ce nom, qui se trouve en contre-bas, il y avait de nombreux feux de bivouacs. Par suite de l'occupation de Saint-Remy, faite hier soir par l'ennemi avec une force qu'on peut estimer à une division au moins, nos avant-postes de Woippy ont été assez rapprochés des siens pour que quelques coups de feu aient été échangés.

Les reconnaissances faites ce matin par le service des éclaireurs ont rapporté que les deux petits bois entre Saulny et Woippy avaient été évacués, ainsi que les abris et tranchées faits sur cette côte.

Une autre reconnaissance faite cette nuit dans les bois de Châtel a permis de constater un certain nombre de foyers de bivouacs abandonnés et complètement froids. Vers 10 heures du soir, il a été entendu un bruit de voitures d'artillerie qui a duré jusque vers minuit; il a semblé que ces voitures passaient vers Rozérieulles, mais on n'a pu apprécier leur direction. L'éclaireur qui a été témoin de ces faits est revenu par les bois de la vallée de Montveau : il a entendu travailler dans ces bois. Il est revenu par Châtel-Saint-Germain où il n'y a pas d'ennemis, puis par les hauteurs de Lessy d'où il a examiné un ouvrage en terre que les Prussiens ont construit sur la hauteur, près de la ferme de Moscou.

Le village de Lessy n'est pas occupé par les Prussiens.

De la main du général de Ladmirault : « Il serait bon que les éclaireurs du grand quartier général se fissent connaître en passant aux avant-postes, sinon on est exposé à des erreurs regrettables. »

Le maréchal Canrobert au maréchal Bazaine.

Sous Metz, 23 août.

J'ai l'honneur de transmettre à V. E. les renseignements suivants que M. Marteau, médecin-major du 9ᵉ de dragons, resté avec les Prussiens depuis le 16, vient de me donner, et qui m'ont paru offrir de l'intérêt.

L'ambulance de la division Forton a été surprise par les Prussiens le 16 au matin; tout le personnel a été bien traité à Vionville et a été occupé à soigner de très nombreux blessés français et prussiens. Le 19, au matin, M. Marteau a vu passer à Vionville deux divisions d'infanterie et de l'artillerie se dirigeant sur la route de Verdun, et des médecins prussiens ont annoncé qu'une armée marchait sur Paris, et que le corps d'armée qui passait par Vionville allait la rejoindre. Le général Steinmetz était le 19 à Gravelotte, où il a donné un laissez-passer à deux personnes de l'ambulance du 2ᵉ corps, qui s'étaient égarées dans les lignes prussiennes.

Le roi de Prusse a passé le 18 à Gorze, au dire d'officiers prussiens.

Des médecins prussiens ont dit à M. Marteau que deux parlementaires français se sont présentés aux avant-postes pour parler au Roi; que le premier n'a pas été reçu, que le second a vu le Roi qui a déclaré qu'il refuserait toujours de traiter avec l'Empereur.

Un équipage de ponts de trois barques en fer et de huit en bois a passé hier à Vionville, se dirigeant vers la Moselle; M. Marteau l'a vu.

Les officiers français blessés et restés au pouvoir de l'ennemi se louent des soldats prussiens, qui leur apportaient à boire et leur donnaient des soins.

La Société internationale agit surtout pour la Prusse dont elle ramasse et soigne les blessés.

Les blessés prussiens sont très nombreux et les blessures sont très graves et souvent affreuses ; les amputations sont presque toujours nécessaires.

Le brassard blanc est très respecté par les Prussiens ; il l'est moins par les Français, qui ont tiré souvent sur des personnes qui portaient ce brassard.

La route, près de Moulins, est coupée en deux endroits par des abatis de très gros arbres, à 500 mètres de distance l'un de l'autre.

Le capitaine adjudant-major Poncelet, du 2ᵉ grenadiers, au général Picard.

Metz, 23 août.

D'après les renseignements que j'ai pris auprès de paysans venus ce matin de la campagne, un corps d'armée ennemi a dû descendre de Saint-Privat par la vallée de Bronvaux et Marange—Silvange, se dirigeant vers Argancy, le moulin d'Olgy et Malroy, en passant par Marengo, Bronvaux, Marange, le moulin de Jay et Semécourt.

A partir du dernier village, qui aussi a été occupé, l'ennemi s'est répandu à gauche dans la plaine et ses feux ont été vus la nuit dernière (de lundi à mardi) dans les vignes de Semécourt et dans toute la plaine comprise entre ce village, Maizières-les-Metz, le château de Brieux, la ferme d'Amelange, les Grandes Tapes, les Petites Tapes, Saint-Remy et une ligne tirée de Saint-Remy à Norroy.

Voici en détail ces renseignements :

Le dimanche 21 courant, quelques éclaireurs sont venus pour la première fois à Bellevue et Saint-Remy (7 kilomètres de Metz sur les routes de Metz à Moyeuvre et de Metz à Thionville). Le soir, ils se sont retirés du côté de Semécourt (10 kilomètres de Metz sur la route de Moyeuvre).

Hier, lundi 22 courant, les mêmes éclaireurs sont revenus et des reconnaissances ont été vues du côté de Semécourt et Norroy-le-Veneur. Une d'elles a traversé le chemin de fer à 8 kilomètres de Metz, en y pratiquant des chaussées pour faciliter le passage.

Les arbres de la route de Bellevue à Semécourt (route de Moyeuvre) ont été abattus ; la route de Norroy-le-Veneur à Woippy a dû aussi être entravée de la même façon, d'après le bruit entendu dans le bois dit de la Julière, en arrière de Bellevue.

De fortes colonnes ont défilé venant de Marange—Silvange et passant sous Semécourt par la route et dans la plaine comprise entre ce village et Maizières-les-Metz. Elles se sont établies dans la plaine comprise entre les points que j'ai indiqués plus haut, c'est-à-dire entre la route qui va de Marange—Silvange à Maizières-les-Metz, la Moselle, la route qui va de la Maxe à Bellevue et de Bellevue à Semécourt.

Des tranchées-abris ont été faites sur divers points.

L'artillerie a dû être parquée en arrière de la mare de Semécourt, sur le chemin dit des Romains et sur un petit plateau placé en arrière de Semécourt, auprès du petit bois du même nom.

Dimanche matin, l'ennemi était déjà nombreux dans la vallée de Bronvaux à Marange.

Hier soir, lundi, les feux couvraient tous les points que j'ai indiqués et ils étaient tellement nombreux que des habitants de Metz ont cru à un incendie.

Je vous prierai, mon Général, de vouloir bien me procurer deux ou trois sauf-conduits, qui me serviront dans le cas où je trouverais des individus voulant se risquer pour aller aux renseignements de ce côté (1).

Dépêches télégraphiques de différents observatoires.

Fort Saint-Quentin, 23 août, 7 h. 15 matin (n° 260).

Nuit calme; feux ennemis depuis Magny jusqu'à Charly, en passant par Jouy, Gravelotte, Amanvillers, Maizières, Malroy.

Feux de bivouacs entre Malroy et Charly.

Toute la nuit, roulement de voitures sur la route de Magny à Jouy par Augny, sans doute queue du convoi d'hier. A 5 heures du matin fusillade nourrie près Frescaty ; elle a peu duré.

Cathédrale, 23 août, 1 h. 45 soir (n° 263).

Les troupes prussiennes occupent les mêmes positions qu'hier entre Sainte-Barbe et Poixe, entre Malroy et Argancy et au delà des Petites Tapes. On aperçoit seulement quelques vedettes en avant de Noisseville et d'Augny.

Les détachements d'infanterie continuent à se fortifier sur les hauteurs, au-dessus de Jussy et de Rozérieulles.

---

(1) *Note du général Picard :* « Le capitaine Poncelet est un officier sûr et intelligent, originaire de la Moselle, que j'ai chargé de recueillir des renseignements sur l'ennemi. J'ai l'honneur de transmettre ces renseignements à M. le Général commandant en chef la Garde impériale. Quelques sauf-conduits pourraient lui être utiles ; je suis certain qu'il en usera avec discrétion et discernement. Cet officier est parti ce soir pour Metz afin de recueillir de nouvelles informations. ».

Cathédrale, 23 août, 2 h. 25 soir (n° 264).

Une colonne d'infanterie et de voitures passe en arrière de Marly, sur la route qui conduit de Cuvry à Fey, se dirigeant vers ce dernier village.

Cathédrale, 23 août, 3 h. 45 soir (n° 265).

Les troupes campées dans la plaine sur la rive gauche de la Moselle et entre Malroy et Argancy sur la rive droite continuent à s'exercer comme dans un champ de manœuvre. On remarque un certain nombre de huttes en paille et en branchages, qui semblent indiquer l'intention de séjourner longtemps dans ce campement.

Rapport du Commandant du fort Saint-Quentin.

23 août.

On a toujours constaté des feux depuis les hauteurs de Magny jusqu'à Charly, en passant par Jouy, Gravelotte, Amanvillers, Maizières, Olgy, Malroy.

Feux de bivouac comme hier entre Malroy et Charly.

L'officier de garde a entendu toute la nuit un roulement de voitures sur la route allant de Magny à Jouy par Augny. C'était sans doute la queue du convoi d'hier.

P.-S. — Ce matin à 5 heures, il y a eu une fusillade assez nourrie auprès de Frescaty; elle a peu duré.

PARIS. — IMPRIMERIE R. CHAPELOT ET Cⁿ, RUE CHRISTINE, 2.

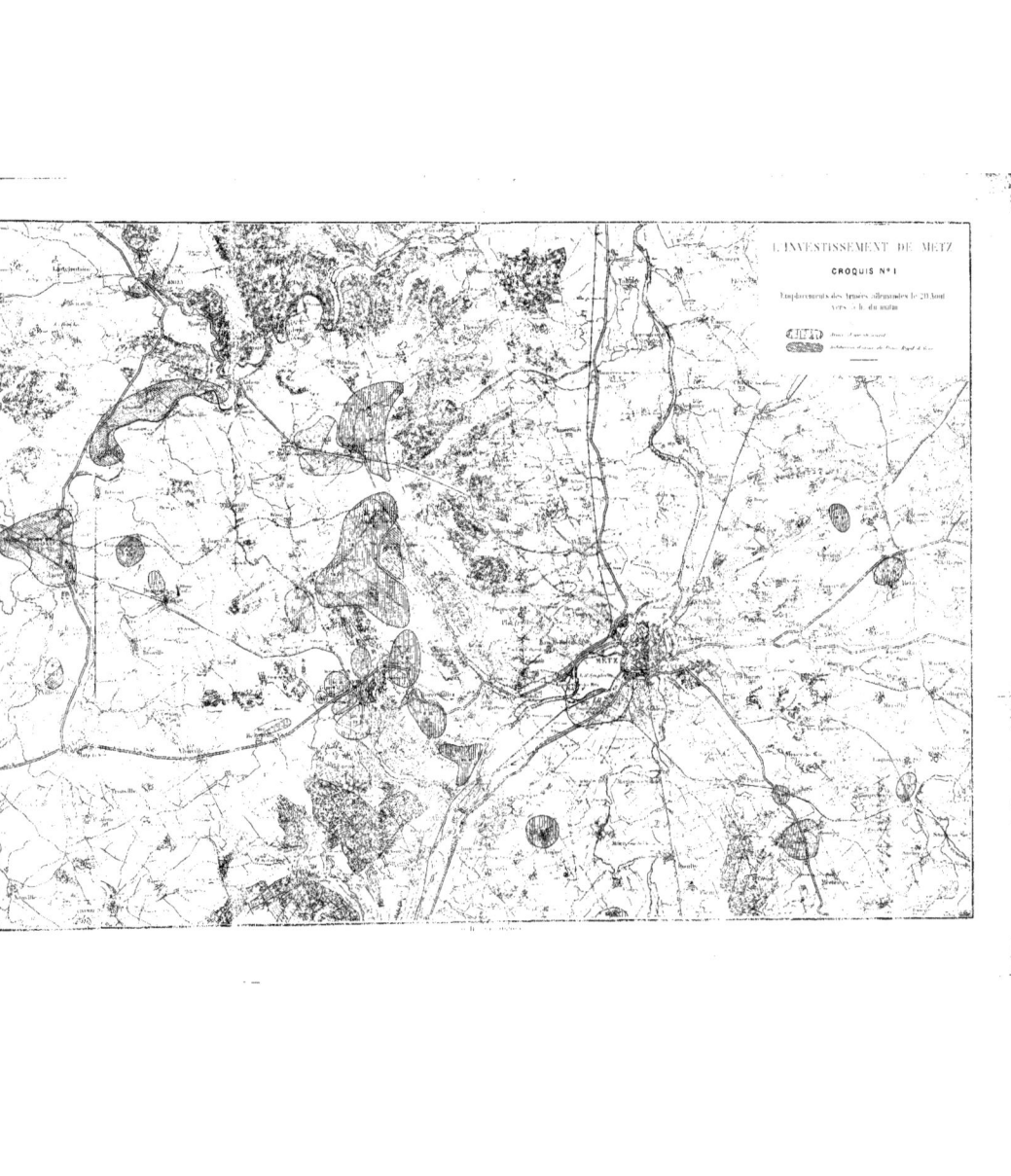

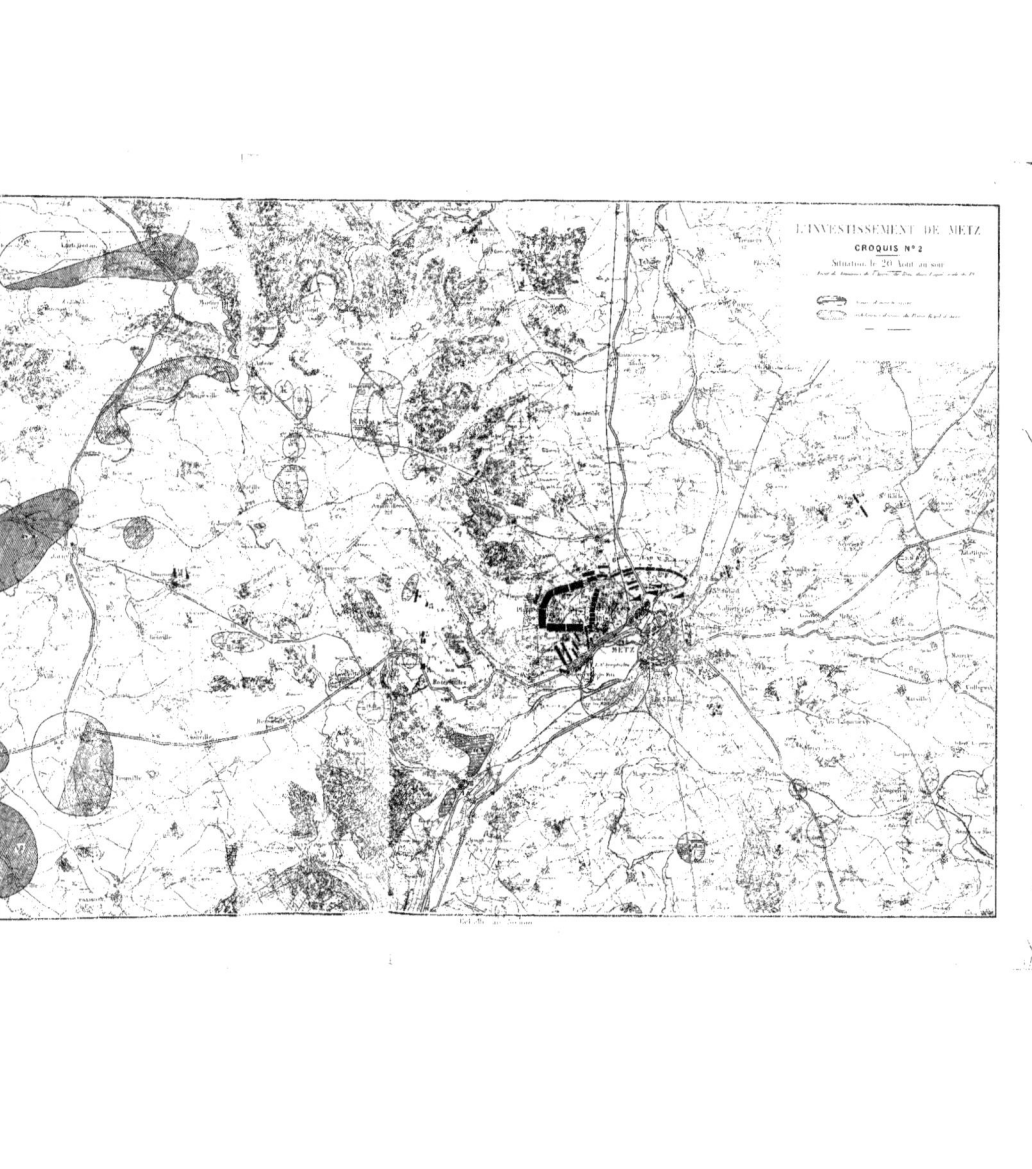

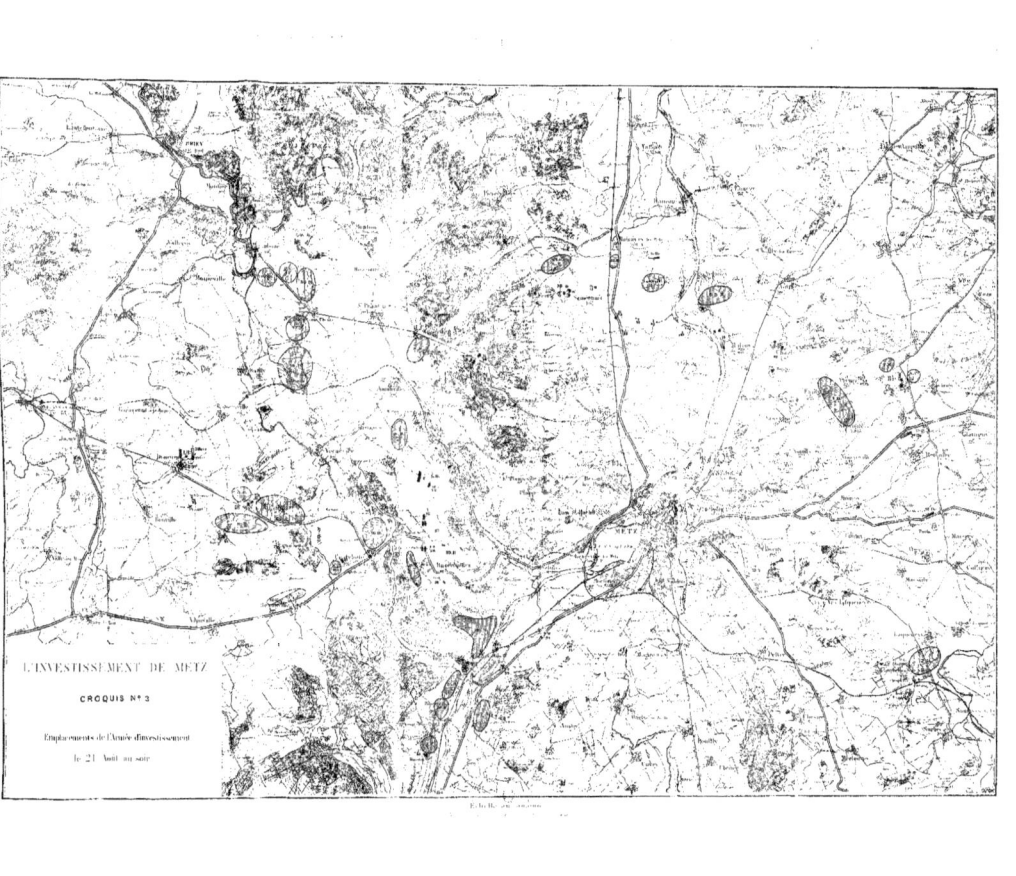

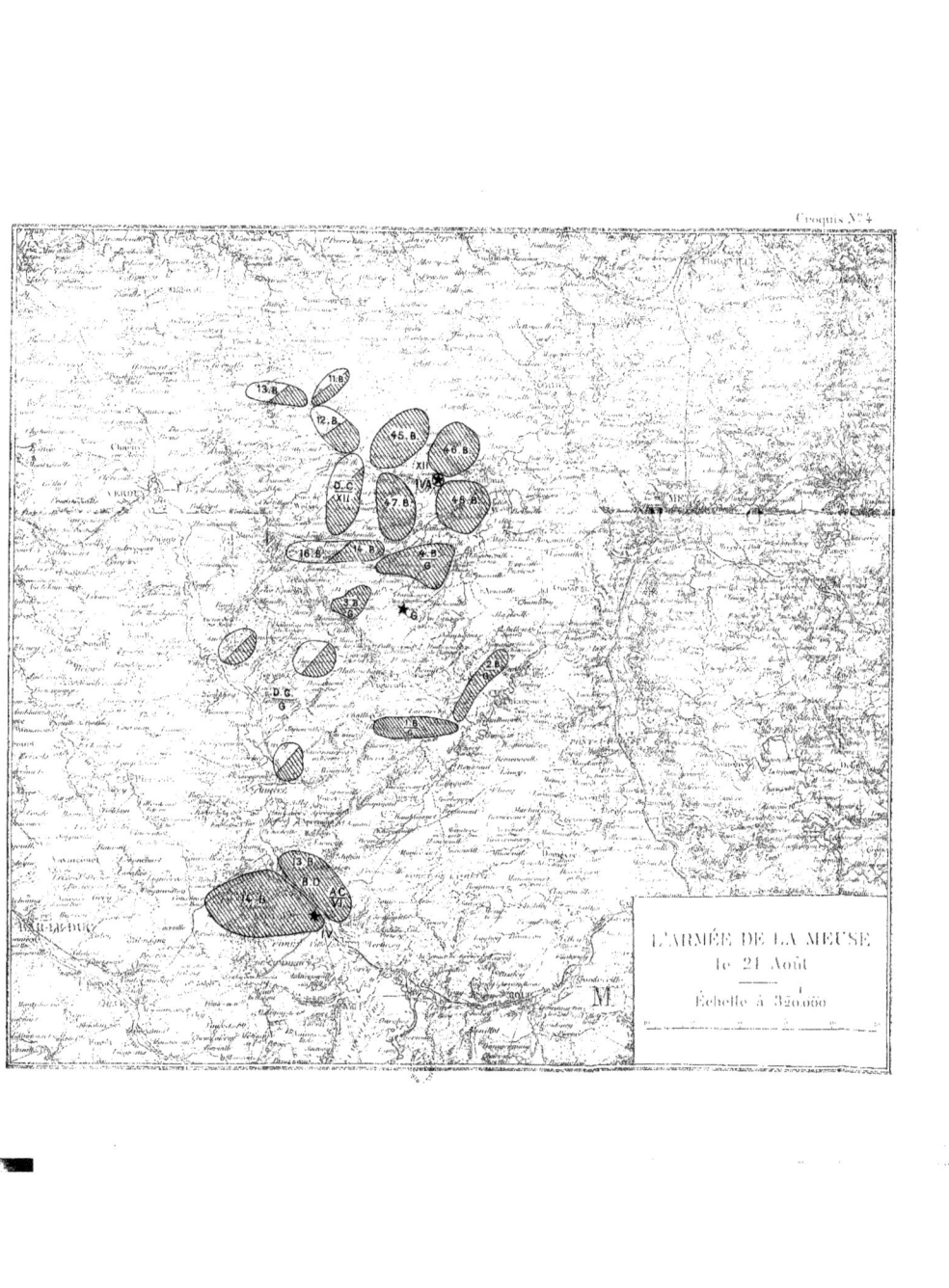

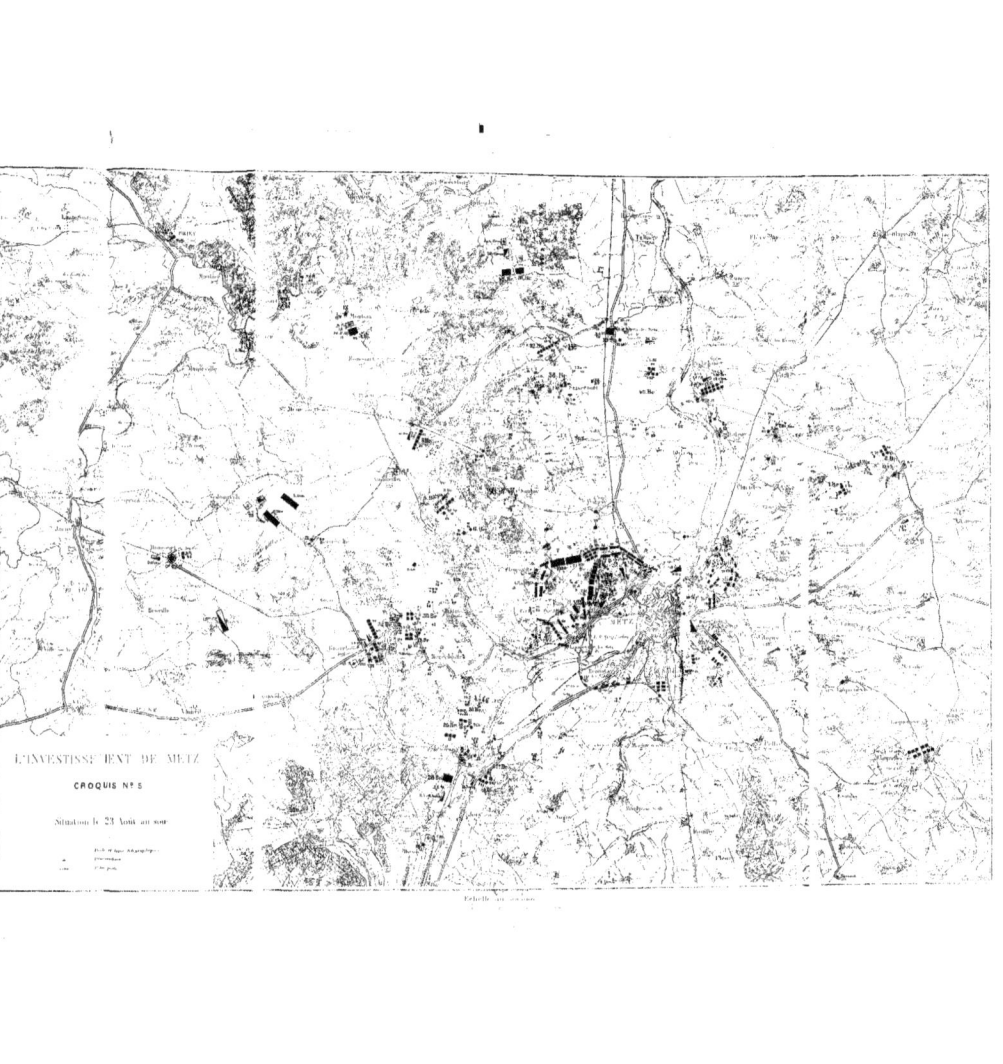

Librairie militaire R. CHAPELOT & Ce, rue Dauphine, 30, à Paris.

LA Guerre de 1870-71

Fascicule spécial : **La Préparation à la guerre.** 1 vol. in-8......... 2 fr.
— **Mesures d'organisation depuis le début de la guerre jusqu'au 4 septembre et Situation des Forces françaises au 1er septembre.** 1 vol. in-8 (Texte et documents)............ 4 fr. 50
    Le texte seul.................... 2 fr. »

Ire Série : Les Opérations en Alsace et sur la Sarre

Fasc. I. — **Journées du 28 juillet au 2 août.** 1 vol. in-8............ 3 fr.
— II. — **Journées des 3, 4 et 5 août**................ 4 fr. 50
— III. — **Journée du 6 août en Alsace**................ *En réimpression*
— IV. — **Journée du 6 août en Lorraine**............ Id.
— V. — **La retraite sur Metz et sur Châlons**........ Id.

Ces nouveaux fascicules ne comprennent que le **texte seul et les cartes**, les fascicules de documents devant être publiés séparément et ensuite.

IIe Série : Les Batailles autour de Metz

Fasc. I. — **Journées des 13 et 14 août. — Bataille de Borny.** 2 vol. in-8 avec cartes............................ 10 fr.
    Le texte seul et les cartes................ 6 fr. 50
    Les documents seuls...................... 5 fr.
— II. — **Journées des 15 et 16 août. — Bataille de Rezonville—Mars-la-Tour.** 2 vol. in-8 avec atlas............ 18 fr.
    Le texte seul et l'atlas................... 13 fr. 50
    Les documents seuls...................... 6 fr.
— III. — **Journées des 17 et 18 août. — Bataille de Saint-Privat.** 2 vol. in-8 avec atlas...................... 25 fr.
    Le texte seul et l'atlas................... 20 fr.
    Les documents seuls...................... 8 fr.

IIIe Série : L'Armée de Châlons

Fasc. I. — **Organisation et projets d'opérations. — La marche sur Montmédy.** 2 vol. in-8 avec cartes en couleurs........... 10 fr.
    Le texte seul et les cartes................ 6 fr. 50
    Les documents seuls...................... 5 fr.
— II. — **Nouart—Beaumont.** 2 vol. in-8 avec cartes......... 10 fr.
    Le texte seul et les cartes................ 6 fr. 50
    Les documents seuls...................... 5 fr.
— III. — **Sedan.** 2 vol. in-8 avec cartes................. 14 fr.
    Le texte seul et les cartes................ 7 fr. 50
    Les documents seuls...................... 8 fr.

OPÉRATIONS DANS L'EST

(**Rhin et Vosges**). — Fasc. I. — 1 vol. in-8 avec cartes.................. 6 fr.

Paris. — Imprimerie R. Chapelot et Ce, 2, rue Christine.

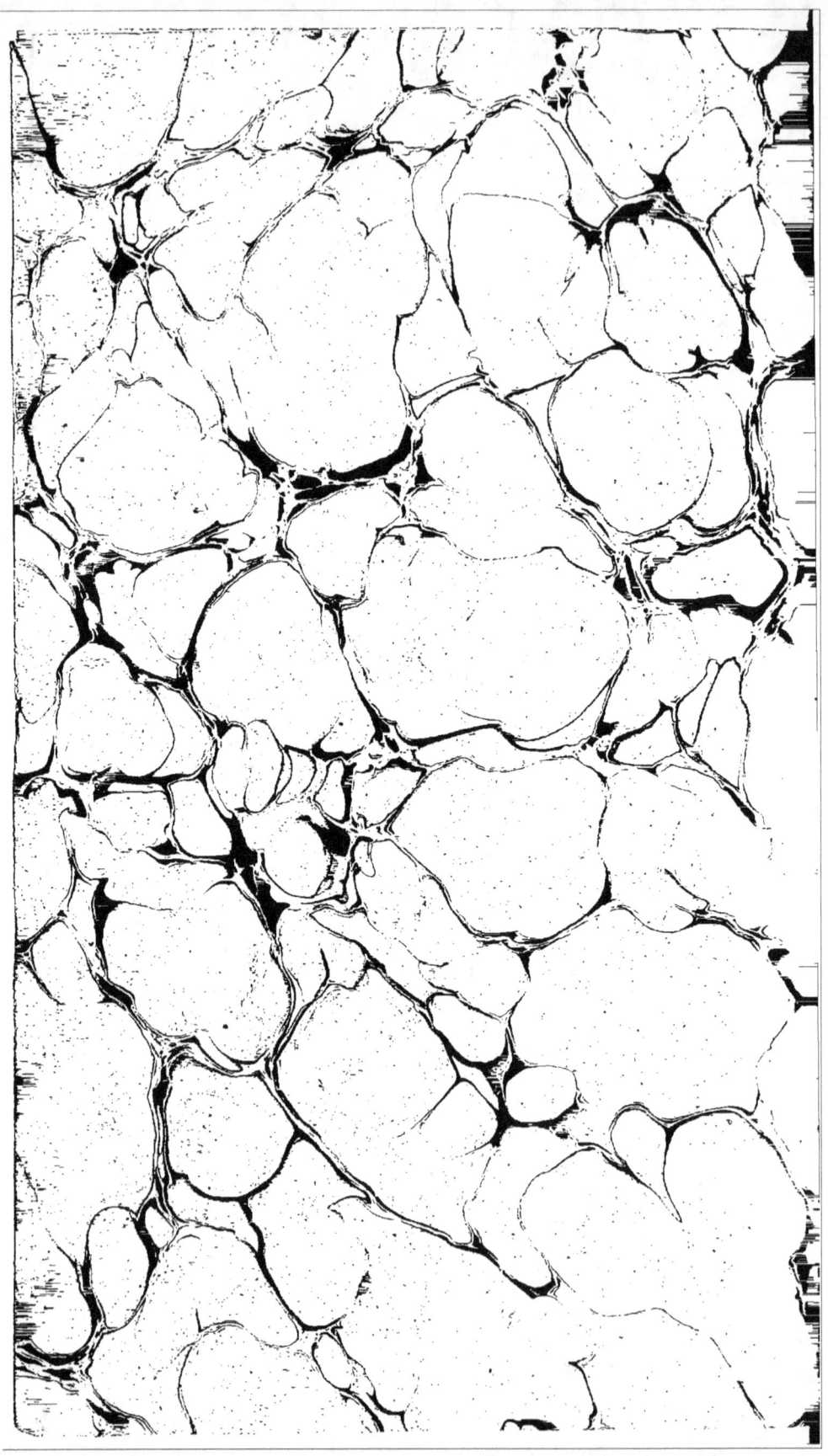

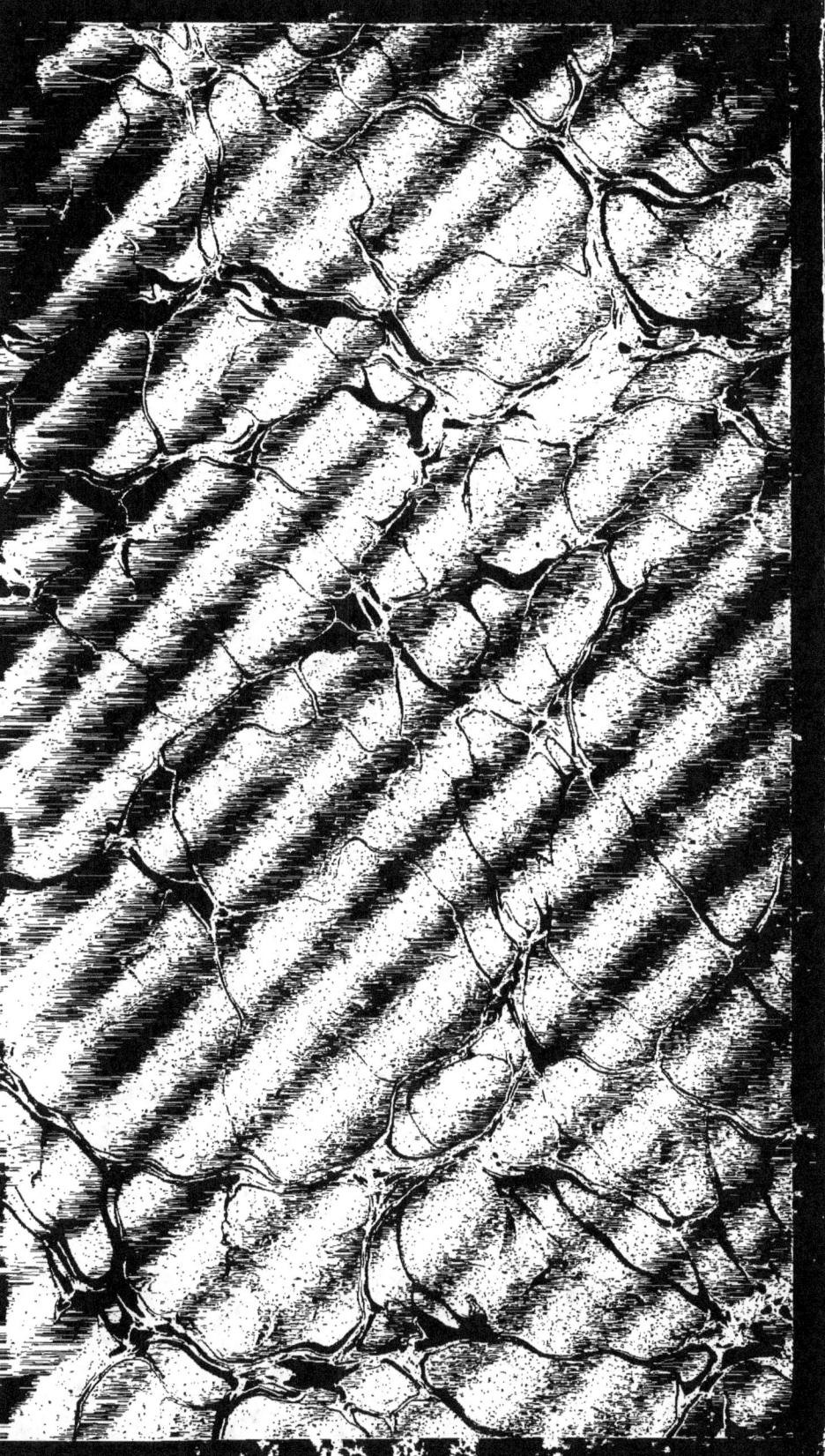

www.ingramcontent.com/pod-product-compliance
Lightning Source LLC
Chambersburg PA
CBHW071944220426
43662CB00009B/993